DIE GESCHICHTE DER NORDISCHEN VÖLKER

DIE GESCHICHTE DER NORDISCHEN VÖLKER

Die Welt der
Germanen, Kelten, Wikinger und Slawen
400-1100 n.Chr.

herausgegeben von David M. Wilson

mit Beiträgen von
Christine E. Fell, Hermann Ament,
Catherine Hills, James Graham-Campbell,
Else Roesdahl, David M. Wilson,
Joachim Herrmann, Jöran Mjöberg

Orbis Verlag

Die Originalausgabe erschien unter dem Titel "The Northern World. The History and Heritage of Northern Europe AD 400-1100" im Verlag Thames and Hudson, London.
Die deutsche Ausgabe erschien 1980 erstmals in der C.H.Beck'schen Verlagsbuchhandlung, München.
Diese Ausgabe erscheint als Lizenzausgabe im Orbis Verlag

Deutsche Übersetzungen:
Christoph Schwingenstein und Sibylle Dunkel (Einleitung, Kapitel 1)
Ingeburg von Steuben (Kapitel 3)
Lotte Stylow (Kapitel 4)
Astrid Böhme (Kapitel 5)
Ursula Pause-Dreyer (Kapitel 6)
Hubert Seelow (Kapitel 8)
Claudia Büttner (Bildlegenden)
Redaktion: Horst-Wolfgang Böhme
Redaktion dieser Ausgabe: Dr. Iris Hahner

Herausgeber und Originalverlag danken allen Autoren für die Mithilfe bei Auswahl und Erläuterung der Abbildungen. Die endgültige Verantwortung für den Bildteil liegt beim Originalverleger.

ISBN 3-572-01462-X

Umschlaggestaltung: Büro Norbert Pautner, München
Layout des Textteils der deutschen Ausgabe: Bruno Schachtner, Dachau
Druck: Mladinska Knjiga Tiskarna

Printed in Slovenia

817 2635 4453 6271

Die Autoren

Christine E. Fell †

Professorin für Englische Kunst und Literatur an der
Universität Nottingham

Hermann Ament

Professor Emeritus für Ur- und Frühgeschichte an der
Universität Mainz

Catherine Hill

Direktorin des Instituts für Archäologie und Anthropologie
an der Universität Cambridge

James Graham-Campbell

Professor Emeritus für Mittelalterliche Archäologie
am University College, London

Else Roesdahl

Professorin für Mittelalterliche Archäologie
an der Universität Aarhus, Dänemark

David M. Wilson

Ehemaliger Direktor, British Museum, London

Joachim Herrmann

Ehemaliger Direktor, Zentralinstitut für Alte Geschichte und
Archäologie der Akademie der Wissenschaften der DDR, Berlin;
Mitglied der Leibniz Sozietät, Berlin

Jöran Mjöberg

Professor Emeritus für Vergleichende Literaturwissenschaften
an der Universität Lund, Schweden

INHALT

Bildstein aus Tjängvide, Gotland, Schweden. Das untere Feld zeigt ein Segelschiff mit bewaffneten Kriegern. Darüber ist ein Reiter auf einem achtbeinigen Pferd dargestellt; er wird von einer Frau begrüßt, die offensichtlich ein Trinkhorn in der Hand hält und vor einem Gebäude steht, das vielleicht den Eingang zu Walhall bedeuten soll.

EINLEITUNG

Von
David M. Wilson

Heutzutage, da uns die Einheit Europas ständig vor Augen steht, sollten wir auf unsere Ursprünge zurückblicken und überprüfen, ob die Vorstellung von einer solchen Einheit auch haltbar ist, zumindest was den nordeuropäischen Bereich betrifft. Die gemeinsamen Wurzeln liegen für Engländer, Holländer, Deutsche, Flamen oder Skandinavier ganz offensichtlich in der Sprache begründet. Weniger offensichtlich ist dagegen das gemeinsame Erbe für die slawischen Völker und im Westen für jene, die die alten britischen Sprachen pflegen. Im Laufe der Zeit haben jedoch politische Vorgänge und kulturelle Kontakte diese Völker einander näher gebracht. In vieler Hinsicht besitzen wir heute die gleiche kulturelle Ausdrucksweise, und dennoch sind die Unterschiede erkennbar und werden gelegentlich dazu benützt, um Distanzen und Spannungen untereinander zu vergrößern. Dieses Buch möchte sowohl die Anfänge der gemeinsamen als auch der unterschiedlichen Elemente bei den Völkern des nördlichen Europa untersuchen, also bei den Völkern, deren Schwerpunkte im Nord- und Ostseebereich und nicht im Mittelmeerraum liegen. Zweifellos bestehen zwischen den heutigen Ländern dieser Region deutliche kulturelle Gemeinsamkeiten, die aber ebensooft überbewertet werden wie die Unterschiede. So ist es einfach unrichtig, wenn man z.B. behauptet, daß die Leute im östlichen Yorkshire die Sprache des westlichen Jütland verstehen. Beide stehen vielmehr in einer mehr als tausendjährigen Polarität zueinander. Ebensowenig trifft es zu, daß es sich bei Deutsch und Holländisch um dieselbe Sprache handelt. In Zeiten von Unglück oder auch von Euphorie versammeln sich die nordischen Länder unter dem Banner des gemeinsamen Erbes, begründet auf Sprache und Religion. Ebenso oft können sie aber auch mit überraschender Verständnislosigkeit miteinander streiten und sich bekämpfen.

Die Gefühle, die Alfred Lord Tennyson bei der Hochzeit der Prinzessin Alexandra von Dänemark mit Edward, Prince of Wales, im Jahre 1863 ausdrückte, klangen groß und idealistisch, und sie enthielten tatsächlich einen wahren Kern:

„Meerkönigs Tochter von jenseits der See ...
Wir alle sind gemeinsam Sachsen, Normannen,
Dänen, Teutonen oder Kelten ...“

Doch wenig später standen Dänen und Deutsche wegen Schleswig-Holstein im Krieg gegeneinander, während die Engländer zusahen und schwiegen. Infolge dieses Krieges verloren die Dänen zum erstenmal seit tausend Jahren die Kontrolle über jene großartige Anlagen, die die Südgrenze zu Deutschland bildete – das Danewerk –, und die vermeintliche Brüderschaft der nördlichen Völker hatte sich damit einmal mehr als sehr zerbrechlich erwiesen angesichts der politischen Wirklichkeit.

In unserem Jahrhundert sind wir wieder wie eh und je die Gefangenen der Geschichte: Die von Alfred Rosenberg und Adolf Hitler erzeugten politischen Perversionen enthielten einen Pangermanismus, der – basierend auf dem Mythos der Überlegenheit der arischen oder nordischen Rasse – noch weitaus fanatischer war als der ärgste Panslawismus oder der extremste Auswuchs von keltischem Nationalismus. Eine Wechselbeziehung zwischen der germanischen Rasse und dem Ariertum herzustellen war nicht nur sachlich falsch, sondern auch dumm, und den Rassegedanken hiermit in Verbindung zu bringen, ist bestenfalls noch als unwissenschaftlich zu bezeichnen, schlimmstenfalls als aufhetzend. In der Nazizeit erlangten deshalb auch archäologische Objekte einen Symbolwert, der in keinem Verhältnis zur realen Bedeutung mehr stand. Die bekannten Bügelfibeln des 5. und 6. Jhs. wurden z.B. von manchen als Charakteristikum für den Pangermanismus angesehen. Völker, bei denen sie nicht verbreitet waren, oder von denen dies behauptet wurde, wie den Slawen, wurden als ‚Untermenschen‘ angesehen.

Auf einem stärker akademischen, wenn auch immer noch politischen Niveau wurden seit dem 18. Jh. die Fragen um die Entstehung des russischen Staates heftig debattiert. Für den Wissenschaftler besteht kein Zweifel darüber, wo Rußland seinen Ursprung hatte: In der Gegend um Kiew blühte eine lebendige slawische Kultur, die durch Handelseinflüsse aus dem nördlichen Europa und ebenso aus Byzanz und der arabischen Welt bereichert wurde. Es ist unbestritten, daß die Skandinavier für einige Aktivitäten des Kiewer Staatswesens eine Rolle gespielt haben, doch ist dies ebenso unwichtig wie etwa ihr Beitrag zur irischen Kultur vor der normannischen Eroberung 1169. Es ist diskutabel, daß die augenblicklichen Unruhen in Ulster (Nordirland) ihren Ursprung darin haben, daß einst die Wikinger Dublin und die westlichen Seewege Europas wirtschaftlich kontrollierten. Dies muß ein wichtiges Motiv für die Eroberung Irlands durch die Engländer gewesen sein, die den Handel in ihre Hände bringen wollten.

Insgesamt aber hat diese Art von geschichtlichem Politisieren nur sehr zweifelhaften Wert und bringt geringen Nutzen. Wirklich bedeutend ist allerdings die Tatsache, daß die Länder des nördlichen Europa über 1500 Jahre hinweg in ständiger Berührung miteinander standen. Die einzelnen Nationen entstanden in dem Zeitraum, den dieses Buch behandelt, von etwa 400 bis 1100. Es ist gewiß interessant, den Werdegang dieser Nationen zu verfolgen, und die entstehenden Beziehungen zwischen ihnen zu untersuchen. Dadurch lassen sich in einigen Fällen die gemeinsamen Elemente und die unterschiedlichen Wesenszüge unseres Erbes erklären, was nicht nur für uns in Europa, sondern auch für manches der nordamerikanischen Länder gilt.

In jener Epoche trat Nordeuropa aus der Anonymität und Schriftlosigkeit heraus und entwickelte sich zu einem

Die Schrift bildet die Brücke von der Vorgeschichte zur Geschichte. Alle hier behandelten Völker – Germanen, Kelten, Nordmänner, Slawen – wurden zwischen dem 3. und dem 12. Jahrhundert mit der Schrift bekannt. Die germanische Runenschrift taucht im 3. Jahrhundert auf, die alte keltische Schrift vermutlich zur selben Zeit.

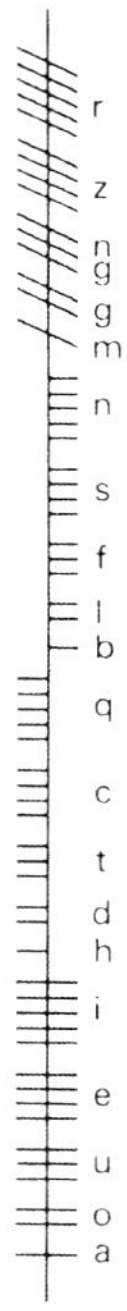

Die keltische Ogham-Schrift findet sich fast nur auf Steinen, wobei die Kante eines solchen Steines oft die Mitte des Textes bildet. Die Buchstaben bestehen aus geraden oder schrägen Strichen zu beiden Seiten der Kante und werden von unten nach oben gelesen. Zu sehen ist hier ein Beispiel für das piktische Ogham.

engen Verbund von etablierten Staatswesen. Es waren größtenteils christliche Länder, die in sich bereits die Saat für eine bedeutende Literatur und große politische Errungenschaften trugen. Die Herrschaft Roms brach zusammen, Angriffe fremder Völker aus Asien und Afrika wurden abgewehrt, Amerika wurde entdeckt (obgleich die in dieser Entdeckung liegenden Möglichkeiten noch nicht wahrgenommen wurden), zahlreiche Städte wurden im nördlichen Europa gegründet und Dynastien sind entstanden, durch die sich nationale Identität entwickeln konnte.

Die Frage ist berechtigt, ob Literatur und Christentum die beiden entscheidenden Elemente für die Entstehung der neuen Nationen waren, wie dies oft von Historikern gesehen wird, die auf den stark miteinander verknüpften Traditionen und der gut belegten Rechtfertigung der klassischen Mittelmeerländer fußen. Rom stellt auch heute noch eine der stärksten geistigen Kräfte im Denken des Abendländers dar. So ist das künstlerische Niveau Italiens im 17. Jh. unbestritten und gut bekannt. Daß jedoch gleichzeitig in Nordeuropa eine bedeutende und eigenständige Kunst und Architektur entstanden sind, wird zuwenig beachtet. Auf hundert Menschen, die Galilei kennen, kommt wahrscheinlich nur ein einziger, dem die Leistungen eines Tycho Brahe bekannt sind, der in Dänemark das vermutlich erste Observatorium der Welt baute und damit den Weg für Kepler und Galilei ebnete. Je weiter wir in der Geschichte zurückblicken, desto stärker stellen wir eine Betrachtungsweise fest, die im Mittelmeerraum das Zentrum der Welt erkennt. Dabei wird mit erhobenem Zeigefinger – wenn nicht gar mit Verachtung – auf die ‚Barbaren im Norden' gedeutet. Die angebliche Brutalität der Barbaren war immer ein leichter Angriffspunkt, doch man sollte sich auch die Grausamkeiten der sogenannten zivilisierten Länder vor Augen halten. Sicher fehlte im nördlichen Europa die mediterrane Kultiviertheit, doch lohnt sich die Frage, ob nicht z. B. das Vorhandensein einer guten Holzbauweise im Norden – bei geringer Verwendung von Stein – unser Urteil über die Wirkkraft der klassischen im Vergleich zu den nordischen Kulturen verfälscht. Bekanntlich sahen die Angelsachsen in den verfallenen Römerstädten das „wundersame Werk von Giganten", und tatsächlich war auch die ökonomische und politische Basis der germanischen Macht eng begrenzt. Andererseits lohnt sich aber auch der Vergleich, wenn man auf folgende Dinge sieht: das handwerkliche Können des germanischen Schmiedes, das Niveau des skandinavischen Bootsbauers, die technischen Fertigkeiten des Slawen, der Erfindungsreichtum angelsächsischer und keltischer Geschichtsschreiber und die Brillanz und Tiefe des germanischen Dichters. Als Rom sich selbst zerstörte und die Macht von Byzanz dahinschwand, wurden die dadurch entstandenen Lücken rasch und energisch im Norden aufgefüllt. Dieser Prozeß ging zuweilen ungeordnet vor sich, oft auch brutal, doch letztlich war es das nördliche Europa, das zumindest zeitweilig die Zukunft wies.

Dieses Buch behandelt die Geschichte des germanischen Europa und der daran angrenzenden keltischen und slawischen Länder zwischen den Jahren 400 und 1100. Der Überblick ist nicht ganz vollständig, da die ‚Franken' sich so rasch in eine mediterrane, romanische Welt und Sprache eingefügt haben, daß sie bereits um 800 zu einem Teil der mittelmeerischen Kultur geworden sind. Auch war es nicht möglich, hier Völker wie die Westgoten und die Burgunder bis zum Ende ihres Schicksals zu begleiten, die sich kulturell

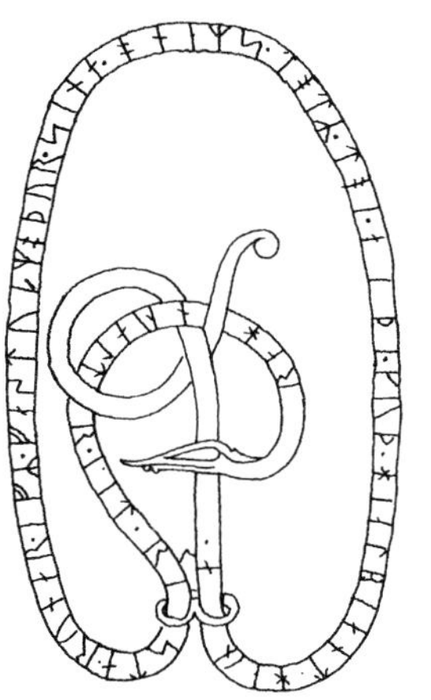

Der Ursprung der germanischen Runenschrift ist umstritten, sie stammt wohl letztlich von etruskisch-norditalischen Alphabeten ab. Die eckigen Buchstaben sind für das ‚Schreiben' in Holz und Stein geeignet. Weitere Belege stammen von Knochen oder Walbein, so z. B. ‚Franks Casket' aus Walbein, S. 30–31. Der hier gezeigte Stein aus Ed bei Stockholm wurde von „Ragnwald" errichtet „der ... in Griechenland gewesen ist, der Heerführer".

Der ‚Cathach (‚Kämpfer') des hl. Columba' aus der 2. Hälfte des 6. Jhs., ein Psalter, ist vermutlich die älteste erhaltene irische Handschrift. Hier sind zum erstenmal zwei verschiedene Formen insularer Handschrift vereint: Die verschlungene, stark ornamentierte Initiale und die Minuskeln in der ersten Textzeile.

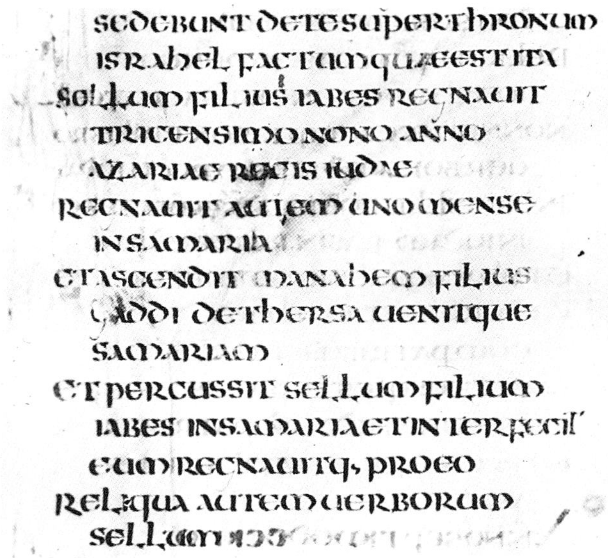

Ausschnitt aus einer lateinischen Bibel (zweites Buch der Könige), die Anfang des 8. Jahrhunderts unter der Leitung von Ceolfrid, dem Abt von Jarrow und Wearmouth, in Northumbria entstanden ist, eine der schönsten und vollendetsten angelsächsischen Handschriften.

in derselben Richtung bewegten wie die Franken. Die germanischen Stämme im südlichen Deutschland werden ebenfalls nicht über das Jahr 800 hinaus behandelt, da sie größtenteils – wie die Franken – unter die Herrschaft des neu entstandenen ‚römischen' Reichs Karls des Großen kamen.

Slawen und Kelten werden berücksichtigt, weil beide Völker sich mit ihren germanischen Zeitgenossen sowohl vermischten, als auch gegen sie kämpften. Wenn es um weniger wichtige Dinge ging, faßten sie sogar auch Zuneigung zueinander: So hat sich Harald Blauzahn, der König aus dem 10. Jh., der ein mächtiges dänisches Reich errichtete, mit einer slawischen Prinzessin vermählt. Zarte Spiralornamentik keltischen Ursprungs wurde für kurze Zeit von angelsächsischen Künstlern begeistert übernommen. Doch hatten diese Völker auch lange andauernde und tiefgreifende Beziehungen zueinander. Sowohl die angelsächsische Kirche als auch diejenigen mancher anderer germanischer Länder empfingen die wohl größten Anregungen von der älteren, gefestigten Kirche Irlands und Schottlands. Die Slawen übten im nördlichen Europa einen sehr starken kriegerischen Einfluß aus. Ihr fast permanenter innerer und äußerer Kriegszustand dürfte – was etwa den Bereich der Kriegskunst anlangt – Dänemark beträchtlich beeinflußt haben.

Was auf den Seiten dieses Buches wiedergegeben wird, beruht auf einer großen Zahl von Belegen sehr unterschiedlichen Charakters. Originale historische Berichte sind vorhanden, doch sie haben oft einseitige Tendenzen und müssen mit Sorgfalt geprüft werden. Für die Stammländer von Wikingern und Slawen sind eigene Schriftquellen sehr selten, obgleich der Historiker sich hier mit zeitgenössischem Material aus der originalen russischen Chronik und den skandinavischen Runeninschriften behelfen kann. Andererseits gibt es eine umfangreiche, außerhalb Skandinaviens entstandene Literatur über Wikinger und Slawen. Ein byzantinischer Kaiser, Konstantin Porphyrogenitos, schreibt über Wikinger und Slawen ebenso wie Alfred, ein angelsächsischer König. Sie erhielten ihre Nachrichten aus zweiter Hand. Näher an die Wirklichkeit kamen vermutlich die Schriften arabischer Reisender heran, die in den slawischen Ländern den Skandinaviern und Slawen begegneten und ihre Eindrücke zuweilen in sehr düsteren Einzelheiten wiedergaben. Auch Historiker behandeln diese Völker, wie etwa Adam von Bremen, ein deutscher Kleriker. Sein Werk ist eine Fundgrube mehr oder weniger brauchbarer Nachrichten über die direkten Nachbarn der großen norddeutschen Diözese Hamburg-Bremen. Am Übergang vom 8. zum 9. Jh. beleuchten die königlichen fränkischen Reichsannalen für kurze Zeit einen kleinen Ausschnitt der dänischen Geschichte. Dies sind jedoch insgesamt nur dürftige Nachrichten.

Durch Geschichtsschreiber gut belegt sind das angelsächsische England und zum Teil Irland, besonders seit dem Ende des 6. Jhs. Beda, gen. Venerabilis, der während des frühen 8. Jhs. in Jarrow schrieb, war als Historiker ein Neuerer, da er auf die Nachprüfung seiner Quellen viel Mühe verwendete. Die irischen Annalen sind weniger verläßlich, während die piktischen Chroniken fast vollständig verlorengegangen sind. Der Niedergang des römischen Reichs ist ebenfalls – mehr oder weniger genau oder verschwommen – in vielen germanischen Gebieten belegt. Je weiter die römische Epoche zurückliegt, desto weniger zuverlässig und brauchbar werden im allgemeinen die historischen Quellen.

Vieles ist auch noch in späteren literarischen Dokumenten am Leben geblieben. Klassische Beispiele sind in diesem Zusammenhang die skandinavischen Sagas, die im späteren Mittelalter niedergeschrieben worden sind. Sie wurden mit

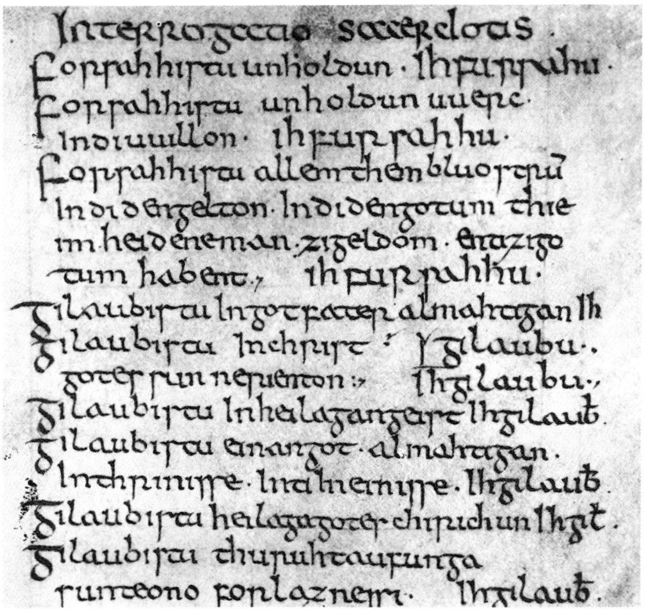

Bei der Bekehrung der germanischen Sachsen zum Christentum um 800 wurde das Taufgelöbnis in einer Mischung von Latein und Sächsisch abgelegt, letzteres ist in lateinischer Schrift mit ergänzenden Buchstaben für die rein germanischen Laute geschrieben.

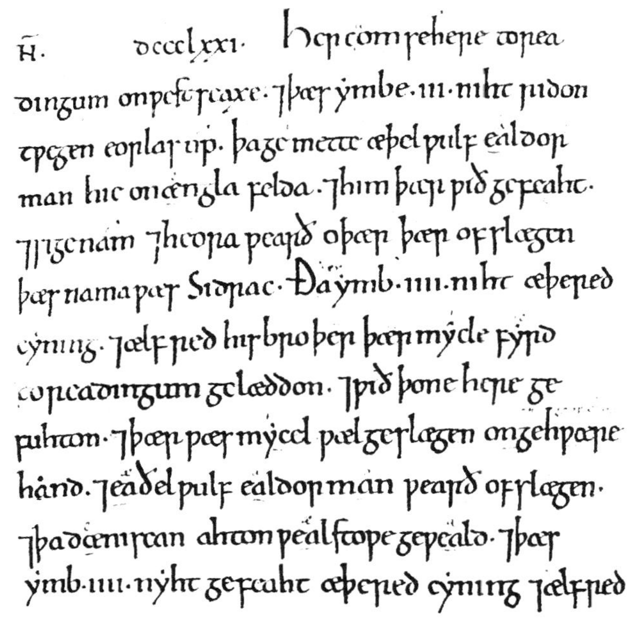

Teil der Angelsächsischen Chronik mit Berichten über Ereignisse des Jahres 871 (Alfreds Sieg über die Dänen bei Ashdown), niedergeschrieben im späten 11. Jahrhundert. Auch hier basieren die meisten Lettern auf dem Lateinischen, wie auch die Jahreszahl am Anfang.

großem Eifer ausgewertet und oft auch mißbraucht, letzteres besonders im Dienst des skandinavischen Nationalismus, worüber in diesem Buch Jöran Mjöberg berichten wird. Die Edda wurde insbesondere zur Deutung und Erklärung der Religion des Nordens herangezogen. Wie die Sagas, so können auch die Edda-Dichtungen mit Hilfe besonders sorgfältiger Analyse dazu beitragen, die unbekannteren Bereiche des menschlichen Geistes im hier behandelten Zeitraum besser zu erhellen. Sie vermitteln uns den Zugang wenigstens zu einem Teil der Vorstellungsweise jener Zeit.

Die zweite Hauptquelle, aus der wir unser Wissen schöpfen, ist die Archäologie. Ausgrabungen fördern ständig neue Belege für das Leben in Europa nach der Römerzeit zutage. In manchen Gegenden ist dies praktisch der einzige noch vorhandene Anhaltspunkt. So wissen wir von daher, daß z. B. die Isle of Man, die in der Literatur vor dem 11. Jh. kaum erwähnt wird, eine blühende Kelten- und Wikingerkultur besaß. Aber selbst da, wo die Literatur reiches Material liefert, kann die Archäologie es noch mit neuen Fakten bereichern und anschaulich machen. Die Ausgrabungen in York haben z. B. in den letzten Jahren das alltägliche und das öffentliche Leben dieser Stadt ganz entscheidend erhellt, obwohl das meiste schon in Dutzenden von Quellen aus der Zeit Bedas bis hin zur normannischen Eroberung beschrieben oder erwähnt war. Skulpturen, Münzen, Werkzeuge zur Metallbearbeitung, Waffen und Ornamentik von anglo-skandinavischer Herkunft belegen den deutlich skandinavischen Charakter Yorks im 9. und 10. Jh. Auch das offene Land zeigt sich dank der Arbeit der Archäologen in einem völlig neuen Licht. Die großen norddeutschen Dörfer, Warendorf, Tofting, Ezinge (Holland), erzählen vom Leben des gewöhnlichen Bauern in der frühen Völkerwanderungszeit. Zahlreiche Häuser wurden gefunden, die als Behausungen der Bauern und ihrer Familien anzusehen sind. Tierknochen, Samen und Pollen geben Zeugnis von Grundnahrungsmitteln und den ökonomischen Lebensumständen, sowie dem Niveau der Landwirtschaft und der Abhängigkeit oder Unabhängigkeit des Bauern von Jagd und Fischfang.

In den ersten drei Jahrhunderten nach dem Untergang des römischen Reichs wurden die Gräber auf den Friedhöfen im größten Teil Nordeuropas außerhalb der christianisierten Regionen mit Gegenständen des alltäglichen Gebrauchs ausgestattet – Fibeln für die Frauen, Waffen für die Männer, Schmiedewerkzeuge, Töpfe, Nahrung, Schiffe und Tiere. Die Sitte der Bestattung mit Beigaben hielt sich im vorwiegend heidnischen Teil Europas, besonders in Norddeutschland und Skandinavien, viele hundert Jahre lang, oft sogar bis ins 10. Jh. Für den zufälligen Finder waren die Gegenstände aus solchen Gräbern leicht zu erkennen. Sie wanderten in die Museen und bilden die Grundlage eifriger Forschungen und Analysen. Bis zur Entwicklung einer verfeinerten, naturwissenschaftlich begründeten Datierungsmethode trugen diese Grabbeigaben viele Jahre lang entscheidend dazu bei, für die schriftlosen Gebiete eine Chronologie aufzustellen. Dazu dienen sie auch heute noch, doch bieten sie darüber hinaus auch jegliche Art von Informationen über die Leute, die ihre Toten auf diese Art bestatteten. Sie geben Aufschluß über kulturelle Kontakte, vertiefen unsere Kenntnis von der damaligen Kleidung, zeigen die technischen Errungenschaften und den Fortschritt der Herstellungsweisen und werfen ein Licht auf die künstlerischen Fähigkeiten, die einen sehr bedeutenden Teil des Erbes aus dem nördlichen Europa darstellen. Außerdem liefern die Gräber dank moderner Untersuchungsmethoden auch andere Informationen: Die Gebeine geben Auskunft über Ernährungslage und Krankheiten, möglicherweise auch über die Herkunft des

Toten; sie berichten ferner von Lebenserwartung und Kindersterblichkeit. Durch ihre Lage innerhalb des Gräberfeldes und durch besonderen Grabritus können sie auch auf soziale Strukturen und religiöse Vorstellungen hinweisen.

Bis zu einem gewissen Grad ist die Archäologie auf Zufallsfunde angewiesen. Von erstrangiger Bedeutung sind hier Horte wertvollen Metalls, die in Krisenzeiten oder aus dem persönlichen Bedürfnis nach Sicherheit angelegt und nie mehr von ihrem Besitzer gehoben wurden. Goldhorte kommen zwar relativ selten vor, können jedoch sehr umfangreich sein, besonders während der Völkerwanderungszeit in Skandinavien. Zur Wikingerzeit war im Norden vor allem das Silber verbreitet. In Skandinavien wurden große Mengen gefunden, wovon zumindest ein Teil auf das ‚Danegeld' zurückgeht, das Lösegeld der von Wikingern angegriffenen Länder. Die Horte enthalten ausschließlich oder zumindest teilweise Gegenstände aus wertvollem Material, die – als Ausdruck auffälligen Reichtums oder tiefer Religiosität – Ornamente tragen. Dazu zählen Objekte wie der Ardagh-Kelch aus Irland um 700, eines der schönsten aus Metall gefertigten Kunstwerke aller Zeiten, oder auch der große Gotenhort des 5. Jhs. aus Szilagy Somlyo in Siebenbürgen.

Nicht alle Zufallsfunde jedoch sind Horte. Manchmal handelt es sich um Gegenstände, die der Besitzer verloren hatte, und die dann Jahrhunderte später von einem Bauern beim Pflügen oder von einem Bauarbeiter gefunden werden. Ein besonders schönes Beispiel dafür sind die großen goldenen Hörner von Gallehus. Wichtig sind auch Funde, die ursprünglich den Naturelementen übergeben wurden, so etwa ein Boot des 9. Jhs. aus Graveney in Kent, hölzerne Kultfiguren aus Schleswig-Holstein oder auch die bemerkenswerten Weihgaben in den Mooren Südskandinaviens, die zur Ehre einer Gottheit oder zur Feier eines Sieges niedergelegt wurden. Solche Depots umfassen Gegenstände des täglichen Lebens wie Werkzeuge, Gürtel, Boote, Waffen und andere Kriegsgeräte, die vielleicht als Dank für einen Sieg geopfert wurden.

Neben Geschichte und Archäologie läßt sich noch eine Vielfalt von Fachgebieten aufführen, die dem Forscher helfen, ein Bild vom Leben im nördlichen Europa zwischen 400 und 1100 zu gewinnen. Die Ortsnamen von Gehöften, Dörfern und Städten erzählen z. B. eine manchmal verschwommene, oft aber sehr bedeutungsvolle Geschichte. So hieß die Stadt Derby in England ursprünglich Northworthy (in moderner Schreibweise); den heutigen Namen erhielt sie im 9. Jh., als sie zu einer der größten Städte im von Wikingern besiedelten England wurde. Der Name ist in seiner jetzigen Form rein skandinavisch und bedeutet ‚Siedlung mit einem Hirsch (engl.: deer)-Park'. Es gibt viele Namen mit anderen Bedeutungen. Kaupang in Norwegen bedeutet z. B. Marktplatz, und tatsächlich wurden hier bei Ausgrabungen importierte Waren und Gegenstände fremder Händler gefunden. Der Ortsname Nowgorod, wörtlich ‚die neue Festung', zeigt an, wie die frühen slawischen Siedler diesen bedeutenden Platz angelegt haben. Nicht nur Ortsnamen sondern auch die heute noch bestehenden Sprachen verraten kulturelle Beziehungen und fremde Einflüsse. Das englische Wort ‚law' (Recht) hat skandinavischen Ursprung, und das im Norden der Britischen Inseln übliche Dialektwort ‚kirk' (Kirche) ist dasselbe wie in den skandinavischen Ländern, von denen es herstammt.

Geschichte, Archäologie und Philologie sind lediglich drei von vielen Fächern, die der Erforscher dieser Zeit heranzieht, weshalb dieses Buch auch weit in die Breite geht. Zu den Wissenschaften, die hier noch aufgezählt werden könnten, gehören Literaturgeschichte, Geologie, Rechtsgeschichte und Volkskunde, die freilich nur summarisch, ohne weitere Vertiefung ins Detail, genannt werden können.

Die Beiträge zu diesem Buch stammen aus den verschiedensten Wissenschaftsbereichen und Ländern. Sie vermitteln ein zugleich unvollständiges und doch zusammenfassendes Bild. Dieses Bild ist mit allen seinen Mängeln ein wenn auch nur impressionistisches, so doch getreues Porträt vom Beginn der nordeuropäischen Kulturen.

Die nordischen Sagas wurden im 13. und 14. Jahrhundert aufgeschrieben. Hier ein Ausschnitt aus dem Flateyjarbók von 1387–94: Teil der Grönland-Saga, die etwa 200 Jahre früher entstanden ist.

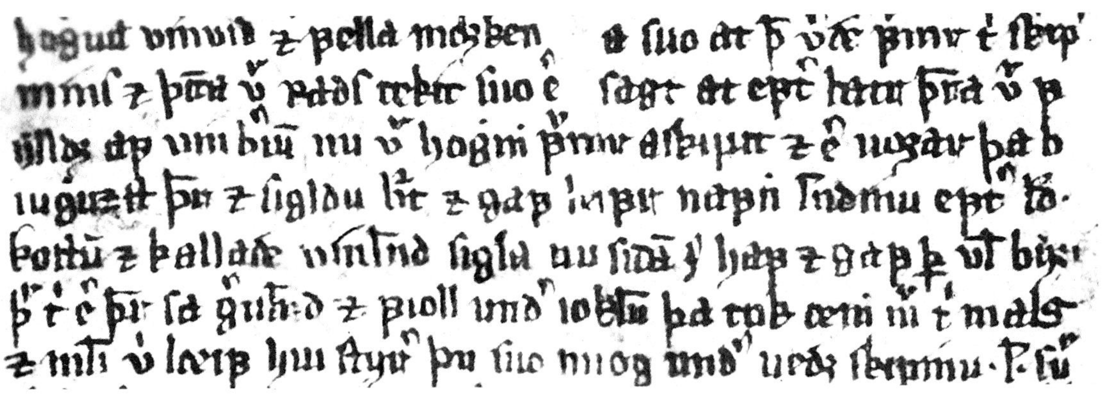

I

GÖTTER UND HEROEN DER NORDISCHEN WELT

Von Christine E. Fell

Welch ein Traum ist dieses? sprach Odin
Vor Tag meint ich aufzustehen,
für erschlagenes Wehrvolk
Walhall zu rüsten:
ich weckte die Helden,
ließ sie aufstehen,
die Bänke zu decken,
die Becher zu spülen;
und die Walküren Wein holen,
da ein Fürst werde kommen.

Ältere Edda, vor dem 13. Jahrhundert

Will man den Glauben und die religiösen Zeremonien heidnischer Germanenstämme erforschen und darstellen, so gilt hierfür zunächst als Grundvoraussetzung, daß man sich über die dabei auftretenden Schwierigkeiten im klaren sein muß. Wir müssen uns mit einem Gegenstand beschäftigen, der sich sowohl geographisch als auch zeitlich über ein weites Feld erstreckt. Das erste nachweisbare schriftliche Zeugnis über Glaube oder Zeremonien bei den germanischen Stämmen ist der Bericht des römischen Historikers Tacitus im 1. Jh. n. Chr. Die zeitliche Spanne reicht bis zu dem Isländer Snorri Sturluson, der Anfang des 13. Jhs. detailliert Zeugnis über den heidnischen Glauben ablegt. Keiner dieser Geschichtsschreiber bezieht sein Wissen aus erster Hand. Tacitus ist ein Außenstehender, der wahrscheinlich nur wiedergibt, was er von Reisenden gehört hat. Snorri ist ein Christ, der über die Religion seiner Vorfahren schreibt. Aber da wir durch andere Quellen nur lückenhaft und spärlich informiert werden, wurden sowohl der Römer Tacitus als auch der Christ Snorri weitgehend als glaubwürdige Autoritäten auf dem Gebiet des germanischen Heidentums anerkannt, und das, was sie darüber zu berichten wissen, hat nach wie vor sein Gewicht.

Snorri ist keineswegs der einzige christliche Historiker des Mittelalters, der über heidnischen Glauben und heidnische Bräuche berichtet. Doch besteht im allgemeinen die Schwierigkeit darin, daß innerhalb der germanischen Stämme die Ära der Schreibkultur mit der Bekehrung zum Christentum begann. Es gab zwar bei Angelsachsen und Skandinaviern der vorchristlichen Ära ein Runen-Alphabet, das dazu benutzt wurde, verhältnismäßig kurze Texte in Stein, Holz, Knochen oder Metall zu gravieren, lange literarische Texte in Form von Handschriften sind jedoch erst das Ergebnis christlich-lateinischer Bildung. Daraus ergibt sich zwangsweise, daß nur ein Autor ohne diese Bildung wirklich authentisch über heidnische Bräuche und Begriffe hätte berichten können. Der missionarische Eifer im angelsächsischen England ließ aber nicht viel Spielraum für solche Berichte. Deshalb müssen wir uns damit begnügen, das begrenzt vorhandene Material so erschöpfend wie möglich zu deuten. Umfangreicher sind dagegen die skandinavischen Quellen.

Außenstehende hatten wahrscheinlich Schwierigkeiten, sich in die germanische Religion einzufühlen, da sie die Riten, die sie selbst beobachteten oder die sie lediglich vom Hörensagen kannten, nicht völlig verstehen konnten. Was Christen darüber zu berichten wußten, ist wahrscheinlich durch die Absicht verzerrt gewesen, alles in möglichst schlechtem Licht darzustellen: als Aberglaube, Götzendienst oder Teufelsanbetung. Aber selbst wenn ein Text mit der größtmöglichen Sorgfalt ausgelegt worden ist, so dürfte das Ergebnis lediglich für einen kleinen Teil der germanischen Stämme aufschlußreich sein. Angelsachsen, Schweden, Friesen oder Isländer hatten ursprünglich eine gemeinsame ethnische Wurzel, vermutlich mit identischen religiösen Vorstellungen und Bräuchen. Allerdings ist kaum glaubhaft, daß diese Gemeinsamkeiten im Laufe der Jahrhunderte durch die geographische Trennung keine Veränderung erfahren haben sollten. Selbst angenommen, es sei wahr, was wir in einem angelsächsischen Text des 6. Jhs. über die religiöse Weltanschauung eines heidnischen Königs in Kent lesen, so gilt dies nicht notwendig auch für einen norwegischen Bauern im 8. Jh. oder einen schwedischen Händler im 10. Jh. Und doch haben alle drei eines gemeinsam: sie sind germanisch und heidnisch.

Thor angelt nach der Midgardschlange. Detail vom Gosforth-Kreuz (siehe Seite 161). Thor hält in der linken Hand seinen Hammer, in der rechten die Angelschnur mit dem Stierkopf. Die rechte Figur zeigt Hymir, im Begriff, die Schnur mit der Axt zu durchtrennen.

Man kann sich nicht der authentischen, schriftlich niedergelegten Quellen bedienen, ohne sich Rechenschaft darüber abzulegen, wie ungleich sich die Menge des vorhandenen Schriftmaterials auf Skandinavien einerseits und die übrigen germanischen Länder andererseits verteilt. Auch darf man die zeitliche Differenz nicht außer acht lassen. Das angelsächsische England war bereits seit Beginn des 6. Jhs. christianisiert oder befand sich auf dem Wege der Christianisierung, hörte aber als angelsächsisches England übergangslos zu existieren auf, als die Normannen es im Jahre 1066 eroberten. Die Berichte, die aus diesem Zeitraum überliefert sind, stellen deshalb unsere frühesten Quellen dar, insbesondere unsere frühesten einheimischen Texte. Verallgemeinernd läßt sich sagen, daß die Angelsachsen zwar an ihrer Vergangenheit interessiert waren, nicht aber an ihrer heidnischen Vergangenheit. Ihr überlieferter Legendenreichtum ist beträchtlich, die Berichte über die vorchristliche Religion dagegen dürftig und uneinheitlich: hier eine Lehrpredigt, eine Urkunde, dort medizinisches Sammelsurium und andere Dokumente von geringer Glaubwürdigkeit. Zwar ist das, was vorliegt, aufgrund seiner frühen Datierung sehr wertvoll, aber es ist wenig. In späterer Zeit gingen Missionare nach Deutschland und Skandinavien. In Deutschland fand dies keinen unmittelbaren Niederschlag in Form von literarischen Sammlungen. Skandinavien aber hatte einzigartiges Glück mit einer seiner Kolonien. Im 9. Jh. wurde Island von einem Skandinavier entdeckt und in der Folgezeit in weiten Teilen von Norwegen aus besiedelt. Im Mittelalter brachte Island dann eine Literatur hervor, die in Menge und Qualität mit nichts in der übrigen mittelalterlichen Welt zu vergleichen ist.

Gunnar (Gunther), der von seinem Schwager Atli (Attila) gefesselt in eine Schlangengrube geworfen wurde, schlägt mit seinen Zehen die Harfe, um die Schlangen zu beschwören: Schnitzerei von der norwegischen Kirche in Hylestad.

Innerhalb dieser Literatur sind für uns besonders drei Gruppen wichtig: An erster Stelle ein Sammelwerk von Dichtungen früher Götter- und Heldengeschichten. Zumindest von einem Teil dieser Helden erzählte man sich Geschichten auch an den Feuerplätzen der übrigen Germanen. Auch einige Götter waren der ganzen germanischen Welt gemeinsam. Man kennt diese Geschichten, die vorwiegend in einem handschriftlichen Codex aus dem 13. Jh. erhalten sind, heute unter dem Namen ‚Ältere' oder ‚Lieder-Edda'.

Außerdem hat Snorri Sturluson (1172–1241), ein isländischer Historiker, Gelehrter und Staatsmann, in Prosa viele Erzählungen und Anekdoten über Götter und Helden niedergeschrieben, hauptsächlich deshalb, wie er selbst sagt, weil es schwierig sei, die skandinavischen Dichter zu verstehen, wenn man ihre Anspielungen auf diese Geschichten nicht kennt. Sein Werk ist also als Hilfsmittel zur kritischen Würdigung und zum Verständnis der Dichtung der Wikingerzeit gedacht. Soweit ist seine Absicht gelungen. Darüber hinaus erzählt er uns aber auch Göttersagen, die wir aus keiner anderen Quelle kennen. Dieses Werk ist die ‚Jüngere' oder ‚Snorra-Edda'.

An dritter Stelle stehen Isländer, die im späten Mittelalter die Geschichte ihrer Vergangenheit niederschrieben. Sie erzählten in zahlreichen mundartlichen Prosadichtungen die Geschichte ihrer heidnischen Wikinger-Ahnen, die Island besiedelt hatten – zusammenfassend bekannt als die isländischen Familien-Sagas. In anderen Sagas erzählten sie die norwegische Königsgeschichte, in wieder anderen schrieben sie Geschichten aus einer fernen, sagenhaften Vergangenheit nieder, einer Vergangenheit, die so weit zurücklag, daß darin Namen vorkamen von so schreckenerregenden Helden wie Attila, dem Hunnenkönig, und dem Goten Ermanarich. All diese Sagas sind eine merkwürdige Mischung aus Geschichte, Erfindung, Volksmärchen und Anekdote. Unter ihnen finden sich Gedichte, die von den Männern stammen sollen, die selbst in den Sagas vorkommen. Manche dürften in der Tat authentische Schöpfungen der Wikingerzeit sein. Sie berichten ausführlich über die frühskandinavische Gesellschaft. Doch abgesehen davon besitzen sie auch einen

Der Stern der nordischen Götter verblaßte erstmals, als im frühen Mittelalter das Christentum aufkam, das ihre Heiligtümer zerstörte und die alten Überlieferungen als heidnisch und sogar teuflisch verdammte – und noch ein zweites Mal, als die ‚Renaissance' der Antike Europa bereits im 12. Jahrhundert ein Repertoire an griechischen und römischen Mythen bescherte, das die germanischen fast völlig auslöschte. Odin, Thor, Freyja und Sigurd sind deshalb im Vergleich zu Jupiter, Mars, Venus und Herkules schattenhafte Gestalten; Literatur, die ihnen Gestalt verleiht, ist verhältnismäßig selten, und die wenigen Kunstwerke, die uns erhalten geblieben sind, haben nicht vermocht, ihnen genügend Leben einzuhauchen. Dennoch verschwand die Erinnerung an sie niemals ganz, und im 19. Jahrhundert wurde gerade das Geheimnis, das sie umgab, zu einer Quelle emotionaler Kraft.

Odin oder Wodan war der oberste der Götter. Die Angelsachsen sahen ihn als den Vorfahren ihrer Könige an, eine Vorstellung, die noch dem Mittelalter geläufig war. In einer jetzt in Cambridge befindlichen Handschrift aus dem 13. Jahrhundert wird der Stammbaum der englischen Könige von Heinrich II. über Wodan auf Adam zurückverfolgt. Eine ganzseitige Illustration (*rechte Seite*) zeigt Odin in zeitgenössischem Gewand, eine goldene Blume in der Hand haltend. Die gekrönten Häupter an den Zierleisten stellen seine sieben Söhne dar.

Die ‚Prosa'-Edda, die Snorri Sturluson im 13. Jahrhundert auf Island verfaßte, ist die Hauptquelle unseres Wissens über Odin, aber auch über die meisten anderen germanischen Mythen. Es ist schwer zu sagen, inwieweit die Geschichten, die er berichtet, tatsächlich die tausend Jahre früher lebendig gewesene Religion widerspiegeln. Man muß wohl begründeterweise annehmen, daß Odin ursprünglich nicht der oberste der Götter war. Einige frühe Schriftsteller setzen ihn mit Merkur gleich, andere spielen auf längst vergessene Legenden an, deren Bedeutung wir nicht mehr ergründen können. Im frühen Mittelalter war seine Stellung im germanischen Götterhimmel jedoch zweifellos gesichert, und für spätere Dichter und Künstler war er der ‚Hohe', der ‚Herr des Speeres', der ‚Allvater'. (1)

Woden antiquissimus
generationibus eorum
unde reges anglie
usque ad Willelmum
Voden gen beldeag
Voden genu
Voden gen
Beldig
Wilgelsa.
Winta.
Incipit lib pri
de gestis regum

Zwei von Snorris Erzählungen werden von der Archäologie bestätigt. *Oben:* Odins achtbeiniges Pferd Sleipnir, Abkömmling von Loki, als dieser sich in eine Stute verwandelt hatte, dargestellt auf einem Bildstein aus dem 9. Jahrhundert. Ein anderer Sproß Lokis war der Wolf Fenrir. Zur Zeit des Unterganges der Götter riß Fenrir seinen riesigen Rachen so weit auf, daß er mit dem Unterkiefer die Erde und mit der Schnauze den Himmel berührte. *Oben rechts:* Fenrir verschlingt Odin (man beachte den Raben auf seiner Schulter), Steinrelief von der Isle of Man. (2, 3)

1812 zeichnete der schwedische Maler Pehr Hörberg Odin beim Bau seiner Stadt Sigtuna. Alle Details enthalten klassische oder asiatische Elemente, lediglich für den Inschriftenstein in der Bildmitte diente ein echter wikingischer Runenstein als Vorlage. (4)

Ein moderner Odin *(rechts)* reitet den achtbeinigen Sleipnir – ein geschnitztes Relief auf der Tür des Osloer Rathauses. Über ihm fliegen die beiden Raben Hugin (‚Gedanke‘) und Munin (‚Erinnerung‘), die durch die Welt schwärmen, um ihrem Herrn von allen Geschehnissen Kunde zu bringen. (6)

Der ‚Dichtermet‘ war ein wunderwirkendes Getränk, das jeden, der davon trank, zum Dichter und Weisen machte. Odin besaß es und teilte es an jene aus, die in seiner Gunst standen – sie wurden die Barden. Diese naive Illustration *(oben)* stammt aus einer Handschriftensammlung des 17. Jahrhunderts, die auch Material aus der Edda enthält. Sie befindet sich jetzt in Kopenhagen. (5)

Die Bronzetüren des Historischen Museums von Stockholm *(rechts)* zeigen eine Zusammenstellung verschiedener Mythen, die sich um die Urgestalt des Odin ranken. Er wird hier einäugig dargestellt, da er das andere Auge geopfert hatte, um aus Mimirs Brunnen der Weisheit trinken zu können. Links ist sein Selbstopfer zu sehen: er hängt an einem Zweig der Weltesche Yggdrasil. (7)

Der Hammer des Thor

Thor war der Kriegsgott, der mit seinem mächtigen Hammer Mjöllnir die Schädel von Riesen, Schlangen und Ungeheuern zerschmettern konnte. Die Midgardschlange lag im Weltmeer um die Erde gerollt (‚Midgard' – ‚die bewohnbare Erde zwischen Himmel und Unterwelt'). Thor bekämpfte die Schlange zum erstenmal vom Fischerboot des Riesen Hymir aus, indem er seinen Haken mit dem Kopf eines Ochsen köderte. Hymir zerschnitt jedoch die Angelschnur und die Schlange entkam. Dieser Kampf wurde in einem isländischen Manuskript um die Mitte des 18. Jahrhunderts *(unten)* und – weitaus dramatischer – 1790 von Heinrich Füssli *(links)* bildlich gestaltet. *Rechte Seite:* Thors Kampf mit den Riesen, von dem schwedischen Künstler M. E. Winge, 1872. Thor in einem von Ziegenböcken gezogenen Wagen. (8, 9, 11)

Miniaturhämmer wurden wahrscheinlich als Amulette getragen, so wie Christen ein Kreuz trugen. Während der Periode der Bekehrung (10. bis 11. Jahrhundert) war es durchaus nicht ungewöhnlich, daß ein und dieselbe Person beide Talismane besaß, und man fand tatsächlich Gußformen *(rechts)*, mit denen sowohl Hämmer als auch Kreuze hergestellt werden konnten. Weiterhin sind zwei verzierte Hämmer abgebildet, die aus Grabfunden stammen. (10)

Der rätselhafte Balder, jung, schön und von allen geliebt, wurde auf das Betreiben Lokis hin getötet. Sein Bruder Hermod drang in die Unterwelt ein und man versprach ihm, daß Balder zurückkehren dürfe, wenn die ganze Erde um ihn weinte. Daraufhin weinten alle Dinge dieser Welt bis auf eine alte Riesin: der verkleidete Loki! Die Romantiker sahen in Balder eine christusähnliche Gestalt. Bengt Fogelbergs um 1840 geschaffene Statue *(rechts)* verdeutlicht diese Parallele: sie erinnert an Thorwaldsens ‚Auferstandenen Christus'. (14)

Odin, Thor und Freyr auf einer Stickerei aus dem 12. Jahrhundert, einst in der Kirche von Skog, Schweden. Die kleine Figur im Hintergrund stellt Freyja dar. (13)

Freyja, Balder und Loki

In einem von Katzen gezogenen Wagen, der von Putten umringt wird, die sich aus einem sonnigeren Klima in die nordische Mythologie verirrt zu haben scheinen, fährt Freyja, die Göttin der Jugend und Liebe, über den Himmel und sucht ihren Gatten Od. Dieses Gemälde des Schweden Nils Blommér *(links)* entstand 1852 in Rom. Der Maler signierte es *in Runenschrift* auf dem Stab in Freyjas rechter Hand. Spätere Schriftsteller verschmolzen die Gestalt der Freyja mit Idun, der Hüterin jener goldenen Äpfel, die die Götter ewig jung hielten. Auch Richard Wagner übernahm diese Interpretation. *Rechts:* eine Illustration von Arthur Rackham zu Wagners ‚Der Ring des Nibelungen' stellt die schlanke Göttin mit dem Apfelbaum dar. Wieder wird sie von zwei Katzen begleitet. (12, 16)

Loki, der Listige, Verführer und Vater von Ungeheuern, ist der Satan der germanischen Mythologie. *Rechts:* H. E. Freunds Holzplastik von 1822 hebt besonders Lokis Zynismus und Spott hervor. Nach Balders Tod ergriffen ihn die Götter und fesselten ihn an einen Felsen, auf dem eine giftige Schlange hauste. Seine Frau Sigyn fing das Gift in einer Schale auf *(oben)*, aber jedesmal, wenn sie sich entfernte, um die Schale zu leeren, tropfte Gift auf Lokis Gesicht, und er erschütterte die Erde mit seinen Zuckungen. Gemälde von M. E. Winge. (15, 17)

Erschaffung und Untergang der Welt

Am Anfang gingen die Lebewesen – wie die Ältere oder Lieder-Edda berichtet – aus dem Ur-Eis hervor: zuerst der Riese Ymir (aus seinem Körper sollte sich die Erde und aus seinem Blut das Meer bilden), dann Buri, dann Bor, der Vater von Odin. Ymir wurde von der Kuh Audumla genährt. Dieses seltsame Motiv wählte der dänische Maler N. A. Abildgaard, als im späten 18. Jahrhundert der skandinavische Nationalismus die nordischen Mythen für sich beanspruchte. Während Ymir Audumlas Milch saugt, leckt diese das Eis auf, um Buri und Bor zu befreien. (18)

Der Untergang wird kommen, wenn der Wolf Fenrir seine Fesseln zerbricht und mit seiner Brut durch die Welt streift, Tod und Zerstörung verbreitend. Dann wird die Weltesche Yggdrasil, auf der alle Dinge ruhen, erschüttert werden. Odin und die Götter werden untergehen und ein neues Geschlecht wird die Erde erben. *Mitte:* Eine Seite desselben Manuskriptes aus dem 17. Jahrhundert, das auf S. 32 abgebildet ist. Es ist mit ausführlichen Anmerkungen versehen, die meist nach Snorri zitiert oder frei wiedergegeben sind. Links Fenrir, noch gebunden: „der Speichel fließt aus seinem Maule, das ist der Fluß, genannt Vøn. Die Asen brachten den Wolf zum See, den man Amsvartner nennt, bis zu der Insel, die Lyngve heißt. Dort wird er bleiben bis zum *Ragnarok* (Ende der Welt)!" Rechts Yggdrasil: „Hirsche laufen in den Zweigen der Esche umher und beißen die Schößlinge ab. Ein Adler sitzt in den Zweigen der Esche („der ist ein Vielwissender, und zwischen den Augen sitzt ihm ein Habicht namens Vedrfolnir" – Snorri). Die Schlange Nidhögg nagt an den Wurzeln des Baumes und das Eichhörnchen Ratatoskr sät Worte des Hasses zwischen dem Adler und Nidhögg". (19)

Eine Darstellung der Yggdrasil aus dem 20. Jahrhundert, 1933 von Axel Revold gemalt, befindet sich im Vestibül der Universitätsbibliothek in Oslo. *Unten:* Eine noch modernere Darstellung Fenrirs von Arne Vinje Gunnerud auf der Insel Asköy, in der Nähe von Bergen. (20, 21)

Sigurd der Völsunge

Von allen nordischen Helden war Sigurd, oder Siegfried, der weitaus beliebteste. Er erscheint nicht nur in den beiden Edden, im ‚Nibelungenlied‘ und in der nordischen ‚Volsunga Saga‘, sondern seine Geschichte ist auch eine der wenigen, mit der sich die zeitgenössische Kunst identifizieren kann. Ein Stuhl aus dem 13. Jahrhundert in der Kirche von Heddal, Norwegen *(links)*, zeigt Brynhild (Brunhild) in der Mitte, umworben von Sigurd und Gunnar. In das Portal der Kirche von Hylestad, Norwegen *(unten)*, ist eine ganze Bildfolge in das verflochtene Rankenwerk geschnitzt. Drei Szenen werden hier gezeigt: in der ersten schmiedet Regin ein Schwert für Sigurd, der den Blasebalg bedient; in der zweiten erprobt Sigurd die Waffe, indem er den Amboß spaltet; in der dritten erschlägt er den Drachen Fafnir. (22–25)

Für R. Wagner hatte die Gestalt des Siegfried eine politische und eine moralische Bedeutung. Während Wodan (Odin) die alte Ordnung symbolisiert, die durch das Ringen um die Macht gefährdet wird, repräsentiert Siegfried die furchtlose Jugend, welche – da unschuldig an den Sünden der Vorfahren – zur Erlösung der Welt durch Opfer und Liebe fähig ist. Der ‚Ring' wurde 1876 in Bayreuth uraufgeführt. Bernd Aldenhoff *(oben)* sang den Siegfried 1951 in Wieland Wagners Inszenierung. (27)

Kriemhild findet Siegfrieds Leiche: eine zutiefst romantische Wiedergabe der Szene durch den deutschen Maler Peter Cornelius, entstanden um 1820. Cornelius benutzt das ‚Nibelungenlied' als Vorlage, gibt der Geschichte einen mittelalterlichen Rahmen (man beachte die gotische Architektur) und stellt die Figur der Kriemhild sympathischer dar als die ihrer Rivalin Brunhild. „... da ahnte sie ihr Leid. Mit seinem Tode entsagte / sie nun aller Fröhlichkeit. Da sank sie zur Erden, / kein Wort mehr sprach sie da; Die schöne Freudenlose / man da liegen sah. Kriemhildens Jammer / wurde groß und voll; Sie schrie nach der Ohnmacht, / daß all die Kammer erscholl." (26)

Fritz Langs Verfilmung des Nibelungenliedes, entstanden im Jahre 1924, führte die Sage in die ‚finsteren Jahrhunderte' zurück und schuf eine fremdartige, magische, eindringlich poetische Welt *(rechts)*. (28)

Das Nibelungenepos

Das deutsche Mittelalter zog dieselben mythologischen Quellen wie die Sagas heran, verwob sie aber in ein neues Muster, indem es echte historische Gestalten einfügte. *Links:* Die Begegnung zwischen Siegfried und Kriemhild, aus einer Handschrift des Nibelungenliedes aus dem 15. Jahrhundert: „Nun kam die Minnigliche, / wie das Morgenrot Tritt aus trüben Wolken. Da schied von mancher Not, Der sie im Herzen hegte, / was lange war geschehn. Er sah die Minnigliche /nun gar herrlich vor sich stehn." (29)

Das Nibelungenlied wurde im späten 18. Jahrhundert wiederentdeckt und als eine der bedeutendsten Schöpfungen des deutschen Volkes begrüßt. Schnorr von Carolsfeld malte zwischen 1827 und 1834 eine Serie großer Nibelungen-Fresken in der Münchner Residenz. *Unten:* Hagen sprang „zurücke, /wo den Speer er fand . . . Als der edle Siegfried / aus dem Brunnen trank, Er schoß ihm durch das Kreuze, / daß aus der Wunde sprang Das Blut von seinem Herzen / hoch an des Hagen Kleid". *Rechte Seite:* Siegfried wird im Dom zu Worms begraben und Hagen, der die Tat geleugnet hatte, wird von der kummervollen Kriemhild angeklagt: „So bluten ihm die Wunden, / wie es auch hier geschah; Daher man nun der Untat /sich zu Hagen versah. Die Wunden flossen wieder / so stark als je vorher. Die erst schon heftig klagten, / die weinten nun noch mehr." (30, 31)

‚Franks Casket‘ (Das Runenkästchen von Auzon)

Wieland der Schmied war für die Nordgermanen und Angelsachsen ein vertrauter Name, aber seine Geschichte ist uns nur in fragmentarischer und mehrdeutiger Form überliefert. Dieser Schmied, der über Zauberkräfte verfügte, wurde von Nidhad verfolgt, an dem er Rache übte, indem er dessen Söhne tötete und seine Tochter Beadohild vergewaltigte. In der Szene auf dem Runenkästchen *(unten)* scheint die Figur zur Linken Wieland zu verkörpern, der den Kopf eines erschlagenen Prinzen in der einen Hand hält, mit der anderen Beadohild einen Becher anbietet. Rechts könnte Wieland dargestellt sein, wie er Vögel fängt, die ihm bei seiner Flucht helfen sollen. Das Kästchen, in der Zeit um 700 aus Walbein gefertigt, zeigt eine verwirrende Sammlung von heidnischen und christlichen Themen, die in einer Mischung von lateinischen Schriftzeichen und Runen erläutert werden. *Rechte Seite* von oben nach unten: Der Bogenschütze Egil verteidigt sein Haus gegen einen Angriff (aus der ‚Egil-Saga‘); die Plünderung Jerusalems durch die Soldaten des Titus; die Geschichte von Romulus und Remus; eine Szene, die wohl den Tod Sigurds darstellt. An die Wielandszene *(links)* schließt sich die Anbetung Jesu durch die Magier an. (32–37)

Fym hundrud Dyra Og fiörum
tugu sva hygg ek Valhöll vera
atta hundrud einheria ganga u
einom dyrum i senn þa er þeir fara
at Vitne at Vega
Heidrun heiter geit er stendur hællu a
skapt ker hun fylla skal inz skira
miadar kna at su veig vanaß
VH
Heimdallur
midgards Ormurinn
43

eigenen literarischen Reiz. Für uns sind in diesem Zusammenhang jedoch die Nebenprodukte von größerem Interesse: die eingestreuten Zeugnisse heidnischen Glaubens, heidnischer Sitten und Gebräuche oder heidnischen Aberglaubens, die dem Autor entweder selbst eigentümlich waren, oder den von ihm bewahrten Gedichten. Das Material, das uns in den beiden Edden vorliegt, ist unermeßlich umfangreich, jedoch auch wirr und unzuverlässig. Der Stoff muß mit äußerster Sorgfalt gesichtet werden, bevor er als Beweismittel gelten darf. Die Epoche der isländischen und der angelsächsischen Literatur steht ihrer heidnischen Vergangenheit fern. Zum Unterschied von den Angelsachsen waren die Isländer jedoch an ihrem Erbe interessiert und bewahrten und berichteten infolgedessen weit mehr.

Selbstverständlich gibt uns nicht nur das Schrifttum Beweismittel an die Hand. Beispielsweise können wir durch Ausgrabungen von Archäologen, die Kultstätten, Gräber und Handelsniederlassungen der heidnischen Welt freilegen, genaue Erkenntnisse über heidnisches Totenbrauchtum in eindeutigem Zusammenhang gewinnen. Bis zu einem gewissen Grad lassen derartige Beweismittel weitergehende Deutungen zu. So ist z.B. die Art und Weise der Bestattung aufschlußreich für die religiösen Vorstellungen vom Leben im Jenseits. Kunsthandwerkliche Gegenstände wie Amulette oder gravierte Steine ergänzen unsere Informationen. Eine gewisse Orientierungshilfe zur Lokalisierung spezifischer Kulte bietet auch das Vorkommen von Namen germanischer Gottheiten in Bestandteilen heutiger Ortsnamen. Doch selbst wenn wir die gesamten Erkenntnisse der verschiedenen Forschungsbereiche zusammennehmen, so wird das Endergebnis noch längst kein befriedigendes, scharf umrissenes Bild der germanischen Mythologie sein. Obwohl wir von Jahr zu Jahr neue Entdeckungen machen, wissen wir immer noch nicht genug.

Das Reich des Thor

Zu den Hauptgottheiten der heidnischen Angelsachsen gehörten Thunor (Thor), Wodan, Tiw (Tyr) und Frigg. Thunor, dessen Name auch das gebräuchliche Wort für ‚Donner' war, ist derselbe Gott wie der skandinavische Thor. In den verschiedenen Stammessprachen des Deutschen lautet sein Name so ähnlich wie im Englischen: *Thuner* im alten niederdeutschen Idiom, *Donar* im Althochdeutschen. Dieser Gott gab in den meisten einschlägigen Sprachen dem Donnerstag seinen Namen, Englisch *Thursday,* Holländisch *Donderdag,* Schwedisch und Dänisch *Torsdag.* In der skandinavischen Form ‚Thor' kommt der Name des Gottes in der Folgezeit weitaus am häufigsten vor, und die erste Silbe im Wort Thursday – Thur – deutet eher auf Thor als auf Thunor hin. In den frühesten angelsächsischen Berichten heißt der betreffende Tag ‚*Thunresdaeg*', ‚Thunors Tag'. Der heidnische Glaube der Wikinger, die in England einfielen, prägte das damals bereits weitgehend christianisierte Land nicht mehr entscheidend, doch hat er hier eine mögliche Spur in der Sprache hinterlassen.

Wenn wir das Wesen und die Kraft Thunors besser kennenlernen wollen, so sind hierfür die angelsächsischen Überlieferungen sehr wenig ergiebig. Sicher ist allenfalls, daß Thunor der Name eines Gottes ist, denn in angelsächsischen Schriften, die in lateinischer Sprache geschrieben sind, findet man manchmal die Bezeichnung *Thunor* über die lateinischen Wörter Jovis oder Jupiter geschrieben. Der angelsächsische Mönch Aelfric, der zur Zeit der Besiedelung Nordenglands durch die Wikinger eine Lehrpredigt gegen falsche Götter, ‚De falsis Deis', verfaßte, gebrauchte den skandinavischen Namen Thor statt des englischen Thunor: „Jovis ist der vornehmste von allen Göttern, die die Heiden in ihrem Irrtum verehren. Manche Völker nennen ihn Thor, am meisten verehren ihn die Dänen."

Gelehrte, die sich mit dem skandinavischen Heidentum beschäftigen, meinen, daß Odin (angelsächsisch Woden) der Gott der Könige, Krieger und Dichter sei, Thor dagegen der Gott der Landleute und Bauern. Ob dasselbe für das angelsächsische England gilt, ist zweifelhaft. Für eine solche Annahme spricht jedoch die Tatsache, daß die meisten angelsächsischen Könige ihre Ahnen auf Wodan (Woden) zurückführen, nicht aber auf Thor (Thunor) *(Abb. 1).* Als Bestandteil englischer Eigennamen kommt er selten vor, in skandinavischen Namen dagegen findet er sich häufig: Thorhall, Thorolf, Thormod etc. Diese Reihe ließe sich beliebig fortsetzen. Aber sowohl in England als auch in Skandinavien begegnet uns der Name sehr oft in Ortsnamen. Die englischen Orte Thunderfield, Thurstable, Thunderley etc. waren wahrscheinlich ursprünglich Zentren des Thunorkults. Im skandinavischen Mutterland heißen viele Orte nach ihm, und auch in den skandinavischen Kolonien am Atlantik wurde sein Name sehr häufig verwendet: In Caithness in Schottland liegt Thurso, ‚Thors Meeresbucht', auf den Faröer Tórshavn, ‚Thors Hafen', in Island gibt es wenigstens achtzehn Orte, in deren Namen das Wort Thor vorkommt.

Sowohl in skandinavischen als auch in englischen Ortsnamen ist er ebenfalls bezeugt. Um mehr zu erfahren, muß man jedoch die spärlichen Zeugnisse in englischen Dokumenten beiseite lassen und sich mit dem ausführlichen, wenn auch fragwürdigen skandinavischen Material beschäftigen. Im angelsächsischen England wird Thunor nicht als hammerschwingender Gott dargestellt, obwohl sein Name ‚Donner' bedeutet und sein Hammer das Symbol für einen Blitzstrahl sein könnte. In der skandinavischen Literatur und Kunst hingegen wird Thor häufig mit dem Hammer in Verbindung gebracht. Die isländische Thor-Tradition berichtet vielfach von seiner Fähigkeit, die Feinde der Götter (z.B. Hügelriesen und Frostriesen) mit seinem Hammer Mjöllnir zu vernichten, und die Schädel seiner Gegner zu Brei zu zermalmen. In einer Sage wird von einem christlichen König erzählt, der über seinem Trank das Kreuzzeichen schlug,

Walhall und die Midgardschlange, dargestellt in der Kopenhagener Handschrift von etwa 1680. Walhall – mit bezaubernder Naivität durch eine Flagge mit den Buchstaben VH gekennzeichnet, war Odins Palast. Hier hielt er in seinem großen Saal Hof und bewirtete die Helden, die in der Schlacht gefallen waren. Hoch oben zur Linken ist der Hirsch Eikthyrner zu erkennen, „der oben auf Walhall steht und die Zweige des Baumes Laered abbeißt; von seinem Geweih fließt ein Strom in den Brunnen Hvergelmir." Zur Rechten befindet sich die Ziege Heidrun. „Aus ihren Eutern", sagt Snorri, „rinnt der Met, mit dem sie jeden Tag einen Kessel füllt, so daß alle Einherjar (Odins Krieger) davon völlig trunken werden können." Die Gestalt im Portal ist Heimdall. Der Midgardschlange sind wir schon vorher begegnet (S. 20). Auf dieser Zeichnung ist sie gerade dabei, den Ochsenkopf zu packen, mit dem Thor seine Angelschnur geködert hatte. (38)

Thor, Woden und Friga (Thor, Odin und Freyr) aus Aylett Sammes' ‚Britannia Antiqua' von 1676. Das 17. Jahrhundert zeigte wachsendes Interesse für Englands vorchristliche Vergangenheit.

was ihm seine heidnischen Untertanen übelnahmen. Seine Freunde, die die Situation schneller als er erfaßten, erklärten, daß er die Form des Thorhammers in die Luft gezeichnet habe. Hammerförmige Amulette *(Abb. 10)*, die möglicherweise als Anhänger getragen wurden, finden sich in so manchen skandinavischen [Heiden-]Gräbern des 10. und 11. Jhs. Schriftsteller und Maler stellten Thor gerne mit seinem Hammer und seinem Gürtel *(Abb. 11)*, der seine Kräfte verdoppelt, dar, wie er sich für einen seiner vielen Kämpfe gegen die Riesen oder die ungeheure Midgardschlange *(Abb. 8, 9)*, „die die Erde umschlingend so lang ist, daß Kopf und Schwanz sich fast berühren" *(Abb. 38)*, einschifft. Bei alten Steinabbildungen ist es schwer, mit Gewißheit zu sagen, ob das Bildnis einer Schlange und eines Schlangentöters den heidnischen Gott Thor und die Midgardschlange, einen heldenhaften Drachentöter oder gar den christlichen St. Michael im Kampf mit dem Teufel darstellt *(Abb. auf S. 35)*. Zwei Darstellungen existieren jedoch (eine in Altuna in Schweden und eine in Gosforth in Cumberland *(Abb. auf S. 15)*, die auf Thor hinweisen. Sie stellen die berühmte Szene dar, wie er mit einem Stierkopf als Köder die Midgardschlange an seinem Angelhaken fing, „und es war ein schreckliches Schauspiel", sagt Snorri, „wie Thor die Schlange anstarrte und wie die Schlange zurückstarrte und Gift spie".

In der skandinavischen Überlieferung scheint der hervorstechendste Zug von Thor seine ungeheure Körperkraft und seine Rolle als Beschützer der Götter vor ihren gewalttätigen Feinden zu sein. Zu seiner Kraft kommt in isländischen Schwankerzählungen eine gewisse Beschränktheit hinzu. Eine Geschichte in der ‚Jüngeren Edda' erzählt, wie die Riesen die Götter durch Zauberkünste zum Besten hielten. Thor, der mit seiner Trinkfestigkeit geprahlt hatte, war aufgefordert worden, ein Trinkhorn voll Bier zu leeren. Da er jedoch nicht gemerkt hatte, daß das untere Ende des Trinkhorns im Ozean lag, gelang ihm dies nicht. Aufgefordert, eine Katze vom Boden hochzuheben – „eine graue und ziemlich große" –, sah er nicht, daß es die verkleidete Midgardschlange war. Aufgefordert, mit einem alten Weib zu ringen, merkte er nicht, daß er gegen ‚das Alter' selbst kämpfte. Zwar kommen diese Geschichten bei Snorri vor, aber es gibt Anhaltspunkte dafür, daß sie schon vor ihm bekannt waren. Es ist also anzunehmen, daß er diese Geschichten nicht selbst erfunden hat, sondern sich auf eine Überlieferung stützte. In einem wahrscheinlich authentischen Gedicht, das einem norwegischen Stammeshäuptling aus dem 9. Jh. zugeschrieben wird, wird das Alter ‚Thors Ringgegner' genannt.

Geschichten von Kämpfen zwischen Helden und Drachen übernahm die christliche Mythologie aus dem Heidentum. Eine sächsische Ritzzeichnung, die sich heute am Southwell Minster befindet, zeigt St. Michael im Kampf gegen Satan. Der skandinavische Stil des Drachens bezeugt vorchristliche Einflüsse. Links Samson im Kampf mit dem Löwen.

Spätere Autoren betrachteten Thor eher mit liebevoller Toleranz, als daß sie in ihm einen Gegenstand der Verehrung gesehen haben, was einleuchtend ist, wenn man bedenkt, daß ihre Berichte aus einer Zeit stammen, in der es den Thorkult nicht mehr gab. Ob man Thor schon in früherer Zeit eher liebe- als ehrfurchtsvoll betrachtete, ist nicht mit Gewißheit zu sagen. Ein Saga-Autor erzählt von einem nordischen Heiden aus dem 11. Jh. in Grönland, der seinen Namenspatron Thor vertraulich ‚den Rotbart' nannte. Die Besiedlungsgeschichte Islands erwähnt einen frühen Siedler namens Helgi, der von „gemischtem Glauben war". „Er glaubte an Christus, rief aber dennoch Thor um Beistand vor Reisen und anderen schwierigen Unternehmungen an." Eine solche Toleranz scheint weit entfernt von der strikten Ablehnung des Heidentums durch die Angelsachsen und der Widerrufsformel, die im 9. Jh. von den alten Sachsen bei der christlichen Taufe verlangt wurde: „Ich entsage Thunaer und Uuoden ... und all den Teufeln, die ihre Gefährten sind." Beda berichtet von den frühen Tagen des angelsächsischen Christentums, daß damals versucht wurde, sowohl den heidnischen als auch den christlichen Gottheiten zu dienen. Er erzählt, daß der ostanglische König Redwald zwei Altäre besaß: einen, der Christus geweiht war, und einen kleineren, auf dem den Teufeln Menschenopfer dargebracht wurden. Wogegen jedoch der spätisländische Autor von „gemischtem Glauben" ohne Wertung schreibt, verdammt Beda einen solchen im 8. Jh. aufs schärfste.

Odin, der All-Vater

Der Gott, den die Engländer Woden nannten und der im Frühgermanischen als Wodan oder Wuotan bezeichnet wird, heißt in Skandinavien Odin. In der altnordischen Form wird gewöhnlich der Anfangskonsonant weggelassen (z.B. altenglisch *wulf*, ‚Wolf', gegenüber altnorwegisch *ulfr*). Die Tatsache, daß Wodan (Woden) neben Thunor in dem oben genannten altsächsischen Spruch erscheint, läßt vermuten, daß die beiden für diesen Stamm Hauptgottheiten waren, ebenso wie offenbar auch bei Angelsachsen und Wikingern. Wodan hat seinen Namen in den meisten germanischen Stammessprachen dem Mittwoch (englisch: Wednesday) gegeben. Die altenglische Schreibweise ist *Wodnesdaeg*, die altnordische *Odinsdagr*, was im heutigen Dänisch und Schwedisch auf *Onsdag* verkürzt worden ist. In der skandinavischen Literatur wird Odin als All-Vater beschrieben, als höchster Gott. Für die gebildeten Angelsachsen jedoch war – wie bereits gesagt – eher Thunor/Thor als Wodan derjenige Gott, der Jupiter, dem Herrscher im olympischen Pantheon, entsprach. Dieselben gebildeten Angelsachsen setzten Wodan dem römischen Gott Merkur gleich. In einem lateinisch-angelsächsischen Wörterbuch des 8. Jhs. wird Wodan mit ‚Mercurium' übersetzt. In ‚De falsis Deis' erwähnt Aelfric kurz die Verehrung des Merkur, den, wie er mitteilt, die Dänen Odin nennen. Er erwähnt, daß dem Odin auf hohen Bergen geopfert wird. Dasselbe erfahren wir jedoch von ihm über Merkur, so daß nicht sicher ist, ob er überhaupt genau über die Odin-Verehrung der Wikinger zu seiner Zeit Bescheid wußte. Man muß bedenken, daß ein belesener Angelsachse wahrscheinlich genausoviel über die griechisch-römische Religion wußte, wie er vom Hörensagen von der Vielzahl germanischer Religionen kannte. Aelfric, der im 11. Jh. schrieb, wußte wahrscheinlich ziemlich genau, daß es für die Götter der dänischen Invasoren angelsächsische Entsprechungen aus grauer Vorzeit gab. Er spricht dies jedoch nirgends deutlich aus. Er berichtet nicht ausdrücklich von den Gottheiten seiner englischen Ahnen, sondern von denen der heidnischen Fremdlinge. Wulfstan, ein anderer Verfasser von Lehrpredigten, hat Aelfrics Abhandlung über die falschen Götter etwas umgeschrieben, und damit eine eigene Lehrpredigt über dasselbe Thema abgefaßt. In der erhaltenen Handschrift finden sich Randbemerkungen, aus denen hervorgeht, daß zumindest ein Autor Odin mit Wodan gleichsetzte. Unter den Randbemerkungen findet sich der Ausdruck ‚*Othon unde Wodones daeg* – ‚Odin, daher Wednesday'.

Bei Autoren vor Aelfric und Wulfstan wird Wodan nur selten erwähnt, die Angaben sind zudem schwer verständlich. Ein angelsächsischer Zauberspruch berichtet vom Kampf Wodans mit einer Schlange: „Wodan nahm neun Zweige des Ruhms und schlug die Natter." Dies Unterfangen war offenbar erfolgreich, da das Untier nach neun Richtungen auseinanderstob. Die Bedeutung ist allerdings unklar. Immerhin ist es interessant zu erwähnen, daß Wodan auch in einem im 10. Jh. aufgezeichneten deutschen Zauberspruch vorkommt. Hier verbindet er „Bein zu Bein, Blut zu Blut", um einen gebrochenen Fuß zu heilen. Ein angelsächsisches Gedicht unterscheidet deutlich zwischen den Verdiensten der heidnischen und der christlichen Götter. „Wodan schuf Götzen, der Allmächtige schuf die Herrlichkeit, den weiten Himmel." In Psalm 96 heißt es ähnlich: „... alle Götter der Völker sind Götzen; aber der Herr hat den Himmel gemacht." Es ist interessant, daß gerade Wodan als Gegensatz gewählt wurde. Ansonsten findet sich der Name von Wodan in angelsächsischen Dokumenten hauptsächlich in den Stammesverzeichnissen der königlichen Familien. Solche Verzeichnisse finden sich in der ‚Lateinischen Chronik' des angelsächsischen Schriftstellers Aethelweard, der einen direkten Zusammenhang zwischen Wodan als dem Ahnherrn der angelsächsischen Könige und Odin, dem Heidengott, herstellt. Laut Aethelweard waren die Führer des ersten angelsächsischen Einfalls in England Hengist und Horsa, „Abkömmlinge von Wodan, einem König der Barbaren. Und nach seinem Tode ehrten ihn die Heiden als Gott mit unsäglicher Ehrfurcht und opferten ihm, um siegreich oder mutig zu werden." Etwas später heißt es bei Aethelweard folgendermaßen: „Die heidnischen Völker im Norden ... verehren ihn bis zum heutigen Tag als Gott." In den Handschriften der Angelsächsischen Chronik erscheint Wodan als Ahnherr der Königshäuser von Wessex, Mercia und Northumbria, manchmal als Stammvater überhaupt, manchmal als einer unter anderen in einer Reihe biblischer Namen, um so eine lückenlose Abstammung von Adam nachzuweisen. Welches Interesse die Angelsachsen an diesen Verzeichnissen hatten, erhellt die Tatsache, daß sie auch außerhalb der Chronik selbst zu finden sind.

Die Versuchung liegt nahe, und ihr wurde vielfach nachgegeben, das, was wir von Odin aus skandinavischen Quellen wissen, auf Kunstwerke und Texte aus dem angelsächsischen England zu übertragen. Gewiß nennen Dichter der Wikinger Odin den ‚Herrn des Speeres'. Dennoch ist schwerlich mit Bestimmtheit zu sagen, daß beispielsweise das Motiv auf einer Spange aus Finglesham in Kent aus dem 7. Jh. – ein Mann, der bis auf einen gehörnten Helm und einen Gürtel nackt ist und einen Speer trägt – unbedingt Wodan oder einen seiner Gefolgsmänner darstellt. Auch die Hirschfigur auf dem ‚Szepter' *(Abb. 1 auf S. 73)* im angelsächsischen Königsgrab in Sutton Hoo ist kein sicherer Beweis für einen Wodankult. Die bärtigen Gesichter an den Seiten dieses steinernen Stabes wurden für Abbildungen Thunors gehalten. Zweifellos aber gab es auch andere Bärte, Hirsche oder Speere als die von Göttern, auch im heidnischen angelsächsischen England.

Der Nachweis des Wodankultes in England anhand von Ortsnamen wird immer wieder geführt. Wenn in einem Ortsnamen der Name des Gottes Wodan enthalten ist, so beweist das noch nicht eindeutig das Vorhandensein einer Kultstätte. Erst wenn der zweite Teil des Namens gewöhnlich heidnische Kultstätten bezeichnet, wie zum Beispiel Woodnesborough (altenglisch *Wodnesbeorg*), ‚Wodans Hügel', ist diese Annahme berechtigt. Ortsnamen, in denen die skandinavische Form Odin vorkommt, finden sich in der Regel in den skandinavischen Stammländern. Am bekanntesten ist Odense in Dänemark. Weniger häufig tauchen sie anderswo auf. Roseberry Topping im Norden von Yorkshire erscheint in Berichten aus dem 12. Jh. als *Othenesberg* (Odins Hügel); die Wortzusammensetzung entspricht der des dänischen *Onsbjoerg*. Dies ist bei den Wikingern die genaue Entsprechung für *Wodnesbeorg*.

Die skandinavischen Quellen, insbesondere die beiden Edden, berichten viel von Odin. Immer sind sie interessant, manchmal unverständlich und zuweilen vielleicht auch verfälscht durch christliche Einflüsse. Das Tragen eines Amuletts in Form von Thors Hammer war ursprünglich wohl weniger ein heidnischer Brauch als vielmehr eine Antwort auf das Tragen des Kruzifixes. Ebenso können einige typische Attribute der heidnischen Götter – besonders Odins –, wie sie in späteren Jahrhunderten beschrieben sind, diesen sehr wohl von ihren Anhängern beigegeben worden sein, nachdem diese, bewußt oder unbewußt, mit dem christlichen Glauben in Berührung gekommen waren. Ein Isländer aus dem 10. Jh., Egil Skallagrimsson, der sich selbst in seinen Dichtungen als einen gläubigen Verehrer Odins bezeichnet, soll dem Autor der Egil-Saga zufolge eine Art Einweihung in die Riten des Christentums erfahren haben. Hier heißt es, daß König Aethelstan von England von „Thorolf und Egil verlangte, daß sie sich pro forma taufen ließen. Dies war eine weit verbreitete Sitte unter Kaufleuten und solchen Händlern, die mit Christen in Berührung kamen. Denn Männer, die so getauft waren, hatten gleichermaßen gute Beziehungen zu Christen und Heiden, konnten jedoch ihren eigenen Glauben behalten."

Wenn in dem Edda-Gedicht ‚Havamal' (die Sprüche des Hohen) von Odin die Rede ist: „Ich weiß, daß ich hing am windigen Baum neun Nächte lang, mit dem Ger verwundet, dem Odin geweiht, ich selbst mir selbst", so wird nicht unmittelbar deutlich, ob es sich um ein Selbstopfer des Gottes handelt, oder ob hier Einzelheiten der christlichen Kreuzigungsgeschichte übernommen worden sind *(Abb. 7)*. Andererseits läßt sich aus der isländischen Quelle nicht schließen, daß Odin die Menschheit erlösen wollte. Durch Leiden erwirbt er Wissen. Nach diesem Opfer, so das Gedicht, „nahm er die Runen, griff stöhnend nach ihnen". Der Begriff *Runen*, der im allgemeinen die Buchstaben eines Alphabets bezeichnete, konnte auch Wissen, insbesondere Geheimwissen bedeuten. Man weiß nicht genau, was Odin durch den Besitz der Runen erlangte, unzweifelhaft handelt es sich aber um ein bestimmtes wertvolles Wissen. Ein andermal, so wird in der Jüngeren Edda berichtet, bezahlte Odin einen Schluck aus der Quelle Mimir, „in der Weisheit und Verstehen liegen“, mit einem seiner Augen. Er ist auch derjenige Gott, der, wie ausführlich in der Jüngeren Edda beschrieben wird, auf umständliche Weise den ‚Met‘ *(Abb. 5)* bzw. die Gabe der Dichtkunst erlangte. Aus diesem Grund betrachteten ihn die Dichter der Wikingerzeit als ihren Schirmherrn.

Thor, der Gott der körperlichen Kraft, spielt in den isländischen Schriften eine eher komische Rolle. An Odin dagegen gibt es nichts Komisches. Wie Körperkraft und Einfalt zusammengehören, so auch Weisheit und List. Diese Entwicklung kann man am Bedeutungswandel der Adjektive ‚listig‘ und ‚durchtrieben‘ verfolgen. Bei beiden schwingt heute ein eher geringschätziger Unterton mit, während sie ursprünglich für einen begabten oder wissenden Mann galten. Odin erscheint oft genug als finstere Gestalt. Er bedient sich seiner ungeheuren Kräfte mehr zum Schaden denn zum Nutzen, er betrügt die, die ihm vertrauen, stiftet an zu Hader und Meineid. In seinem ergreifenden Klagelied über den Tod seiner Söhne sagt der Wikinger Egil Skallagrimsson, wenn ihm Odin auch seine Kinder genommen habe, so habe er ihm doch zwei große Geschenke gemacht. Das eine sei die Dichtkunst, das andere „die Fähigkeit, wirkliche Feinde von bloßen Gaunern zu unterscheiden“. Odin hatte demnach zumindest einen Verehrer, für den er Arglist nicht beging, sondern half, sie aufzudecken.

Die Gleichsetzung von Wodan mit Merkur bei den Angelsachsen findet sich auch in der altisländischen Bibelübersetzung. In den angelsächsischen Acta Apostolorum steht: „Die Götter kamen herab zu uns in Menschengestalt. Und sie nannten den Barnabas Jupiter, den Paulus Merkur, da er der Hauptsprecher war.“ Diese Stelle lautet im isländischen Text folgendermaßen: „Sie nannten Paulus Odin, den Barnabas nannten sie Thor.“ Möglicherweise stammt diese Gleichsetzung von den Skandinaviern selbst, da ihnen ihr Gott der Dichtkunst am ehesten dem ‚Hauptsprecher‘ zu entsprechen schien. Meiner Meinung nach ist es jedoch eher wahrscheinlich, daß die angelsächsischen Missionare in Island denen, die sie bekehrten, die Gleichsetzung der autochthonen Gottheiten mit den klassischen Göttern beibrachten.

In den späten Quellen hat Odins Bild viele Facetten. Diese Berichte halten jedoch einer Überprüfung im Vergleich mit anderen Zeugnissen nur schwer stand. Dichter der Wikingerzeit beschreiben ihn als Gott der Gehenkten, als Gott des Speeres und als Rabengott. All dies deutet eine Nähe zum Tode in Form von Opfer oder Krieg an. Der Rabe ist ja derjenige Raubvogel, der sich von Leichen nährt. Odin wird in vielen Sagen mit dem Schicksal von Helden und Königen verknüpft, mit Kampf und Feindseligkeiten. Snorri erzählt, daß die Norweger einen Trinkspruch auf Odin ausbrachten, damit er ihnen den Sieg schenke. Bei dem mittelalterlichen Historiker Adam von Bremen heißt es jedoch, daß die Schweden Odin sogar Opfer für ihre Siege darbrachten. In späten und ganz verschwommenen Sagas wird von einem Speer berichtet, der mit folgenden Worten dem Feind entgegengeschleudert wird: „du gehörst Odin“, oder auch von einem siegreichen Führer, der Odin den Tod gibt. Bildzeugnisse von Ereignissen dieser Art sind schwer auszumachen; es gibt allerdings ein Steinrelief, eine reizvolle Illustration einer Alltagsszene von Odin aus der Jüngeren Edda. Bei Snorri heiß es, daß der Gott Loki sich in eine Stute verwandelte, als er das Pferd eines Riesen von der Arbeit ablenken sollte. Diese Ablenkung gelang erstaunlich gut, und einige Zeit später gebar Loki ein Fohlen. „Es war grau, und es hatte acht Beine, und dieses Pferd ist das beste bei Göttern und Menschen.“ Und weiter an anderer Stelle: „Die Pferde der Götter haben folgende Namen: Sleipnir ist das beste. Es gehört Odin, es hat acht Beine.“ In zwei Gedichten der Edda wird Sleipnir erwähnt bzw. beschrieben. Wenn wir also ein Bildnis finden, auf dem ein Reiter auf einem achtbeinigen Pferd sitzt *(Abb. 2)*, dann dürfte es sich um Odin auf Sleipnir *(Abb. 6)* handeln. Und es ist anzunehmen, daß die Sage von dem achtbeinigen Pferd des Gottes weit verbreitet war.

Tyr, Freyr und Freyja

Gemeingermanische Zeugnisse für die übrigen Götter neben Thunor/Thor und Wodan/Odin sind dünn gesät. Angelsächsisch Tiw, skandinavisch Tyr ist in altnordischen Quellen der Name des Kriegsgottes. Da der Dienstag (englisch Tuesday), altenglisch *Tiwesday*, altnordisch *Tydagr*, nach ihm benannt ist, kann man davon ausgehen, daß er seit jeher zu den alten Göttern gezählt wurde. Englische Ortsnamen lassen keine Schlüsse zu. Bis vor kurzem wurde angenommen, daß sein Name in relativ vielen Ortsbezeichnungen vorkäme, aber Forschungen aus jüngster Zeit bestreiten das und lassen nur noch Tysol (Tiw's hill-spur – ‚Tiws Hügelsporn‘) in Warwickshire als einigermaßen gesichertes Beispiel gelten. In seiner Lehrpredigt über die falschen Götter erwähnt Aelfric nicht einmal den wirklichen Namen, obwohl er den Gott des Tuesday als Kriegsgott kennt. Er sagt: „Am dritten Tag verehrten sie Mars, ihren Kriegsgott.“ Wie wir bereits wissen, stellt Aelfric im allgemeinen Parallelen zwischen den römischen und den nordischen Göttern her. Dies ist das einzige Mal, daß er nur den römischen Namen erwähnt, ohne direkten Bezug zum germanischen Gegenstück.

In Skandinavien ist die Tyr-Verehrung in Dänemark durch Ortsnamen belegt, in anderen nordischen Ländern seltener. Tiw/Tyr ist sowohl im Altenglischen wie auch im Altnordischen die Bezeichnung für einen Buchstaben des Runenalphabets. Die meisten dieser Buchstaben bezeichnen lediglich allgemein gebräuchliche Wörter wie ‚Dorn‘, ‚Asche‘ oder ‚Wasser‘; zumindest aus einer skandinavischen Quelle jedoch geht hervor, daß diese spezielle Runenbezeichnung gleichzeitig der Name eines Gottes ist. Das nordische Runengedicht aus dem 12. Jh., das jeden Buchstaben des Runenalphabets erklärt, sagt von Tyr: „Tyr ist der einhändige unter den Göttern.“ Ein bemerkenswerter Hinweis auf den Bekanntheitsgrad von Tyr ist zudem die Häufigkeit, mit der sein Name als Umschreibung für andere Götter verwendet wird, insbesondere für Odin. Eine verbreitete Eigentümlichkeit der Dichtung aus der Wikingerzeit ist es nämlich, den Namen eines Gottes mit dem Attribut eines anderen zu koppeln. Wenn der Dichter also ‚Tyr‘ sagt, meint er auch Tyr. Sagt er indessen ‚Tyr der Gehenkte‘, so meint er Odin. Auf diese Art wird der Name Tyr häufig verwendet. Wie gewöhnlich erzählt uns aber lediglich Snorri wirklich Aufschlußreiches über Tyr. Es gibt bei ihm die hübsche Geschichte, wie es kam, daß Tyr seine Hand verlor. „Als die Götter den Wolf Fenrir verlocken wollten, daß er sich die Fessel Gleipnir umlegen ließe, da glaubte dieser nicht, daß sie ihn wieder freilassen würden, bis sie ihm Tyrs Hand als Pfand ins Maul legten. Als die Götter dann tatsächlich nicht gewillt waren, ihn freizulassen, biß er die Hand an der Stelle ab, die nun das Wolfsglied genannt wird" (am Handgelenk).

Das angelsächsische England scheint wenig oder nichts über die Geschwister Freyr und Freyja zu wissen, die in den skandinavischen Sagen und Chroniken einen so breiten Raum einnehmen. Schon die Namen für sich genommen sind interessant, denn die verwandten Wörter in anderen germanischen Sprachen sind keine Götternamen, sondern die gebräuchlichen Wörter für ‚Herr' und ‚Herrin'. Als Erklärung hierfür bietet sich an, daß ‚Freyr' und ‚Freyja' spätere Benennungen sind, die von anderslautenden aus früherer Zeit übernommen wurden. Dennoch sind sie so alt, daß viele skandinavische Ortsnamen von ihnen abstammen. Freyja ist in der skandinavischen Überlieferung das Gegenstück zur griechischen Aphrodite oder zur römischen Venus, der Göttin der Liebe und Schönheit. So verdankt in England und Deutschland der Freitag seinen Namen einer solchen Göttin, aber deren Name dürfte Frigg gelautet haben, was nicht der nordischen Freyja, sondern Odins Frau Frigg entsprach, die eine völlig andere Gestalt war. Aelfric gebraucht den Namen Fricg in ‚De falsis Deis', wobei er die Trägerin dieses Namens als „schamlose Göttin" beschreibt. Seine Feststellung, daß sie die dänische Entsprechung der Venus sei, kann zweierlei Gründe haben: vielleicht war in seinen skandinavischen Quellen Frigg die Liebesgöttin (dann könnte der Freyja-Kult eine spätere, eher literarische Entwicklung sein). Oder es ist ihm eine Verwechslung unterlaufen, da er seine Kenntnis des schon längst vergangenen Heidentums mit der neueren skandinavischen Zuordnung durcheinanderbrachte. Die Bezeichnung ‚schamlos' scheint jedoch besser für Freyja als für Frigg zuzutreffen, wenn man sich nach den späten nordischen Texten richtet. In einem Gedicht der Edda wird Freyja ihre Promiskuität vorgeworfen: „Mit den Göttern und Elfen hier ... hast Du allen gebuhlt."

In neueren mythologischen Werken findet man indessen viel über Freyr, Freyja und deren Vater Njörd. In der skandinavischen Literatur werden nämlich zwei Göttergeschlechter genannt. Auch werden eine Schlacht und der Waffenstillstand zwischen ihnen geschildert. Zur einen Gruppe, altnordisch die Aesir (Asen), gehören Thor, Odin und Tyr, zur anderen, den Vanir (Vanen), gehören Freyr, Freyja und Njörd. Letztere werden mit Fruchtbarkeit und Reichtum in Zusammenhang gebracht. Diejenigen Gelehrten, die sich mit den Parallelen zwischen den Mythenlehren der Welt befassen, nehmen an, daß sich die Schlacht zwischen den Asen und den Vanen in anderen Himmelsregionen als den nordischen abgespielt habe. Es würde zu weit führen, die Stichhaltigkeit dieser Behauptungen zu überprüfen. Fest steht jedoch, daß der skandinavische Njörd, der unzweifelhaft dem germanischen Götterhimmel entstammt, schon sehr lange bezeugt ist. Der römische Historiker Tacitus erwähnt in seiner ‚Germania' aus dem 1. Jh. n. Chr. eine germanische Göttin Nerthus und beschreibt ihren Kult. Das beweist zumindest die lange Tradition des Namens ‚Njörd', wenngleich die Geschlechtszugehörigkeit nicht zutrifft. Möglicherweise gab es schon damals einen Kult für Geschwistergottheiten wie später den für Freyr und Freyja.

Die Zahl der skandinavischen Gottheiten nimmt in der Folgezeit stark zu, aber es wird immer schwieriger, Vergleiche mit englischen und deutschen Überlieferungen anzustellen. Manche nordischen Götter sind uns gut bekannt, wie zum Beispiel Balder *(Abb. 14)*, denn die Geschichte seines Todes inspirierte viele Dichter. Von anderen Göttern hingegen, wie zum Beispiel von Bragi, dem Gott der Dichtkunst, wissen wir so gut wie garnichts. Snorri zählt außerdem verschiedene rätselhafte Göttinnen auf: „Die zweite ist Saga; sie lebt in Sokkvabekk, welches ein großer Ort ist. Die dritte ist Eir, sie ist eine hervorragende Ärztin. Die vierte ist Gefjon; sie ist eine Jungfrau, und ihr dienen die, die unverheiratet sterben." In dieser Art nennt er noch viele andere. Es wäre reizvoll, Snorris Quellen zu kennen. Zwar gibt es Gedichte der Edda, in denen die Namen dieser Göttinnen auftauchen, aber es bleibt unklar, in welchen Zusammenhang sie zu stellen sind.

Die volkstümlichen Götter: Walküren, Riesen und Elfen

Wir verdanken den erfreulichen Reichtum an Details und Anekdoten, die uns die Charaktere der Götter und Göttinnen so lebendig vor Augen stellen, hauptsächlich Snorri. Solange wir seine Erzählungen zum Vergnügen lesen und sie nicht über Gebühr als Beweismittel strapazieren, können sie uns Freude bereiten: zum Beispiel das Bild von Freyja „in ihrem Wagen, gezogen von zwei Katzen" *(Abb. 12)*, wie sie „Tränen roten Goldes" vergießt oder „vor Wut schnaubt", weil Thor leichtfertig vorgeschlagen hat, daß sie einen Riesen heiraten solle, damit er seinen gestohlenen Hammer wiederbekäme. Snorris Geschichten von Freyrs Liebe zur Riesin Gerd oder von Njörds Heirat mit der Riesin Skadi wurden als die Heirat von Fruchtbarkeitsgöttern mit der Sippe der Eisriesen gedeutet, d.h. mit den Göttinnen des Winters und des Todes. Unvergeßlich bleibt das Bild des untröstlichen Liebhabers Freyr, nachdem er Gerd zum ersten Mal gesehen hat: „Und als er heimkam, sprach er kein Wort; er fand keinen Schlaf; er trank nichts. Niemand wagte es, ihm ein Wort zu entlocken." Das unverträgliche Paar Njörd und Skadi beklagt sich bitterlich über die morgendlichen Geräusche im Reich des jeweils anderen: Njörd, der Meeresgott, empfindet das Heulen der Wölfe als unangenehm, wenn er in den Bergen schläft. Skadi, die Bergriesin, ärgert sich über das Geschrei der Seevögel und kann im Bett der Brandung nicht schlafen. Es nimmt nicht Wunder, daß sie sich trennen.

Ein Gebiet, auf dem Snorri glaubwürdig erscheint, ist seine Schilderung des Aberglaubens, obwohl nicht sicher ist, ob seine Auslegung zutrifft. Kaum einer, der gelesen hat, wie das Schiff Naglfar, das am jüngsten Tag auslaufen soll, aus den Nägeln toter Männer gezimmert wird, kann diese Beschreibung je vergessen. „Wenn ein Mann mit ungeschnittenen Nägeln stirbt, dann liefert dieser Mann freigiebig Baumaterial für das Schiff Naglfar, von dem Götter und Menschen hoffen, daß es langsam gebaut wird." Anders als mit Nägeln verhält es sich mit dem Leder. Kleine Stücke Leder dürfen vergeudet werden, denn sie helfen den Göttern, nicht ihren Feinden. Vidar, der gegen den Wolf Fenrir kämpft, „trägt an seinem Fuß einen Schuh, der über lange Zeit hinweg angefertigt wurde. Er besteht aus den Stückchen, die die Menschen von ihren Schuhen um Zehen und Fersen herum abschneiden. Deswegen wird einer, der den Göttern zu Hilfe kommen will, solche Reste wegwerfen". Dies sind interessante Hinweise darauf, was an Aberglauben zu Snorris

Zeit noch gegolten haben dürfte. Man muß nicht unerschütterlich an Naglfar oder Fenrir glauben, um bestimmte Handlungen für ‚glücksbringend' oder ‚unheilvoll' zu halten.

Aberglaube, Volksmärchen und Ortsnamen ließen schemenhaft auch die Erinnerung an untergeordnete Wesen der übernatürlichen Welt der Germanen fortleben. Anscheinend war diese mit einer beträchtlichen Anzahl von Riesen, Elfen, Zwergen, Hexen und Wassergeistern bevölkert. Die altnordische Literatur stattet viele von ihnen mit Macht, riesenhafter Gestalt und schrecklicher Ausstrahlung aus. Die Frauen, die ausreiten, um die dem Tod geweihten Krieger auszuwählen, die Walküren (altnorwegisch *valkyrja*, Plural *valkyriur*), inspirieren so manchen modernen Maler, Bildhauer und Schriftsteller *(Abb. 31–34 auf S. 222/23)*. Zumindest einen Teil ihrer Zeit verbrachten sie anscheinend aber auch mit häuslicheren Tätigkeiten. In dem Gedicht *Eiriksmal* aus dem 10. Jh., in dem der Einzug eines toten Königs in Walhall beschrieben wird, trägt Odin, der als Gastgeber für den Empfang verantwortlich ist, den Walküren auf, „die Bänke zu richten (mit Kissen), die Trinkgefäße zu spülen und Wein aufzutragen". In altenglischen Texten findet sich noch das sprachverwandte Wort ‚*Waelcyrige*'. Die Bedeutung dieser Wortverbindung ist bei dem verlorenen englischen Wort dieselbe wie bei dem neuerdings wieder gebräuchlichen nordischen. Die erste Silbe bedeutet ‚der Tote' oder ‚der Erschlagene', der zweite Teil ‚Auswähler'. Höchstwahrscheinlich hatten diese Wesen in der Frühzeit des angelsächsischen Heidentums dieselbe Funktion wie ihre skandinavischen Schwestern. Das Wort taucht im Englischen zum einen als Übersetzung des Namens römischer Kriegsgöttinnen, wie z.B. Bellona, auf, zum anderen, wohl genauer, in einem frühen Wörterbuch als Übersetzung des Namens der Rachegöttinnen, der Erinnyen. In einer Handschrift eines lateinischen Werkes von Aldhelm hat der angelsächsische Schreiber über den Namen Venus die altenglischen Wörter für ‚Göttin' und – erstaunlicherweise – ‚Walküre' geschrieben. Der Stabreim ‚*wyccan and waelcyrian*' (Hexen und Walküren) begegnet uns in einigen späten altenglischen Texten und sogar in einem Gedicht des Mittelenglischen. Wahrscheinlich hat sich die Grundbedeutung verflacht, und das harmlosere Zerrbild der Hexe auf ihrem Besenstiel trat allmählich an die Stelle der schrecklichen Walküre; es überrascht jedoch, daß das Wort überhaupt weiterlebte.

Die Riesen der skandinavischen Mythologie sind fürchterliche Gegner, die in der letzten Schlacht Götter und Menschen besiegen werden. Ihr Anführer wird manchmal Herr der *Thursar* genannt. Das Wort kommt auch in der Zusammensetzung ‚*hrimthurs*' (Frostriese) vor. Angelsächsische Texte kennen auch einen *Thyrs*, ein unglückliches Geschöpf, das mutterseelenallein im Sumpf lebt. Diese Beschreibung steht neben solch alltäglichen Feststellungen wie „ein Fisch lebt im Wasser". Einsame Sümpfe hält man offensichtlich für die naturgegebene Heimstätte eines *Thyrs*. In der frühen Literatur taucht dieser Begriff auch sonst gelegentlich auf, und das Wort lebt bis auf den heutigen Tag in dem englischen Dialektausdruck ‚thurse' (Kobold) weiter, was doch wohl einen gewissen Abstieg innerhalb der sozialen Rangordnung bedeutet. Gelehrte nehmen an, daß sich das Wesen noch in englischen Ortsnamen wie zum Beispiel Thursden versteckt.

Das angelsächsische Epos ‚Beowulf' läßt keinen Zweifel daran, daß Wesen wie Riesen und Elfen die Nachkommenschaft von Kain und den Feinden Gottes sind. Andernorts jedoch sieht man die Elfen in einem etwas freundlicheren Licht. Es gibt eine altenglische Übersetzung eines Verzeichnisses von Gestalten der klassischen Mythologie, die folgende Gleichsetzungen anbietet:

Oreaden – *muntaelfen* – Bergelfen,
Dryaden – *wuduelfen* – Waldelfen,
Moiden – *feldelfen* – Feldelfen,
Hamadryaden – *wylde elfen* – wilde Elfen,
Naiaden – *saeelfen* – Meerelfen,
Cataliden – *dunelfen* – Hügelelfen.

Das Adjektiv ‚Aelfsciene' (so schön wie eine Elfe) wird verwendet, um die Lieblingsheldinnen der angelsächsischen Literatur zu beschreiben. In altnordischen Quellen, besonders in der Edda, werden die Elfen oft mit den Göttern in Verbindung gebracht, als Wesen ähnlicher Natur. Snorri unterscheidet lichte und dunkle Elfen. Vielleicht sind es den dunklen Elfen entsprechende Kräfte, die die Angelsachsen für die Krankheiten verantwortlich machen, gegen die sie so viele Heilmittel hatten: ‚Elfenkrankheit', ‚Wasserelfenkrankheit', ‚Rinder mit Elfenschuß (Hexenschuß)', ‚Pferde mit Elfenschuß'. Ein bestimmtes Heilmittel schadet gewiß der ganzen Sippe. Dies Heilmittel wirkt nämlich gegen ‚aelfcynn' (die Rasse der Elfen). Die Heilpflanze, Zauberers Nachtschattengewächs, kennt man als ‚aelfthone'. Offenbar wirkt sie gegen die Elfenkrankheit.

Das Reich der Lebenden und der Toten

Es würde zu weit führen, all die Wesen aufzuzählen, die der Welt des germanischen Glaubens entweder als Gestalten innerhalb eines festgefügten mythischen Rahmens oder als Produkte des Aberglaubens angehören. Dennoch ist es sinnvoll, ihre Welt zu betrachten. Hier finden wir in angelsächsischen Quellen wenig. Die Tatsache, daß angelsächsische heidnische Gräber manchmal sehr reich mit Grabbeigaben ausgestattet sind, deutet auf einen Glauben an ein Leben nach dem Tode hin. Die Verwendung von Schiffen beim heidnischen Begräbnis, ob de facto wie in Sutton Hoo oder in literarischer Form wie im ‚Beowulf'-Epos, läßt auf das Verständnis des Todes als einer Reise schließen. Beda gibt in seiner Beschreibung der Bekehrung von Northumberland eine Rede wieder, die einer der Ratgeber König Edwins gehalten zu haben scheint: „Majestät, wenn wir das gegenwärtige Leben des Menschen mit der Zeit vergleichen, von der wir nichts wissen, so scheint es mir wie der leichte Flug eines Sperlings durch den Bankettsaal, in dem Ihr in den Wintermonaten mit Euren Lehnsmännern und Ratgebern beim Essen sitzt. Drinnen ist ein behagliches Feuer, den Raum zu wärmen; draußen wüten die Winterstürme mit Schnee und Regen. Dieser Sperling fliegt schnell durch eine Tür des Saales herein und durch eine andere hinaus. Solange er drinnen ist, ist er sicher vor den Winterstürmen, aber nach wenigen Augenblicken der Behaglichkeit entschwindet er den Blikken in die Dunkelheit, aus der er kam. In ähnlicher Weise erscheint der Mensch für eine kleine Weile auf der Erde, aber wir wissen nicht, was vor diesem Leben war und was folgen wird. Wenn also diese neue Lehre imstande ist, uns genaueres Wissen darüber zu vermitteln, dann scheint es mir richtig zu sein, ihr zu folgen."

Dies ist eine tiefgründige Feststellung voller Poesie, aber es ist sehr schwer zu entscheiden, ob sie brauchbare Rückschlüsse zuläßt. Einerseits gibt Beda unvermeidlich den heidnischen Standpunkt aus seiner christlich gefärbten Sicht wieder, andererseits klingt die kleine Geschichte doch sehr danach, als sei sie ursprünglich mündlich überliefert worden. Wie unklar die Vorstellung vom Leben nach dem Tode war, geht auch aus einer Beschreibung einer heidnischen Bestattungszeremonie durch den Beowulf-Autor, einen christlichen Dichter, hervor: der Leichnam des toten Königs wird in ein Schiff gelegt: „Sie ließen die See ihn tragen und überließen ihn dem Ozean. Menschen, Gäste im Saal, Helden der Erde, können in Wahrheit nicht sagen, wer diese Fracht empfing."

Wikinger und Angelsachsen besaßen dasselbe Wort für die von Menschen bewohnte Welt. Erde heißt auf altenglisch *‚middangeard'*, auf altnordisch *‚midgard'*, ‚Wohnung der Mitte'. Das deutet auf eine zentrale Lage im Kosmos hin. Nordische Quellen warten jedoch mit einer so verwirrenden Anzahl von Welten auf, daß nicht immer klar verständlich wird, an welcher Stelle des Weltgebäudes die Welt der Menschen angesiedelt ist. Das Bild verwirrt sich vor unseren Augen, so viele verschiedene Welten von Göttern, Riesen, Elfen, Menschen und Toten gibt es. Bei Snorri finden wir den Weltenbaum Yggdrasil *(Abb. 19, 20)*, dessen Äste „sich ausbreiten über die ganze Welt und bis jenseits des Himmels reichen". Zwischen seinen Wurzeln liegen verschiedenartige Welten. Snorri erzählt uns bis in alle Einzelheiten von den Tieren, die Yggdrasil bewohnen oder davon fressen: vom Adler in den Zweigen, dem Falken, der zwischen den Augen des Adlers sitzt, den Hirschen, „die um die Äste der Esche springen und die Sprößlinge abnagen", den Schlangen zwischen den Wurzeln. „Das Eichhörnchen Ratatoskr läuft die Esche hinauf und hinab und nährt Zwietracht zwischen dem Adler und der Schlange Nidhögg."

Ich glaube kaum, daß der durchschnittliche Nordländer an etwas so Verwirrendes, wie es in diesen Quellen geschildert wird, tatsächlich ‚geglaubt' hat. Mit Sicherheit gibt es mehrere Entwürfe der Totenwelt. In einer lebten Odin und seine auserwählten Helden, bereit, den Göttern in ihrer letzten Schlacht beizustehen. Eine andere wird mit Hel, der Göttin der Unterwelt und der schattenhaften Toten, in Zusammenhang gebracht. In einer dritten leben die Toten in irgendeiner Form in ihrem Grabhügel weiter. Die Sagas weisen auf eine große Anzahl verschiedener Glaubensvorstellungen hin, die von Gebiet zu Gebiet und von Jahrhundert zu Jahrhundert in abgewandelter Form aufgetreten sein dürften. Der Wikinger Egil Skallagrimsson verquickt zwei Vorstellungen in einem Gedicht, in dem er den Tod seiner Söhne betrauert. Zum einen spricht er davon, wie sein toter Sohn „in Odins Haus kommt", zum anderen schildert er seine eigene Erwartung und Begrüßung der „Hel, die auf dem Vorgebirge steht".

Die Vorstellung von Odin, der die toten Krieger der Menschen in Walhall versammelt, ist eng verknüpft mit der von der letzten Schlacht, dem Ende der Welt und der Götterdämmerung. In den beiden Edden wird diese unheilvolle Zukunft detailliert geschildert, aber es ist wiederum schwierig, zu entscheiden, wie nahe eine derartige Beschreibung an den ursprünglichen heidnischen Glauben herankommt. Es ist gut möglich, daß dabei christliche Vorstellungen vom Weltende eine Rolle spielen. Bei eben diesem Weltende begegnen wir auch zum letzten Mal solch mächtigen Ungeheuern wie der Midgardschlange und dem Wolf Fenrir. Sie sterben zusammen mit den Göttern. Mit Odin wird kurzer Prozeß gemacht *(Abb. 3)*: „Der Wolf verschlingt Odin, das wird sein Tod sein." Thor, der die Midgardschlange getötet hat, „tritt neun Schritte beiseite", aber stürzt dann tot um, getroffen vom giftigen Atem der Schlange. Bedeutsamer als diese einzelnen Geschichten sind jedoch Berichte, in denen geschildert wird, wie Moral und sittliche Integrität bei den Menschen zugrundegehen. Diese Berichte erinnern so stark an bestimmte christlich-angelsächsische Predigten, daß mit Sicherheit von einer gegenseitigen Beeinflussung in Literatur und Mythologie gesprochen werden kann. Das Edda-Gedicht ‚Voluspa' (Der Seherin Lied) weissagt: „Brüder kämpfen und bringen sich den Tod, Brudersöhne brechen die Sippe, arg ist die Welt, Ehebruch furchtbar." Dies alles klingt sehr ähnlich wie die berühmte ‚Predigt des Wolfes an die Engländer' des Erzbischofs Wulfstan. Die Predigt ist länger als das Voluspalied, aber schon kurze Zitate sind bezeichnend: „Wir wissen auch ... daß ein Vater seinen Sohn für Geld verkaufte, ein Sohn seine Mutter, und ein Bruder verkaufte den anderen in die Hände von Fremden." Und weiter: „Dies Volk ist schändlich verdorben ... denn Brudersöhne bekämpfen und töten einander ... denn Ehebruch, Blutschande und Hurerei werden begangen." Man muß bedenken, daß die Angelsachsen in der christlichen Glaubensvorstellung erzogen wurden, im Jahre 1000 sei das Weltende zu erwarten. Als dies nicht eintrat, wurde das unabwendbare Ereignis kurzerhand ein wenig verschoben, indem man annahm, daß nicht von Christi Geburts-, sondern von seinem Todesjahr an gezählt werden müsse. Die Welt werde daher im Jahre 1033 untergehen. Daher beschäftigte sich die christlich-angelsächsische Literatur eingehend mit dem Verfall und dem drohenden Untergang der Welt und dem nahen Tag des Jüngsten Gerichts. Auch die weiter oben erwähnten Wikinger der unterschiedlichsten Glaubensrichtungen, die mit dem Christentum in Berührung gekommen waren, haben wahrscheinlich von solchen Vorstellungen gehört. Die eindrucksvollen Weissagungen der isländischen Dichtung sind jedoch keinesfalls für das gesamte germanisch-heidnische Weltbild kennzeichnend. Als literarische Kunstwerke sind sie beachtlich, als eindeutiger Leitfaden zum Verständnis der germanischen Mythologie jedoch nicht unbedingt brauchbar.

Bei der Beschäftigung mit der Literatur dieser frühen Epochen sind zwei Unsicherheitsfaktoren zu berücksichtigen, die sich aus dem langen zeitlichen Abstand zwischen Entstehungszeit und schriftlicher Wiedergabe ergeben. Zum einen war das Werk höchstwahrscheinlich ursprünglich mündlich überliefert und dürfte zur Zeit seiner Niederschrift bereits das Erinnerungsvermögen einiger Generationen durchlaufen und dabei Veränderungen erfahren haben. Der Autor eines englischen Gedichts oder einer isländischen Saga hat bestimmt einige abschließende subjektive Umformungen und Neugestaltungen vorgenommen. Wir sind heute jedoch außerstande, die verschiedenen Wandlungsprozesse vom ersten mündlichen Auftreten bis zur ersten schriftlichen Wiedergabe eindeutig zu verfolgen und zu differenzieren. Zum zweiten haben wir es mit den Jahrhunderten vor der Erfindung der Buchdruckerkunst zu tun, als die einzige Vervielfältigungsmethode für einen Text die handschriftliche Kopie war. Jeder, der etwas abschreibt, neigt dazu, Fehler zu machen, wie gewissenhaft und gebildet er auch immer sei. Und viele Schreiber waren ungebildet, wenn nicht sogar inkompetent und nachlässig. Man kann des öfteren in Handschriften ganz deutlich erkennen, daß der Schreiber müde geworden ist oder versucht hat, noch vor Einbruch der Dunkelheit eilig etwas zu Ende zu schreiben. Sofort nimmt die Zahl seiner Fehler zu. Ein zweiter, dritter oder gar zweiundzwanzigster oder dreiunddreißigster Kopist, der sich auf schlechte Abschriften stützen muß, kann selbstverständlich die originale Lesart nicht wiedererstehen lassen, selbst wenn er sich Mühe gibt, unsinnige Zusammenhänge in sinnvolle umzuwandeln. So versteht es sich von selbst, daß sich an die Literatur dieser Periode keine literaturkritischen Maßstäbe hinsichtlich der Absicht oder der Genauigkeit des Autors anlegen lassen. Selbst die Bezeichnung ‚Autor' mag wenig sinnvoll sein, obwohl sich ein Ersatzbegriff schwerlich anbietet. Man muß sich jedoch ständig die beiden Zeitabstände, die einige Jahrhunderte betragen können, vor Augen halten: die Zeitspanne zwischen Entstehung und Niederschrift eines Werkes und die zeitliche Distanz zwischen der zumeist verlorenen ersten Handschrift und ihrer mehr oder weniger abweichenden Abschrift, auf die wir uns stützen müssen.

Wieland der Schmied

Es hat in England, Skandinavien und Deutschland wohl Dutzende von Gedichten und Sagen über Wieland, den Schmied, den Drachentöter Beowulf, den noch ruhmreicheren Drachentöter Sigmund (Sigurd, Siegfried) und den wankelmütigen Ingeld gegeben. Wir kennen sie zwar nicht alle, aber wir finden vergleichbare Erzählungen von diesen Helden in verschiedenen Teilen der nordischen Welt. Wie in der mythologischen Tradition, so finden wir auch hier manchmal Hinweise darauf, daß eine Geschichte bekannt war, weil eine Szene daraus in Holz, Elfenbein oder Stein geritzt war, oder weil sie in einem Text, der eigentlich ein anderes Thema zum Gegenstand hatte, beiläufig erwähnt wurde.

Aus England wissen wir, daß die Angelsachsen die außerordentlichen Fähigkeiten eines Schmiedes namens Weland (Wieland) so gut kannten, daß jeder sich unter seinem Namen sofort etwas vorstellen konnte. Unabhängig voneinander verwenden zwei Heldengedichte den Ausdruck ‚Welandes weorc' (das Werk Wielands), wenn sie die Vortrefflichkeit eines Schwertes oder einer Rüstung preisen wollen. Dieser Ausdruck wäre sinnlos, wenn der Dichter beim Publikum nicht bestimmte Assoziationen voraussetzen könnte. Vermutlich war ‚ein Werk Wielands' das Werk eines Mannes mit übermenschlichen Fähigkeiten. Eine nordische Quelle nennt ihn ‚alfa liodi' und ‚visi alfa' (Prinz ... bzw. Herr der Elfen).

Als König Alfred im 9. Jh. die ‚Tröstungen der Philosophie' des Boethius aus dem Lateinischen übersetzte, stieß er auf den Satz: „Wo sind die Gebeine des Fabricius?" Mit dem ihm eigenen feinen Gespür nahm er offenbar an, daß er besser einen Namen einsetzen sollte, mit dem starke Gefühlsregungen verbunden waren, da Fabricius den Angelsachsen ja nichts bedeutete. Daher lautet seine Frage: „Wo sind jetzt die Gebeine des weisen und wohlbekannten Goldschmiedes Wieland?" Alfred läßt eine Zusatzbemerkung folgen, die vom christlichen Standpunkt her der Annahme zuvorkommen soll, er berichte von einem Menschen mit übernatürlichen Kräften. „Ich nenne ihn weise, denn ein Künstler verliert niemals seine Kunstfertigkeit ..." Und wenig später stellt er erneut die elegische Frage: „Wo sind jetzt die Gebeine von Wieland, oder wer weiß, wo sie waren?" Das ist eine rhetorische Frage, aber zumindest die Leute aus Berkshire werden schon eine Antwort darauf gewußt haben. Heutige Landkarten von Berkshire zeigen nämlich einen Ort mit Namen ‚Wayland Smith's Cave' (die Höhle von Wieland, dem Schmied). In einer angelsächsischen Urkunde aus dem Jahr 955 wird derselbe Ort, leicht verändert, als ‚Weland's smithy' (Wielands Schmiede) bezeichnet.

Von Wieland (Weland) wissen wir aus angelsächsischen Quellen am meisten aus dem Gedicht ‚Deor'. Dieses Gedicht findet sich in einem einzigen Werk, dem ‚Exeter Book', einer Sammlung von Dichtungen aus dem späten 10. Jh. Die Entstehungszeit des Gedichtes selbst ist nicht genau bekannt. Gelehrte haben es in verschiedene Epochen nach dem 5. Jh. verlegt. Die erste Strophe beginnt mit dem Namen Wieland, die zweite mit dem Namen Beadohild, der Mutter von Wielands Sohn. Die restlichen Strophen stehen in keinem erzählerischen Zusammenhang mit den ersten beiden, denn das Gedicht erzählt keine zusammenhängende Geschichte. Es besteht aus vergleichenden beispielhaften Sequenzen. Wieland und Beadohild sind die ersten beiden Repräsentanten unglücklicher Schicksale.

Wieland wurde durch das Schwert verfolgt,
standhafter Held, ihm geschah Unglück;
seine Begleiter waren Kummer und Sehnsucht,
winterkaltes Elend; er kannte oft Trübsal,
als Nidhad ihm Fesseln angelegt,
geschmeidige Sehnenbande dem besseren Mann.
Das ging vorüber; auch dieses kann so (vorübergehen).
Beadohild war dem Tod ihrer Brüder
nicht so gram wie ihrem eigenen Leid,
als sie klar erkannte,
daß sie schwanger war. Sie konnte nie
ganz begreifen, wie das gekommen war.
Das ging vorüber; auch dieses kann so (vorübergehen).

Hier zeigt sich deutlich, daß die Angelsachsen auch solche Einzelheiten der Wieland-Sage kannten, die mit seinem Ansehen als Schmied nicht in Zusammenhang standen. Nur durch die Kenntnis der nordischen Quellen werden uns jedoch die Zusammenhänge klar. Beispielsweise wissen wir, in welcher Beziehung Wieland und Bödwild (Beadohild) zueinander stehen, erst aus dem großartigen Eddagedicht ‚Volundarkvida' (Alt-Nordisch *Völundr* = Altenglisch Weland); im vorliegenden Gedicht steht das nur zwischen den Zeilen. Aus der Edda erfahren wir, daß Nidhad (Nidung), der in der ersten Strophe des ‚Deor' vorkommt, Beadohilds Vater ist. Er hatte Wieland gefangengenommen. Der Mord an Nidhads Söhnen und die Vergewaltigung seiner Tochter war Wielands Rache. Während wir zum Verständnis des Gedichtes weitere Texte heranziehen müssen, konnte der Dichter annehmen, sein Publikum verstehe die Anspielungen ohne weiteres. Auch die übrigen Unklarheiten des englischen Gedichts können mit Hilfe des ausführlicheren nordischen beseitigt werden. ‚Geschmeidige Sehnenbande' bedeuten möglicherweise Fesseln; in der Edda jedoch heißt es, daß Wielands Sehnen durchgeschnitten wurden, um ihm als Krüppel die Flucht unmöglich zu machen. Möglicherweise konnte der englische Dichter im Vertrauen auf das Wissen seines Publikums den Doppelsinn, daß durchgeschnittene

Sehnen Fesseln bedeuteten, in einem einzigen Ausdruck deutlich werden lassen. Und während in dem Gedicht ‚Deor' nicht erklärt wird, wie Beadohilds Schwangerschaft ohne ihr Wissen zustandekommen konnte, geht aus ‚Volundarkvida' hervor, daß sie berauscht worden war: „Er brachte ihr einen starken Trank; er wußte mehr als sie."

Das herrlich geschnitzte Elfenbein-Kästchen aus der Zeit um 700, das auch als ‚Franks Casket' bekannt ist, zeigt in einem Feld *(Abb. 33)* eine Folge von Szenen, die unschwer als die Geschichte von Wieland gedeutet werden können. Manche Details sind von Forschern unterschiedlich interpretiert worden, aber im Großen und Ganzen herrscht Einmütigkeit darüber, daß die Szenenfolge Wielands Rache darstellt: als erstes die Gestalt Wielands, der in der einen Hand eine Zange mit dem Haupt des ermordeten Prinzen hält, in der anderen eine Schale mit dem Trank, den er Beadohild reicht. Die zweite weibliche Gestalt ist möglicherweise wiederum Beadohild, obwohl es auch andere Zuschreibungen gibt. Die vierte Gestalt der Szene, die Vögel fängt, läßt sich aus englischen Quellen nicht identifizieren. Wiederum müssen wir das skandinavische Material zu Hilfe nehmen. Aus ‚Volundarkvida' geht hervor, daß Wieland entkam, indem er wegflog; eine andere skandinavische Quelle gibt an, daß Wielands Bruder Vögel schoß, um aus ihren Federn Flügel für Wielands Flucht herzustellen.

Es würde zu weit führen, wollten wir uns in diesem Rahmen mit Entstehungszeit und -ort der Wielandsage eingehend befassen. Auch können wir keinen zusammenfassenden Überblick darüber geben, welche Wege die Sage zurücklegen und welche Entwicklungsstufen sie durchlaufen mußte, um ihre jetzige Form als Schnitzerei, als Gedicht oder Ortsname zu erlangen. Daß sie einen festen Platz im germanischen Sagenschatz einnahm, geht eindeutig aus der Tatsache hervor, daß wir uns zum besseren Verständnis des ‚Deor'-Gedichts und des ‚Franks Casket' aus dem angelsächsischen England einer isländischen Dichtung bedienen können, und daß sogar der deutsche Autor des lateinischen Epos ‚Waltharius' (‚Waltharilied') im 10. Jh. von einer gut gearbeiteten Waffe spricht und sie ‚Wielandia fabrica' (das Werk Wielands) nennt.

Die Sage von Sigurd

Heute, im 20. Jh. geistern in unseren Köpfen seit Richard Wagners Ring-Zyklus unklare Vorstellungen über die Geschichte des Drachentöters Sigurd oder Siegfried und sein kompliziertes Liebesleben herum. Ganz zweifellos beeindruckte die Sage die Vorstellungskraft der germanischen Welt, und es gibt Anzeichen dafür, daß sie auch im angelsächsischen England bekannt war. Sehr umfangreich ist wie gewöhnlich das skandinavische Material. Diesmal gibt es aber auch deutsches Schrifttum. Der deutsche Siegfried ist der nordische Sigurd, der altenglische Sigmund. Ich werde mich im Folgenden an die nordische Nomenklatur und Schreibweise für alle in der Sage auftretenden Gestalten halten, soweit das ratsam erscheint.

Im angelsächsischen ‚Beowulf'-Epos wird eine Geschichte von einem Helden erzählt (sie umfaßt lediglich etwa 25 Zeilen), dessen Taten und Ruhm denen von Beowulf gleichzusetzen sind. Dieser Held heißt Sigmund, der Drachentöter. Namentlich genannt werden Sigmund (auch Waelsing oder Sohn des Waels) und sein Neffe Fitela. Diese Namen entsprechen Sigmund, Volsung (Wälsung) und (Sin)fjotli in den nordischen Quellen. Dort allerdings tötet nicht Sigmund, sondern sein Sohn Sigurd den Drachen, der Fafnir genannt wird. Im Deutschen ist Siegfried, Sohn des Sigmund, der Held. Aus dem Beowulf-Epos geht klar hervor, daß Sigmund einen Drachen tötete, der gewaltsam starb, indem er in seinem eigenen Feuer dahinschmolz, und daß er (Sigmund) durch diese Tat einen unermeßlichen Schatz erhielt. Man kannte ihn als den Größten unter den Abenteurern. An anderer Stelle wird die Beziehung zwischen Sigmund und Fitela beschrieben. In nordischen Texten entstammt Sinfjotli der inzestuösen Verbindung Sigmunds mit seiner Schwester Signy. Im altenglischen Epos wird Sigmund als Fitelas Onkel mütterlicherseits bezeichnet. Unklar bleibt allerdings, ob der Dichter stillschweigend die Vorkenntnis seiner Leser voraussetzte oder ob das Motiv des Inzests in England nicht überliefert war.

Die Parallelität der englischen mit der nordischen Fassung ist unübersehbar, die Beschreibung des Kampfes mit dem Drachen jedoch ist unterschiedlich. Im ‚Beowulf'-Epos kommen Brynhild (Brünhild) und der Kampf zwischen Nibelungen und Hunnen nicht vor. Zumindest ein norwegisches Gedicht, das „Eiriksmal" aus dem 10. Jh., ein Lobgedicht auf den toten Eirik Blutaxt, nennt bemerkenswerterweise diejenigen Helden in Walhall, die Eirik willkommen heißen, Sigmund und Sinfjotli. Der Held Sigurd, der in der Folgezeit den Ruhm seines Vaters in der nordischen Dichtung überstrahlte, wird nicht erwähnt.

In Skandinavien gibt es viele bildliche Darstellungen des Drachenkampfes *(Abb. auf S. 43)*, Namen werden aber nicht genannt. Wir wissen nicht, zu welchem Zeitpunkt in der nordischen Überlieferung Sigurd wichtiger als Sigmund wurde. Die Darstellungen in Stein und die Beschreibungen in der Edda (nahezu die halbe Edda befaßt sich mit der Sigurd-Sage) ergänzen einander. Bilder und Gedichte *(Abb. 25)* zeigen uns einen Drachentöter, der die Vogelsprache beherrscht und Gold gewinnt. Dichter der Wikingerzeit erwähnen den Drachen Fafnir und Sigurds Pferd Grani, wenn sie Gold mit dem Ausdruck ‚Fafnirs Verderben' und ‚Granis Last' umschreiben.

Niemand kann sich wohl einen Drachen genau vorstellen. Nordische und angelsächsische Dichter und nordische Künstler sahen ihn offenbar als große Schlange. Die Abbildungen sind mehr oder weniger differenzierte Darstellungen schlangenartiger Untiere. Der angelsächsische Dichter gebraucht die Wörter ‚draca' (Drachen) und ‚wyrm' (Schlange) als Synonyme. (Der Gebrauch dieses Wortes für fremdartige Ungeheuer hat sich in den ‚loathly worms' [ekle Würmer] der englischen Balladen und Volkslieder erhalten.) Bei skandinavischen Dichtern und Sagaschreibern heißt dieses Wort ‚ormr', verwandt mit dem altenglischen ‚wyrm'. Dasselbe Wort findet sich im Namen der Weltenschlange ‚Midgardsorm': aus diesem Grunde kann man Abbildungen von Thor, der die Midgardschlange, und von Sigurd, der den Drachen tötet, nicht immer genau auseinanderhalten.

In aller Kürze soll die weitere Entwicklung der Sigurdsage geschildert werden. Ich stütze mich im Folgenden auf die nordische Prosadichtung ‚Volsunga-Saga', die stellvertretend für alle übrigen Fassungen stehen soll *(Abb. 22–28)*. Sigurd erblickte Brynhild und verlobte sich mit ihr. Später jedoch vergaß er das, von Zaubertränken berauscht, und verlobte sich stattdessen mit Gudrun *(Abb. 29–31)*. Mit Hilfe

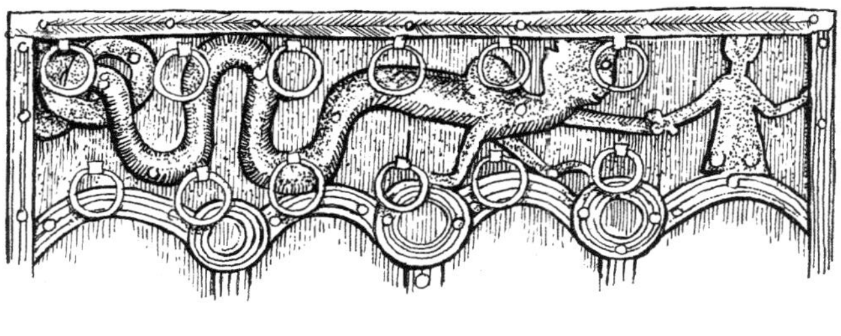

Eine Kirchentüre aus Västergötland in Schweden zeigt diese naive schmiedeeiserne Darstellung eines Fechters im Kampf mit einem Drachen. St. Michael und Satan? Sigurd und Fafnir?

übernatürlicher Kräfte warb er Brynhild für Gudruns Bruder Gunnar als Braut. Nach der Doppelhochzeit entdeckte Gudrun Brynhild den Betrug. Diese stiftet ihren Gatten Gunnar und seine Brüder zur tödlichen Rache an Sigurd an. Dann begeht sie Selbstmord. Gudrun vermählt sich in zweiter Ehe mit Atli (nordisch für Attila).

Zwischen der Erzählung der Volsunga-Saga, auf der im Großen und Ganzen auch die Gedichte der Edda basieren, und der deutschen Fassung aus dem frühen 13. Jh., dem Nibelungenlied, besteht ein bedeutsamer Unterschied. In beiden Werken wird berichtet, wie Gunnar und sein Bruder Hogni (im deutschen Text Gunther und Hagen), ihre Schwester und ihren Schwager besuchen. Beide Male werden sie betrogen und getötet. Die Rolle der Schwester jedoch ist jeweils unterschiedlich. Gudrun, die den Verrat ihres Mannes Atli argwöhnt, versucht sowohl in dem Eddagedicht ‚Atlakvida' als auch in der ‚Volsunga-Saga', ihre Brüder zu warnen. Als sie tot sind, nimmt sie an Atli furchtbare Rache. Sie tötet nämlich ihrer beider Kinder und reicht Atli deren Herzen und Blut zu Speise und Trank. Im Nibelungenlied sinnt Kriemhild (Gudrun) auf den Tod ihrer Brüder als Rache für den Mord an ihrem ersten Gatten Siegfried (Sigurd). In keiner Fassung wird ausdrücklich von ihrem Zwiespalt berichtet, welcher Familie sie die Treue halten soll, aber offensichtlich sind in den nordischen Texten die Bande des Blutes stärker; die Frau sieht sich selbst noch eher der Familie zugehörig, in die sie hineingeboren wurde, als der, in die sie eingeheiratet hat – jedenfalls wird sie so gesehen. In der deutschen Version überwiegt entweder Liebesleidenschaft oder Treue zum Gatten.

Der Vergleich der ‚Volsunga-Saga' mit dem Nibelungenlied ist äußerst interessant. Der deutsche Dichter siedelt seine Figuren in einer feudal-aristokratischen, von strengen Regeln bestimmten Welt an. Der Streit zwischen Kriemhild (Gudrun) und Brunhild (Brynhild) entflammt wegen der Frage des Vortritts und spielt sich auf der Treppe des Domes ab. In der ‚Volsunga-Saga' handelt es sich auch um eine Rangstreitigkeit, die Szene ist jedoch das Bad der beiden Frauen in einem Fluß. Es handelt sich um den Rhein. Der Name des Flusses ist Rhein, aber der Streit ist eher der zwischen isländischen Bauersfrauen als zwischen Damen des Hofes. Der nordische Text ist jedoch viel anspruchsvoller, wenn übernatürliche Kräfte ins Spiel kommen. Die deutsche Fassung dagegen berichtet von plumpen Zaubertricks. Als Sigurd Brynhild für Gunnar gewinnen will, muß er schreckliche Hindernisse überwinden, die in den einzelnen Texten jeweils unterschiedlich dargestellt werden. In der Volsunga-Saga gelingt ihm das ganz einfach dadurch, daß er seine Gestalt verwandelt. Sigurd vollbringt die Taten in der Gestalt Gunnars, und Brynhild läßt sich täuschen. In der deutschen Sage erfindet der Dichter einen „Mantel, der unsichtbar macht". So steht Sigurd immer unsichtbar an Gunnars Seite. Dies verleiht dem Ganzen etwas lächerlich Burleskes. Auch Brynhilds Charakter wird im Nibelungenlied verzerrt dargestellt. In nordischen Texten ist sie eine schuldlos leidende, tragische Gestalt, eine schöne Frau voll Kraft und Würde. Wie von selbst drängen sich dem Dichter Sätze wie dieser auf: „Sie saß wie ein Schwan auf der Woge und gab ernste Antwort." Der deutsche Dichter sieht sie mit unbarmherzigem Auge. Nirgends wird ihr früheres Verlöbnis mit Sigurd angedeutet. Sie erscheint als abstoßende Kreuzung zwischen Mannweib und Amazone, während das Lob des Dichters seiner Kriemhild (Gudrun) vorbehalten bleibt: schön, pflichtbewußt, ein ergebenes, fast puppenhaftes Geschöpf, bis der Verlust ihres Gatten sie in eine rächende Furie verwandelt.

Die skandinavischen Gravierungen zeigen gewiß die packendsten Begebenheiten der Sage. Wir kennen eine reizvolle Darstellung der Szene, wie Gunnar und Sigurd versuchen, den Feuerwall, der Brynhild umgibt, zu durchbrechen, wobei Gunnars Pferd versagt, Sigurds Pferd jedoch Erfolg hat. Bevorzugt wurde Gunnars Gefangenschaft in Atlis Schlangengrube dargestellt *(Abb. auf S. 16)*, wo er mit den Zehen die Harfe schlug, da seine Arme gefesselt waren. Auch Sigurd, der sein Schwert schmiedet, Sigurds Tod und Brynhilds Tod auf dem Scheiterhaufen werden immer wieder dargestellt. Die Gedichte der Edda andererseits sind im allgemeinen in die Form persönlicher Elegien gekleidet, in denen wir lediglich einen Ausschnitt der umfangreichen und vielschichtigen Sage erkennen dürfen. Die Gedichte, in deren Titel die Namen Gudrun, Sigurd oder Atli vorkommen, konzentrieren sich auf eine bestimmte Begebenheit oder einen Teilaspekt. Sie setzen jedoch, hierin vergleichbar den altenglischen Gedichten, gründliche Vorkenntnisse bei der Leserschaft voraus.

Das heldische Ethos

Die Sigurd-Sage war so allgemein bekannt, daß der Dichter der relativ unbekannten ‚Volundarkvida' sich beiläufig über Wielands Reichtümer äußern kann – „Gold lag nicht auf Granis Weg" –, und dabei zu Recht annehmen kann, daß jedermann sofort die Anspielung auf Sigurds Gold und Pferd versteht. Namen, nicht nur von Pferden, sondern auch von Männern, Frauen, Orten und Völkern leben durch die Jahrhunderte in den Erzählungen der germanischen Welt fort. Gleichermaßen dürften auch die ethischen Wertvorstellungen eines großen Teils der frühgermanischen Literatur – die Hochschätzung des Muts, der Treue, ruhmvoller Taten und ehrenhaften Verhaltens – ihre Wurzeln in dieser frühen Epoche haben. Zweimal wird in der altenglischen Literatur eine historisch nicht belegte Schlacht zwischen Friesen und Dänen aus der Zeit um das 5. Jh. beschrieben: einmal in dem Gedicht ‚Der Finnsburgkampf', von dem nur noch ein handschriftliches Fragment existiert; zum zweiten als umfangreiche Nebenhandlung im ‚Beowulf'. Die Personen dieser Schlacht kommen andernorts nirgends vor, und sowohl das Gedichtfragment als auch der verblümte Stil des ‚Beowulf'-Autors erschweren das Verständnis der Zusammenhänge. Trotzdem können wir auf ein genaues Wissen verzichten, wenn wir den Einklang von Dichter und Publikum in dieser Erzählung von Treuekonflikten und heldenhaftem Sterben verstehen wollen. Wenn der Dichter von Hnaef, dem Dänen, und seinen Leuten erzählt, wie sie in der Gästehalle der Friesen angegriffen werden, und sagt: „Niemand erhielt je besseren Lohn für den hellen Met als Hnaef von seinen Lehensmännern", so wissen wir ganz unmittelbar, welche praktische und emotionale Beziehung zwischen Herr und Gefolge bestand. Der Dichter des ‚Beowulf' erzählt uns von Hildeburh, der Frau des Friesen Finn, die gleichzeitig die Schwester des Dänen Hnaef war. Als sie am Morgen nach dem Kampf der beiden Stämme auf der einen Seite die Leiche ihres Bruders, auf der anderen die ihres Sohnes erblickt, ordnet sie an, daß der Sohn neben seinem Onkel auf dem Scheiterhaufen verbrannt werde, und sie betrauert beide. Diese gewalttätige Epoche sah in der Frau häufig die ‚Friedensstifterin', in der Hoffnung, daß eine Ehe zwischen Angehörigen verschiedener Stämme zukünftige Streitigkeiten zu verhindern imstande wäre. Die Wirklichkeit dürfte jedoch meist so ausgesehen haben wie in Hildeburhs Fall. Des Dichters Wort, „sie war eine unglückliche Frau", ist wohl eine typische Untertreibung der Tragödie. Wir kennen vom weiteren Schicksal der Hildeburh lediglich ihre Rückkehr nach Dänemark. Andere Frauen in vergleichbaren Treuekonflikten handelten zu Zeiten weitaus tatkräftiger. Die Signy der ‚Volsunga-Saga', Schwester Sigmunds, weiß, daß ihr Ehemann der Mörder ihres Vaters und ihrer Brüder ist. Deshalb unterstützt sie ihren einzig überlebenden Bruder Sigmund bei seiner Rache an ihrem Ehemann. Ihre berühmten letzten Worte sind: „Ich tat alles, was ich vermochte, um König Siggeir den Tod zu bringen. Ich tat so viel für diese Rache, daß ich nicht länger leben kann. Ungern nahm ich König Siggeir zum Mann, aber gern will ich jetzt mit ihm sterben." Selbst eine Frau, die, glücklich verheiratet, derartige verwandtschaftliche Verpflichtungen nicht kennt, kann sich vor eine ähnliche Wahl gestellt sehen, wie in der ‚Njals-Saga', deren Helden nicht der prähistorischen Zeit, sondern dem Wikingerzeitalter angehören. Njal und seine Söhne erleiden den Feuertod in ihrem Haus; Bergthora, seiner Frau, steht ein Fluchtweg offen. Sie weist die Flucht ähnlich heldenhaft wie Signy jedoch weit von sich: „Als ich Njal vermählt wurde, war ich jung. Ich habe ihm versprochen, daß das Schicksal uns nicht trennen wird."

Die Sagadichter ließen die Frauen ihrer Erzählungen gerne in weihevoller Tapferkeit zugrundegehen. Wahrscheinlich schickte es sich für Frauen nicht, mit einem Scherzwort auf den Lippen zu sterben. Männern jedoch wurde das ohne weiteres zugestanden. So bildet jener Mann, der den todbringenden Speer in seiner Wunde mit den Worten „diese Speere mit den breiten Spitzen sind heutzutage Mode" betrachtet, keine Ausnahme. Es war ein Verdienst, den Tod leichtherzig und scherzend hinzunehmen, denn, da das Leben vergänglich war, überdauerte nur der Ruhm. Diese Auffassung herrscht übereinstimmend bei angelsächsischen und nordischen Dichtern. In einem Edda-Gedicht heißt es: „Das Vieh stirbt, die Sippe stirbt, man stirbt selbst. Ich weiß etwas, das niemals stirbt, das ist der Ruhm der toten Männer." In England schrieb der Dichter des ‚Seefahrer': „Alter, Krankheit oder Gewalt nehmen dem Kühnen das Leben, er ist gerichtet. Das beste Grabmal für jeden Helden ist seine Wertschätzung durch die Lebenden, die seinen Ruhm verbreiten, wenn er nicht mehr ist." Für uns ist diese starke Betonung der Vergänglichkeit des Lebens schwer nachvollziehbar. Sie wird jedoch verständlich, wenn man weiß, daß die Grabstätten der Angelsachsen eine Unzahl von Skeletten von Menschen im Alter zwischen 30 und 40 Jahren freigaben. Daß bei einer so kurzen Lebensspanne der Ehrgeiz, ruhmvoll zu sprechen, zu leben und zu sterben, eine so große Bedeutung hatte, mag den Mut, die Prahlerei und die Scherzworte im Angesicht des Todes erklären.

Die beste Möglichkeit zum Verständnis der nordischen Kultur und Gedankenwelt dieser frühen Jahrhunderte bietet vielleicht die Beschäftigung mit dem altenglischen Heldenepos ‚Beowulf'. Wie so oft in der Literatur, so liegt auch der Schauplatz des ‚Beowulf' sowohl zeitlich als auch kulturell weit zurück. Der Zeitpunkt seiner Entstehung ist umstritten, einige Forscher verlegen ihn jedoch übereinstimmend in das 8. Jh. Die einzige erhaltene Abschrift datiert aus dem frühen 11. Jh. Das Gedicht spielt im 5. und 6. Jh. in Skandinavien. Der Held Beowulf ist ein Gaute (Götar), Angehöriger eines Stammes, den es nach seinem Tod nicht mehr gab. Eines der Themen des ‚Beowulf' ist der drohende Untergang der Gauten als unabhängigem Volk und ihr Aufgehen im Reich ihrer mächtigen schwedischen Nachbarn (Svear). Beowulf hat gehört, daß in Dänemark ein Ungeheuer namens Grendel wütet. So reist er zum dänischen Hof, bietet den Dänen seine Hilfe im Kampf gegen diese Plage an und tötet Grendel, später auch Grendels Mutter, die ihrem Sohn an Abscheulichkeit in nichts nachsteht. Beowulf kehrt heim und wird König der Gauten. Er kommt schließlich beim Kampf mit einem Drachen um, der sein eigenes Volk bedroht hatte.

Dies ist in kurzen Zügen der Inhalt des Werkes, das nach außen hin nichts weiter zu sein scheint als eine Volkserzählung von Kämpfen mit Drachen. Für den Dichter sind die beiden Ungeheuer – Grendel und seine Mutter – jedoch Kräfte der Finsternis, Ausgestoßene der menschlichen Gesellschaft, Verdammte Gottes und daher Repräsentanten des Bösen, das sowohl vom allgemein menschlichen als auch vom christlichen Standpunkt her bekämpft werden muß. Sie erscheinen wohl als menschliche Wesen, menschlich jedoch nur in dem Sinne wie auch die Trolle und Riesen der skandinavischen Sage menschlich sind: sie ähneln den Menschen lediglich im Aussehen, wesensverwandt sind sie ihnen nicht. Auch sie gehören zur Nachkommenschaft von Kain und den Teufeln der Hölle. Ebenso wie die gefallenen Engel geraten sie über menschliche Freude außer sich vor Wut. Grendel stürzt sich auf die große Halle Heorot, weil „er in Finsternis lebend jeden Tag laute Freudenrufe aus der Halle hörte, wo die Harfe erklang und das süße Lied des Dichters".

Zu Beginn ist das Gedicht von einer freudigen, siegesgewissen Stimmung erfüllt. Dem Verhängnis wurde die Stirn geboten, es wurde überwunden. Das dänische Volk hatte eine lange führerlose Zeit hinter sich. Aber der große Scyld kam zu ihm als Herrscher, gab ihm Sicherheit und führte es von Sieg zu Sieg. Scylds Nachfahr Hrothgar erbaute die herrliche, goldgeschmückte Fürstenhalle Heorot, ein Symbol für Frieden, Festlichkeit und erneute Sicherheit. „Ihr Glanz leuchtete über viele Länder." Grendel, das Scheusal, bedroht die Dänen; da kommen die jungen Helden der Gauten siegessicher im strahlenden Harnisch. Weite Passagen des Gedichtes berichten von den Freuden der Kameraden in der Fürstenhalle, von Metgelagen und Goldgeschenken als Zeichen der Freundschaft und Treue. Indessen dürfen wir selbst in den Anfangspartien des Werkes niemals die Bedrohung und das nahe, lauernde Unheil, das über diesem Dasein liegt, vergessen. Der Dichter erinnert stets daran, daß die goldene Halle Heorot nur allzubald im Kampf zwischen Hrothgar und seinem Schwiegersohn Ingeld niederbrennen wird. Zwar befreit Scyld am Anfang des Gedichtes die Dänen aus ihrem unseligen führerlosen Zustand, aber Beowulf läßt die Gauten am Schluß des Werkes gleichermaßen führerlos, hilflos ausgeliefert all den Gefahren, die einem kleinen, schutzlosen Volk von seinen starken und feindlichen Nachbarn drohen. Wenn der Dichter von Frieden oder Harmonie spricht, dann gebraucht er zusätzlich Redewendungen wie ‚zu jener Zeit', um daran zu erinnern, wie unsicher und vergänglich dieser Zustand im Grunde war. Im ersten Teil haben derartige Andeutungen nicht das Übergewicht. Im weiteren Verlauf ändert sich das jedoch: jetzt sind die geschilderten Schätze nicht mehr glitzernd und erfreulich, sondern in der Erde begraben, rostig und nutzlos. „Die Reiter schlafen, die Helden im Grab; man hört die Harfe nicht mehr wie einst, es gibt keine Freude mehr am Hof." Der historische Hintergrund der Geschichte wurde bis dahin vom Dichter ziemlich vernachlässigt, im letzten Drittel des Gedichtes jedoch tritt er immer deutlicher hervor. Der Kampf zwischen Schweden (Svear) und Gauten (Götar) spiegelt sich immer klarer und unheilvoller wider, bis jeder Zweifel ausgeräumt ist, daß nach Beowulfs Tod die Gauten ihre „morgenkalten" Speere ergreifen werden, um zum letzten Mal gegen die Schweden zu kämpfen.

Wir merken schließlich, daß es dem Dichter auf drei Dinge besonders ankam: zunächst wollte er uns zeigen, wie vergänglich alle irdischen Güter sind außer dem Ruhm, der durch Mut, Heldentum oder Weisheit erlangt wird. Dieser Ruhm wird den Tod eines Mannes, den Untergang eines Stammes und die Zerstörung einer Fürstenhalle lang überdauern. Dann war es ihm wichtig, darzustellen, daß es zur grausamen Pflicht eines Mannes gehörte, mit all seinem Mut in vollem Bewußtsein des drohenden Todes den Kampf zu wagen. Schließlich ging es ihm darum, das Heldentum als Tugend an sich zu verherrlichen. Die eindringlichste Beschreibung des heldischen Ethos verdanken wir jedoch mehr noch als dem Dichter des ‚Beowulfs' einem späteren Autor, dem Dichter der ‚Schlacht von Maldon'. Er schildert eine historisch unbedeutende Schlacht zwischen Angelsachsen und Wikingern. Ein ‚alter Lehnsmann' beschwört in diesem Kampf, von dem er weiß, daß er verloren ist, seine Kampfgenossen: „Das Denken muß unerschütterlicher, das Herz tapferer werden. Je mehr unsere Kraft nachläßt, desto stärker muß der Mut werden." Die Feinde, Wikinger und somit Brüder im Geiste, hätten diese Gefühle sicherlich gebilligt.

Die Handlungselemente, die dem ‚Beowulf' zugrundeliegen, tauchen auch andernorts auf. In zwei altnordischen Sagas, der Saga von Hrolf Kraki und der Saga von Grettir, kommen Drachenkämpfe vor, die sich mit Bestimmtheit auf dieselben Quellen oder Traditionen wie der ‚Beowulf' stützen. Grettir, ein verfemter Isländer, kämpft zunächst mit Glam, einem der schrecklichen ‚wandernden Toten', später mit zwei Trollen, der eine männlich und der andere weiblich. Diese Kämpfe erinnern stark an die im ‚Beowulf'. Die Saga von Hrolf Kraki ist jedoch schon deswegen interessanter, da der Kampf mit dem Ungeheuer hier in denselben geschichtlichen Zusammenhang gestellt werden kann wie der Kampf im ‚Beowulf'-Lied. Auch hier kommt ein Gaute an den Hof des dänischen Königs, um ihn von der Bedrohung durch ein Ungeheuer zu befreien. Sowohl diese Saga als auch der ‚Beowulf' beruhen zweifelsohne auf historischen Begebenheiten, der gautische Abenteurer ist jedoch eine Fabelgestalt. Erstaunlich ist die Parallelität der Verquickung von geschichtlicher Wahrheit und Phantasie in Texten so unterschiedlicher Herkunft. Indes ähneln sich die Werke in vielen seltsamen und belanglosen Einzelheiten, wobei es dem nordischen Text lediglich darauf ankommt, aus dem Stoff eine akzeptable Erzählung zu formen. Im ‚Beowulf' hingegen wird aus der akzeptablen Erzählung eines der schönsten Epen der germanischen Literatur.

Gleichwohl ist es natürlich fesselnd zu sehen, daß es wiederum Zusammenhänge innerhalb der germanischen Welt gibt, daß dieselben Überlieferungen, dieselben historischen und sagenhaften Gestalten sich an so verschiedenen Orten und zu so verschiedenen Zeiten, wie es das England des 8. Jhs. und das Island des 13.–14. Jhs. sind, wiederfinden lassen. Bemerkenswert ist auch, daß die bedeutendste Dichtung der angelsächsischen Literatur nicht von England und seinen Bewohnern, sondern von Dänen, Schweden und Gauten handelt. Es dauerte lange, bis sich die Angelsachsen als eigene Nation, frei von ihrer Herkunft vom europäischen Festland, begriffen. Und die Isländer bewahrten auf ihrer abgelegenen Insel wesentlich umfangreicheres Material als irgendein Volk der skandinavischen Stammländer. Im 8. Jh. tadelte der Kleriker Alkuin eben jene Angelsachsen wegen ihrer leidenschaftlichen Vorliebe für profane Literatur und fragte sie in strengem Ton: „Was hat Ingeld mit Christus zu schaffen?" Ingeld, eine ganz fremde Gestalt aus einem unbedeutenden Germanenstamm des 6. Jhs. sagt uns wenig. Für die Engländer aus den Tagen Alkuins jedoch war er sicherlich ein Symbol für die lebendige und aufregende Welt der germanischen Sage, für das kulturelle Erbe der nordischen Welt.

DIE GERMANISCHEN STÄMME

Von Hermann Ament

Denket an Chlodovech, von dem eure Siege begannen, was er getan hat: er tötete die Könige, die seine Gegner waren, schlug die feindlichen Völker, brachte die einheimischen unter seine Gewalt und hinterließ euch die Herrschaft darüber unversehrt und ungeschwächt. Und da er dies ausführte, hatte er nicht Gold noch Silber, wie es jetzt in euren Schatzkammern liegt.

Gregor von Tours, *Historiarum libri X* zwischen 573 und 590

Bei Anbruch des 5. Jhs. n. Chr. war der wichtigste Abschnitt der römischen Reichsgrenze in Mitteleuropa, der entlang dem Rhein vom Bodensee bis zur Mündung in die Nordsee verlaufende spätrömische Limes, nach offizieller Anschauung noch völlig intakt. Soeben erst, im Jahr 395/96, hatte der Reichsfeldherr Stilicho die Verteidigungsanlagen inspiziert, welche im Bereich der Provinz Germania I (ehedem Germania superior) das Eindringen der rechtsrheinisch siedelnden Alamannen verhindern sollten und denen in Niedergermanien (Germania II) die gleiche Aufgabe gegenüber den Franken zukam. Mit den Franken konnte Stilicho sogar Bündnisverträge abschließen. So mochte es ihm unbedenklich erscheinen, 401 für den Kampf gegen den in Italien eingedrungenen Westgoten Alarich starke Truppenkontingente von der Rheingrenze abzuziehen, und in der Tat haben die Franken in Erfüllung ihrer Bündnispflicht sich den Wandalen, Sueben und Alanen entgegengeworfen, als diese am letzten Tag des Jahres 406 bei Mainz den Rhein von Osten her überschritten. Indessen zeigen diese Vorgänge und zeigt die Entwicklung der Folgezeit, daß das Vorgehen Stilichos, mag es im Augenblick auch rein pragmatisch gewesen sein, eine historische Wende markiert. Eine nachhaltige Verteidigung der seit den Tagen des Augustus von den Römern mit so großer Energie gehaltenen Rheingrenze war nie wieder möglich, und das Gesetz des Handelns ging mehr und mehr auf die germanischen Stämme über.

Germanische Stämme zwischen Alpen und Nordsee am Ausgang der Antike

Die Franken. Zu Beginn des 5. Jhs. dürfte die Masse der Franken noch auf dem rechten Rheinufer ansässig gewesen sein. Mit dem Frankennamen, der auf Eigenschaften wie ‚kühn, mutig, ungestüm' anspielt, wurden seit der Mitte des 3. Jhs. germanische Stämme rechts des Niederrheins belegt, die sich offenbar in Verfolgung einer gemeinsamen Politik gegenüber dem Römerreich zu einem Stammesbund zusammengeschlossen hatten. Diese Politik zielte allgemein auf die Teilhabe an den Reichtümern der römischen Provinz und verwirklichte sich sowohl in periodisch unternommenen Raubzügen wie in der friedlichen und einvernehmlichen Ansiedlung auf Reichsboden. Dem entsprach auf römischer Seite der ständige Wechsel der Reaktionen, die von erbitterter Gegnerschaft bis zu vertrauensvoller Kooperationsbereitschaft reichten. Während der eine Kaiser sich als Frankensieger (Francicus) bezeichnete (Valentinian seit 369), konnte ein anderer die Ansiedlung von Franken auf Reichsgebiet durch Münzprägungen als politische Großtat feiern lassen (Constans um 342). Von diesen Ansiedlungen gingen in der Tat die stärksten historischen Wirkungen aus. Wir hören von solchen Maßnahmen schon in den 80er Jahren des 3. Jhs; vor allem aber während des 4. Jhs. wurden germanische, insbesondere fränkische Gruppen in Nordgallien angesiedelt, zwar in unterschiedlichen Rechtsverhältnissen *(laeti, dediticii, foederati),* doch stets in der gleichen Absicht, durch die Bewirtschaftung brach liegenden Landes die Steuerkraft der Provinz und zugleich ihre militärische Stärke zu heben. Archäologische Funde versetzen uns in die Lage, die Intensität dieser Art von germanischer Ansiedlung in Gallien abzuschätzen und den von ihr in Anspruch genommenen Raum recht genau zu umschreiben. Die germanischen Siedler des 4. und frühen 5. Jhs. haben nämlich in ihren neuen Wohnsitzen einen ihnen eigentümlichen Beisetzungsbrauch entwickelt. Über die auch von den gallo-römischen Provinzialen geübte Sitte der Ausstattung der Gräber mit Gefäßen für Speise und Trank hinaus pflegten sie den verstorbenen Kriegern Waffen und den Frauen Fibelschmuck mit ins Grab zu geben. Da

Zierscheibe aus Linon, Frankreich, mit dem Antlitz Christi als Mitte und den griechischen Buchstaben Chi und Rho als ‚Speichen'.

gerade die in den Frauengräbern anzutreffenden Schmuckformen keine Entsprechungen im römischen Gebiet haben, vielmehr eng mit Funden aus dem rechtsrheinischen Germanien zusammenhängen, wird die Deutung solcher Gräber als Bestattungen zugewanderter Germanen hinreichend gesichert. Germanengräber dieser Art sind in den nördlichen Provinzen des Römerreiches zwischen Rhein und Seine nicht selten und finden sich in geringerer, Frauengräber sogar in wesentlich geringerer Konzentration auch im Nordwesten Galliens, westlich der Seine.

Die Wohnstätten dieser germanischen Siedler haben sich bisher einem archäologischen Nachweis entzogen; Rückschlüsse auf sie sind nur anhand der Bestattungsplätze möglich. Demnach scheinen die Neuankömmlinge vielfach in das bestehende Siedlungssystem eingegliedert worden zu sein, gelegentlich aber auch eigene Siedlungen begründet zu haben. Umgekehrt liegen die Fundverhältnisse im rechtsrheinischen Herkunftsgebiet der Franken. Hier wurden immerhin einige Siedlungsplätze entdeckt, bäuerliche Anwesen mit Holzbauten wie etwa bei Westick, Kr. Unna. Hingegen sind dort Gräber der späten Kaiserzeit außerordentlich selten.

Auch im grenznahen Bereich ist es frühzeitig zur Festsetzung geschlossener fränkischer Gruppen gekommen, was dort mehr noch als die von den Römern gesteuerte Ansiedlung von Laeten und Foederaten im Innern der Provinz den Charakter einer Landnahme besaß. So billigte der spätere Kaiser Julian 355 nachträglich die schon seit längerer Zeit zurückliegende Ansiedlung salischer Franken in Toxandrien (Nord-Brabant). Landnahme durch Eroberung gewann dann im 5. Jh. zunehmend an Bedeutung. 459 wurde Köln, die Hauptstadt Niedergermaniens, nach längerer Belagerung erobert, und als im Jahr 476 die römische Kaiserherrschaft im westlichen Reichsteil zu Ende ging, stand bereits ein breiter Gebietsstreifen der bis dahin römischen Provinz unter fränkischer Herrschaft, von Köln und Mainz im Osten bis Cambrai und Tournai im Westen.

Die Alamannen. Weit weniger expansiv haben sich in dieser Spätphase der römischen Herrschaft die Alamannen verhalten, der zweite große Stammesverband der Germanen an der Rheingrenze. Seine raumgreifenden Eroberungen auf römischem Territorium lagen freilich schon zwei Jahrhunderte zurück.

Wohl um die Wende vom 2. zum 3. Jh. hatte sich im Innern Germaniens aus elbgermanischen, vor allem suebischen Gruppen der Stammesverband der Alamannen gebildet, welcher 213 zum ersten Mal bei Kämpfen am Obergermanischen Limes in der Maingegend in Erscheinung getreten ist. Seine Attacken gegen die römische Reichsgrenze nahmen in der Folgezeit an Heftigkeit zu. Ein großer Einbruch in römisches Gebiet gelang in den Jahren 233 bis 235, ein wei-

Zahlreiche Germanen drangen – in zunehmendem Maße seit spätantiker Zeit – in kleinen Gruppen, aber auch in größeren Gemeinschaften über die Reichsgrenzen auf den Boden der weströmischen Provinzen. Die meisten von ihnen standen als Söldner in römischem Militärdienst; zwar kehrte so mancher Krieger in seine rechtsrheinische Heimat zurück, der größte Teil der Söldner jedoch verblieb mit seinen Familien in den Gebieten westlich des Rheins und südlich der Donau. Im 5. Jahrhundert kam es mehrfach zur geschlossenen Ansiedlung ganzer Stämme oder Stammesgruppen, die unter dem Kommando eigener Fürsten und Könige standen. Von allen germanischen Völkerschaften, die neue Wohnsitze in den ehemals römischen Provinzen fanden – also den Franken, Alamannen, Bajuwaren, Burgundern, Sueben, Wandalen, Sachsen, Langobarden, West- und Ostgoten – gelang es nur den Franken, einen machtvollen Staat zu bilden, in dem germanische und antike Traditionen zu einer lebensfähigen Einheit verschmolzen waren und der auch wirklich Fortbestand hatte. Für mehrere Jahrhunderte war das fränkische Königreich der Merowinger und Karolinger der Mittelpunkt der germanischen Staatenwelt.
Wie konnte dem ursprünglich kleinen und unbedeutenden Stamm der salischen Franken ein solcher Aufstieg zur Macht gelingen, die erst zur Herrschaft über das heutige Frankreich und Belgien und dann – im Reich Karls des Großen – zur Herrschaft über fast ganz Westeuropa führte? Die unmittelbare Antwort darauf scheint einfach: Es gelang den ersten fränkischen Herrschern aus merowingischem Hause, durch militärische Erfolge, geschicktes Taktieren und erfolgreiche Zusammenarbeit mit der einheimischen Oberschicht des spätantiken Galliens das politische Erbe des römischen Westreiches anzutreten. Zwei Persönlichkeiten verdienen dabei besonderer Erwähnung: Childerich und sein Sohn Chlodwig. Als der Name Childerich im Jahre 463 erstmals in den Annalen auftauchte, saßen die Franken im heutigen Belgien und nordöstlichen Frankreich. Childerich selbst beherrschte das Gebiet rund um Tournai und kämpfte als römischer General gegen Westgoten, Sachsen und Alanen. Bei seinem Tode 482 hatte er als fränkischer König und römischer Verbündeter zweifellos eine bedeutende Machtkonzentration geschaffen, die er an seinen sechzehnjährigen Sohn weitergeben konnte. Doch die bisherige Partnerschaft verwandelte sich bald in Rivalität: Schon 486 besiegte der junge Chlodwig bei Soissons den Heermeister Syagrius, den letzten römischen Befehlshaber in Gallien. Weitere Siege über Thüringer, Alamannen und Westgoten folgten. 493 heiratete er die katholische Prinzessin Chrodechilde, Tochter eines Burgunderkönigs, und ließ sich später selbst taufen. Der Übertritt zum katholischen Christentum sollte von weitreichender Bedeutung werden. Die merowingische Dynastie selbst war durch vier Söhne Chlodwigs gesichert. Der Name des Geschlechts geht auf Childerichs von Legenden umwobenen Vater Merowech zurück.
Childerichs Grab wurde 1653 durch Zufall entdeckt. Es war außergewöhnlich reich ausgestattet und enthielt Schmuck, eine Streitaxt, zwei Schwerter und eine Lanze, Schnallen, einen goldenen Handgelenkring, Pferdegeschirr, Gold- und Silbermünzen und über dreihundert Bienen aus Gold und Granat, die vielleicht auf die königliche Robe genäht waren, vielleicht aber auch auf dem ledernen Zaumzeug saßen. Napoleon übernahm sie später als Wappentiere auf seinen Krönungsornat. Der größte Teil des Schatzes wurde 1831 aus der Königlichen Bibliothek in Paris gestohlen und kam niemals wieder zum Vorschein. Die einzigen wichtigen, erhaltengebliebenen Stücke waren die Fragmente zweier Schwerter, die mit Goldbelag und Granat- bzw. Almandineinlagen verziert waren. Dieses Arrangement *(rechte Seite Mitte)* zeigt Griff und Scheidenbeschlag eines zweischneidigen Schwertes (Spatha) und den Scheidenbeschlag eines einschneidigen Schwertes (Sax). Glücklicherweise waren sämtliche Gegenstände von dem Antwerpener Arzt Jean-Jacques Chiflet gezeichnet und 1655 veröffentlicht worden. Aus diesem Buch stammen die vier neben den Schwertbeschlägen reproduzierten Seiten. *Rechts oben* sind Siegelringe abgebildet, darunter der berühmte des Frankenkönigs mit der Umschrift ‚Childirici Regis', von dem jedoch nur noch ein Abdruck existiert. Die anderen Seiten zeigen einen Armring, Beschläge, Schnallen und eine Zwiebelknopffibel, die man damals irrtümlich für ein Schreibgerät hielt. Dieses Stück ist spätrömischer Herkunft; andere Formen, die Ornamente und besonders die farbigen Granateinlagen weisen auf hunnischen Einfluß hin, der damals dem fränkischen Königshof den neuen pontisch-donauländischen Zierstil vermittelte. (1–5)

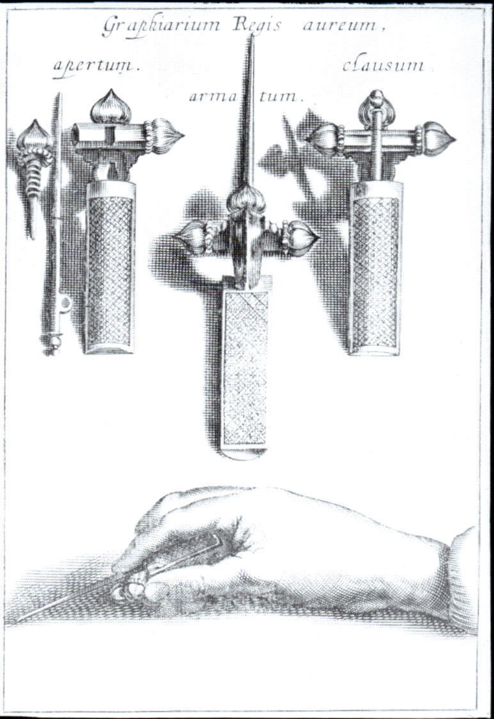
Graphiarium Regis aureum,
apertum.
arma tum.
clausum.

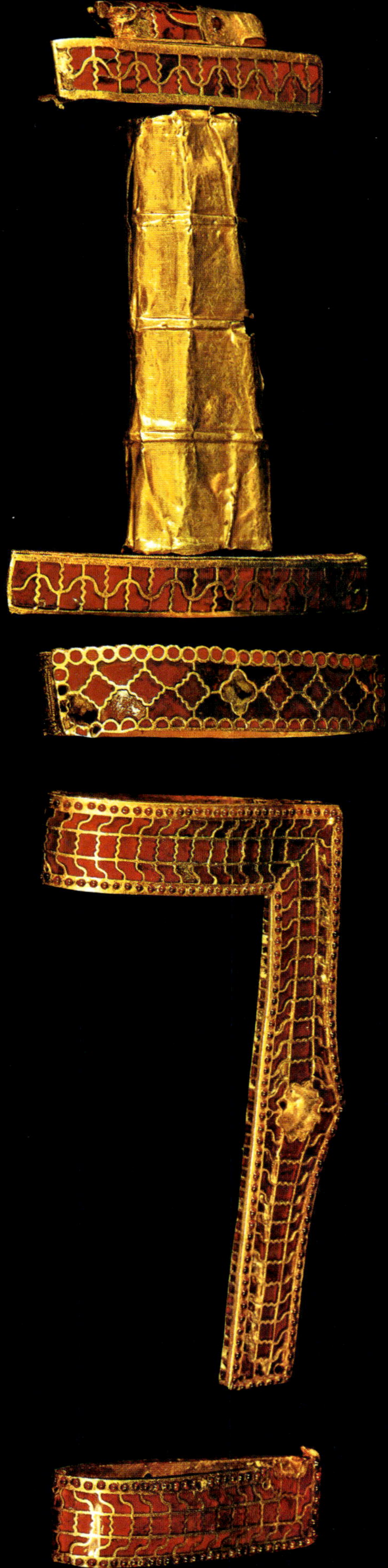

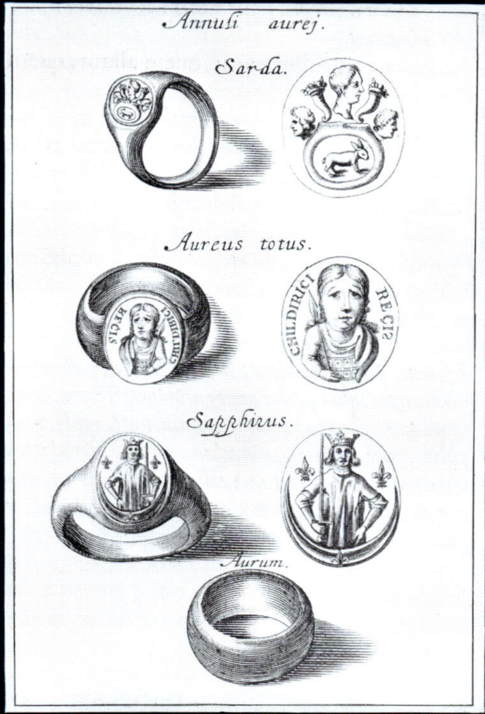
Annuli aurej.
Sarda.
Aureus totus.
CHILDIRICI
RE GIS
Sapphirus.
Aurum.

Phaleræ Regij Equi.

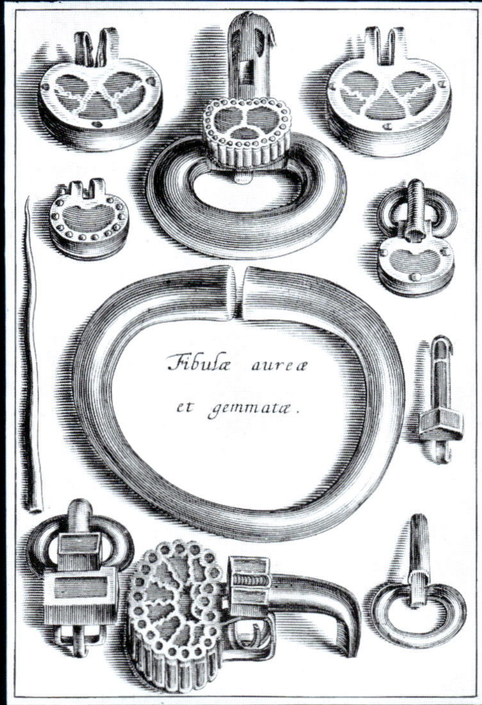
Fibulæ aureæ
et gemmatæ.

Die Reise in den Tod

Krieger wurden mit ihren Waffen und gelegentlich mit ihren Pferden bestattet, Frauen mit ihrem Schmuck. Skizzen von zwei Männergräbern in Selzen,

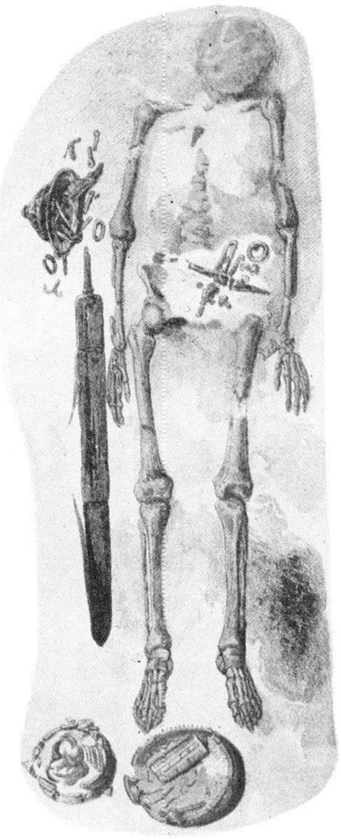

Rheinhessen, im Zustand ihrer Auffindung (*oben* und *unten*) zeigen, wie die Beigaben um den Körper herum niedergelegt waren. Neben dem rechten Fuß des unten abgebildeten Skeletts liegt ein Pferdeschädel. (8, 9)

Aus einem Fürstengrab bei Pouan, Dép. Aube, stammen zwei Schwerter, Gürtelschnallen und Schmuck *(oben).* Die Scheiden wurden restauriert und wieder mit ihren ursprünglichen Cloisonné-Verzierungen versehen. Der Mann, der mit diesen Beigaben bestattet wurde, fiel möglicherweise 451 in der großen Schlacht gegen die Hunnen auf den Katalaunischen Feldern. (6)

Brandbestattung und Erdbestattung wurden oft nebeneinander praktiziert. *Links:* Eine Urne vom Friedhof in Wehden bei Bremerhaven. (7)

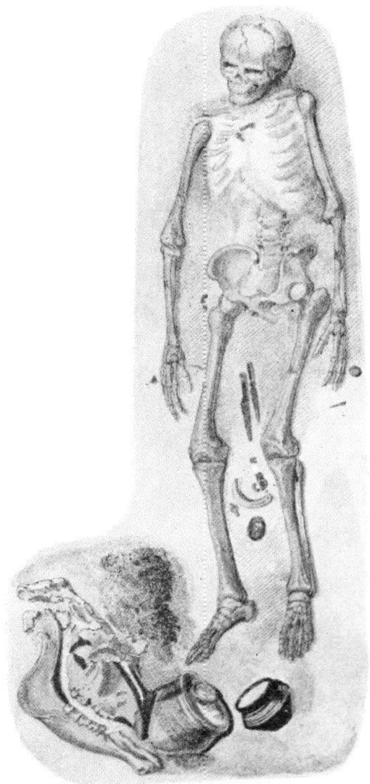

Unter dem Kölner Dom wurden zwei Fürstengräber entdeckt, das einer jungen Frau und das eines sechsjährigen Knaben. Sie enthielten nicht nur Waffen und Schmuck, sondern auch Möbel und Gerätschaften verschiedenster Art. Der Eimer *(rechts)* und ein kleiner Helm *(ganz rechts)* wurden im Knabengrab gefunden. Rings um den Rand des Eimers sind dreieckige Preßblechbeschläge mit maskenartigen Gesichtern angebracht. Die Henkelattaschen jedoch sind mit Tierornamenten im spätrömischen Stil verziert. Einige Schmuckstücke aus dem Frauengrab sind umseitig abgebildet. (10, 11)

Der einfacheren Bevölkerung wurden Beigaben wie Töpfe, Gläser, Halsketten und Trinkhörner mit ins Grab gegeben. *Unten* abgebildet werden Gegenstände aus verschiedenen nordfranzösischen und rheinländischen Gräbern des 5. und 6. Jahrhunderts. (12)

Königin der Franken

Den Namen ‚Arnegundis' als Umschrift und als Monogramm trägt ein Ring, der in einer reichen Grablege unter der Abteikirche von Saint-Denis bei Paris gefunden wurde. Aus der Lage des Skeletts, Tuchresten und den erhaltenen Schmuckstücken konnte eine detaillierte Rekonstruktion angefertigt werden *(links)*. Die Tote lag auf einer roten Wolldecke und trug eine lange violette Seidentunika, ein seidenes Gewand mit goldgestickten Ärmelaufschlägen, Leinenstrümpfe und Lederpantoffeln. Arnegunde war eine der Frauen von König Chlotar I., Chlodwigs Sohn. (13)

In Krefeld-Gellep am Niederrhein fand man ein reiches Grab, zu dessen Beigaben zwei Sattelbeschläge mit goldcloisonnierten Granateinlagen gehörten *(unten)*. Auf der Unterseite waren die Beschläge mit Nieten auf Leder befestigt. (14)

Wer war die Prinzessin, die neben dem Knaben in Köln bestattet wurde? Die Kopfbinde *(rechte Seite oben)* war aus golddurchwirktem Stoff (Brokat) gefertigt; hier ist sie auf einer neuen Stoffunterlage rekonstruiert. In der Mitte saß ein goldgefaßter Granat. Kopfbinden dieser Art (Vittae) gehörten zu den Gaben des vornehmen Bräutigams an die Braut, und wir wissen, daß Wisigarde, die Frau des Königs Theudebert, kurz nach ihrer Hochzeit um 540 starb. Die Tote trug ein Kollier und eine Goldkette *(rechte Seite Mitte)*, die an den Schultern mit Scheibenfibeln festgesteckt war, mit einer byzantinischen Münze von Theodosius II. Zwei Bügelfibeln *(rechte Seite unten)* schlossen wohl einen Mantel in Hüfthöhe. (15–18)

Frauengräber enthielten gewöhnlich Schmuck, manche sogar äußerst prunkvolle Stücke. Diese beiden Fibeln stammen von einem alamannischen Friedhof in Wittislingen bei Dillingen. Die obere ist ein Prachtexemplar jenes Typs, der im ganzen nördlichen Europa üblich war; die untere wurde vielleicht von Byzanz beeinflußt. Vier doppelköpfige cloisonnierte Schlangen sind auf einem Grund aus Goldfiligran in Kleeblattform angeordnet. (19, 20)

Christliche Hoffnung

„In hunc titulum requiiscit bene memorius Badegiselus presbiter qui vixit in paci annus XXXXX feliciter" („In diesem Grabe ruht gesegneten Angedenkens der Priester Badegisel, der in Frieden 50 Jahre glücklich lebte"); ein Grabstein aus dem 7. Jahrhundert, gefunden in Mainz. (21)

Das Antlitz Christi bildet die Mitte einer sehr schönen, radförmig durchbrochenen Zierscheibe aus Linon, Frankreich *(oben)*. Die ‚Speichen' bilden die griechischen Buchstaben Chi und Rho (= Christus), angefügt sind die Zeichen für Alpha und Omega. Die Eberkopfpaare auf drei Teilabschnitten des äußeren Ringes kann man auch als menschliche Gesichter deuten. (22)

Zwischen Christentum und Heidentum bestand für einen Franken des 7. Jahrhunderts noch kein unüberbrückbarer Unterschied wie für uns heute. Auf dem Grabstein von Niederdollendorf/Rhein um 650 (beide Seiten sind *links* abgebildet) wird der Verstorbene von einer zweiköpfigen Schlange im Totenreich begrüßt; er trägt ein Schwert in der einen Hand; mit der anderen kämmt er sich das Haar. Auf der Rückseite ist der siegreiche und von Lichtstrahlen umgebene Christus abgebildet. *Rechte Seite:* Der Reiterstein aus Hornhausen bei Halberstadt. (23, 24, 25)

4

IN NOMI
DNI IHU
XPI SALVATO
INCIPIT LIBER
SACRAMENTORUM ROMANAE
AECLESIAE ORDINIS ANNI CIRCULI
ORAT ET PRAECES

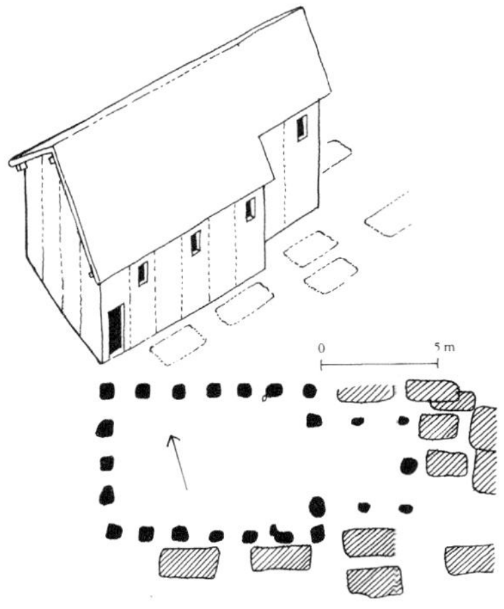

Rekonstruktion und Grundriß einer Kirche und eines Gräberfeldes aus dem 7. Jahrhundert in Staubing bei Weltenburg an der Donau.

terer warf 259/60 die römischen Limestruppen für immer aus ihren Stellungen. Das sog. Dekumatland zwischen Limes, Rhein, Bodensee, Iller und Donau wurde daraufhin von Alamannen besetzt und besiedelt, die hier ihren Stammesstaat errichteten, den ersten germanischen Staat auf römischem Territorium überhaupt. Dieser bestand – gemäß den Entstehungsbedingungen des alamannischen Stammes – aus einer Vielzahl einzelner Teilherrschaften. Erst am Ende der hier betrachteten Epoche, in der zweiten Hälfte des 5. Jhs., scheint sich eine Zentralgewalt in den Händen eines Königs herausgebildet zu haben. Bodenfunde alamannischen Charakters liegen schon für die Zeit bald nach der Landnahme vor. Es handelt sich vor allem um Beigaben aus Gräbern, in welchen die Toten unverbrannt beigesetzt worden sind. Daneben kommen aber auch Brandgräber vor, ja es ist zu vermuten, daß die Masse der alamannischen Bevölkerung zunächst diesem in den Herkunftsgebieten üblichen Beisetzungsritus folgte. Die Beigabensitte – soweit sie geübt wurde – entspricht im wesentlichen dem auch bei den Germanen in Nordgallien zu beobachtenden Brauch: Die Männer erhalten Waffen, die Frauen Fibelschmuck als Totengabe, dazu beide Geschlechter Gefäße je nach ihrem Besitz. In einzelnen Sachformen zeigen sich deutliche Beziehungen zur mitteldeutschen Heimat des Kernes der Alamannen, z. B. in den Scheibenfibeln des Frauengrabes vom Spielberg bei Erlbach. Das gleiche gilt für manche Einzelzüge des Bestattungsbrauches, so für die Beigabe von Sätzen bronzener oder silberner Pfeilspitzen als symbolischen Waffen in Männergräbern. Über die Siedlungen selbst sind wir wieder nur unzureichend unterrichtet. In gewissem Umfang scheinen die in das bis dahin römische Gebiet einrückenden Alamannen an die vorgefundenen Siedlungsstrukturen angeknüpft zu haben, was nicht zuletzt durch das bestehende Straßennetz nahegelegt wurde. Daneben kam es aber auch zur Neugründung ländlicher, nunmehr völlig in Holzbauweise errichteter Siedlungen (z. B. Sontheim im Stubental). Ein Novum stellen befestigte Höhensiedlungen dar, von denen mehrere durch Zufallsfunde bekannt wurden. Grabungsmäßig untersucht wurde der Runde Berg bei Urach: Seine Kuppe und die flacheren Partien der Abhänge waren seit dem ausgehenden 3. Jh. intensiv besiedelt. Auf dem Gipfel befand sich ein mit einer Mauer umhegtes Areal, offenbar der Herrschersitz einer fürstlichen Persönlichkeit. Die umwohnende Bevölkerung betätigte sich nach Ausweis kennzeichnender Funde vorzugsweise in Handwerk, Handel und Gewerbe, so daß der Siedlung insgesamt zumindest in wirtschaftlicher Hinsicht stadtähnliche Züge nicht abgesprochen werden können. Welche Bedeutung ein solches Gemeinwesen für die politische Organisation des Landes besessen haben dürfte, geht nicht zuletzt aus seinem ferneren Schicksal hervor.

Die territorialen Grenzen, welche den Alamannen durch den spätrömischen Donau-Iller-Rhein-Limes gesetzt waren, blieben auch im 5. Jh. unverändert. Selbst die faktische Preisgabe der Rheingrenze kurz nach 400 zog keine Siedlungsbewegung in westlicher Richtung (Elsaß) nach sich, obwohl einzelne kriegerische Vorstöße früher schon in diese Richtung gezielt hatten (357 Schlacht bei Straßburg). Lediglich im Osten deuten Grabfunde alamannischen Charakters ein Vordringen entlang der Donau bis in die Gegend von Regensburg und Staubing an *(Abb. auf S. 57).*

Die Burgunder. Offenbar im Sog der Westbewegung elbgermanischer Gruppen (Alamannen) sind auch die in der Odergegend beheimateten ostgermanischen Burgunder in Bewegung geraten und haben sich noch im 3. Jh. gewissermaßen

Merowingische Illuminatoren besaßen eine bizarre Phantasie, die selbst die northumbrische und irische übertrifft. Vorbilder hierfür sind in der spätantiken Kunst kaum und in der germanischen überhaupt nicht vorhanden. Man kann annehmen, daß der Stil von der ostmediterranen und der koptischen Kunst des christlichen Ägyptens angeregt wurde. Anders als in Handschriften wie dem *‚Book of Kells‘ (S. 56)* und dem *Lindisfarne-Evangeliar (S. 80)* sind hier Text und Bilder offensichtlich von derselben Hand geschaffen. *Links* ist eine Initialseite aus dem *Sakramentar des Gelasius* abgebildet. Das linke obere Viertel wird von einem Kreiz eingenommen, das in Felder mit Blattverzierung geteilt ist. Die Kreuzarme münden in Vogelköpfe und rechts und links sitzen zwei weitere, exotisch anmutende Vögel. Von den Kreuzarmen herab hängen die aus Fischen gebildeten griechischen Buchstaben *Alpha* und *Omega.* Rechts oben beginnt der Text mit den Worten IN NOMINE. Das N des Wortes IN besteht ebenfalls aus leuchtend farbigen Fischen. Die Handschrift wurde in den Jahren zwischen 750 und 770 angefertigt und befindet sich jetzt im Vatikan. (26)

Die Fibel von Pliezhausen (Kreis Reutlingen). Ein berittener Krieger, der über einen sich heftig zur Wehr setzenden Gegner hinwegreitet, erhält Unterstützung von einer göttlich-dämonischen Gestalt, die im Rücken des siegreichen Reiters dessen Speer lenkt.

im Rücken der Alamannen festgesetzt. In großen Zügen dürfte die alte Reichsgrenze, der Obergermanisch-Rätische Limes, die Grenze zwischen Alamannen und Burgundern gebildet haben. Wieder im Sog anderer Stämme, der 406 westwärts ziehenden Wandalen, Sueben und Alanen, konnten die Burgunder den Rhein überschreiten. Sie wurden hier alsbald von den Römern unter Vertrag genommen, d.h. als Foederaten zum Schutz der Rheingrenze eingesetzt. Zum Jahr 413 heißt es, den Burgundern seien Wohnsitze am Rhein zugewiesen worden; erst die viel jüngere Heldensage gibt als Mittelpunkt dieses burgundischen Herrschaftsgebietes Worms an. Irgendwelche spezifisch burgundischen Bodenfunde aus dem fraglichen Gebiet fehlen.

Im Jahr 435 unternahm der burgundische König Gundahar einen Einfall in die benachbarte römische Provinz Belgica I. Er wurde von einem römischen Heer unter der Führung des Aëtius geschlagen. Im darauffolgenden Jahr vollendeten hunnische Söldner das Vernichtungswerk; die Königssippe mit 20000 Burgundern kam dabei um. 443 siedelte Aëtius die Reste des Volkes in die Sapaudia um, ein Gebiet am östlichen Abfall des Schweizer Jura beiderseits des Genfer Sees (der Name lebt in der heutigen Landschaft Savoyen fort). Dieses recht eng begrenzte Gebiet, aus welchem sich nun auch einige wenige, den Burgundern zuweisbare Funde namhaft machen lassen, wurde zum Ausgangspunkt einer bemerkenswerten Regeneration des 435/36 arg dezimierten Stammes. Schon 451 kämpfte ein burgundisches Kontingent an der Seite der Römer (Aëtius) und Westgoten gegen die Hunnen, offenbar unter sehr schweren Verlusten. 456 wird erstmals wieder ein burgundischer König erwähnt, und schon im folgenden Jahr dehnten sich die Burgunder nach Westen aus, indem sie große Teile der Provinz Lugdunensis I besetzten. Deren Hauptstadt Lyon löste wenig später den alten Königssitz Genf als Hauptresidenz der burgundischen Könige ab. Bis zum Ende des weströmischen Reiches nahm das burgundische Herrschaftsgebiet durch weitere Ausdehnung nach Norden und nach Westen beträchtlich an Größe zu.

Die Westgoten. Damit waren die Burgunder Nachbarn der Westgoten geworden, des einzigen Stammes, der in den hier betrachteten Raum nicht auf direktem Wege aus dem Innern Germaniens eingerückt war. Mit der Landzuweisung in Südwestgallien hatte erst 418 ein länger als ein Jahrhundert währender Wanderzug durch den Balkan, durch Italien und durch die Pyrenäenhalbinsel sein Ende gefunden. Damals erhielten die Westgoten große Teile der Provinz Aquitania II mit einigen angrenzenden Territorien, darunter das der künftigen Hauptstadt Tolosa/Toulouse, zugesprochen. Das entsprach einem einigermaßen breiten Landstreifen entlang der Atlantikküste zwischen Loire und Pyrenäenfuß. Der sofort angestrebte Zugang zum Mittelmeer fiel den Westgoten erst 462 mit der Eroberung von Narbonne zu, damit war der Weg frei für die Einverleibung der ganzen Provinz Septimanien. Gleichzeitig wurde im Innern Galliens nach langwierigen Kämpfen die Provinz Aquitania I im Bereich des Massif Central erobert. Ein 474 mit Kaiser Julius Nepos geschlossener Friedensvertrag bestätigte den Westgoten den Besitz des gesamten Gebietes zwischen Loire, Rhône und den beiden Meeren. Nimmt man die weiten Gebiete hinzu, die die Westgoten auf der Pyrenäenhalbinsel seit Beginn der 50er Jahre ihrer Herrschaft zugewonnen hatten, so stellt sich ihr Reich als einer der bedeutendsten Machtschwerpunkte im Abendland am Ausgang der Antike dar.

Diese auch von den Zeitgenossen empfundene Tatsache gilt es sich vor Augen zu halten, wenn man nach dem archäologischen Niederschlag der langdauernden Anwesenheit der Goten im Südwesten Galliens fragt. Wenn man von zwei Silberblechfibeln aus dem dubiosen Fundkomplex von Herpes vorsichtshalber absieht, gibt es aus den ganzen gallischen Territorien der Westgoten, welche im Jahre 507 an die Franken verloren gegangen sind, keinerlei Funde, die sich den Westgoten in ethnischer Hinsicht zuweisen ließen, und auch aus den länger unter gotischer Herrschaft verbliebenen Gebieten (Septimanien) sind ins 5. Jh. zu datierende Funde germanischen Charakters äußerst selten (z.B. Grab von Valentine).

Allein aus forschungsgeschichtlichem Interesse mag es erlaubt sein, in diesem Zusammenhang auf einen Grabfund hinzuweisen, der 1842 bei Pouan im Département Aube zutage kam. Dem dort bestatteten Krieger waren zwei Schwerter beigegeben, eine zweischneidige Spatha und ein einschneidiger Sax. Beide Waffen haben mit Goldblech belegte und mit goldenem Zellenwerk verzierte Griffe; auch die Scheiden tragen Cloisonnéschmuck (goldgefaßte Granate oder Almandine). Eine cloisonnierte Gürtelschnalle, weitere massiv goldene Schnallen vom Wehrgehänge, als Schmuck ein Halsring, ein Armreif und ein Fingerring, sämtlich aus Gold, vervollständigen die Beigabenausrüstung. Sie ist in mehr als einer Hinsicht den Grabbeigaben des Königs Childerich an die Seite zu stellen, ist jedoch älter als diese und bald nach der Mitte des 5. Jhs. anzusetzen. Nimmt man den Fundort hinzu – in der Nähe von Troyes und sicher nicht weit vom mutmaßlichen Schlachtort der Katalaunischen Felder des Jahres 451 –, so wird man die Meinung der Forscher im 19. Jh. nicht für abwegig halten, die hier das Grab des in der Hunnenschlacht gefallenen Westgotenkönigs Theoderich gefunden zu haben glaubten. Das ist nach heutiger Einschätzung ungewiß und in Anbetracht der von den Goten nicht geübten Waffenbeigabe sogar unwahrscheinlich; jedoch vermag dieser Grabfund durchaus einen Eindruck vom Habitus einer fürstlichen Persönlichkeit germanischer Abkunft zu vermitteln, die in den wechselvollen Ereignissen des 5. Jhs. in Gallien eine führende Rolle gespielt haben dürfte.

Die Sachsen. Das Verhältnis von schriftlichen und archäologischen Quellen kehrt sich um, wenn wir uns nach den Westgoten den Sachsen zuwenden. Dieser an der Nordsee im Bereich der Mündungen von Elbe und Weser und an den Unterläufen dieser Flüsse siedelnde Stamm war zu Lande durch die Franken vom Römerreich getrennt. Kontakte, die sich dann auch in schriftlicher Überlieferung niedergeschlagen haben, ergaben sich vor allem durch See-Expeditionen der Sachsen, deren Ziele vor allem Britannien und – in zweiter Linie – die gallische Nordküste waren. Im Zusammenhang mit der Abwehr solcher Raubzüge erwähnen die römischen Quellen im Jahr 286 erstmals den Sachsennamen. Die Entstehung dieses Stammes ist sicher im Zusammenhang mit den Neugruppierungen im germanischen Raum während des 3. Jhs. zu verstehen, aus denen auch die Stammesverbände der Franken und Alamannen hervorgegangen sind. Wie der Prozeß der Stammesbildung im einzelnen bei den Sachsen abgelaufen ist, ist freilich noch ungeklärt.

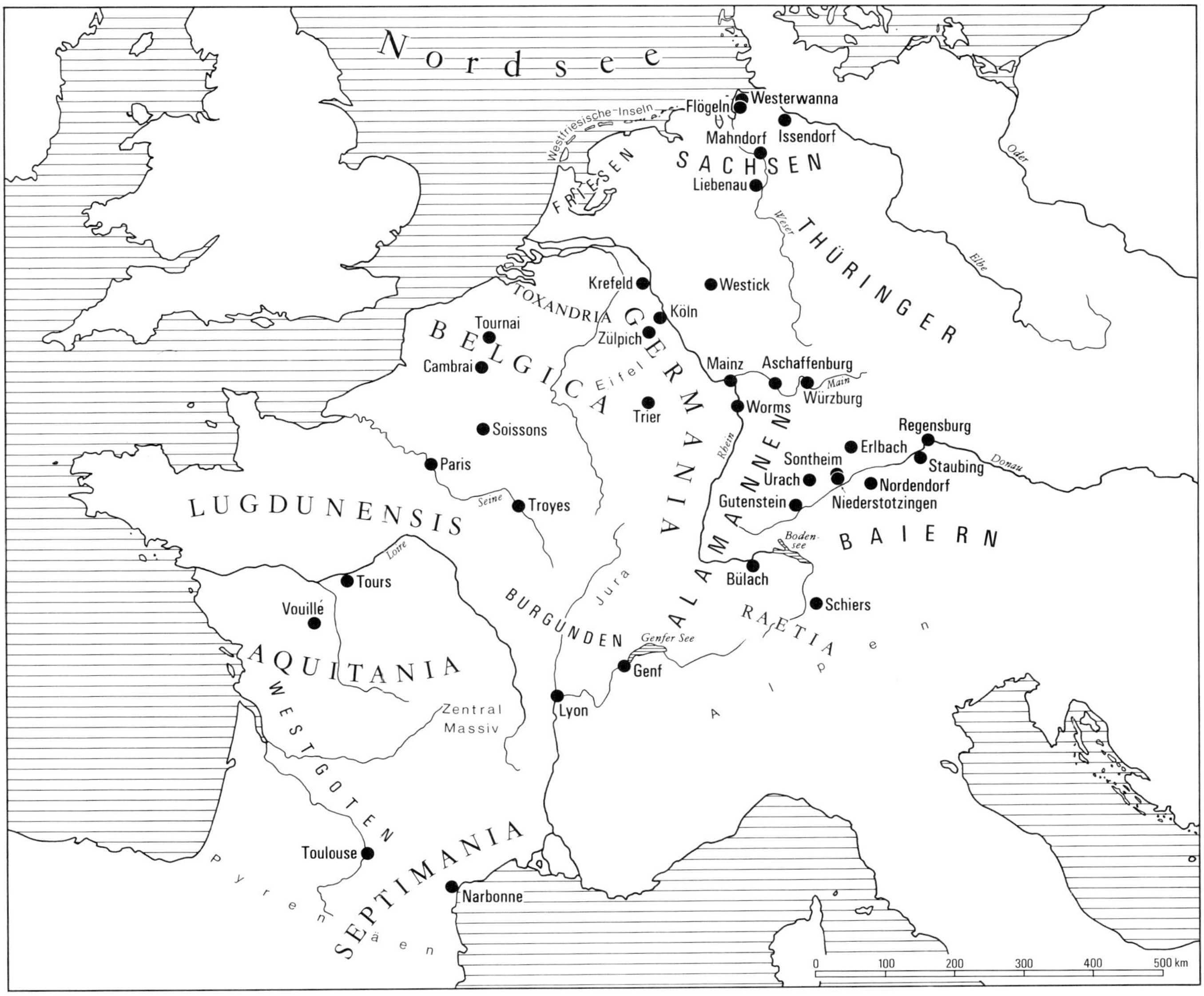

Archäologisch sind die Sachsen auf dem Kontinent außerordentlich gut bezeugt, und zwar sowohl durch Gräberfelder als auch durch Siedlungen. Bis zum Ende der römischen Kaiserzeit ist die Verbrennung der Toten allgemein üblich, ist der oft mit Tausenden von Gräbern belegte Urnenfriedhof die charakteristische Form des Bestattungsplatzes. Diese Gräberfelder setzen mitunter schon im 1. Jh. n. Chr. ein und sind manchmal bis ins 10. Jh. belegt. Seit dem 4. Jh. treten Körperbestattungen auf, zunächst vereinzelt, im frühen Mittelalter dann vorherrschend und zuletzt ausschließlich. Aus der großen Zahl solcher Fundplätze seien nur Westerwanna wegen der Größe des Urnenfeldes (rund 3000 Gräber ausgegraben), Mahndorf wegen der übersichtlichen Publikation, Issendorf als Beispiel einer neueren Untersuchung und Liebenau wegen der dort besonders guten Erhaltungsbedingungen erwähnt.

Dem Brauch der Beisetzung in Urnen zufolge sind wir über die Formen der Keramik am besten informiert. Die auffälligste, gerade auch für die späte Kaiserzeit charakteristische Form ist die der Buckelurne, ein in barocker Weise mit Verzierungselementen wie Buckeln, Wülsten und Stempeln überhäufter Gefäßtyp. Weitere Beigaben, vor allem Trachtbestandteile wie Fibeln, Gürtelteile und Kleingerät, treten nicht in jedem Falle, im ganzen aber doch recht häufig in Erscheinung. Aus dieser Fundkategorie lassen sich intensive Kontakte zur römischen Provinz ablesen. Neben regelrechten Importen wie kompletten Militärgürteln mit kerbschnittverzierten Beschlägen gibt es einheimische Formen, die jedoch unter starkem Einfluß römischer Vorbilder stehen (z. B. Stützarmfibeln). Gleicharmige Fibeln, wie sie in der römischen Provinz ganz unbekannt waren, führen in zahlreichen Fällen Technik und Musterrepertoire spätrömischer Kerbschnittbronzen in einer so perfekten Weise fort, daß man ernsthaft mit der Tätigkeit römischer Handwerker im sächsischen Stammesgebiet rechnen muß. Mit solchen Erscheinungen steht das sächsische Kerngebiet zwischen den Unterläufen von Elbe und Weser in Anbetracht der günstigen Überlieferungsbedingungen stellvertretend auch für andere Landstriche im Nordwesten Germaniens, die zwar fundarm sind, in der späten Kaiserzeit aber sicher nicht unbesiedelt waren.

Über das Siedlungswesen des Sachsenstammes sind wir durch die beispielhaften Ausgrabungen von Feddersen Wierde und Flögeln vorzüglich unterrichtet. Die Feddersen Wierde ist ein durch künstliche Auftragung entstandener Siedlungshügel in der überschwemmungsgefährdeten Küstenniederung der Marsch. Der Platz war besiedelt vom 1. vorchristlichen bis ins 5. nachchristliche Jahrhundert. Voll ausgebaut, zählte die Siedlung mindestens 28 Hofstellen, die sich in radialer Anordnung um einen zentralen freien Platz gruppierten. Eine dieser Hofanlagen kann wegen ihrer Größe, ihrer abgesonderten Lage und aufgrund besonderer Bauformen als Herrenhof angesprochen werden. Die im Binnenland auf der Geest gelegene kaiserzeitliche Siedlung von Flögeln – ihre Untersuchung ist noch im Gange – stand nicht unter den besonderen Bedingungen der meeresnahen Wurt Feddersen Wierde, sie zeigt aber in mancher Hinsicht eine ähnliche Entwicklung.

Das gilt nicht zuletzt für ihr Enddatum. Beide Plätze wurden im 5. Jh. verlassen, sie sind keinesfalls noch nach der Mitte dieses Jahrhunderts belegt. Gleiches läßt sich auch an anderen Wohnplätzen, Analoges ferner bei vielen Gräberfeldern beobachten. Diese Erscheinung steht zweifellos in ursächlichem Zusammenhang mit der historisch bezeugten Auswanderung der Sachsen nach England. Nachdem auch von dort Anfang des 5. Jhs. die Legionstruppen abgezogen waren, konnten die Sachsen ihrer schon lange eingeschlagenen Angriffsrichtung folgen und sind während der ersten Hälfte des 5. Jhs., vermutlich in mehreren Schüben, auf die britische Insel übergesiedelt. Eine Fundkarte für die 2. Hälfte des 5. Jhs. zeigt im Vergleich mit der Verbreitungskarte der im ganzen älteren sächsischen Urnenfriedhöfe, wie sehr gerade der dem Meer zugewandte Teil der sächsischen Kernlande sich durch diese Auswanderung entvölkert hatte.

Die Thüringer. Die Wanderzüge des 3. und 4. Jhs., zuletzt die Abwanderung der Wandalen, Sueben und Langobarden zu Beginn des 5. Jhs., hatten die germanische Bevölkerung im zentralen und östlichen Mitteleuropa stark vermindert. In der Zone östlich von Alamannen, Franken und Sachsen konnte sich im Laufe des 5. Jhs. nur noch ein germanischer Stammesstaat von größerer politischer Bedeutung herausbilden, der der Thüringer. Dieser Name wird zuerst um 400 n. Chr. genannt; er knüpft offenbar an den der Hermunduren an, einen seit der frühen Kaiserzeit in wechselnden Räumen nördlich der Donau, am oberen Main und im Saalegebiet ansässig gewesenen Stamm. Dessen im Innern Germaniens verbliebenen Reste bildeten nun zusammen mit anderen Kleinstämmen und Stammessplittern – z. B. Angeln und Warnen – den neuen Großstamm der Thüringer.

Im Laufe des 5. Jhs. scheinen die Thüringer ihren Machtbereich erheblich ausgeweitet zu haben. Er reichte schließlich nach Süden im Rücken der Alamannen bis an die Donau und umfaßte weiter nördlich den gesamten Landstrich zwischen der Elbe und dem fränkischen Stammesgebiet. Es gibt sogar Anzeichen dafür, daß ehemals sächsisches und fränkisches Siedlungsgebiet an der Nordsee unter thüringische Oberherrschaft geraten ist, nachdem die sächsische Stammesorganisation auf dem Kontinent infolge der Auswanderung nach Britannien erloschen war und nachdem die Franken im Zuge ihres Vordringens nach Gallien das Rheinmündungsgebiet weitgehend geräumt hatten. Indessen lehrt die Spärlichkeit der Funde, daß dieses weitgespannte thüringische Herrschaftsgebilde nur dünn bevölkert gewesen sein kann; erst seit Beginn des frühen Mittelalters ist wenigstens das thüringische Kerngebiet im heutigen Mitteldeutschland in einer seiner politischen Bedeutung entsprechenden Weise auch archäologisch repräsentiert.

Vergleicht man die eingangs skizzierte Situation am Beginn des 5. Jhs. mit den Verhältnissen, welche in Mittel- und Westeuropa herrschten, als 476 das römische Kaisertum im Abendland sein Ende fand, so muß man als den historisch bedeutsamsten, auch aus den archäologischen Quellen vielfältig darstellbaren Vorgang des dazwischenliegenden Zeitabschnittes die Westbewegung der germanischen Völker ansehen. Die um 400 noch mit militärischer Macht gehaltenen Abwehrlinien an Rhein und Donau, an den Küsten Britanniens und Galliens, waren längst aufgegeben. Westgoten, Burgunder und Franken hatten in Gallien, Sachsen und Angeln in Britannien eigene Herrschaften errichtet, die Alamannen hatten ihren Einflußbereich bis nach Rätien ausgedehnt. Andererseits waren weite Siedlungsgebiete im Osten von den germanischen Stämmen mehr oder weniger vollständig geräumt worden.

Nach 476 bestand im nördlichen Gallien noch ein Herrschaftsgebilde in der Tradition des römischen Staates, das sogenannte Reich des Syagrius, eines Sohnes des römischen Heermeisters Aegidius. Es wurde das erste Eroberungsziel der nun, an der Schwelle eines neuen Zeitalters, mit Vehemenz expandierenden fränkischen Macht.

Das merowingische Königreich und seine Stämme

Zum Zeitpunkt des Epochenjahres 476 regierte der fränkische Kleinkönig Childerich im Norden Galliens ein Gebiet, welches kaum mehr als die Civitas Turnacensium, die Stadt Tournai und ihr Umland, umfaßt haben dürfte. Es ist dies die Keimzelle des mächtigsten Staates im frühmittelalterlichen Europa, des Reiches des Franken, des Reiches der Merowinger und Karolinger.

Mit Childerich tritt das Königsgeschlecht der Merowinger aus dem Dunkel sagenhafter Überlieferung ins Licht der Geschichte. Er stand wiederholt im Bündnis mit den Römern, etwa in den Jahren 469/70 bei Kämpfen gegen Sachsen und Alanen im Bereich von Orléans und Angers. Childerich starb 482. Glücklicherweise ist dieser Herrscher, der am Anfang der Geschichte des Frankenreiches steht, für uns auch archäologisch präsent. 1653 wurde sein Grab bei Saint-Brice, einer vor den Mauern der mittelalterlichen Stadt Tournai auf dem nördlichen Scheldeufer gelegenen Kirche, durch einen Zufall wiederaufgefunden. Von der reichen Grabausstattung wurde sicher das meiste geborgen; heute sind davon allerdings nur noch Reste erhalten *(Abb. 1–5)*. Zu den Beigaben des Königs zählte zunächst einmal seine Waffenausrüstung: ein zweischneidiges Langschwert mit goldverkleidetem Griff und ein einschneidiges Hiebschwert (Sax), ferner eine Wurfaxt (Franziska), Lanze und Schild. Besonders die beiden Schwerter überragen durch ihre reiche Verzierung mit Gold und Halbedelsteinen (Granate oder Almandine) an Kostbarkeit und Qualität bei weitem alles, was wir an Waffen aus dieser Zeit kennen. Das Bild des gerüsteten Kriegers wird dadurch vervollständigt, daß sich unter den Beigaben auch das Zaumzeug des Streitrosses befand, ja, dieses selbst scheint mit dem König beigesetzt worden zu sein, denn es wird von einem nahebei gefundenen Pferdeschädel berichtet. Zwei Stücke verweisen auf die unterschiedlichen Quellen, aus denen sich die Macht des Herrschers ableitete. Der goldene Handgelenkring hat wenige, aber weit gestreute Gegenstücke in germanischen Gräbern – z.B. Pouan –, die man wegen ihrer exzellenten Ausstattung gleichfalls Herrscherpersönlichkeiten zuschreiben muß; der Handgelenkring aus Gold stellte offenbar in der germanischen Welt ein weithin bekanntes Würdezeichen dar. Hingegen war die goldene Prunkfibel ein Bestandteil römischer Amtstracht und wurde dem Childerich vermutlich zusammen mit einem Mantel (paludamentum) in seiner Eigenschaft als Verbündeter der Römer verliehen. Ein Zeichen der Herrscherwürde ist nicht zuletzt der goldene Siegelring, der überhaupt erst die Identifizierung der bei Saint-Brice beigesetzten Person ermöglichte: er trägt die Umschrift CHILDIRICI REGIS.

Stellt man in Rechnung, daß etwaige Gefäßbeigaben bei der Auffindung vielleicht nicht beachtet worden sind, so kann die Beigabenausstattung des Childerichgrabes als vorbildhaft für jenen Beisetzungsbrauch dienen, den fast alle germanischen Völker Mittel- und Westeuropas während der folgenden Jahrhunderte übten, für die sogenannte Reihengräbersitte. Dieser Brauch ist gekennzeichnet durch Körperbestattung in nach Osten ausgerichteten Gräbern innerhalb fortlaufend belegter Friedhöfe und durch die Beigaben von Waffen in Männergräbern, Schmuck in Frauengräbern und von Gefäßen – sicher für Speisen und Getränke – sowie kleineren Gerätschaften bei beiden Geschlechtern. Außerdem wurden die Toten in der zu Lebzeiten getragenen Kleidung samt deren schmückenden Bestandteilen beigesetzt, eine Sitte, die aber nicht auf die germanischen Stämme beschränkt ist. Es ist ferner daraufhinzuweisen, daß der Beigabenbrauch auch unter den Germanen nicht überall und zu jeder Zeit im gleichen Umfang ausgeübt worden ist und daß es offenbar auch aus individuellen Gründen zu merklichen Abweichungen vom allgemein Üblichen kommen konnte. Jedenfalls ist dank der Reihengräbersitte aus den ersten zwei oder drei Jahrhunderten des Mittelalters aus dem germanisch besiedelten Europa ein immenser archäologischer Fundstoff auf uns gekommen, der die noch immer oft kargen Angaben der Schriftquellen in wertvoller Weise ergänzt.

Auf Childerich folgt dessen Sohn Chlodwig in der Herrschaft. Dieser ist es, der die fränkische Macht auf einen ersten Höhepunkt führt, indem er sämtliche fränkischen Teilreiche seinem Regiment unterwirft und den fränkischen Herrschaftsbereich auf Kosten anderer Stämme (Westgoten, Alamannen) beträchtlich erweitert. Sein erster Vorstoß zielt auf das letzte Rudiment römischer Herrschaft in Gallien; 486/87 schlägt er den ‚Rex Romanorum' Syagrius in einer Schlacht bei Soissons und dringt danach bis zu Seine, später auch bis zur Loire vor. Daß diese Expansionsbewegung mindestens zum Teil auch mit einer Besiedlung des eroberten Landes durch Franken einhergegangen ist, lehren uns die archäologischen Funde. Bis zur Seine reicht das Verbreitungsgebiet typischer Reihengräberfelder, solcher Friedhöfe also, deren Gräber immer wieder mit Waffen und Schmuckgarnituren germanischer Art ausgestattet sind. Dieser Ausstattungsbrauch läßt sich jenseits der Seine nur ganz vereinzelt nachweisen. Hier finden sich Friedhöfe, deren Gräber neben Bestandteilen der Tracht nur schlichten Schmuck und allenfalls noch Gefäßbeigaben enthalten. Nach Parallelen im Alpengebiet und im Mittelmeerraum können solche Nekropolen – die größte und bestbekannte ist die von Isle-Aumont (Dép. Aube) mit über 800 Gräbern – der einheimischen, romanischen Bevölkerung zugewiesen werden. In Einzelfällen läßt sich sogar erkennen, daß zugewanderte Franken und bereits ansässige Romanen denselben Bestattungsplatz benutzt, also wohl auch in einer Siedlungsgemeinschaft zusammen gelebt haben (Dieue-sur-Meuse, Dép. Moselle). Nach Aussage der Grabfunde ist also mit einer fränkischen Volkssiedlung über die Seine hinaus nicht zu rechnen. Die Ausbreitung fränkischer Macht vollzog sich hier als ein politisch-militärischer Akt, getragen allenfalls von einer dünnen Schicht adeliger Krieger. Das gilt insbesondere für den Herrschaftsbereich der Westgoten im Südwesten des heutigen Frankreich. In der Auseinandersetzung mit den Franken, die Mitte der neunziger Jahre beginnt und 507 mit der Schlacht bei Vouillé endet, verlieren die Westgoten ihre Besitzungen in Gallien bis auf einen schmalen Gebietsstreifen am Nordfuß der Pyrenäen und die Provinz Septimanien an der Mittelmeerküste.

Der zweite große Vorstoß Chlodwigs über die Grenzen des fränkischen Gebiets hinaus zielt nach Südosten, gegen die Alamannen. Deren Herrschaftsgebiet reichte im Norden bis zum Main; Aschaffenburg und Worms bezeichnet der Kosmograph von Ravenna am Ende des 5. Jhs. als alamannisch. Es scheint, daß die Alamannen sogar in weiterem Vordringen begriffen waren, denn zu einem ersten Zusammenstoß mit den Franken kommt es bei Zülpich nördlich der Eifel. In der entscheidenden Schlacht 496/97, um deren Ausgang willen Chlodwig zum Christentum übertritt, werden die gleichfalls von einem König angeführten Alamannen geschlagen. Wiederaufflackernden Widerstand kann Chlodwig 507 endgültig ersticken. Wie nicht anders zu erwarten, werden die Herrschaftszentren der Alamannen nach ihrer Niederlage zerstört. Die frühalamannische Burgstadt auf dem Runden Berg bei Urach findet in einer Brandkatastrophe ihr Ende. Deutlicher noch als die Brandspuren zeugen zahlreiche von den Bewohnern versteckte und nicht wieder gehobene Wertsachen von der gewaltsamen Zerstörung dieses politischen und wirtschaftlichen Zentrums. Es scheint auch, als ob infolge dieses Ereignisses das nördliche Siedlungsgebiet der Alamannen unter fränkische Herrschaft geraten sei; diese Annahme legen jedenfalls spätere Territorialgrenzen nahe. Der Süden Alamanniens bleibt jedoch zunächst selbständig, offenbar unter dem Protektorat der Ostgoten.

Diese sind es auch, die die Wirksamkeit der Rheingrenze weiterhin garantieren. Nicht anders als in der Spätantike trennt der Hochrhein romanisches von germanischem Siedlungsgebiet. Das unbehelligte Fortbestehen von Siedlungsgemeinschaften ehemaliger Provinzialen läßt sich besonders deutlich an der gleichmäßigen Entwicklung der Nekropole des Kastells Kaiseraugst (östlich von Basel) ablesen. Erst der Niedergang der ostgotischen Macht bringt eine Änderung der Verhältnisse. 536 kann der Chlodwigenkel Theudebert die Herrschaft auch über das restliche Alamannien erringen, und von nun an kommt es – womöglich also unter fränkischer Ägide – zu einer alamannischen Siedlungsbewegung in die Landstriche südlich des Hochrheins und bis ins Schweizer Mittelland hinein. Sie ist ablesbar an dem Aufkommen von Reihengräberfeldern, die sich in nichts von denen der rechtsrheinisch siedelnden Alamannen unterscheiden (z.B. Bülach).

Die von Chlodwig eingeleitete Eroberungspolitik haben seine Söhne und Enkel tatkräftig und mit Erfolg fortgesetzt. Childebert und Chlothar I. (Chlotachar) warfen in mehreren Feldzügen zwischen 523 und 532 die Burgunder nieder, während Theuderich und sein Sohn Theudebert in den Jahren 529–534 der thüringischen Selbständigkeit ein Ende bereiteten. Theudebert übte auch die Herrschaft über das Voralpenland aus, das bis dahin ebenso wie das südliche Alamannenland offenbar zum Einflußbereich der Ostgoten gehört hatte. In diesem teilweise schon von Alamannen besiedelten Raum bildete sich um eben diese Zeit der Stamm der Bajuwaren, der jüngste der völkerwanderungszeitlichen Großstämme. Als sein Kern ist eine aus Nordböhmen zugewanderte Germanengruppe anzusehen, Nachkommen der Markomannen, deren Gräberfelder dort bis in die frühmerowingische Zeit zu verfolgen sind, dann aber allesamt abbrechen. Die Abwanderung dieser Gruppe ins nördliche Voralpenland und die allmähliche Räumung eines östlichen Streifens des thüringischen Stammesgebietes sind die letzten Akte der im 3. Jh. begonnenen Westbewegung der mitteleuropäischen Germanenstämme. Somit waren seit den dreißiger Jahren des 6. Jhs. sämtliche germanischen Stämme zwischen Alpen, Pyrenäen und dem Nordmeer im Reich der Franken vereinigt, mit Ausnahme der Friesen und Sachsen an der Nordseeküste. Die reiche archäologische Hinterlassenschaft, welche wir der bis zum Ende des 7. Jhs. allgemein geübten Beigabensitte verdanken, vermittelt uns ein recht differenziertes Bild von den verschiedenen Kulturräumen, in welche sich dieses weitgespannte Herrschaftsgebilde gliederte.

Die westlichen Regionen, die von zahlenmäßig starker und flächiger Niederlassung germanischer Siedler frei geblieben waren, zeigen dementsprechend nur geringe germanische Einflüsse. Das gilt insbesondere für das ehedem westgotische Aquitanien. So wenig die Westgoten seinerzeit dem Fundbild dieses Gebietes eine germanische Prägung zu geben vermocht hatten, so wenig gelang das den seit 507 herrschenden Franken. Der Beisetzungsbrauch trägt nach wie vor romanische Züge: Bestattung in Tracht mit deren hauptsächlichen Bestandteilen, vor allem Schnallen; Vorliebe für Sarkophage, deren Formen und Dekore auf spätantiker Grundlage in selbständiger Weise weiterentwickelt werden. Waffen und Fibeln fränkischer Art hingegen gehören zu den größten Seltenheiten. Nicht anders verhält es sich im Nordwesten Galliens, nördlich der Loire und westlich der Seine; ja, sieht man von den Sarkophagen ab, so kann dieselbe Charakterisierung des Fundbestandes auch für das burgundische Stammesgebiet gelten. Vor wie nach dem Verlust ihrer staatlichen Selbständigkeit sind die Burgunder im allgemeinen dem romanischen Bestattungsbrauch gefolgt. Bei dem jüngst untersuchten Gräberfeld von Monnet-la-Ville bedurfte es schon anthropologischer Indizien, um überhaupt einen germanischen Bevölkerungsanteil nachweisen zu können. Offenbar hat die Art der Ansiedlung – sie erfolgte bei den Burgundern ebenso wie bei den Westgoten nach dem römischen Einquartierungssystem – die rasche Verschmelzung der verschiedenen Volksgruppen gefördert und war jedenfalls der Ausbildung eines spezifisch germanischen Bestattungsbrauches nicht günstig. Anders ist das Bild in jenen Gebieten, die eine germanische Besiedlung von Landnahmecharakter erfahren haben. Das fränkische Stammesgebiet zwischen Seine und Rhein kennt nicht anders als die alamannischen, thüringischen und bajuwarischen Territorien den typisch germanischen Reihengräberfriedhof mit seinen zahlreichen Beigaben an Waffen, Schmuck und Gefäßen. Dennoch machen sich auch hier romanische Einflüsse geltend, und zwar nicht nur im Vorkommen ganz oder teilweise romanischer Nekropolen. Es ist zu beobachten, daß sich die germanische Bevölkerung im Laufe der Merowingerzeit zunehmend dem schlichten romanischen Bestattungsbrauch angeschlossen hat. Dieser Prozeß beginnt im Westen, in Gebieten mit einem sehr hohen Anteil an nichtgermanischer Bevölkerung, und schreitet von dort nach Osten voran. Beispielsweise wurde die Sitte der Waffenbeigabe im heutigen Frankreich schon um 600 weithin aufgegeben, in der Rheinzone gut 50 Jahre später und bei Alamannen und Bajuwaren östlich des Rheins erst zu Beginn des 8. Jhs. Freilich gab es auch Strömungen, die dieser Tendenz zu ursprünglich mediterranen Beisetzungsbräuchen zuwidergelaufen sind. Im Osten des Merowingerreiches haben sich immer wieder bodenständige, letztlich heidnische Sitten Geltung verschafft und gerade in der späten Merowingerzeit an Boden gewonnen: Pferdebestattungen, Brandgräber, Grabhügel und einiges dergleichen mehr.

Aber nicht nur in den Grabsitten, sondern auch im Formengut der Beigaben gibt es erhebliche Unterschiede innerhalb des Merowingerreiches. Allerdings scheinen diese in den wenigsten Fällen in stammesmäßiger Eigenart begründet zu sein. Gewiß gibt es so etwas wie typisch thüringische oder typisch fränkische Bügelfibeln, aber diese Formen kommen dann neben anderen vor, deren Verbreitung sich nicht an ein bestimmtes Stammesgebiet hält, so daß man den Gedanken an eine nationale Tracht fallen lassen muß. Auch da, wo bei einem so wenig mobilen Gut wie der Keramik die regionalen Unterschiede mit am größten sind, werden sich kaum Stammesmerkmale fassen lassen. Der ‚alamannische' Rippentopf, die ‚thüringische' Drehscheibenschale oder der ‚fränkische' Knickwandtopf waren sicher nie Ausdrucksformen eines nationalen Identifizierungswillens, sondern sind einfach als regionale Besonderheiten aufzufassen. Solche Regionalismen überlagern vor allem in der jüngeren Merowingerzeit sichtlich die alten Stammesstrukturen. So zerfällt das Alamannengebiet um die Mitte des 7. Jhs. in zwei Trachtprovinzen, weil nur im östlichen Bereich an Donau und Neckar die neue Form des vielteiligen Männergürtels aufgenommen worden ist, während man im Westen an Ober- und Hochrhein an den herkömmlichen dreiteiligen Garnituren festhielt. In analoger Weise gliedert sich das fränkische Siedlungsgebiet in einen westlichen und einen östlichen Bereich, wenn man die Tragweise eines Elementes der weiblichen Tracht, des Gürtelgehänges, als Maßstab nimmt. Solche Beobachtungen deuten an, daß die alte Stammesgliederung im Merowingerreich viel von ihrer ursprünglichen Bedeutung verloren hatte.

Stämme außerhalb des Merowingerreiches: Sachsen und Friesen

Es ist bereits geschildert worden, daß die Abwanderung der Sachsen im Laufe des 5. Jhs. und das dadurch bedingte Erlöschen ihrer politischen Organisation auf dem Kontinent ein Machtvakuum verursacht hatte, welches die Ausbreitung thüringischer Herrschaft bis an die Nordseeküste begünstigte. Für die Folgezeit läßt sich jedoch ein Wiedererstarken der Sachsen beobachten. Auch ihre Stammesorganisation lebte wieder auf, anscheinend unter der Führung einer aus dem Norden eingewanderten Bevölkerungsgruppe. Schon 530 kämpfen Sachsen als gleichwertige Verbündete der Franken gegen die Thüringer und erzielen dabei beträchtlichen Landgewinn. Danach bleibt bis in karolingische Zeit das Verhältnis zwischen Sachsen und Franken jedoch gespannt. Grund dafür ist der ständige Druck der Sachsen auf die nordöstlichen Grenzgebiete der Franken, der im Bereich des heutigen Westfalen tatsächlich zu sächsischem Landgewinn führt. Das weiteste Vordringen markiert die Eroberung des fränkischen Gaues der Boruktuarier südlich der mittleren Lippe in den Jahren um 700 n. Chr. Zur gleichen Zeit wird sächsischer Druck auch in Nordhessen spürbar.

Dieser Drang der Sachsen nach Süden hat andererseits eine Abwanderung aus den Landstrichen unmittelbar an der Nordseeküste zur Folge. Das ermöglicht es den Friesen, ihr Siedlungsgebiet entlang der Küste nach Osten und Norden auszuweiten, bis hin zu jenen Inseln, die demzufolge als Nordfriesische Inseln bezeichnet werden.

Daß das Frankenreich der politische und kulturelle Bezugspunkt der Sachsen war, spiegelt sich auch in den archäologischen Erscheinungen. Am Aufkommen von Körperbestattungen und westostgerichteten Gräbern läßt sich beobachten, wie die im Merowingerreich geltende Reihengräbersitte übernommen wird – sichtlich zögernd, in einem langwierigen Prozeß. Daneben halten sich bis zuletzt die heidnischen Bräuche wie Brandbestattung, Pferdegräber, Grabhügel und Kreisgräber und können sich sogar in spätmerowingischer Zeit in die fränkisch beherrschten Gebiete am Niederrhein und in Nordhessen ausbreiten. Am schnellsten und gründlichsten dürfte sich der Angleichungsprozeß auf dem Sektor der Tracht vollzogen haben; fränkische Fibeln und fränkische Schnallen finden sich allenthalben unter den sächsischen Grabbeigaben.

Der frühmittelalterliche Bestattungsbrauch in Form einer stark mit heidnischen Komponenten durchsetzten Reihengräbersitte hielt sich bei den Sachsen bis ins 9. Jh. hinein. Sein Ende hängt offenbar zusammen mit der Eingliederung Sachsens in das Frankenreich und der damit einhergehenden Christianisierung, beides Folgen der von 772 bis 799 währenden Sachsenkriege Karls des Großen.

Soziale Verfassung

Mit der Einrichtung germanischer Staaten in Mittel- und Westeuropa geht einher die Etablierung einer neuen gesellschaftlichen Ordnung, die durch stammesmäßige Gliederung und ständischen Aufbau gekennzeichnet ist und die mindestens Tendenzen zu Aristokratie und Feudalismus in sich birgt. Im archäologischen Fundbild manifestieren sich diese sozialen Strukturen vor allem in jenen Bestattungen, die herkömmlicherweise als ‚Fürstengräber' (‚tombes princières') bezeichnet werden. Ihr auffälligstes Merkmal ist der ungewöhnliche Reichtum der Grabausstattung; nach Umfang und Wert übertreffen die Beigaben dieser Gräber den allgemeinen Durchschnitt bei weitem.

Ein Beispiel: 1962 stieß man im Verlauf der Ausgrabung eines großen römisch-fränkischen Gräberfeldes bei Krefeld-Gellep am Niederrhein auf das reich ausgestattete Grab 1782 *(Abb. 14)*. Dem darin beigesetzten Mann war eine vollständige Waffenrüstung mitgegeben worden: ein vergoldeter Helm, ein Langschwert mit gold- und edelsteinverziertem Knauf, Hiebschwert und Streitaxt, drei verschiedene Speere und ein Schild. Vom Pferdegeschirr fanden sich kostbare Besätze des Sattels und des Zaumzeugs sowie eine mit Gold- und Silberblech verkleidete Trense. Sehr standesgemäß präsentiert sich auch das Tafelgerät: Trinkschale und Kanne aus Glas, drei große Bronzegefäße, dazu ein Bronzekännchen mit Inschrift, ferner ein Bratspieß, zwei Messer mit goldenen Griffhülsen und ein silberner Löffel. Persönliche Ausrüstungsstücke von erlesener Qualität wie der almandinverzierte Taschenbügel, die massiv goldene Gürtelschnalle und der goldene Fingerring mit antiker Gemme vervollständigen den prunkvollen Grabinhalt.

Der soziale Rang des in diesem Grab bestatteten Mannes gibt sich aber nicht allein durch die Fülle und Kostbarkeit seiner Beigaben zu erkennen. Es zeigte sich nämlich im Verlauf der Ausgrabungen, daß dieses Grab das erste und

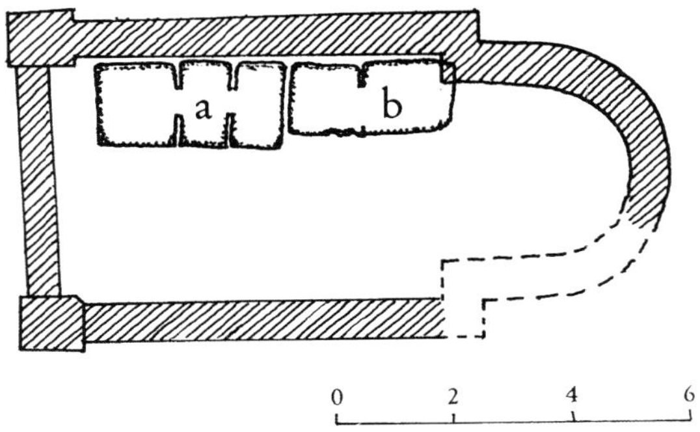

Im Atrium des ersten Kölner Dombaus stand eine kleine Kapelle mit zwei Gräbern, in denen eine Frau (a) und ein sechsjähriger Knabe (b) beigesetzt waren. Der Ort liegt unter dem Chor der heutigen Kathedrale.

älteste eines besonderen Friedhofsteiles war. Mit anderen Worten: Durch die Anlage dieses Grabes ist ein eigener Bestattungsplatz für einen bestimmten Personenverband, vermutlich eine Siedlungsgemeinschaft, begründet worden. Grab 1782 ist das Gründergrab dieser neuen Nekropole. Wenn die Ordnung des Friedhofs die Struktur der Gesellschaft der Lebenden nur in etwa widerspiegelt, muß man annehmen, daß der in Grab 1782 beigesetzte Mann auch im Leben den ersten Rang einnahm und an der Spitze des durch die Nekropole repräsentierten Personenverbandes stand.

Weiteres kommt hinzu: Grab 1782 war offensichtlich nicht das einzige dieser Rangklasse auf dem Friedhof von Krefeld-Gellep. In einem etwas jüngeren Gräberfeldteil wurden vier Gräber aufgedeckt, deren Inhalt leider schon früher von Grabräubern entnommen worden war. Aus letzten Resten der Grabausstattung und vor allem aus der enormen Größe der Grabgruben – die größte war 6,80 m lang, 4,50 m breit und 4 m tief – läßt sich jedoch mit Sicherheit erkennen, daß die hier bestatteten Personen dem ‚Fürsten' des Grabes 1782 im Beisetzungsprunk nicht nachgestanden und folglich wohl auch zu Lebzeiten einen ebensolchen Rang wie er eingenommen haben. Es liegt nahe zu vermuten, daß sie seine Nachfolger, ja vielleicht seine leiblichen Nachkommen waren, jüngere Glieder jener Familie, welche durch mehrere Generationen hindurch an der Spitze jener Siedlungsgemeinschaft stand, welche auf dem Gräberfeld bei Krefeld-Gellep bestattete.

Diese Annahme ist umso mehr gerechtfertigt, als die in Krefeld-Gellep beobachteten Verhältnisse auf zahlreichen anderen Reihengräberfeldern Entsprechungen haben, ja sich fast regelmäßig dort feststellen lassen, wo gute Erhaltungsbedingungen und umfangreiche Ausgrabungen eine hinreichende Grundlage für die soziologische Analyse eines frühmittelalterlichen Reihengräberfeldes bieten. Viele von ihnen wurden begründet durch die Anlage hervorragend ausgestatteter Gräber, die einem oder mehreren Angehörigen einer vornehmen Familie zugeschrieben werden müssen (z.B. Güttingen bei Radolfzell, Lavoye, Dép. Meuse); zusätzlich läßt sich mancherorts beobachten, daß die Führungsrolle innerhalb der Siedlungsgemeinschaft von einer solch kleinen Gruppe über mehrere Generationen hinweg eingenommen wurde. So finden sich in den Gräberfeldern von Rübenach (bei Koblenz) und Schretzheim, Kr. Dillingen/Donau, Grabanlagen besonderer Art in zeitlicher Staffelung über das Gräberfeld verteilt. Die Distanzierung der Führungsschicht von der übrigen Gesellschaft ist schließlich dort am deutlichsten, wo deren Bestattungen nicht in den Reihengräberfriedhof der Siedlungsgemeinschaft eingefügt sind, sondern eine eigene Nekropole an dessen Rand (Kirchheim am Ries) oder gar an anderer Stelle bilden (Niederstotzingen).

Dieses sich im Beisetzungsbrauch manifestierende Verhalten – Führungsanspruch, Sonderbewußtsein, Familientradition – entspricht in allen Punkten dem einer Adelsschicht, weshalb sich auch in der archäologischen Forschung der Ausdruck ‚Adelsgräber' für derartige Bestattungen eingebürgert hat. Darüber darf nicht vergessen werden, daß für die Geschichtswissenschaft das Problem des merowingischen Adels noch keineswegs gelöst ist. Jedoch werden uns die archäologischen Quellen zumindest darin nicht täuschen, daß die Siedlungsgemeinschaften der Merowingerzeit in aller Regel von einer Spitze her organisiert worden sind, so wie der Staat insgesamt vom König her organisiert wurde. Auch auf dieser höchsten Ebene können wir historische Wirklichkeit und archäologischen Befund konfrontieren, dank dem 1653 wiedergefundenen Childerich-Grab. Nach Umfang, Zusammensetzung und Qualität der Beigaben übertrifft es selbst die reichsten der ‚Adelsgräber', und man müßte, selbst wenn der Siegelring nicht bekannt geworden wäre, von einem ‚Königsgrab' sprechen, wenn man den Abstand von den ‚Adelsgräbern' beschreiben wollte.

Hier wären nun die anderen bisher bekanntgewordenen Gräber von Angehörigen des Königshauses wenigstens kurz zu erwähnen. 1959 fand man in der Basilika von Saint-Denis bei Paris das Grab einer Frau, die nach der Umschrift ihres goldenen Fingerringes als Arnegunde *(Abb. 13)*, Gattin des Frankenkönigs Chlotachar I., identifiziert werden konnte. Das Grab war mit prunkvollen Trachtstücken ausgestattet, mit zwei cloisonnierten Scheibenfibeln, goldenen Ohrringen und Haarnadeln, einer gewichtigen silbernen Gürtelschnalle, einer großen Schmucknadel und reichen silbernen Beschlägen vom Riemenwerk der Schuhe und der Beinkleidung. Dennoch mag sich zum Zeitpunkt der Grablegung (gegen 570) im westlichen Frankenreich schon eine gewisse Reserve gegenüber der Beigabensitte bemerkbar gemacht haben. Das drückt sich nicht nur in der Dürftigkeit der Gefäßbeigaben (ein Glasfläschchen) aus, sondern wird noch deutlicher durch die Tatsache, daß die beigegebenen Schmuckgarnituren teilweise durch Ersatzstücke komplettiert waren, daß sie also schwerlich den kostbarsten Besitz der Königin darstellten.

Solchen Einschränkungen unterliegen die eine Generation früher im Bereich des Kölner Domes angelegten, ebenfalls 1959 entdeckten Gräber einer Frau und eines sechsjährigen Knaben nicht *(Abb. 10–11, 15–18, Abb. auf S. 63)*. Wertvoller Schmuck und Waffen wurden vorbehaltlos beigegeben, vielfältig sind die Gefäßbeigaben, es fehlt nicht an Gerätschaften und nicht einmal an Mobiliar. Nach den Feststellungen der Ausgräber wurden beide Gräber zusammen angelegt. Das müßte gegen 540 geschehen sein; denn die jüngste Münze aus dem Frauengrab hat einen *terminus post quem* von 526, und das Knabengrab wird dendrochronologisch auf ‚537 oder wenig später' datiert. Wir können die hier begrabenen Personen nicht benennen, müssen aber in der Merowingerresidenz Köln durchaus an Mitglieder der königlichen Familie denken, nicht nur angesichts der kostbaren Grabbeigaben, sondern mehr noch in Anbetracht des bevorzugten Bestattungsplatzes. Beide Personen sind innerhalb der Stadtmauern in einer kleinen Kapelle inmitten des Atriums der Bischofskirche beigesetzt worden.

Nach Umfang und Qualität der Grabbeigaben, nach Besonderheiten des Baues und der Lage des Grabes lassen sich verhältnismäßig leicht die Gräber von Angehörigen der Führungsschicht aussondern. Das gilt nicht nur für die innerhalb des Merowingerreiches absolut höchste Spitze, für die Sphäre des Königshauses, sondern auch auf durchaus niedrigerem Niveau, etwa auf demjenigen selbständiger Hofbesitzer, die sich im Rahmen bäuerlicher Siedlungsgemeinschaften deutlich genug von deren übrigen Mitgliedern abheben. Schwieriger wird eine weitere Gliederung der niedrigeren sozialen Schichten. Immerhin vermitteln die noch immer großen Unterschiede in Art und Umfang der Grabausstattung die sichere Erkenntnis, daß auch unterhalb der jeweiligen Führungsschicht die merowingische Gesellschaft keineswegs homogen war. Die breite Wertskala der Beigaben geht zweifellos auf Besitzunterschiede in der Bevölkerung zurück, und diese wiederum spiegeln ihren sozialen Aufbau, wenn auch gebrochen und mit mancherlei Unschärfen.

Siedlungswesen

Nicht nur in der sozialen Verfassung, sondern auch im Siedlungswesen bringt die germanische Landnahme für die von ihr betroffenen Gebiete einen tiefgreifenden Wandel. In den ehemaligen römischen Provinzen verlagert sich das Schwergewicht von der städtischen auf die ländliche, bäuerliche Siedlungsform, die im Barbarikum außerhalb des Römerreiches die einzig gültige gewesen war und noch lange bleiben sollte. Die Neubesiedlung des Landes erfolgte in erster Linie durch die Anlage zahlloser bäuerlicher Siedlungen, ohne Anknüpfung an die römische Vorbesiedlung des Landes. An die Stelle steingebauter, mit Heizvorrichtungen und künstlicher Wasserversorgung versehener Gutshöfe traten aus Holz errichtete Gehöfte, einzeln oder gruppiert, stets in der Nähe eines reichlichen natürlichen Wasservorkommens, eines Baches oder einer Quelle. Landstriche von natürlicher Anbaugunst werden bevorzugt, Tal- und Beckenlandschaften, offenes Gelände mit fruchtbaren Böden und günstigem Klima.

Erst seit der jüngeren Merowingerzeit dringt man rodend in die höher gelegenen, unwirtlicheren Regionen vor.

Die nicht eben zahlreichen Ausgrabungen von Siedlungsplätzen haben uns deren Gebäudebestand erkennen lassen. Es gibt ebenerdige, langrechteckige Wohnhäuser, deren tragende Elemente in den Boden eingegrabene und in Reihen angeordnete Pfosten sind. Um sie gruppieren sich in großer Zahl sogenannte Grubenhütten, kleine, halb in den Boden eingelassene Bauwerke mit niedrigen Wänden und einem zeltartigen Dach. Sie dienten dem Aufbewahren von Vorräten oder der Verrichtung handwerklicher Tätigkeiten. Hinzu kommen kleine gestelzte Speicher, fallweise Brunnen, Zäune und Wege ... Unbekannt sind bisher Stallungen; entweder wurde das Vieh überhaupt nicht aufgestallt oder jedenfalls nicht im unmittelbaren Umkreis der Wohnbauten.

Solche Siedlungen waren ihrer Größe nach offenbar recht verschieden. Das lehren uns nicht so sehr die wenigen Siedlungsgrabungen als vielmehr die ungleich besser bekannten Gräberfelder, deren Größe ja von der Einwohnerzahl der zugehörigen Siedlung unmittelbar abhängt. Demzufolge muß es Einzelhöfe ebenso gegeben haben wie regelrechte Dörfer, am häufigsten aber wohl weilerartige Gehöftgruppen von mittlerer Größe. Denn auch das geht aus der Verbreitung der Gräberfelder hervor: Die Anzahl der Wohnplätze war verhältnismäßig hoch; in deren lockerer Verteilung dürfte das Siedlungsbild des frühen Mittelalters der Streusiedlung römischer Zeit nicht unähnlich gewesen sein, während das heutige Siedlungsbild vieler Altsiedlungslandschaften mit seinen großen Dörfern erst das Ergebnis einer Konzentrationsbewegung des hohen Mittelalters ist.

Es versteht sich, daß diese Form der Landsiedlung nur dort bestimmend werden konnte, wo sie von einem entsprechend starken germanischen Bevölkerungsteil getragen wurde. Der weitgehend romanische Westen des Frankenreiches bewahrte nicht nur die Form der bäuerlichen Siedlung vom Charakter der *Villa rustica* und entwickelte sie weiter, hier blieb auch das Übergewicht der Stadtsiedlung erhalten. Und es liegt auf der Hand, daß die städtische Kontinuität der alten Römerorte selbst unmittelbar an Rhein und Donau, mehr aber noch im Innern der alten Provinzen, in erster Linie von den dort verbliebenen Nachkommen der Provinzialbevölkerung gewährleistet wurde. Dabei haben die zunächst vor allem von den Romanen getragenen kirchlichen Einrichtungen eine bedeutende Rolle gespielt. Mochte auch eine Römerstadt wie Trier im frühen Mittelalter zeitweilig in eine Reihe agrarisch bestimmter Siedlungskomplexe zerfallen, so erhielt sich doch auch dort im Umkreis der Bischofskirche städtisches Leben als Ansatzpunkt für eine neue Entfaltung im Mittelalter. Denn auch die germanischen Neuankömmlinge erkannten sehr wohl den politischen Wert und den wirtschaftlichen Nutzen der städtischen Siedlungsform und standen ihr nie feindlich, allenfalls fremd gegenüber.

Wie fremd immerhin, geht daraus hervor, daß erst spät städtische Siedlungsformen in den rechtsrheinischen Teilen des Frankenreiches Eingang finden. Die frühalamannischen Burgen des 4. und 5. Jhs., Herrschaftssiedlungen mit stadtartigen Zügen wie der Runde Berg bei Urach, sind Episode geblieben. Dennoch knüpfte die neue Entwicklung an genau demselben Punkt und oft auch an den gleichen Plätzen wieder an. Seit spätmerowingischer Zeit entstanden im rechtsrheinischen Gebiet vielerorts großräumige befestigte Anlagen, keineswegs nur als Reaktion auf eine äußere Bedrohung wie Büraburg und Christenberg (Kesterburg) in Nordhessen um 700 n. Chr. angesichts sächsischer Einfälle. Vor allem scheinen solche Plätze als politische Mittelpunkte ihres Umlandes konzipiert gewesen zu sein, woraus sich die Funktionen eines wirtschaftlichen und kirchlichen Zentrums fast zwangsläufig ergaben. Als Bonifatius 742 in der Büraburg einen Bischofssitz einrichtet, wird der Platz als ‚Oppidum' bezeichnet, und bei dem gleichzeitig begründeten Bischofssitz Würzburg führt die Entwicklung in direkter Linie von einem ‚castellum' zur mittelalterlichen Stadt.

Wirtschaftsformen

Wie das Siedlungswesen, so wurde auch die Wirtschaftsweise bei den germanischen Stämmen des frühen Mittelalters durch unterschiedliche Traditionen bestimmt, den angestammten eigenen und den bis zur Landnahme in den römischen Provinzen gültigen. Eigenem Herkommen entsprach das unbedingte Übergewicht der landwirtschaftlichen Produktion. Innerhalb dieser scheint wiederum die Viehzucht den ersten Platz eingenommen zu haben. Das belegen nicht nur Germanenrechte wie die *Lex Salica* mit ihren sehr ausführlichen Regelungen für Viehdiebstähle, auch die erkennbare Bindung der ländlichen Siedlungen an reichliche Wasservorkommen dürfte aus den Erfordernissen der Viehhaltung heraus zu verstehen sein. Bezeichnenderweise steht das Schwein sowohl unter den Tierknochenfunden aus fränkischen Siedlungen (z.B. Brebières, Dép. Pas-de-Calais) als auch bei den Vorschriften der *Lex Salica* an erster Stelle. Das gilt nicht unter anderen natürlichen Voraussetzungen; im Alpengebiet dominieren Rind, Schaf und Ziege (z.B. Schiers). So werden auch die verschiedenen Feldfrüchte je nach den örtlichen Gegebenheiten unterschiedliche Anteile am gesamten Anbau gehabt haben, wobei vermutlich dem Getreideanbau die größte Bedeutung beizumessen ist.

Zu einem nicht geringen Teil deckte die landwirtschaftliche Produktion den Eigenbedarf der zahlreichen Landbevölkerung. Auch handwerkliche Erzeugnisse konnten der Selbstversorgung dienen, man denke an die von Frauen ohne besondere Spezialisierung ausgeführten Spinn- und Webarbeiten oder an die Anfertigung von einfachen Eisengeräten oder von Lederzeug durch Männer. Folgen wir einer jüngst von R. Christlein vorgetragenen Überlegung, so wäre in einer solchen Wirtschaftsweise mit den Kräften und für den Bedarf einer Familie die einfachste Art der Produktion zu sehen. Auf einer nächsthöheren Produktionsstufe stehen spezialisierte Betriebe, die für den Bedarf einer bäuerlichen Siedlungsgemeinschaft arbeiten wie Dorfschmiede oder Mühle. Es muß jedoch auch handwerkliche Betriebe gegeben haben, die von zentralen Orten (Adelshof, Stadt) aus das Umland mit nun schon höherwertigen Erzeugnissen versorgten. Waffen und Gürtelteile, Schmuck einfacher und mittlerer Qualität, Gefäßkeramik und Drechslerarbeiten dürften auf diese Weise, durchweg noch ohne Zwischenschaltung eines Händlers, abgesetzt worden sein. Die Verbreitungsbilder von Objekten, die mit dem gleichen Stempel verziert sind und demnach aus der gleichen Werkstatt stammen müssen – das kann sowohl für Keramik als auch für Schmucksachen zutreffen –, lassen den Umfang solcher Absatzgebiete abschätzen. Bei längeren Transportwegen wird man an die Vermittlung eines Händlers denken müssen; auf diese Weise gelangten rheinische Gläser nach Alamannien, kam mittelmeerisches Bronzegeschirr an die Donau und wurde Wein in Holzfässern vom Mittelrhein ins Rheinmündungsgebiet (Dorestad, Prov. Utrecht) verfrachtet.

Wo die Herstellungstechnik es erlaubte, wird man auch mit wandernden Handwerkern rechnen müssen. Wir kennen einige Gräber mit der Beigabe von Schmiedewerkzeugen, die zu dieser Vorstellung passen würden. Beispielsweise enthielt das Grab von Poysdorf in Niederösterreich zwei Gußmodelle für Fibeln der Frauentracht, wie sie auch ohne ortsfeste Werkstatt von einem umherziehenden Feinschmied angefertigt werden konnten.

Zur Illustration der Art von Handel und Gütertausch im frühen Mittelalter sei schließlich noch auf die Feinwaagen verwiesen, die nach Maßgabe der herrschenden Beigabensitte nicht selten in merowingischen Männergräbern in Erscheinung treten. Sie dientem dem Abwiegen von Edelmetall, gerade auch von Gold- und Silbermünzen, als dem gängigen Zahlungsmittel.

Heidentum und Christentum

In der entscheidenden Schlacht mit den Alamannen, die er im 15. Jahr seiner Regierung 496/97 ausfocht, gelobte Chlodwig seinen Übertritt zum Christentum im Falle eines glücklichen Ausganges. Seiner Taufe ein oder zwei Jahre später schloß sich eine große Gefolgschaft an.

Dieses spektakuläre Ereignis leitete die Christianisierung auch derjenigen germanischen Stämme ein, die wie die Franken im rechtsrheinischen Barbarikum verwurzelt waren; die ostgermanischen Stämme der Burgunder und Westgoten waren bereits Christen geworden, bevor sie sich in Gallien niederließen.

Die Konversion der mitteleuropäischen Germanenstämme, soweit sie früher oder später dem Merowingerreich angehörten, vollzog sich offenbar ohne größere Widerstände. Diesen Eindruck vermitteln uns auch die archäologischen Denkmäler. Solche betont heidnischen Charakters kommen selten vor und stehen durchweg vereinzelt, sie sind – so will es scheinen – eher individuelle Bekundungen als Ausdruck einer gemeinschaftlich geübten Religion. Hingegen manifestieren sich in den zahlreichen Funden untereinander gleichartiger christlicher Denkmäler schon allgemein verstandene Konventionen, wie sie sich aus weit verbreiteten gemeinsamen Überzeugungen und Kultübungen ergeben. So steht die Darstellung auf dem goldenen Preßblech einer Fibel von Pliezhausen (Kr. Reutlingen) *(Abb. auf S. 57)* auf dem Kontinent einzig da: Ein berittener Krieger, der über einen sich heftig zur Wehr setzenden Gegner hinwegreitet, erhält Unterstützung von einer göttlich-dämonischen Gestalt, die im Rücken des Siegreichen dessen Speer lenkt. Gleichartige, jedoch noch ausführlichere Darstellungen aus Skandinavien lassen uns den heidnischen Charakter des Bildmotivs ‚Sieghilfe durch außerirdische Mächte' verstehen. Entsprechendes gilt für die Darstellung des ‚Wolfskriegers' auf der Schwertscheide von Gutenstein (Stadt Sigmaringen) *(Abb. auf S. 67)* oder der eines ‚Waffentanzes' auf einem Preßblech von Obrigheim in der Pfalz. So eindeutig der heidnische Charakter der Runeninschrift auf der Rückseite einer Bügelfibel von Nordendorf in Bayerisch Schwaben ist – die Göttertrias Wodan (Odin), Donar (Thor) und Loki wird genannt –, es läßt sich ihr kaum eine andere unstrittig an die Seite stellen. Anders verhält es sich bei den christlichen Denkmälern. Zahllose Gegenstände profanen Gebrauches wie Schmuckstücke oder Gürtelschnallen wurden durch das Anbringen christlicher Symbole geweiht. Das häufige Vorkommen sogenannter Goldblattkreuze im alamannischen Gebiet bezeugt die Übernahme eines mediterranen Brauchtums, dem Toten nämlich bei der Grablegung ein Kreuz aus Edelmetall anzuheften. Im Rheinland kommt die aus der Spätantike tradierte Grabsteinsitte zu neuer Blüte und verleiht in Symbolik und Textformularen christlichem Gedankengut vielfältigen Ausdruck. Nicht allein, daß bei den Wohnstätten allenthalben Kirchen erbaut werden, auch auf den merowingischen Reihengräberfriedhöfen entstehen nicht selten christliche Memorien aus Holz oder Stein.

Was dieses Bild einer in christlichen Glaubensvorstellungen verhafteten Bevölkerung beeinträchtigt, sind nicht so sehr die wenigen explizit heidnischen Denkmäler der oben genannten Art, sondern eher noch die viel zahlreicheren Zeugnisse für abergläubische Praktiken. Dazu gehört der exzessive Gebrauch, der von Amuletten gemacht wurde, und dies nur zum Teil unter christlichen Vorzeichen. In diesem Zusammenhang ist auch das immer wieder zu beobachtende Aufflackern urtümlicher, letztlich heidnischer Grabsitten zu nennen: die Verbrennung der Leiche, das Ausheben eines Kreisgrabens und das Aufschütten eines Hügels zur Markierung der Grabstätte, die Opferung des Reittieres bei der Beisetzung seines Herrn, wie sie uns in Pferdegräbern erkennbar wird. Solche Grabsitten haben im Laufe der jüngeren Merowingerzeit in den östlichen Teilen des Merowingerreiches sogar an Boden gewinnen können und dabei sichtlich Rückhalt bei jenem germanischen Stamm gefunden, der zu dieser Zeit als einziger auf dem Kontinent noch am Heidentum festhielt und eben jene Bestattungsbräuche übte, bei den Sachsen. Diesen Herd des Heidentums zu beseitigen, bedurfte es der mit kriegerischen Mitteln vorgetragenen Sachsenmission Karls des Großen in den letzten Jahrzehnten des 8. Jhs., und es bedurfte der viel friedlicheren Missionstätigkeit des Angelsachsen Wynfrith/Bonifatius um die Mitte dieses Jahrhunderts, um die Bewohner des östlichen Frankenreiches wieder einem geläuterten Christentum zuzuführen.

Kunsthandwerk

Die germanische Kunst des ersten Jahrtausends n. Chr. stand seit dessen Beginn unter dem starken Einfluß der römischen Kunst, genauer gesagt: gewisser Teilbereiche derselben. Denn es liegt auf der Hand, daß weder Architektur noch Plastik oder Malerei das Kunstschaffen der Germanen beeinflußt haben, vielmehr anspruchslosere kunstgewerbliche Erzeugnisse wie Fibeln, Gürtelschnallen und Schmucksachen. In vielen Fällen läßt sich beobachten, wie zwar der Grundtyp der römischen Formenwelt entnommen und im Prinzip auch fernerhin beibehalten wird, jedoch unter merklichen Veränderungen, an welchen sich ein andersartiger Stilwille kundtut.

Eine solche Entwicklung setzt gerade auch zu Beginn des hier betrachteten Zeitabschnittes ein, eine Entwicklung freilich, die sich recht weit von den römischen Ursprüngen entfernt und zu der eigentümlichsten und spezifischsten Kunstäußerung der Germanen führt, zum germanischen Tierornament. Ausgangspunkt sind Tierdarstellungen vor allem am Rand von provinzialrömischen Kerbschnittbron-

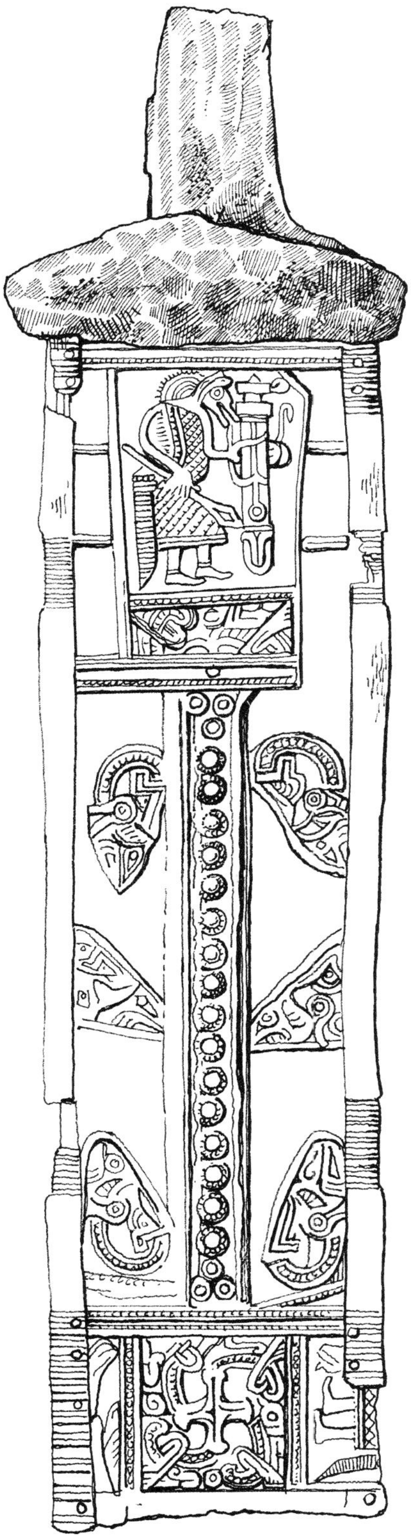

Schwertscheide von Gutenstein (Stadt Sigmaringen) mit der Darstellung des ‚Wolfskriegers' oben am Schwertgriff. Die Bedeutung ist umstritten, wahrscheinlich sollte dieses Bildmotiv eine „Sieghilfe durch außerirdische Mächte" bewirken.

zen: Raubkatzen und Seetiere, unter diesen vielfach phantastische Wesen wie Seelöwen oder Seegreife. Es wurde oben bereits darauf hingewiesen, daß Stil und Technik der römischen Kerbschnittbronzen in der germanischen Welt ungewöhnlich starken Anklang gefunden haben, daß z. B. bei den Sachsen derartige Arbeiten in einer von provinzialrömischen Erzeugnissen nicht zu unterscheidenden Manier hergestellt worden sind. Gleichzeitig mit dieser perfekten Reproduktion bahnt sich in der ersten Hälfte des 5. Jhs. auch eine Umformung nach eigenem Stilempfinden an, nicht nur im Norden in den Anfängen des Sösdala-Stiles, sondern auch auf dem Kontinent. Das veranschaulicht am besten ein vor einigen Jahren bei Obervorschütz im nördlichen Hessen *(Abb. auf S. 68)*, also weit außerhalb des römischen Reichsgebietes, zutage gekommener Beschlag. Er gehört zu einem wohlbekannten, sonst nur linksrheinisch verbreiteten Typ spätrömischer Gürtelgarnituren. Allerdings sind die am Rand und im Innenfeld des Stückes dargestellten Tiere in einer ganz unrömischen Weise stilisiert: Die einzelnen Körperteile sind deutlich voneinander getrennt, so daß das jeweilige Tier aus einer Reihe von Details – Maul, Augenpartie, Bein, Leib, Schweif – in einem additiven Vorgang zusammengesetzt erscheint. Die vorzügliche handwerkliche Qualität des Stückes und sein wertvolles Material (vergoldetes Silber) gewährleisten, daß in dieser Darstellungsform nicht die Unfähigkeit eines Imitators, sondern ein bewußter Stilwille zum Ausdruck kommt. „Die Auflösung dieser oberen Randtiere in einzelne, abgetrennte Körperteile und die bereits weit fortgeschrittene Stilisierung der einst realistischer dargestellten spätrömischen Tiere dürfen als Elemente einer neuen Kunstauffassung gewertet werden", urteilt H. W. Böhme und stellt den Fund von Obervorschütz „unmittelbar vor den Übergang zu Kunstschöpfungen im germanischen Tierstil I".

In der Tat hat man sich mit solchen, unmittelbar aus dem römischen Kunstgewerbe hervorgegangenen Arbeiten einer künstlerischen Ausdrucksform genähert, welche sich hinfort jahrhundertelang auf zahllosen Gegenständen der Kleinkunst innerhalb der germanischen Welt verwirklichen sollte. Die aus der Zerstücklung einzelner Tierfiguren gewonnen Details wurden zeichenhaft verkürzt und behielten gerade noch soviel an Anschaulichkeit, daß sie von einem kundigen Publikum – aber nur von einem solchen! – wiedererkannt werden konnten. Aus solchen Elementen wurden dann wieder Tierbilder zusammengesetzt, jedoch nach künstlerischen, nicht nach anatomischen Regeln. Dem ungeübten Betrachter erschließt sich die Bedeutung einer solchen Darstellung nur dadurch, daß er gleichsam buchstabierend die einzelnen Tierdetails zu einem vollständigen Individuum zusammensucht *(Abb. auf S. 68)*. Ein Lesevorgang in der Tat: den Buchstaben entsprechen die Tierdetails (Fuß, Kiefer usw.), den Wörtern die einzelnen Tiere und den Sätzen die Tierkomposition innerhalb eines in sich abgeschlossenen Ornamentfeldes. Vor allem auf dieser höchsten Sinnstufe lassen sich auch Qualitätsmaßstäbe anlegen: Wie wurde die in der Regel vorgegebene Fläche gefüllt, wie wurde sie rhythmisiert? Wie groß ist das Raffinement in Bilderfindung und Komposition? Dieses Raffinement bestand zunächst einmal – da die Bildelemente ja stark typisiert waren – in einer möglichst phantastischen, daher meist ganz unrealistischen Gestaltung des Einzeltieres. Neue Möglichkeiten eröffneten sich, als im Laufe des 6. Jhs. das Prinzip der Verflechtung im germanischen Tierstil Eingang fand (Stil II nach B. Salin) – wieder eine Anregung aus der mediterranen Kunst, bei deren Rezeption den kontinentalen Germanenstämmen eine wichtige Rolle zugefallen war. Nun ließ sich das vorher immerhin noch geschlossen dargestellte Einzeltier so unter die anderen Bildelemente einfügen, daß es selbst dem Geübten schwerfallen mußte, das Individuum als Ganzes in den Blick zu fassen. Wieder mußte ein ins Detail gehender Lesevorgang die Windungen des durch Überschneidungen zerstückelten Tierkörpers durch das Geflecht hindurch verfolgen und so das Einzeltier in seinem kunstvoll arrangierten Versteck aufspüren. Was bei oberflächlicher Betrachtung wie ein gefälliges Ornament wirkte, war in Wirklichkeit trotz der Beschränkung auf wenige konventionelle Grundformen ein höchst kompliziertes und bewußt rätselhaft gestaltetes Arrangement, das erst durch intellektuelles Bemühen durchschaubar wurde und seine inhaltliche Aussage preisgab. Für uns Heutige endet das Verständnis freilich meist schon bei der korrekten ‚Lesung' des Ornaments, während uns der Bedeutungsinhalt fast stets verschlossen bleibt.

In der Tierornamentik hatten die Germanen eine ihnen gemäße künstlerische Ausdrucksform gefunden. Dieser Formensprache bedienten sich die skandinavischen Stämme ebenso wie die Langobarden in Pannonien (Ungarn) oder in Italien. Der germanische Tierstil blieb aber ohne jede Wirkung außerhalb der germanischen Welt, eine ethnisch gebundene Kunst im wahrsten Sinne des Wortes, die von einem anderen Volkstum kaum verstanden, geschweige denn geschätzt werden konnte. Die germanischen Stämme des Festlandes jedenfalls pflegten diese Kunst bis zum Ende der Merowingerzeit, und sie geriet auch in der frühen Karolingerzeit durch gelegentliche Impulse aus dem Norden noch nicht in völlige Vergessenheit.

Ein zweiter Sektor des Kunstschaffens ist zu nennen, auf welchem die Germanen der Völkerwanderungszeit und des frühen Mittelalters Werke von hoher Qualität und durchaus eigenem Charakter hervorgebracht haben. Aus östlichen, iranischen Ursprüngen hatte sich ein Zierstil nach Westen ausgebreitet, der durch die Einlage verschiedenfarbiger Steine in die zu verzierende Fläche koloristische Effekte erzielte. Vor allem in der Form des Cloisonné, bei welchem die gesamte Zierfläche in einzelne, mit farbigen Halbedelsteinen (bes. Granate oder Almandine) oder Glasflüssen gefüllte Zellen aufgeteilt ist, hatte dieser Dekorationsstil Eingang im römischen Imperium, aber auch bei den ihm nördlich benachbarten Barbarenvölkern großen Anklang gefunden. Durch die Westbewegung germanischer, hunnischer und anderer Gruppen im Laufe des 5. Jhs. wurden die Stämme West- und Mitteleuropas verstärkt mit ihm bekannt. Vor allem aus dem 5. und 6. Jh. liegen uns zahlreiche cloisonnéverzierte Fundstücke vor, Frauenschmuck, Gürtelbeschläge, auch Waffen von besonderem Wert. Alle wesentlichen Anwendungsmöglichkeiten dieses Dekorationstiles führen die Funde aus dem Childerichgrab vor Augen, die zugleich nach technischer und künstlerischer Qualität zu seinen Spitzenleistungen zählen. Als Werke vergleichbaren Ranges aus dem Bereich des Frauenschmuckes wäre das Bügelfibelpaar aus dem Grab der Dame unter dem Kölner Dom, ferner die einzeln getragene Bügelfibel aus dem schon dem 7. Jh. angehörenden Frauengrab von Wittislingen zu nennen. Während diese Fibeln sicher als Sonderanfertigun-

Teil eines Gürtelbeschlags aus Obervorschütz im nördlichen Hessen. Die einzelnen Körperteile der dargestellten Tiere sind deutlich voneinander getrennt, so daß das Tier aus einer Reihe von Details – Maul, Augenpartie, Bein, Leib und Schweif – in einem additiven Vorgang zusammengesetzt erscheint.

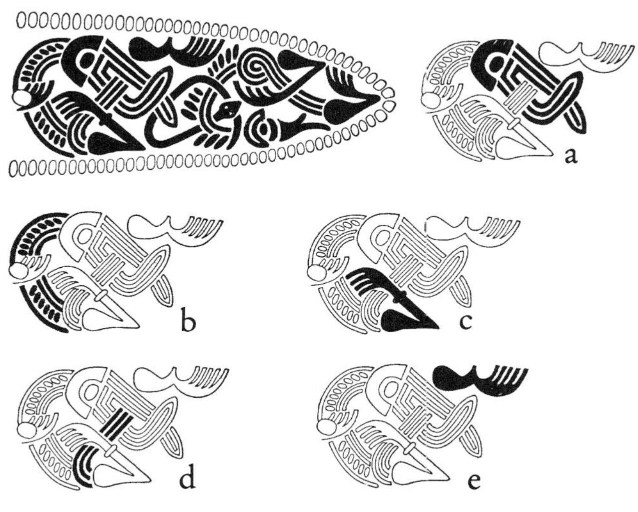

Details von einem Goldblattkreuz aus Hintschingen (Landkreis Tuttlingen) mit germanischen Tierornamenten. Die aus der Zerstückelung einzelner Tierfiguren gewonnenen Details wurden zeichenhaft verkürzt und behielten gerade noch soviel an Anschaulichkeit, daß sie von einem kundigen Publikum wiedererkannt werden konnten. Aus solchen Elementen wurden dann wieder Tierbilder zusammengesetzt, jedoch nach künstlerischen, nicht nach anatomischen Regeln. Dem ungeübten Betrachter erschließt sich die Bedeutung einer solchen Darstellung nur dadurch, daß er gleichsam buchstabierend die einzelnen Tierdetails zu einem vollständigen Individuum zusammensucht.
Die mit Buchstaben bezeichneten Detailskizzen stellen die einzelnen Körperteile eines Tieres dar: Kopf (a), Nacken (b), Vorderbein (c), Rumpf (d) und Hinterbein (e).

gen gelten müssen, repräsentieren die beiden Scheibenfibeln aus dem Grab der Königin Arnegunde in Saint-Denis eine variationsreiche Gattung. Das sie kennzeichnende engzellige Cloisonné, die kleinteilige und lebhaft bewegte Zelleneinteilung, stellt eine letzte handwerkliche und künstlerische Verfeinerung der Cloisonnétechnik dar, ihren letzten Aufschwung in der zweiten Hälfte des 6. Jhs..

Denn in der jüngeren Merowingerzeit tritt diese Dekorationsart im Spektrum der uns vorliegenden Bodenfunde stark zurück; sie muß zumindest an Breitenwirkung verloren haben. Hingegen gewinnt ein verwandter Zierstil an Boden, der gleichfalls auf Polychromie angelegt ist und ebenfalls im Kunsthandwerk der Völkerwanderungszeit wurzelt: die Verzierung *en cabochons,* bei welcher einzeln gefaßte und regelmäßig angeordnete farbige Steine mit einer meist goldenen und häufig filigranverzierten Grundfläche kontrastieren. Die große Gruppe der Goldscheibenfibeln bietet hierfür die besten Beispiele. Daß aber daneben auch die Cloisonnétechnik noch im 7. Jh. von den besten Künstlern dieser Zeit gepflegt worden ist, bezeugt das Lebenswerk des Goldschmieds, Bischofs und Heiligen Eligius († 660), der seine berühmten, leider durchweg nicht mehr im Original erhaltenen Meisterwerke in ebendieser Technik verzierte. Freilich, von germanischer Eigenart ist bei diesen Schöpfungen nichts mehr zu spüren; sie stehen ganz in der Tradition des mittelmeerischen Cloisonné.

Entsprechendes gilt für andere Bereiche der Kunstübung, die in Fortführung antiker Traditionen vor allem im Westen des Merowingerreiches weiterhin geübt wurden und vielfach im Zuge der karolingischen Renaissance zu neuer Blüte kamen, für Steinarchitektur und -plastik beispielsweise. Germanische Eigenart konnte sich hier nur fallweise Geltung verschaffen und wurde nie stilbildend wie bei Tierornamentik und Cloisonné. Die Situation der germanischen Kunst während des frühen Mittelalters, im Spannungsfeld zwischen christlich-mediterranen Einflüssen und eigenen Ausdrucksformen, läßt sich vielleicht am besten anhand einer 1885 bei Linon (Dép. Puy-de-Dôme) gefundenen Zierscheibe verdeutlichen, eines der hervorragendsten Werke fränkischer Kleinkunst überhaupt. Ihre Grundform ist die einer durchbrochen gearbeiteten Christogramm-Scheibe, wie sie im Mittelmeerraum, vornehmlich auch bei den Byzantinern, zahlreich in mancherlei Varianten und verschiedenen Funktionen gebräuchlich waren; charakteristisch sind die von einem Außenring (Kranz oder dergleichen) umschlossenen Buchstaben Chi und Rho, die an die Hasten des Chi angehängten Buchstaben Alpha und Omega, auch die um der Symmetrie willen starke Betonung der geraden Hasten, so daß der nach rechts gewendete Teil des Rho – hier wie ein R gebildet – geradezu verkümmert. Die Oberfläche der mittelmeerischen Scheiben ist stets glatt; sie wirken schattenrißartig, durch einen starken Hell-Dunkel-Kontrast. Ganz anders diese fränkische Arbeit! Das scharfgratige Relief der Oberfläche bewirkt ein lebhaftes Spiel von Licht und Schatten, die eingelegten roten Almandine kontrastieren mit dem sie umgebenden Goldgrund. Zu der suggestiven Wirkung, die von dem nimbierten Antlitz im Zentrum der Scheibe ausgeht, kommt der rhythmisierende Effekt des Tierornaments in der Außenzone. Drei Eberkopfpaare bilden den Außenring. Die direkt an sie angesetzten Füße sind so gestaltet, daß sie zusammen mit den Augenpartien der Tierköpfe auch als En-face-Darstellung eines menschlichen Gesichtes aufgefaßt werden können. Alternierend mit diesen Masken sind auf den restlichen drei Hasten heraldisch angeordnete, in sich verschlungene Tierpaare abgebildet. Ohne Zweifel wurde bei dieser nur 6,3 cm im Durchmesser messenden Arbeit die etwas trockene Form der Vorlage in einer hochkünstlerischen Weise durchgearbeitet, verlebendigt und in ihrer Ausdruckskraft enorm gesteigert. Kaum ein anderes Stück läßt Eigenart und Ausdrucksfähigkeit der germanischen Kunst, gerade auch im Vergleich mit mediterranen Arbeiten, deutlicher hervortreten als dieser Fund von Linon.

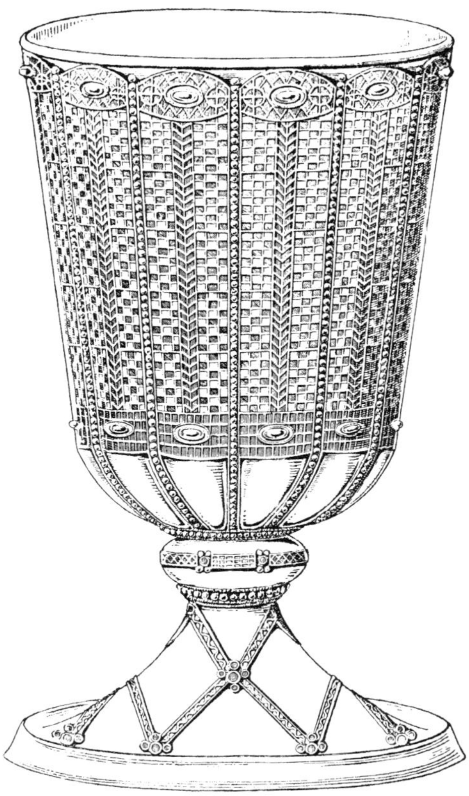

Kelch zum liturgischen Gebrauch, signiert vom Hl. Eligius, einem Goldschmied aus dem 7. Jahrhundert, früher im Kloster von Chelles, Frankreich; Kelchschale, Knoten und Fuß sind cloisonnéverziert.

Ausblick

Vergleicht man die eingangs geschilderte, für den Beginn des 5. Jhs. gültige Situation mit der Lage der germanischen Stämme Mittel- und Westeuropas im 7. oder 8. Jh., so werden die tiefgreifenden Veränderungen sichtbar, die der dazwischenliegende Zeitabschnitt gebracht hat. Das römische Reich, diese für die Germanen des Altertums schicksalhafte Macht, mit der sie sich friedlich oder kriegerisch auseinandersetzen mußten, existierte nicht mehr. Auf dem Boden des Imperiums waren neue, germanische Staaten entstanden, unter ihnen das Frankenreich mit seinen immer unverhüllter zutage tretenden imperialen Ambitionen. Die siedlungsmäßige Ausbreitung der Germanen war zwar hinter der ihrer politischen Macht weit zurückgeblieben, doch wurde ein ansehnlicher Gebietsstreifen ehemals römischen Landes westlich vom Rhein und südlich der Donau auf Dauer germanisiert. Gleichzeitig wurde im Osten Siedlungsland aufgegeben; im östlichen Mitteldeutschland, in Böhmen und Mähren lösten einwandernde Slawen die germanischen Vorbewohner ab. Im ganzen ergibt sich das Bild einer Westverlagerung des von germanischen Völkern besiedelten Raumes.

Vor allem die Tatsache, daß es auf diese Weise im Bereich der ehemaligen römischen Provinz zu einer Symbiose zwischen Einwanderern und Eingesessenen, zwischen Germanen und Romanen gekommen ist, war für den Charakter der Epoche wie auch der Folgezeit in hohem Maße prägend. Aus der geistigen Auseinandersetzung zwischen germanischem Wesen und antikem Erbe entstand die für das Mittelalter eigentümliche Kultur, und die Anfänge dieses Entstehungsprozesses sind schon im frühen Mittelalter deutlich zu erkennen. Im Siedlungswesen etwa vermag sich die germanische Eigenart durchzusetzen. Selbst im ehemals römischen Gebiet wird überall da, wo es zur Ansiedlung von Germanen gekommen ist, noch das heutige Siedlungsbild maßgeblich durch diesen Vorgang bestimmt. Der Siedlungstyp des Dorfes beispielsweise ist nicht auf römische, sondern auf germanische Wurzeln zurückzuführen. In der geistigen Sphäre erweist sich jedoch meist die auf römischem Erbe gegründete Kultur der Mittelmeerwelt überlegen. Das Christentum verdrängte rasch den heidnischen Glauben der Germanen, und ihr angestammtes Recht wurde ebenfalls schließlich zugunsten römischer Rechtsnormen aufgegeben. Auch auf dem Gebiet der Kunstübung ist zu beobachten, wie die eigentümlich germanischen Hervorbringungen schrittweise einer christlich-mediterranen Auffassung weichen. Freilich, nicht immer siegt die eine oder andere Tendenz vollständig. So wie in der Frauentracht zwar die germanische Fibelmode aufgegeben, in Form des Gürtelgehänges aber ein Trachtelement germanischer Wurzel das ganze Mittelalter hindurch bewahrt wurde, so hat sich vielfach germanische und antike Eigenart zu einem neuen Ganzen verbunden.

3

DIE ANGELSÄCHSISCHE BESIEDLUNG ENGLANDS

Von Catherine Hills

Die Ankömmlinge gehörten zu den drei mächtigsten Völkern Germaniens – den Sachsen, Angeln und Jüten. Von den Jüten stammen die Einwohner von Kent und der Insel Wight ab. Aus den Sachsen, das heißt aus dem Land, das heute Altsachsen genannt wird, gingen Ostsachsen, Südsachsen und Westsachsen hervor. Von den Angeln, das heißt aus dem Land zwischen den Jüten und den Sachsen, stammen die Ostangeln, die Angeln Mittelenglands und der ganze Stamm der Northumbrier.

Beda, *Kirchengeschichte um 730*

Großbritanniens heutige Bevölkerung ist ein Gemisch aus verschiedenen Rassen, dessen Zusammensetzung seit Jahrtausenden immer heterogener wird. Es sind Emigranten auf der Suche nach besseren Lebensbedingungen dabei, Flüchtlinge aus Religionskriegen und Opfer politischer Verfolgungen. Wir müssen bis zu den Normannen zurückgehen, um auf ein Volk zu stoßen, das das Land wirklich erobert hat. Aber die Normannen waren selber ein Mischvolk, nämlich Abkömmlinge von Skandinaviern, die sich in Nordfrankreich niedergelassen hatten, dessen Einwohnerschaft ihrerseits aus der Verschmelzung germanischer Franken mit Gallo-Römern entstanden war. Die Normannen waren auch Vettern jener Nordländer, die im 9. Jh. den Norden und Osten Englands überfallen hatten. Aber keine noch so machtvolle und weitreichende Völkerbewegung hat so sehr die Zukunft bestimmt wie die des 5. Jhs. n. Chr., als die später Angelsachsen genannten Völker die Nordsee überquerten. Der überwiegende Teil Großbritanniens heißt heute noch England, und das Englische stammt direkt von der germanischen Sprache ab, die die Siedler des 5. Jhs. damals mitgebracht hatten. Von diesen Völkern handelt unser Kapitel.

Die Vorfahren: Angeln, Sachsen und Jüten

Was wir über die Angelsachsen auf dem heimischen Festland und während und nach ihrer Ansiedlung in England wissen, beruht zum größten Teil auf archäologischen Zeugnissen. Aber einige schriftliche Quellen sollten ebenfalls berücksichtigt werden, obwohl hier Nutzen und Bedeutung nicht unumstritten sind. Tacitus (Ende des 1. Jhs. n. Chr.) und Ptolemaios (Mitte des 2. Jhs. n. Chr.) sprechen von germanischen Stämmen Norddeutschlands und versuchen, sie geographisch zu lokalisieren. Beide erwähnen die Angeln, weisen ihnen aber leider nicht den gleichen Siedlungsbereich zu. Die Sachsen kommen nur bei Ptolemaios vor, der sie sich irgendwo im heutigen Holstein vorstellte. Die Angeln haben wahrscheinlich weiter im Norden auf der Halbinsel Jütland gewohnt. Den größten Eindruck auf das spätrömische Reich machten wohl die Sachsen. Das Verteidigungssystem zu beiden Seiten des Ärmelkanals hieß: *litus Saxonicum* (‚Sachsenufer'), wohl deshalb, weil die Verteidigungsanlagen Britannien und das nördliche Gallien vor sächsischen Piraten schützen sollten.

Etwa im 4. Jh. waren die Sachsen vermutlich aufgebrochen und hatten sich entlang der Nordseeküste nach Südwesten ausgebreitet, wobei die Chauken, ein älteres Volk, möglicherweise in ihnen aufgegangen sind.

Die frühen Schriftquellen sind oft schwer zu interpretieren, weil wir nicht wissen, was die Verfasser unter den von ihnen gebrauchten Stammesnamen verstanden. Was die betreffenden Völker selber damit bezeichneten, ist ebenso unklar. Der Name eines Stammes kann erst der einer kleineren Sippe gewesen sein, sich dann – nach politischen oder militärischen Erfolgen – verbreitet haben, um schließlich mehrere andere vorher selbständige Gruppen miteinzuschließen. Umgekehrt können sich einst eng verbundene Gruppen auflösen und neue Verbindungen eingehen. Nach dem späten 4. Jh. haben wir es mit einer Epoche mannigfacher Bewegungen zu tun, die kleine kriegerische Verbände, Familiengruppen, aber auch ganze Völkerschaften und Stämme betreffen. Die Situation war noch zu fließend, um aus heutiger

Detail einer Nadel von Witham, die zu den Meisterwerken angelsächsischer Schmiedekunst zählt. Das Ornament zeigt fremdartige geflügelte Zweifüßler in labyrinthischem Liniengeflecht.

Sicht ethnische, soziale oder politische Gruppierungen schärfer umreißen zu können. Aber auch damals waren sie wahrscheinlich nicht festgelegt. Unsere wichtigste Schriftquelle für die angelsächsische Geschichte ist die ‚Historia ecclesiastica' des Beda Venerabilis, die er in Jarrow verfaßt und 731 vollendet hat. Zu Beginn seines Werkes beschreibt Beda die Abstammung der Engländer, wie sie ihm bekannt ist: Die Völker Englands seien Abkömmlinge der drei schrecklichsten Stämme Germaniens, der Sachsen, Angeln und Jüten. Die Sachsen kämen aus Altsachsen, dem heutigen Niedersachsen und norddeutschen Küstengebiet, die Angeln aus Angeln, vielleicht dem östlichen Schleswig-Holstein, und die Jüten aus Jütland. Beda erwähnt, daß diese Gegenden teilweise bis in seine Zeit entvölkert waren. Dem byzantinischen Historiker Prokop zufolge (6. Jh.) war Britannien von Angeln und Friesen bewohnt; seinen Zeitgenossen, den englischen Autor Gildas, kümmerte die genaue Abstammung der fremdländischen Eindringlinge weniger. Die ‚Angelsächsische Chronik', eine weitere wichtige englische Quelle, verläßt sich bei den frühesten Abschnitten zum Teil auf Beda. Zu der Frage, wie diese Quellen und vereinzelte andere bruchstückhafte Erwähnungen in der Literatur auf dem Festland miteinander und mit dem archäologischen Befund in Einklang zu bringen sind, mußte reichlich Tinte fließen.

Die Archäologie deckt durch Grabungen auf, was von Gebäuden und Gräbern übrig geblieben ist. Bis vor kurzem waren Gräberfelder für uns am ergiebigsten, aber wir besitzen jetzt eine Reihe von sorgfältig ausgegrabenen Siedlungen, die allmählich unsere Kenntnisse abrunden. Im 4. und 5. Jh. war die Feuerbestattung im nördlichen Europa außerhalb des Römischen Reichs vorherrschend und auch bei den frühesten Siedlern in Ostengland üblich. Die Asche ist meist in ornamentierten Urnen aufbewahrt, deren Muster von Gegend zu Gegend variieren und sich im Laufe der Zeit verändern, so daß sie sehr wichtige Aufschlüsse über Chronologie und Sozialordnung ermöglichen. Körpergräber waren aber nicht gänzlich unbekannt. Bei den Römern üblich, wurde die Sitte von Germanen übernommen, die im Römischen Reich oder in seiner Nähe ansässig waren. Im 6. Jh. ging die Feuerbestattung in England und wohl auch in Norddeutschland allmählich zugunsten der Erdbestattung zurück, ein Prozeß, der sich beschleunigte, seit England im 7. Jh. zum Christentum bekehrt wurde. Aus heidnischen Körpergräbern gewinnen wir wichtige Erkenntnisse über Schmuck und Waffen, denn diese wurden dem Toten oft mitgegeben. Auch Töpfe, Glasgefäße und Bronzeschalen oder Kessel *(Abb. 7–9)* wurden den Reichen ins Grab gelegt. Manchmal sind Rückschlüsse auf Textilien möglich, weil sich unter den Fibeln Stoffreste erhalten haben. Aus den Knochen lassen sich Rückschlüsse auf Körperbau, Krankheiten und Lebenserwartung der Bevölkerung ziehen.

Diese Zeugnisse lassen Bedas Bericht noch einigermaßen glaubwürdig erscheinen, selbst wenn er eine vereinfachte Darstellung gibt. Aus dem nördlichen Niedersachsen, dem Gebiet zwischen Elbe- und Wesermündung, kennen wir durch Grabungen viele Gräberfelder des 4. und frühen 5. Jhs. Am bekanntesten ist der Friedhof bei Westerwanna *(Abb. 4)*, wo vor dem Ersten Weltkrieg mehr als viertausend Brandbestattungen freigelegt wurden. Kürzlich sind in Issendorf bei Stade sechstausend Brandgräber aufgedeckt worden, während in Liebenau bei Nienburg an der Weser außer den eigentlichen Gräbern auch die Scheiterhaufen gefunden wurden. Zu einigen besonders typischen Exemplaren von

Schon ehe sich die Römer aus Britannien zurückzogen, bedrohten sächsische Piraten die südlichen Küsten. Nach 410 wurden die Angriffe häufiger, und Gruppen von Einwanderern aus dem heutigen Jütland, Schleswig-Holstein und Niedersachsen begannen, den Südosten Englands in Besitz zu nehmen. Innerhalb einer recht kurzen Zeitspanne beherrschten sie das gesamte südlich von Schottland und östlich von Wales gelegene Gebiet.
Die Einzelheiten des Besiedlungsprozesses sind jedoch zu einem guten Teil noch ungeklärt. Wer waren eigentlich die Angeln, die Sachsen und die Jüten? Wo lebten sie vor der Wanderung? Verlief die Besiedlung friedlich oder gewaltsam? Wie verhielten sich die Neuankömmlinge zu den einheimischen Briten? Wie war ihre soziale, ökonomische und religiöse Gemeinschaft beschaffen?
Bis zum 8. Jahrhundert hatte sich das Dunkel gelichtet. Langsam mehren sich die schriftlichen Quellen; neben gelehrten Werken wie Bedas ‚Historia Ecclesiastica' finden wir umfangreiche Gedichtsammlungen, darunter den ‚Beowulf'. Spuren materieller Überreste treten immer häufiger zutage, hinzu kommen die ersten Steinkirchen; nach und nach wird sich ein abgerundetes Geschichtsbild abzeichnen.

Was die ‚dunklen Jahrhunderte' des angelsächsischen Englands anbelangt, die in der Tat für die Entstehung Englands entscheidend waren, sind wir allein auf archäologisches Fundgut angewiesen, wobei jeder Gegenstand und jede Fundstelle für sich genommen wenig aussagekräftig sind, solange sie nicht in einen Zusammenhang gebracht und interpretiert werden. Vergleiche mit Funden auf dem Kontinent geben Aufschlüsse über die Wanderungen der Völker; Importgegenstände aus fernen Ländern weisen auf Handelsverbindungen hin; Grabbeigaben und Bestattungsbräuche vermitteln einen Einblick in die religiösen Vorstellungen; Ausgrabungen von Resten längst verschwundener Häuser geben über das dörfliche Leben der damaligen Ackerbauern Auskunft.

All diese Forschungen erfordern eine große Geduld, denn die Ergebnisse sind nur selten spektakulär. Manchmal jedoch wird die routinemäßige Arbeit der Archäologen plötzlich durch eine völlig unerwartete, aufsehenerregende Entdeckung unterbrochen. Solch ein Zeitpunkt war im Juli 1939 gekommen, als das Schiffsgrab von Sutton Hoo in Suffolk, dem einstigen Gebiet der Ostangeln, ausgegraben wurde.
Es handelte sich hierbei um das Begräbnis eines bedeutenden Fürsten, wahrscheinlich sogar um das eines Königs (obwohl es keine Leiche gab – vielleicht war sie auf dem Schlachtfeld geblieben oder anderswo begraben worden). In einem Boot von etwa 24 m Länge befanden sich zahlreiche Beigaben, einem kostbaren Schatz vergleichbar: mehrere byzantinische Schalen, zwei silberne Löffel mit den Inschriften ‚Saulos' und ‚Paulos', fränkische Münzen, ein Helm und ein Schwert – möglicherweise schwedischer Herkunft – und viele Schmuckstücke aus Gold und Granat, in vielen Fällen einheimische Arbeiten. Das Begräbnis, dessen Beigaben eine eigentümliche Mischung von heidnischen und christlichen Merkmalen aufweist, ist in die erste Hälfte des 7. Jahrhunderts zu datieren. Die Bedeutung einzelner Objekte stellt die Forscher immer noch vor Probleme, und manche Gegenstände bleiben rätselhaft. Das hier gezeigte Stück *(rechte Seite)* besteht aus zwei Einzelteilen, von denen man annimmt, daß sie ursprünglich nicht zusammengehörten. Den oberen Teil bildet ein wunderbar modellierter Bronzehirsch, der auf einem Ring aus geflochtenem Eisendraht steht, der wiederum auf einem kurzen Bronzegestell angebracht ist. Darunter befindet sich das obere Ende eines Gegenstandes, den man anfangs als ‚Schleifstein' bezeichnet hat: ein vierkantiger, glatter Steinstab von 61 cm Länge, in dessen Enden jeweils vier menschliche Gesichter gemeißelt sind. Zweifellos handelt es sich um ein Würde- und Herrschaftszeichen der ostanglischen Dynastie, der am ehesten als ‚Ahnenstab' oder ‚Szepter' zu deuten ist. (1)

Spuren der Wanderung

Rom war das Vorbild, an dem sich die Kultur der Barbaren orientierte. Es ist deshalb oft schwer, den genauen Zeitpunkt des Überganges von ‚römisch' zu ‚germanisch' zu bestimmen. Die bronzene, silbereingelegte Gürtelgarnitur aus dem frühen 5. Jahrhundert, die in Mucking, Essex *(ganz links)*, gefunden wurde, repräsentiert einen Typus, den man normalerweise mit der spätrömischen Armee in Verbindung bringt. Und doch wurde sie aus einem germanischen Grab auf einem angelsächsischen Friedhof geborgen. Sie ist in einem für Südostengland typischen Stil verziert. Gehörte sie vielleicht einem der ersten Siedler oder einem germanischen Soldaten, der in römischen Militärdiensten stand? Wurde sie in einer britischen oder in einer sächsischen Werkstatt angefertigt? *Links:* Diese goldene, mit Granat verzierte Gürtelschnalle fand man im Grab eines Fürsten in Taplow, Buckinghamshire. Sie entstand etwa 200 Jahre später als die Schnalle aus Mucking und ist rein germanisch im Stil. Das unterbrochene Bandgeflecht läßt sich kaum noch als stilisierte Tierfigur erkennen: zwischen ihm und den naturalistischen Tierdarstellungen auf den Rändern der früher entstandenen Schnalle liegt ein langer Weg der Entwicklung. (2, 3)

Im wesentlichen ähnliche gleicharmige Kerbschnittfibeln fand man in Haslingfield, Cambridgeshire *(oben)* und Anderlingen, in der Nähe von Bremervörde *(unten)*. Sie sind ins 5. Jahrhundert zu datieren und beweisen eindringlich, daß zwischen diesen beiden Regionen eine enge Verbindung bestand. (5, 6)

Schalenfibeln mit Spiralenverzierung fand man sowohl in England als auch in Deutschland. Dieses Exemplar *(oben)* stammt von einem Friedhof bei Westerwanna, südlich von Cuxhaven. (4)

Rüsselbecher und Spitzbecher, beide Typen letztlich von römischen Vorbildern stammend, kommen auf dem Kontinent und in England vor. Einer der beiden Rüsselbecher *(rechts)* ist eine spätrömische Arbeit aus dem Rheinland, der andere – aus dem 5./6. Jahrhundert – stammt aus Howletts in Kent. Der Spitzbecher aus Kempston, Bedfordshire *(ganz rechts)*, kann mit ähnlichen, in Deutschland gefundenen Exemplaren verglichen werden. (7, 8, 9)

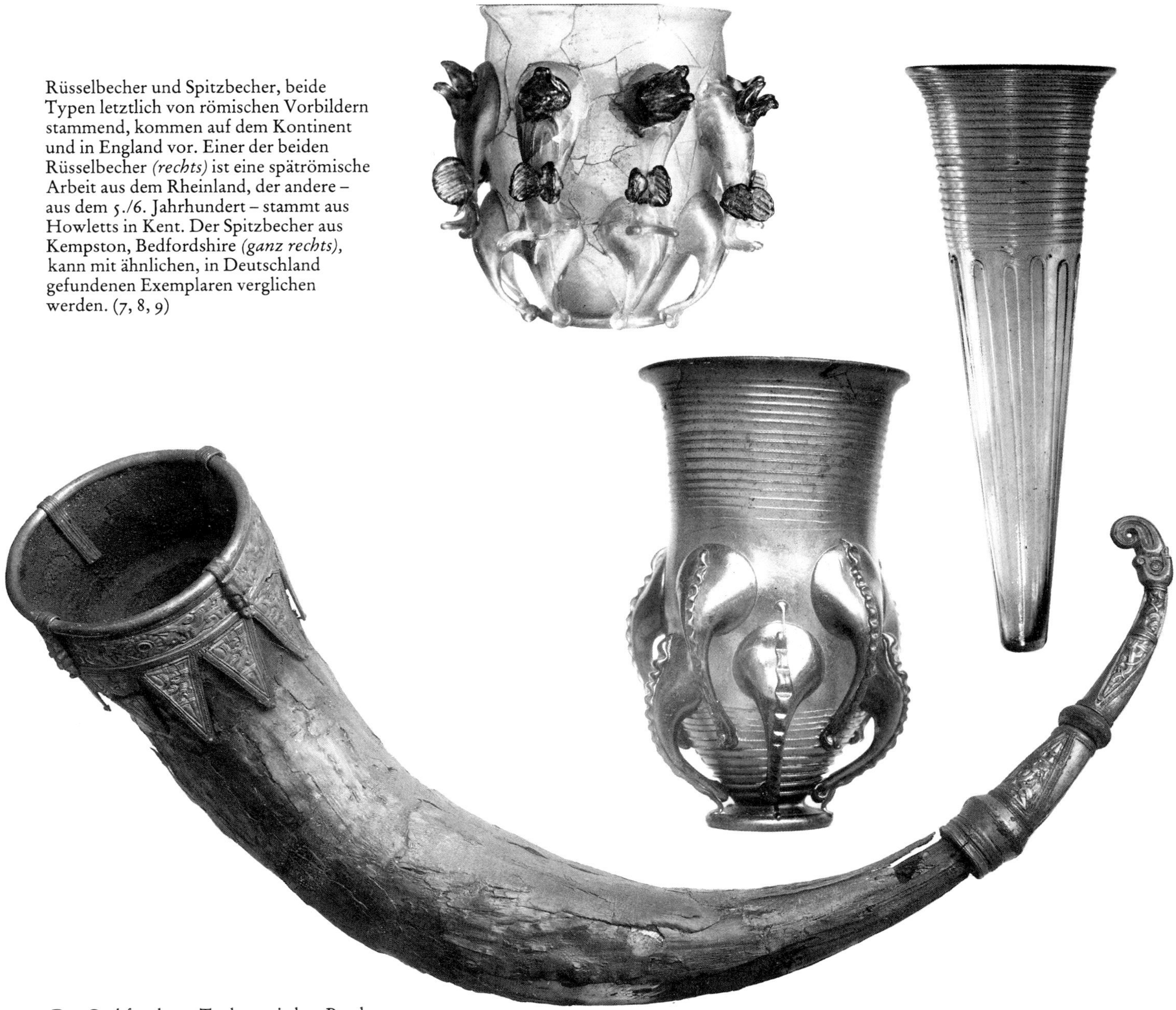

Der Grabfund von Taplow wird an Pracht nur von dem aus Sutton Hoo übertroffen. Das Trinkhorn *(oben)* ist mit vergoldeten Silberbeschlägen verziert, auf denen eine Kombination von Stil I und Stil II (nach B. Salin) verwendet wird. (10)

Brandbestattung war die übliche Form der Bestattung außerhalb des römischen Imperiums, aber im Laufe des 6. Jahrhunderts wurde sie allmählich durch Erdbestattung ersetzt. Eine Zeitlang wurden beide nebeneinander praktiziert. Vom Muster der auf Gräberfeldern gefundenen Urnen läßt sich oft auf die Verbindung der Siedlungsgemeinschaft zum Kontinent schließen. Von diesen drei Urnen aus Norfolk weist die stempelverzierte obere aus Spong Hill eher englische als kontinentale Stilelemente auf. Für die beiden anderen – eine mit Buckel- und Rillenverzierung aus Spong Hill und eine mit Rosettendekor aus Caistor-by-Norwich – finden sich ganz ähnliche Stücke in Deutschland. (11, 12, 13)

Die Fibel von Kingston in Kent *(links)* gilt als eines der erlesensten Stücke angelsächsischer polychromer Goldschmiedekunst, eine Technik, deren Blütezeit zwischen 550 und 700 lag. Die reiche Verzierung mit Filigran und Halbedelsteinen – Granat, Lapislazuli und Sepiaschale – ist in ein enges Gold- und Silberzellwerk (Cloisonné) eingelassen. (14)

Die Bügelfibel mit rechteckiger Kopfplatte, eine ursprünglich typisch skandinavische Fibelform, wurde seit Ende des 5. Jahrhunderts in England heimisch. *Unten links:* Eine Fibel aus Empingham aus dem Gebiet von Mercia. *Unten:* Ein Schmuckensemble mit Bügelfibel und Gürtelschnalle aus Berinsfield, Oxfordshire, sind auf der Abbildung so angeordnet, wie sie auch getragen wurden. Die Glasperlenschnüre wurden nicht um den Hals gehängt, sondern mit Scheibenfibeln auf den Schultern festgesteckt. (15, 16)

Diese Schulterspange mit Cloisonné-Dekor stammt aus dem Schiffsgrab von Sutton Hoo *(oben)*. Auf ihrem oberen Teil bilden zwei halbnaturalistische Eber ein symmetrisches Muster, während rund um die Kanten verflochtene Tierornamente laufen. (17)

Ein stilisiertes Tier, das an einem Schild aus Bergh Apton, Norfolk, angebracht war. Schildbeschläge kommen selten vor und sind als Zeichen für den hohen Rang des Eigentümers zu werten. (18)

Der winzige Maßstab vieler angelsächsischer Schmuckstücke macht die Ornamente praktisch unentzifferbar.

Oben: Ein vergrößertes Detail vom Rand des Taplow-Hornes. Die Motive sind so stilisiert, daß sie fast abstrakt wirken. Man beachte die Hand mit dem ausgestreckten Daumen und den ‚Helm'. (19)

Die Nadeln von Witham, ein Satz von drei untereinander verbundenen Nadeln mit Scheibenköpfen, stammen aus dem 8. Jahrhundert. Man fand sie im River Witham in Lincolnshire. Die Abbildung *(rechts)* zeigt einen vergrößerten Ausschnitt aus einer dieser Scheiben mit einem Ornament aus seltsamen, fast endlos ineinander verflochtenen Figuren. (20)

Angelsächsische Landschaft

Offa's Dyke *(links)* bleibt ein Denkmal der Stärke und der unerschöpflichen Reichtümer des angelsächsischen Englands. Er wurde als Bollwerk gegen die Waliser von König Offa von Mercia errichtet, der von 759 bis 796 regierte – die dominierende Persönlichkeit seiner Zeit. (21)

Yeavering in Northumberland *(unten)* konnte als Örtlichkeit der alten northumbrischen Residenz *Ad Gefrin* identifiziert werden, die der Mönch Beda erwähnt. Grundmauern einer Halle, eines Kulttheaters und eines vermutlichen Tempelbaus wurden aufgedeckt. (22)

Kirchen sind in beträchtlicher Zahl vom 8. Jahrhundert an erhalten. Nur wenige bewahren jedoch ihren ursprünglichen Zustand – wichtige Kirchen und Kathedralen wurden immer wieder umgebaut und vergrößert –, und da sich diese nicht selten in entlegenen ländlichen Gegenden befinden, ist die künstlerische Ausführung meist wenig anspruchsvoll. Die Kirche in Deerhurst, Gloucestershire, ist vielleicht eine der schönsten. Kannelierung und Kapitelle dieser Fenster *(rechts)* sind offensichtlich klassisch inspiriert, während die dreieckigen Giebel eine angelsächsische Eigentümlichkeit sind. (26)

Die antike Tradition beeinflußte nicht nur Metallarbeit und Handschriften-Illuminierung, sondern auch fast jede andere Kunst- und Handwerksform. Die von Tieren bevölkerten Weinranken auf dem Kreuz von Bewcastle *(oben rechts)* gehören zweifellos in dieselbe Vorstellungswelt wie die Elfenbeinplatte vom Throne des Bischofs Maximinian *(oben links)* in Ravenna. (23, 24)

In West Stow, Suffolk *(rechts)*, wurde eine Gruppe von Bauernhäusern aus dem 6. Jahrhundert an ihren originalen Standorten wiedererrichtet. (27)

Das römische Kastell Porchester in Hampshire *(oben)* wurde gebaut, um die Küste gegen die Sachsen zu verteidigen. Teile der Einfassung wurden in ein sächsisches Dorf mit einbezogen. Heute sehen wir dort die römischen Festungsmauern mit der Burg und der von den Normannen errichteten Klosterkirche. (25)

Ausgrabungen in Chalton, Hampshire *(rechts)*, förderten die Fundamente angelsächsischer Häuser zutage. Jedes ist in zwei Teile mit je einem separaten Eingang gegliedert. (28)

Töpferware und zu Metallobjekten, die in den Gefäßen waren, gibt es Gegenstücke in England. Ein beliebtes Keramikornament zeigt z.B. ein Rosettenmotiv, umgeben von Zick-Zackbändern oder bogenförmigen Linien. Es kommt nicht nur häufig auf den Gräberfeldern des Elbe-Weser-Raums vor, sondern auch in Norfolk, in den Gräbern von Caistor-by-Norwich und Spong Hill *(Abb. 11–13)*. Die Gesichtsmaske auf einem Gefäß aus Caistor ist der auf einem Wehdener Tontopf so ähnlich *(Abb. 7 auf S. 50)*, daß derselbe Töpfer angenommen wurde; demnach ist entweder das Gefäß oder – wohl eher – der Töpfer von Deutschland nach England gewandert. Ähnlich muß es sich mit einer Scheibenfibel aus Spong Hill verhalten haben, die vier Masken in einer Umrandung zeigt, zu der wir drei fast gleiche Gegenstücke aus Bremen-Mahndorf besitzen. Andere Fibeltypen wiederum waren auf beiden Seiten der Nordsee verbreitet, wie Scheibenfibeln mit Spiralmustern und gleicharmige Kerbschnittfibeln *(Abb. 5–6)*, die außer Spiralmustern auch tierfigurige Randleisten haben.

Wo Beda das Gebiet der Angeln annimmt, sind ebenfalls charakteristische Kulturmerkmale festzustellen. Der Bereich, mit der Landschaft Angeln als Mittelpunkt, ist allerdings größer und umfaßt einen beträchtlichen Teil Schleswig-Holsteins, Teile Mecklenburgs und vielleicht die dänische Insel Fünen. Die für dieses Gebiet typische Keramik ist mit kontrastierenden horizontalen und vertikalen Strichen oder Rillen verziert, horizontale um den Gefäßhals, vertikale Furchen und Buckel um die Gefäßschulter. Die Gefäße sind im allgemeinen flacher und weitmündiger als die des Elbe-Weser-Raums. Die Grabbeigaben enthalten Miniatur-Garnituren von Schere, Pinzette und Rasiermesser, die gelegentlich auch im Elbe-Weser-Gebiet vorkommen, sowie kreuzförmige Fibeln. Für diese gibt es wiederum zahlreiche Gegenbeispiele in England. Besonders aus Caistor-by-Norwich *(Abb. 13)* besitzen wir eine Anzahl Gefäße vom klassisch anglischen Typus, die eine direkte Verbindung vermuten lassen. Kreuzförmige Fibeln gehören im 5. und 6. Jh. vor allem nördlich der Themse zu den beliebtesten Schmuckstücken.

Mit Hilfe der Beigaben aus Körpergräbern läßt sich in England zwischen Nord und Süd, zwischen Angeln und Sachsen, eine grobe Zweiteilung vornehmen. Die Frauen im sächsischen Süden und im Themsetal bevorzugten Scheibenfibeln, während in Ost- und Mittelengland kreuzförmige und andere Arten von Bügelfibeln (ebenso wie einfache Ringfibeln) üblicher waren. ‚Anglische Frauen‘ schlossen die Ärmelbündchen eines hemdartigen Kleides mit Ärmelhaken aus Metall und befestigten den Mantel mit großen Bügelfibeln. Diese Unterschiede gelten allerdings für das 6., nicht für das 5. Jh., denn in dieser frühen Phase der Einwanderung kann archäologisch noch nicht eindeutig zwischen den Völkern unterschieden werden.

Die Krönung aller angelsächsischen Kunsterzeugnisse des frühen Mittelalters waren die prächtigen Handschriften, von denen leider nur wenige die Plünderung der Wikinger und die wechselvollen Geschicke eines Jahrtausends überstanden haben. Fragen nach Herkunft und Datierung dieser Bücher – fast sämtlich Abschriften der Evangelien – werfen mannigfache Probleme auf, denn die Mischung von keltischen, germanischen und antiken Stilelementen erschwert eine exakte Einordnung. Dennoch kann man mit Sicherheit sagen, daß die meisten dieser Handschriften zwischen dem 7. und 9. Jahrhundert in den Schreibstuben der großen northumbrischen und irischen Klöster entstanden. Das berühmteste von allen, das *Evangeliar von Lindisfarne,* kann in die Zeit kurz vor 700 datiert werden. In diese ‚Teppichseite‘ *(links)* ist ein Kreuz verwoben, das sich gegen einen Hintergrund von Flechtornamenten abhebt, deren einzelne Formen kaum auseinanderzuhalten sind. Spätere Jahrhunderte betrachteten diese Bücher mit Skepsis und hielten sie nicht für das Werk von Menschen, sondern von Engeln. (29)

Skulpiertes Steinkreuz aus Cropthorne, Worcestershire, 9. Jh. Zu den Vögeln und Tieren gibt es Vergleichbares in früheren Bildhandschriften aus Northumbria.

Mancherort scheint es, als ob die neuangekommenen Siedler schon von bunt gewürfelter Herkunft waren. In Spong Hill, einer Nekropole in Norfolk *(Abb. 11–12)*, offenbart das Material des 5. Jhs. eine Mischung von keramischen und metallhandwerklichen Traditionen, die aus verschiedenen Teilen Nordeuropas einschließlich Südskandinaviens stammen. Eine ähnliche Mischung findet sich bei dem Gräberfeld von Issendorf in Niedersachsen. Es wäre möglich, daß die Wanderbewegungen schon zu Beginn des 5. Jhs. in einigen Gegenden des Festlands eine Mischkultur hervorgebracht hatten, deren Merkmale mit auswandernden Stämmen aus diesen Gebieten nach England gelangt sind. Vielleicht liegt die Ursache für die spätere Zweiteilung zwischen Angeln und Sachsen eher an der Stammesvorgeschichte der späteren Herrscherfamilien als an echten ethnischen Unterschieden unter den vielen Siedlern der verschiedenen Gegenden Englands. Allerdings würde man nicht erwarten, daß auch Grundformen der weiblichen Tracht davon beeinflußt sein könnten.

Im 5. Jh. oder später haben noch andere Völker und deren Bräuche ihre Spuren hinterlassen. Am wichtigsten sind die Jüten, die laut Beda Kent, die Isle of Wight und Teile von Hampshire bewohnten. Diese Gegenden hatten in der Tat eine gemeinsame, charakteristische Kultur, die sich durch reiche Schmuck- und Waffenfunde auszeichnet, welche Material der gleichen Zeit aus dem Rheinland sehr nahestehen. Eine Zeitlang nahm man daher an, die ‚Jüten‘ seien eigentlich Franken. Doch diese reiche Kultur gehört ins spätere 6. und ins 7. Jh. und muß sich nach der frühesten Siedlungsphase entwickelt haben. Wir wissen jetzt, daß Keramik und Metallarbeiten aus Kent jütländischen Arbeiten ähneln, aber da aus Jütland wenig publiziert ist, sollte man sich vorsichtig äußern. Wir dürfen wohl annehmen, daß frühe Siedler in Kent südskandinavische Vorfahren gehabt haben. Manche

Fibel- und Ornamentformen scheinen zunächst im 5. Jh. in Dänemark entstanden und sich dann nach Ostengland verbreitet zu haben. Man kann also auf ständige Kontakte schließen. Das umfangreiche Material, das enge Parallelen zwischen England, Norddeutschland und Dänemark aufweist, läßt in der Tat vermuten, daß die Wanderbewegung einige Zeit gedauert haben muß und dabei Verbindungen über die Nordsee bestanden. Erst während des 6. Jhs. entwickelte England eigene regionale Identität und Traditionen, aber die germanische Herkunft war, wie wir gesehen haben, noch im 8. Jh. unvergessen.

Friesen, Alamannen, Schwaben und Franken sind weitere Völker, die Spuren im Fundmaterial Englands hinterlassen haben. Die Friesen bewohnten außer einigen Inseln die Küstenregionen der Niederlande und Deutschlands bis zur Weser. Es ist allerdings möglich, daß sie im 5. Jh. schon teilweise in der ‚sächsischen' Kultur aufgegangen waren und daß Siedler, die schließlich nach England gelangten, Friesland für kurze oder längere Zeit als Stützpunkt benutzt hatten. So könnte man jedenfalls aus Überlieferungsfragmenten schließen, die einen jütländischen Anführer namens Hengist betreffen. Dieser Mann war zunächst nach Friesland gekommen und später – vorausgesetzt, daß es sich um dieselbe Person handelt – nach Kent, von wo wir ihn durch Gildas und Beda als Verräter an seinem englischen Auftraggeber Vortigern kennen.

Alamannische Heerführer aus Süddeutschland, die wahrscheinlich Einheiten ihrer eigenen Leute befehligten, sind in Britannien während des 5. Jhs. als Angehörige der römischen Streitkräfte überliefert. Daß es Schwaben gab, die ebenfalls aus dem mittleren und südlichen Deutschland stammen, glaubt man am Ortsnamen Swaffham erkennen zu können, der in Norfolk und Cambridgeshire vorkommt. Beide Volksgruppen haben keinerlei Spuren hinterlassen. Aber es gibt noch andere Überlieferungen. Sowohl in England als auch im Weser-Elbe-Raum findet sich im späten 4. und frühen 5. Jh. eine typische Keramik, darunter Standfußgefäße mit scharf facettierten Riefen. Sie könnte mit Formen des 3. Jhs. im Westen Deutschlands zusammenhängen. Die Hinwendung zu weiten, flacheren Gefäßen wie in Issendorf hat vielleicht mit der mittel- und ostgermanischen ‚Schalenurnen'-Kultur zu tun.

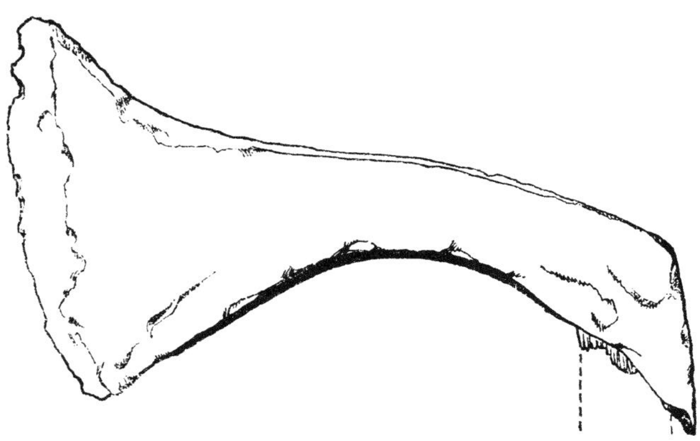

Eine ‚Francisca' oder Wurfaxt aus Howletts, Kent. Rechts war ursprünglich ein kurzer Holzgriff in der eisernen Waffe eingelassen. Der Name scheint eine Verbindung zu den Franken anzudeuten.

Die Anwesenheit von Franken, nun nicht mehr mit Bedas Jüten zu verwechseln, ist strittiger. Ihre Herkunft scheint so ungeklärt wie die anderer germanischer Stämme, und wir wissen nicht, ob sie sich vor ihrer teilweisen Assimilierung an die spätrömische Zivilisation kulturell überhaupt von anderen Volksstämmen, z. B. den Sachsen, unterschieden haben. Sie siedelten sich zunächst in den Niederlanden an und zogen dann im 4. Jh. südwärts ins Rheinland, noch immer unter dem Schutz Roms, zu dessen Streitkräften sie wahrscheinlich als Verbündete *(foederati)* gehörten. Sie waren Barbaren und nicht zu den regulären Truppen eingezogen, noch in deren Aufbau mitaufgenommen. Stattdessen hatten sich größere Gruppen, vielleicht ganze Stämme verpflichtet, für das Römische Reich zu kämpfen, wofür die Römer sie mit Geld und Nahrungsmitteln unterstützten und ihnen Land gaben. Im Feld unterstanden sie ihren eigenen Führern und bewahrten anscheinend in den übereigneten Gebieten ihre angestammte soziale und politische Ordnung, da ihre Frauen dort mit ihnen siedelten. Von den Römern übernahmen sie zwar die Erdbestattung, wurden aber im Gegensatz zur einheimischen christlichen Bevölkerung mit Schmuck und Waffen beigesetzt. Zum größten Teil sind die Fundstücke aus fränkischen Gräbern jedoch in den römischen Provinzen gefertigt, von einigen Fibeln abgesehen, deren Typus wir sonst aus dem Elbe-Weser-Raum kennen. Daher ist ein fränkisches Grab nicht leicht als solches zu erkennen, wenn es außerhalb des bekannten fränkischen Gebiets gefunden wird. Hier könnte jeder beliebige Barbar bestattet sein, der die vorhandenen römischen Erzeugnisse benutzt und mit ins Grab bekommen hat. Es kommt hinzu, daß wir zwar Fundstücke in Südengland besitzen, die aus dem Rheinland importiert wurden, aber vermutlich in den seltensten Fällen anders als im Zuge normaler Tausch- und Handelsbeziehungen dorthin gelangt sind. Kurzum, daß Fundstücke gewandert sind, bedeutet nicht, daß sich auch Völkerschaften aufgemacht hätten. Und doch gibt es Gräber in England, deren Beigaben wohl als typisch ‚fränkisch' gelten könnten, z. B. wegen der sogenannten ‚francisca' *(Abb. auf S. 82)*, einer besonderen Art von Wurfaxt, die wir mit den Franken in Verbindung bringen. Einige englische Gräber enthalten Schwerter, wie sie vielleicht im Tal der Maas gefertigt wurden. Im 6. und 7. Jh. gab es ganz sicher enge Kontakte zwischen Südostengland und dem fränkischen Rheinland; warum sollten sie also nicht auch im 5. Jh. bestanden haben? Das könnte durchaus zur Folge gehabt haben, daß auch Franken an Einfällen und Einwanderungen beteiligt waren.

Wanderung und Ansiedlung

Wir haben nun erörtert, wer die Siedler waren, und wollen jetzt darzustellen versuchen, warum sie kamen. Dafür gibt es mehrere Gründe. Das Römische Reich und seine Schätze übten naturgemäß große Anziehungskraft auf die Barbaren aus, und der Druck der Völkerbewegungen im Osten verstärkte noch die Westströmung unter den Nachbarvölkern Roms. In den Küstengebieten der Nordsee könnte die Auswanderung wirtschaftliche Gründe gehabt haben. Um der zunehmenden Nässe und den Überschwemmungen der tiefergelegenen Landstriche zu entgehen, waren viele Küstenorte während des 2. bis 4. Jhs. n. Chr. auf Wurten (künstlich aufgesiedelte Wohnhügel) angelegt worden. Aber diese Ab-

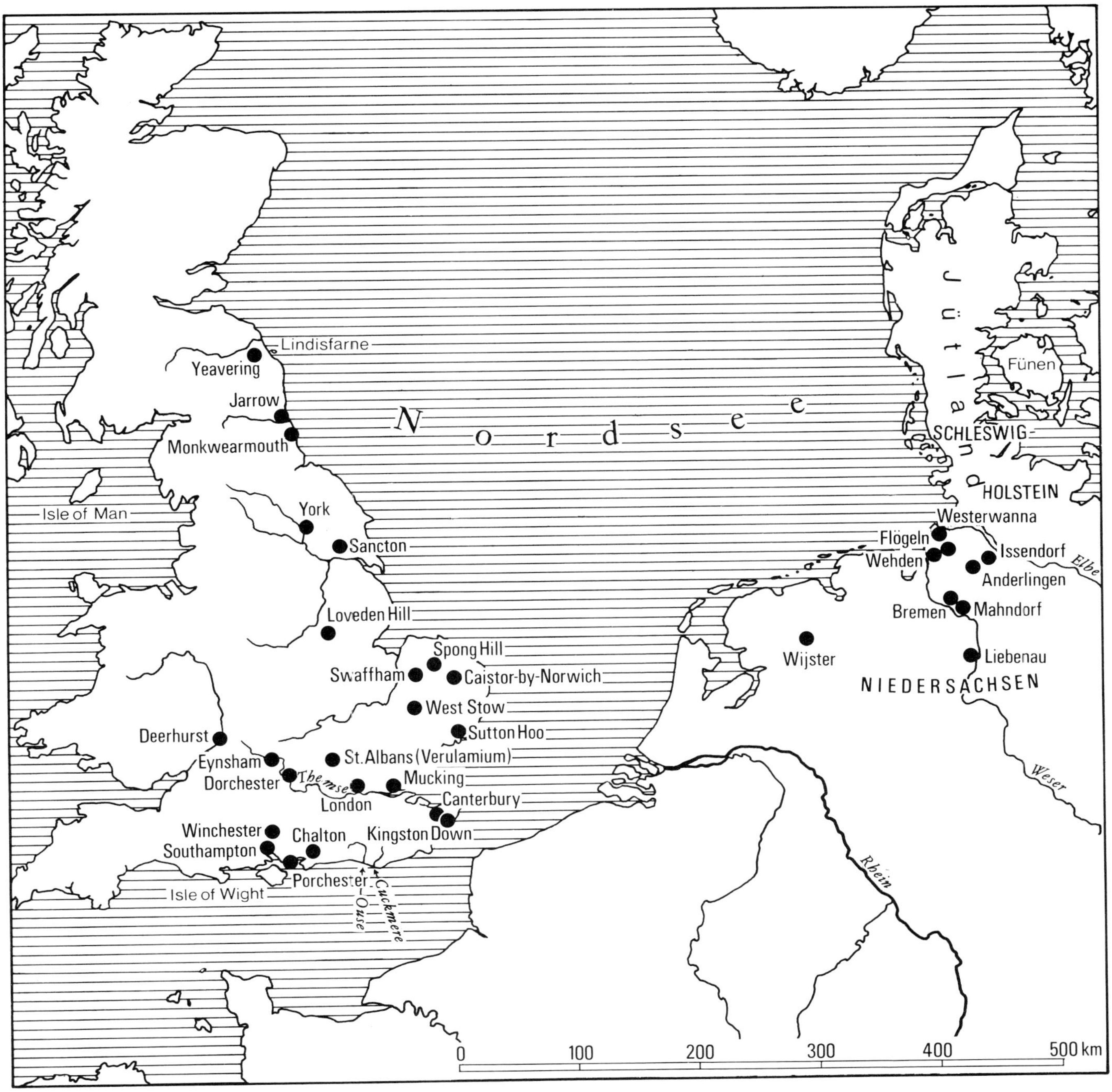

sonderung der Siedlungen erwies sich als unwirtschaftlich. In der küstennahen Marschenlandschaft konnte weder Ackerbau noch Viehzucht nutzbringend weiterbetrieben werden. Ausgegrabene Wurten lassen erkennen, daß während des 5. Jhs. Siedlungen aufgegeben wurden und verfallen sind. So erging es auch weiter im Binnenland liegenden Orten wie Wijster in Holland und Flögeln im Elbe-Weser-Raum. In Flögeln ist der archäologische Befund durch Pollenanalysen ergänzt worden, die ergeben haben, daß einst kultiviertes Land wieder zu Wald und Heide wurde. Die Bevölkerung könnte zum Teil nach Süden gezogen sein, aber in einigen Fällen haben wir es vielleicht nur mit Auswirkungen der fortwährenden Siedlungsveränderungen auf engem Raum zu tun. Daß so viele Friedhöfe und Siedlungen in den Küstengebieten aufgegeben wurden, muß aber vor allem die Folge von Auswanderung gewesen sein. Selbst für primitive Boote ist Ostengland von der anderen Seite der Nordsee nicht allzuweit entfernt, und das Küstenvolk dürfte der Anziehungskraft dieses landwirtschaftlich reichen Landes, dessen politisches und administratives System offenbar in Auflösung begriffen war, wohl schwer widerstanden haben.

Beziehungen zwischen England und den festländischen Barbaren waren ohnehin Tradition. Sächsische Seepiraten hatten die Küste spätestens seit dem 3. Jh. überfallen. Barbaren wurden außerdem jahrelang im römischen Heer eingesetzt. Es war also reichlich Gelegenheit, sich mit England vertraut zu machen und dessen Möglichkeiten dort schätzen zu lernen. Anfangs braucht darin für Rom keine Gefahr gelegen zu haben, denn sogar fremdländische Truppen wurden in die regulären römischen Streitkräfte integriert und wahrscheinlich rasch durch Heiratsverbindungen romanisiert, die sie in der Provinz ihres Standorts oder dort, wohin sie verabschiedet wurden, eingingen. Wie wir schon gehört haben, ging man aber im 4. Jh. dazu über, Foederateneinheiten von halb unabhängigem Status aufzustellen. Das mußte dazu führen, daß sich die Unterschiede zwischen Römern und Barbaren verwischten, obgleich manche Einheiten dem Römischen Reich sicher treu ergeben waren. Barbaren konnten innerhalb der regulären Truppen auch in hohe Positionen aufsteigen; Stilicho z. B., der das Reich im 5. Jh. eine Zeitlang regierte, war Wandale und gehörte also zu einem Volk, dessen Name sprichwörtlich für Zerstörungswut geworden ist.

Es wurde darauf hingewiesen, daß sich die Anwesenheit und örtliche Verbreitung dieser germanischen Soldaten, die ja historisch bezeugt sind, auch archäologisch nachweisen lassen. Dabei ist bestimmtes Gürtelzubehör besonders wichtig. Im 5. Jh. waren, vielleicht unter östlichem Einfluß oder aber als Ausdruck barbarischen Geschmacks, große, vielfältig gestaltete Bronzeschnallen *(Abb. 2)* und Gürtelbeschläge in Mode gekommen. Die meisten dieser Stücke wurden in den Städten, Kastellen und Gräbern entlang der Rhein-Donau-Grenze oder in Grenzprovinzen wie Britannien und Nordafrika, aber auch in Gallien, gefunden. Da in diesen Gebieten überall Militär stationiert war, könnte man einen Zusammenhang vermuten. Außerdem sind die Gürtel so sorgfältig ausgearbeitet, daß sie durchaus zeremonielle Verwendung gehabt haben können. Wir wissen aber, daß Staatsbeamte in spätrömischer Zeit ein Anrecht auf militärischen Rang hatten und deshalb vermutlich auch Anspruch auf dessen Insignien. Es steht jedoch gar nicht fest, daß alle in Frage kommenden Gürtel auch mit dem Militär zu tun haben. Ein kleiner, nur in England vorkommender Schnallentypus wahrscheinlich provinzialer Herkunft besitzt einen fein gearbeiteten dünnen Gegenbeschlag, der manchmal mit christlichen Symbolen verziert ist. Schnallen dieser Art wurden nie in Männergräbern gefunden, sondern wahrscheinlich von Frauen getragen. Wir wissen nicht genug über die zivile Kleidung im 4. Jh., um hier ganz sicher zu sein. Immerhin zeigt eine Skulptur des 3. Jhs. eine weibliche Gestalt, die einen Gürtel mit Schnalle trägt. Die größeren Gürtel könnten ursprünglich natürlich beim Militär verwendet worden sein, doch wenn wir nichts weiter haben als Fragmente aus einer Fundstelle im Besatzungsgebiet, ist oft fraglich, wer der letzte Eigentümer war oder warum das Stück gerade dort verloren ging. Römische Metallarbeiten könnten noch Jahrhunderte nach dem Fall des Römerreichs in barbarischer Hand überdauert haben. Nur wenige Gräber gelten in England als die Grabstätten germanischer Krieger. Sie enthalten Gürtelbeschläge, manchmal auch Waffen und kommen in Gräberfeldern als besondere Gruppe vor, wie die fränkischen Gräber im Rheinland. Zu diesem Typus könnte ein Grab in Dorchester an der Themse gehören, jedoch ist die übrige Nekropole, wenn sie überhaupt existiert hat, nie ausgegraben worden. In einem Friedhof in Lankhills bei Winchester befand sich eine Reihe offenbar germanischer Siedlergräber aus der Mitte des 4. Jhs., also bereits einige Zeit vor dem Zusammenbruch der römischen Herrschaft. Sogar angelsächsische Friedhöfe enthalten Gräber der frühesten Siedlungszeit, so z. B. in Mucking (Essex). Hier ist allerdings noch unklar, ob wir die ersten von Rom unabhängigen sächsischen Siedler vor uns haben oder ob es sich um eine frühe Bevölkerungsgruppe handelt, die von der noch bestehenden romano-britischen Regierung dort absichtlich seßhaft gemacht worden war.

Wie sich die Einwanderung vollzog, ist noch immer die Frage. Bisher nahm man an, daß Scharen von plündernden und mordenden Sachsen das Land überrannten und überlebende Briten entweder auswanderten oder zu Sklaven gemacht wurden. In der Tat heißt *wealh* im westsächsischen Dialekt sowohl ‚Brite' wie ‚Sklave', und einige Briten sind auch wirklich nach Wales, in die Bretagne und den Südwesten ausgewandert. Nachdem aber die Bevölkerungsdichte im römischen Britannien kürzlich durch gründliche Feldforschung neu überprüft worden ist, scheint die Zahl der Einwohner sehr viel größer gewesen zu sein, als man früher glaubte. Viele Menschen mögen freilich durch Naturkatastrophen, Epidemien und Kriege umgekommen sein, aber sie haben wohl kein leeres Land hinterlassen, das die Angelsachsen leicht in Besitz nehmen konnten. Außerdem ist zweifelhaft, ob die Siedler wirklich in so riesigen Mengen kamen, wie uns Gildas glauben läßt, der von Horden hereinstürmender Barbaren spricht. Die Stärke eines siegreichen Feindes wird oft übertrieben. Wenn alle in kleinen Schiffen die Nordsee überqueren mußten, wie es ja geschah, können große Völkerscharen sich nur in einem sich lange hinziehenden, allmählichen Prozeß voranbewegt haben.

Dennoch gibt es Anzeichen dafür, daß es sehr viele Einwanderer waren. Die Zahl der Toten in den Friedhöfen, die früher auf Hunderte geschätzt wurde, muß in einigen, vielleicht auch vielen Fällen in die Tausende gehen, und davon könnte allein die Hälfte in die ersten hundert Jahre der angelsächsischen Epoche gehören. Die heutige Sprache stammt vom Altenglischen, nicht vom Walisischen ab. Das moderne Englisch hat nur wenige Wörter, die sich bis auf eine römische oder keltische Wurzel zurückverfolgen lassen, und im Süden und Osten Englands sind keltische Bestandteile in Ortsnamen sehr selten. Wenn weite Teile der einheimischen Bevölkerung überlebt haben, so wurden sie von der Kultur der Invasoren überschwemmt, diesen Eindruck erweckt zumindest der archäologische Befund. Aber es mag auch Briten gegeben haben, die auf ihren Höfen und Villen die römische Lebensweise weiterhin so gut wie möglich beibehielten, auch nachdem das Land bereits zum großen Teil von Barbaren besetzt war. Ihre Keramik und Geräte würden dem Ausgräber heute ‚spätrömisch', vielleicht etwas veraltet vorkommen. Als Christen wären sie ohne Beigaben bestattet, so daß auch ihre Gräber, wenn sie je gefunden würden, von spätrömischen nicht zu unterscheiden wären.

Wenn man die Lage der frühen angelsächsischen Siedlungen genau betrachtet und die Ortsnamen studiert, scheinen die Ereignisse von Gegend zu Gegend anders verlaufen zu sein. In Sussex könnte das Land durch ein Abkommen geteilt worden sein, denn alle sehr frühen angelsächsischen Stätten finden sich zwischen den Flüssen Ouse und Cuckmere in einer Gruppe beisammen, als ob man den Einwanderern dieses bestimmte Gebiet überlassen hätte. Woanders sieht es aus, als sei den Siedlern das beste Farmland verweigert worden, was besagen würde, daß sie nicht überlegen genug waren, um sich durchsetzen zu können. Die für solche Siedlungen auf minderwertigem Land angeführten Beispiele sind allerdings nicht ganz überzeugend. Mucking in Essex liegt zwar auf einer ziemlich unfruchtbaren Kiesterrasse, aber in strategisch günstiger Lage, von der aus die Themse überblickt und vielleicht kontrolliert werden konnte. Auch Chalton in Hampshire ist hoch gelegen, gleich gut für Angriff und Verteidigung. Wer dort saß, hatte eine starke Position und das widerspricht eigentlich der Vorstellung von Flüchtlingsbauern, die man dort siedeln läßt, wohin sonst niemand will. Wir kennen allerdings noch zu wenige Ansiedlungen aus dieser Zeit, um heute schon verallgemeinern zu können.

Die Angelsachsen kamen also in kein siedlungsleeres Land, und daher ist die Frage, wie weit sie vorhandene Bauten und Besitzgrenzen übernahmen, am schwersten zu beantworten. Das Ausmaß heutiger Landgüter kann gelegentlich über angelsächsische Schenkungsurkunden bis in frühere Zeiten nachgewiesen werden, wenngleich es sich bei diesen Untersuchungen nur um tastende Versuche handelt. Manche Güter könnten ihre römischen Grenzen behalten haben und von den eindringenden Sachsen als gutgehende Betriebe weitergeführt worden sein. Wahrscheinlich hat man auch Gebäude eine Zeitlang weiter benutzt und ausgebessert. Einige Ortsnamen sind so zusammengesetzt, daß sie Anspielungen auf kontinuierlich fortbestehende römische Bauten oder Ortschaften enthalten könnten. Die Verbreitung früher Ortsnamen zeigt, daß Verbindungen zum römischen Straßennetz bestanden, daß diese Straßen also noch einigermaßen brauchbar waren und auch benutzt wurden. Im allgemeinen spielen jedoch die Flußtäler eine weit wichtigere Rolle im angelsächsischen Siedlungsbild.

Die Untersuchung von Stadtanlagen wirft ein großes Problem auf, denn diese waren oft jahrhundertelang bewohnt und die Archäologen finden wenig Spuren aus ihrer frühesten Zeit. Die meisten Römerstädte sind auch heute wieder Städte, wie schon in spätangelsächsischer Zeit. Früher hieß es, die heidnischen Angelsachsen hätten sie als Heimstatt von Geistern gefürchtet und gemieden. Ein frühes Gedicht, ‚Die Ruinen‘, beschreibt die verfallenen Überreste einer Stadt, vielleicht die von Bath, als „das Werk von Riesen aus alter Zeit“, ein Wunder, das seit Generationen in Trümmern lag, als es der Dichter sah: Staunenswert ist dieser Mauerblock, vom Schicksal gesprengt, die Burgen sind verfallen, das Werk von Riesen zerbröckelt. Eingefallen sind die Dächer, baufällig die Türme, ihrer Tore beraubt. Bereift ist der Mörtel, zerbrochen die Dächer, hinweggeweht, zerfallen, zerfressen vom Alter. Der Arm der Erde, der starke Griff der Grüfte hält die mächtigen Erbauer fest, die gestorben und vergangen sind. Tot sind nun hundert Generationen von Menschen. Oft hat diese Mauer, nun grau von Moos und rotgefleckt, Stürmen standgehalten, hat Königreich um Königreich überdauert. Ihr hohes Tor ist zerstört ... die Kühnen haben das Mauerfundament mit Trossen wundersam umwickelt. Hell waren die Wohnungen der Burg, zahlreich die Badehäuser, luftig der Zinnenkranz und der Lärm der Männer groß, oft klangen die Methallen von den Freuden der Männer, bis das Schicksal, das mächtige, alles umstürzte. Die weiten Mauern fielen, die Pest brach aus, der Tod fegte allen Menschenruhm dahin, ihre Festungen wurden wüst, die Stadt verfiel. Die Scharen, die sie hätten aufbauen können, lagen tot am Boden. Deshalb sind diese Höfe baufällig und die hohen Tore, das Holzwerk des Dachs ist der Ziegel beraubt, der Ort in Trümmer gesunken, den Hügeln gleichgemacht, wo in vergangener Zeit mancher Mann leichten Sinns, strahlend von Gold, geschmückt mit Kostbarkeiten, stolz und heiß vom Wein, sich im Kriegsschmuck hervortat, auf Reichtümer schaute, auf Silber, Edelsteine, Überfluß, Besitz, wertvolles Geschmeide, auf dieses prächtige Schloß im großen Reich. Steinerne Königshöfe standen hier, der Strom entsprang in heißem Schwall und alles umschloß die Mauer mit breiter Brustwehr. Da waren heiße Bäder in der geräumigen Mitte. ...

Beda schildert uns den Besuch des Hl. Cuthbert in Carlisle, bei dem man ihm den römischen Brunnen mehr als Wunderwerk denn als brauchbare, wasserspendende Anlage vorgeführt hatte. Obwohl also feststeht, daß Gebäude nicht wiedererrichtet oder ordentlich unterhalten wurden, trifft es wohl nicht zu, daß alle römischen Städte in angelsächsischer Zeit völlig verlassen gewesen wären.

Bauwerke und Keramik von frühangelsächsischem Typus sind in Dorchester an der Themse, Canterbury und London ans Licht gekommen. Mitunter wurden römische Gebäude bis weit in sächsische Zeit benutzt: als das Dach des Hauptquartiers des römischen Legionslagers York einstürzte, wurde darunter spät-angelsächsische Keramik begraben. Vermutlich hatte der Bau bis ins 9. Jh. gestanden. Im 5. und 6. Jh. waren wohl die Verhältnisse nicht genug gefestigt, daß Handel und Gewerbe, ohne die städtisches Leben nicht denkbar ist, florieren konnten, aber ummauerte römische Städte waren vielleicht bis weit ins 5. Jh. von den Nachkommen der ehemaligen Bürger bewohnt. So sehen wir etwa am Bau einer Wasserleitung in Verulamium (St. Albans) lange nach dem Ende des 4. Jhs. den Fortbestand des städtischen Gemeinwesens. Die besser erhaltenen Bauten in den Städten haben angelsächsische Führer wahrscheinlich zu Königshöfen gemacht.

Bei Ausgrabungen in Canterbury wurden angelsächsische Häuser aus dem 5. sowie aus dem 7. oder 8. Jh. freigelegt. Man nahm daher für das 6. Jh. eine Zäsur an und vermutete, die Siedlung habe sich erst durch die Augustinische Mission nach 597 neu belebt. Der archäologische Befund könnte aber auch bedeuten, daß hier ein Ort nur schwach besiedelt war und manche Flächen innerhalb seiner Mauern abwechselnd bebaut oder unbebaut, Gärten oder sogar Felder waren. Beda nennt Canterbury zu Aethelberths Zeit (spätes 6. und frühes 7. Jh.) eine *metropolis* und hat damit doch sicher bestimmte urbane Charakteristika gemeint. Warum sollten die fränkische Prinzessin Bertha, die Aethelberth heiratete, und ihr Kaplan Liudhard eine Kirche in Canterbury zum Gottesdienst wählen, wenn dort nicht ein Königshof gewesen wäre? Auch Augustin hätte nicht unbedingt Canterbury zum Ausgangspunkt seiner Mission machen müssen. Er wollte eigentlich von London ausgehen, der alten Hauptstadt der römischen Provinz. Als das nicht möglich war, wären noch andere Städte in Kent in Frage gekommen, wenn nicht der bereits vorhandene Hauptsitz des Königs den Ausschlag gegeben hätte. Später wuchs die Bevölkerung der Stadt so schnell, daß im 9. Jh. bei einer Landschenkung ausdrücklich verlangt werden mußte, die Häuser auf den Grundstücken mit etwa einem Meter Dachtraufenabstand zu errichten. Beda, der im 8. Jh. schreibt, spricht von London und York, als ob dort eine Art Handelszentrum bestanden hätte, und in Hamwih bei Southampton haben Grabungen schon für das 7. Jh. den Beginn von Handel und

Gewerbe erwiesen. Winchester scheint im 7. Jh. bewohnt und vielleicht ein Regierungs- und Verwaltungsmittelpunkt gewesen zu sein, der mit dem Hafen und Markt von Hamwih Verbindung hatte.

Einige angelsächsische Genealogien und Königslisten sind uns erhalten, hauptsächlich in der ‚Angelsächsischen Chronik'. Aus ihnen scheint hervorzugehen, daß die meisten dort verzeichneten Dynastien im späten 6. Jh. beginnen, also lange nach der eigentlichen Wanderung. Man kann sich vorstellen, wie wirr und unübersichtlich die politische Lage im England des 5. Jhs. war. Völker aus den verschiedensten Teilen Nordeuropas siedelten im größten Teil von Ost- und Südostengland in unterschiedlich großen Gruppen. In manchen Gegenden mußten sie sich eine Zeitlang der ortsansässigen Bevölkerung unterordnen, woanders wurden sie vielleicht absichtlich herbeigerufen. Erst im 6. Jh. gewinnt England jene Gestalt, die auch Beda kennt, und besteht nun aus mehreren größeren und mittleren englischen Königreichen.

Das angelsächsische Dorf

Ein Vergleich der angelsächsischen Siedlungen in England mit denen ihrer Vorfahren auf dem Kontinent fiel für die ersteren im allgemeinen ungünstig aus. Schon während der ersten vier nachchristlichen Jahrhunderte hatten die Angelsachsen in ihrer festländischen Heimat einigermaßen große Dörfer mit ansehnlichen Häusern gehabt, dazu Schuppen, Scheunen und Werkstätten. Zu den offenbar nach einem bestimmten Muster angelegten Siedlungen haben in den meisten Fällen anscheinend auch einzeln liegende Gehöfte gehört, deren Gebäude umzäunt waren. Die Hauptbauten waren ‚Langhäuser', d. h. rechteckige, dreischiffige Holzkonstruktionen, die an einem Ende die Tiere, am anderen die Menschen beherbergten.

Als typisch angelsächsische Behausung – besonders der englischen Frühzeit – hat man dagegen jahrelang jene Hütten angesehen, deren Fußböden in der Art eines Grubenhauses in die Erde eingetieft waren. Auch auf dem Festland kommen solche Bauten vor; dort gelten sie aber heute meist als Werkstatt oder ähnlich verwendete Nebengebäude. Man glaubte daher früher, die Menschen hätten in diesen verhältnismäßig kleinen, oft nur 2–3 m langen Gruben gehaust, und stellte sich daher das angelsächsische Dorf als einen Haufen armseliger, elender Hütten vor.

Durch neue Ausgrabungen ergibt sich aber allmählich ein anderes Bild. In einigen Hütten bei West Stow *(Abb. 27)* bemerkte der Ausgräber ebenerdige Herdstellen, die also nicht auf dem Grund der Grube errichtet gewesen waren. In einem niedergebrannten Grubenhaus fanden sich Webgewichte, die auf einer Art Fußboden gelegen haben könnten, der eine Grube überdeckte. Es sieht zumindest an dieser Stelle so aus, als ob die Grube eher ein Keller als ein Wohnraum gewesen wäre und die Hütten weniger primitiv waren, als man angenommen hatte. Inzwischen sind sogar noch andere Haustypen aufgetaucht. West Stow hat z. B. auch rechteckige ebenerdige Häuser (Hallen), jedes mit den dazugehörigen Nebengebäuden. In Mucking, der vielleicht größten bisher ausgegrabenen Siedlung aus angelsächsischer Zeit, hatten Grubenhäuser jahrelang als die einzigen Bauten gegolten; jetzt steht dagegen fest, daß eine Vielzahl von Rechteckkonstruktionen mit ihnen in Verbindung standen. Bisher wurden in Chalton/Hampshire *(Abb. 28)* erst drei Grubenhäuser gefunden, dagegen zahlreiche ansehnliche Rechteckbauten. Alle Rechteckhäuser sind einander ähnlich, sie bilden gewöhnlich ein Doppelquadrat, lang oder auch kürzer, und haben an den Langseiten einander gegenüberliegende Türen. Gelegentlich ist an einer Seite ein Raum abgeteilt. Den gleichen Gebäudetypus, allerdings viel größer, gibt es in Yeavering, Northumbria *(Abb. auf S. 86)*, das man als Residenz der dortigen Könige *(Abb. 22)*, die bei Beda erwähnte Örtlichkeit *Ad Gefrin*, identifiziert hat. Paulinus soll laut Beda dort 36 Tage lang Gast bei König Edwin gewesen sein, gepredigt und getauft haben. Eine Anzahl großer Rechteckgebäude war hier mehrfach wieder aufgebaut worden und stand in Verbindung mit einem rätselhaften Bau in Form eines Theatersegments, der zeremonielle oder religiöse Funktion gehabt haben könnte. Eines der Gebäude wird als heidnischer Tempel gedeutet.

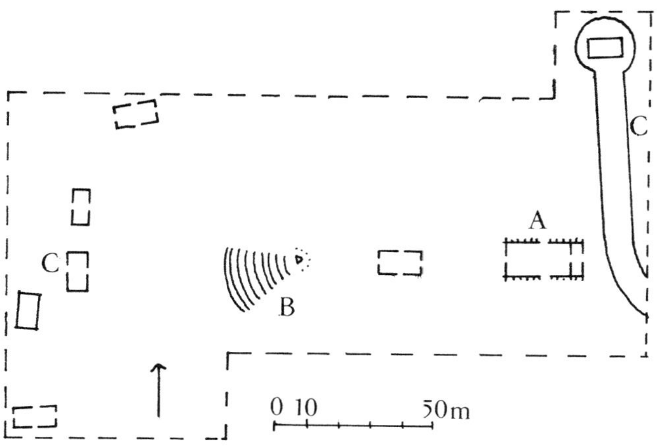

Yeavering, der Königspalast von Northumbria, im frühen 7. Jh. Die Königshalle (A) ist mit ziemlicher Sicherheit identifiziert, das seltsame, theaterähnliche Bauwerk (B) dagegen noch unerforscht, ein weiterer Rechteckbau (C) könnte Kirche oder heidnischer Tempel gewesen sein.

Mit kontinentalen Bauten haben die englischen jedoch keine Ähnlichkeit. Wir kennen aus England kein Langhaus dieser Epoche, einerseits vielleicht wegen des milderen Klimas, das die Stallhaltung des Viehs überflüssig machte, und wegen des fetteren Ackerbodens, der das Düngen mit Stallmist weniger nötig hatte. Andererseits könnten die Unterschiede auch an anderen Bautraditionen liegen. In diesem Fall käme nur die romano-britische Architektur in Frage, und wir hätten gewissermaßen eine Übertragung ihrer Steinbauten in Holzbauweise vor uns. Möglicherweise sind weite Teile des römischen Britannien noch unerforscht, weil sich das Augenmerk der Archäologen auf die repräsentativeren Kulturdenkmäler dieser Epoche richtete, also auf Städte, Kastelle, Villen und Straßen. Die schlichten, ländlichen Behausungen waren wohl ziemlich einfache Rechteckhäuser aus Stein oder gar Holz und den späteren Angelsachsenbauten sehr ähnlich, in denen sich wahrscheinlich eine frühere Überlieferung bewahrt hat.

Es sind noch zu wenige Siedlungen ausgegraben, um etwas Allgemeingültiges über ihre Anlage und Struktur sagen zu können. Aber die Pläne von Catholme in Nottinghamshire und Chalton zeigen Ansammlungen von Einzelbetrieben oder Gehöften, umgeben von Gräbern und Zäunen.

Auch in West Stow scheint es eine Gruppe kleiner Bauernhöfe gegeben zu haben. An anderer Stelle, z. B. in Eynsham/Oxfordshire, könnte die Bebauung weiter gestreut gewesen sein und einen größeren Bereich umspannt haben. Bei Grabungen sind bisher keine früh-angelsächsischen Dörfer direkt unter mittelalterlichen Dorfwüstungen gefunden worden, auch hat sich bislang noch keine Kontinuität zwischen früh- und spätangelsächsischen Siedlungen nachweisen lassen. Dies weist auf Siedlungsveränderungen während der angelsächsischen Zeit hin, die zum Teil darin liegen könnten, daß sich das frühere, zufällige Siedlungsmuster aus mittelpunktlos verstreuten Weilern und Gehöften später zu mittelpunktorientierten Ortschaften verdichtet.

Vorkehrungen für den Tod: Die Nekropolen

Einen großen Teil der Kenntnisse vom Leben der Angelsachsen in England haben bis vor kurzem die Friedhöfe vermittelt, die immer noch wichtige Informationsquellen sind. Man findet sie gelegentlich in der Nähe der Siedlungen, z. B. in Mucking/Essex, West Stow in Suffolk und vielleicht Spong Hill im mittleren Norfolk, viel öfter aber in einiger Entfernung davon. Vielleicht wollte man die Toten soweit wie möglich von den Lebenden trennen. Denkbar ist auch, daß mehr als eine Gemeinde denselben Friedhof benutzte, der, unweit der Ländergrenzen zweier Gemeinden gelegen, für beide leicht zu erreichen gewesen wäre. Das könnte erklären, warum sich viele Friedhöfe an heutigen Kirchspielgrenzen befinden, die vermutlich schon in frühangelsächsischer Zeit Grenzen waren. Friedhöfe kommen auch oft an markanten Bergen oder Hügeln vor, wofür Loveden Hill in Lincolnshire ein gutes Beispiel ist.

Wie schon gesagt, ist die Größe der Gräberfelder früher weit unterschätzt worden. Man fand es unnötig, mehr als einen Teil der Anlage freizulegen, so daß die Zahl der Bestattungen und das davon bedeckte Gelände selten vollständig bekannt sind. In Loveden Hill wurden über 2000 Brandbestattungen ausgegraben, in Spong Hill bisher 1200 aufgedeckt, etwa die Hälfte bis zwei Drittel der gesamten Nekropole. Viele Urnen enthalten in Spong Hill *(Abb. 11, 12)* die Asche von mehr als einer Person, so daß man die Bevölkerungsanzahl höher ansetzen muß, als die Menge der Urnen erwarten läßt. Die Nekropole war seit Beginn oder Mitte des 5. Jhs., wie es scheint, bis in die ersten Jahre des 7. Jhs. in Gebrauch, schließt also 200 Jahre, d. h. 6 oder 7 Generationen, ein. Daraus wäre eine Mindestzahl von 300 Menschen pro Generation zu errechnen, wenn kommende Ausgrabungen berücksichtigt werden. Da Mehrfachbestattungen nicht einkalkuliert sind, dürfte die eigentliche Zahl etwas höher liegen. Vermutlich sind einige der übrigen teilweise freigelegten Nekropolen, etwa Lackford in Suffolk *(Abb. auf S. 88)* oder Sancton in Yorkshire, ebenso groß, wenn nicht größer gewesen. Wir haben es also mit einer recht ansehnlichen Bevölkerungszahl zu tun.

Die in den Nekropolen gefundenen Knochen liefern untrügliche Hinweise auf Gesundheit, Ernährung und Lebensweise der Angelsachsen, doch ist wegen des Säuregehalts im Boden hin und wieder wenig oder gar kein Skelettmaterial erhalten. Wenn auch feuerbestattete Knochen nie so aufschlußreich sind wie das vollständig erhaltene Skelett aus einem Körpergrab, so lassen sich auch in verbrannten Knochenresten erstaunlich viele Einzelheiten feststellen. Da bisher noch keine statistische Übersicht über Sterbealter und auftretende Krankheiten im angelsächsischen England publiziert wurde, beruhen Äußerungen dazu überwiegend auf begründeten Vermutungen, nicht auf genauen Analysen. Sicherlich sind bereits viele Angelsachsen gestorben, bevor sie erwachsen waren, und die durchschnittliche Lebenserwartung war wohl viel niedriger als heute, aber wir haben dafür noch immer keinen eindeutigen Beweis. An den Skeletten Erwachsener ist das genaue Lebensalter schwer festzustellen, und möglicherweise hat es mehr sehr alte Menschen gegeben, als man vermutet. Arthritiserkrankungen sind unverkennbar, und vereinzelte Merkmale wie Schädeltrepanationen machen schon Fortschritte auf dem Weg zur Heilkunst sichtbar. Manche Männer maßen sechs Fuß oder mehr, aber auch hier fehlen wieder genaue Zahlen, um sagen zu können, inwieweit das typisch ist.

Die heidnischen Angelsachsen wurden mit Kleidern, Schmuck und Waffen bestattet, manchmal auch mit Glas- oder Keramikgefäßen, Eimern oder Bronzeschalen. Das gilt für Körper- und Brandgräber, doch bei den letzteren sind Waffen selten. Die Beigaben sind oft auch dann noch kenntlich, wenn sie auf dem Scheiterhaufen verbrannt oder deformiert wurden. Die Hauptschwierigkeit bei Brandgräbern ist unsere Unkenntnis des Bestattungsrituals. Wir wissen also nicht genau, ob die Grabbeigaben sorgfältig aufgelesen und mit den Knochen in die Urne gelegt wurden. Selbstverständlich wurden auch nicht alle Knochen eingesammelt, aber meistens doch der größte Teil des Schädels. Andererseits sind die in den Urnen gefundenen Knochenmengen sehr unterschiedlich, so daß wohl einiges auf dem Scheiterhaufen zurückblieb oder an anderer Stelle bestattet wurde. An den in Liebenau/Weser gefundenen Scheiterhaufen zeigte sich, daß viele Grabbeigaben zurückgelassen wurden, dagegen ein großer Teil der Knochen in die Urnen gekommen waren.

Aschenurnen waren in England wie auf dem Festland reichverzierte, handgeformte Gefäße, meist ungenügend gebrannt. Für England bedeutet das einen völligen Bruch mit der römischen Tradition. Im Rheinland wurden römische Töpfertechniken dagegen fortwährend weiterverwendet, d. h. Keramik immer noch auf der Töpferscheibe hergestellt und hart gebrannt. Diese fortschrittlichere Methode ist vielleicht in späterer angelsächsischer Zeit von dort nach England eingeführt worden, aber für die heidnische Epoche sind nur einzelne Drehscheibenimporte aus Kent bekannt.

Über die Organisation des angelsächsischen Töpferhandwerks der heidnischen Zeit wissen wir bis jetzt sehr wenig. Meist wurde mit Bestimmtheit behauptet, Keramik sei von Frauen zuhause nur für Haushaltsbedürfnisse hergestellt worden. Bisher gibt es wenige Beweise dafür, wohl aber einige dagegen. Die meisten Gefäße stammen aus Nekropolen, und es ist umstritten, inwieweit sie als spezielle Totenurnen angesehen werden können. Bevor nicht gründlichere Untersuchungen von Stücken aus Siedlungen vorliegen, läßt sich unmöglich sagen, ob einfach ein gewöhnlicher Kochtopf vom Regal genommen wurde, wenn der Großvater gestorben war, oder ob besondere Urnen für Begräbnisse verwendet wurden. In letzterem Fall könnten wir manche Schmuckformen auf den Gefäßen mit größerem Recht religiös interpretieren.

Dem Ton, aus dem sie gefertigt wurden, waren meist verschiedene Substanzen beigemengt, etwa zerkleinerte Scherben, Sand oder organische Stoffe, vielleicht mit Stallmist zusammengeknetet. So war der Ton leichter zu bearbeiten und beim Brennen widerstandsfähiger. Die Analyse von Einschlüssen aus gemahlenem Kalkstein zeigt, daß Keramik aus der Nähe von Peterborough mit Kalkstein aus dem Wald von Charnwood in Leicestershire gemacht war. Keramik aus diesem Material wurde auch noch andernorts gefunden. Dieser Umstand spricht nicht gerade dafür, daß die Keramikerzeugung rein lokal oder privat gewesen wäre. Allein die Ornamentik auf den Gefäßen widerlegt mitunter die Auffassung, Töpferei sei nur eine häusliche Tätigkeit gewesen. Man kann die Abdrücke desselben, zur Dekoration benutzten Stempels von einem Gefäß zum anderen verfolgen und so die Erzeugnisse eines Töpfers feststellen. Urnengruppen mit einheitlichem Stempelmuster sind manchmal weit verbreitet. Daß sich oft kleinere Mengen in mehreren benachbarten Friedhöfen gefunden haben, ließe sich noch mit Beziehungen zwischen den Dörfern, vielleicht Heiraten erklären, aber andere Vorkommen können nur die Folge von Spezialisierung in der Keramikherstellung sein. In Ostengland sind jetzt hunderte von gleichartigen Urnen des Lackford-Illington-Typus *(Abb. auf S. 88)* in verschiedenen Nekropolen und in einer Siedlung festgestellt worden. Zu einer weiteren Gruppe gehören Gefäße aus Yorkshire, Lincolnshire, Nottinghamshire und Norfolk. Wir wissen noch nicht, ob der Töpfer oder seine Erzeugnisse mobil waren, aber der Unterschied im Ton bei einigen Exemplaren der Lackford-Illington-Serie deutet darauf hin, daß der Töpfer wanderte und jeweils am Arbeitsplatz auch lokale Tonvorkommen vorfand.

Anhand der überwiegend aus Körpergräbern stammenden Schmuck- und Waffenfunde lassen sich die lokalen und chronologischen Veränderungen verfolgen, die im England des 5., 6. und 7. Jhs. eintraten. Dies geschieht, indem man verschiedene Typen von bestimmten Objekten nach kunsthistorischen Prinzipien in eine entwicklungsgeschichtliche Reihe ordnet. *Abb. auf S. 89* zeigt eine Folge für kreuzförmige Fibeln. Die frühen Formen dieses Typus entwickelten sich aus der eisenzeitlichen ‚Sicherheitsnadel', beeinflußt von den schwereren römischen Zwiebelknopffibeln. Die Spiralkonstruktion sitzt hinter einer rechteckigen Platte, von der drei ‚Zierknöpfe' ausgehen. Die beiden seitlichen Knöpfe sind extra gegossen und an einem Querriegel befestigt, der durch die Spirale geht. Die Nadelrast ist hinter der langgestreckten, pferdekopfförmigen Fußplatte angebracht. Bei späteren Formen sind die seitlichen ‚Knöpfe', die zusammen mit der Kopfplatte gegossen wurden, länger und flacher geworden. An den äußersten Enden erscheinen mancherlei Auswüchse, gelegentlich auch verzierte Felder auf der Fußplatte. Interessant ist dabei die Feststellung, daß in allen sorgfältig freigelegten Gräbern die Fibeln mit der Nadelrast nach oben wiesen.

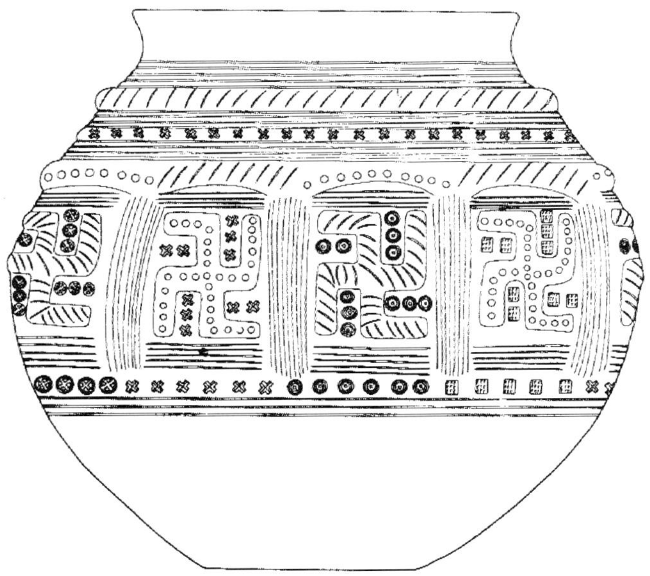

Für Brandbestattungen wurde Keramik von hoher Qualität verwendet, oft charakteristisch genug, um sie einem einzigen Töpfer zuweisen zu können. Dieses Stück stammt aus Lackford in Suffolk.

Auf ähnliche Art läßt sich auch die Entwicklung anderer Fibeltypen verfolgen, die in den meisten Fällen von einfachen, zierlichen, deutlich antik beeinflußten Formen hin zu größeren, überladenen, manchmal plumpen Erzeugnissen geht. Neben kreuzförmigen Fibeln gibt es große Bügelfibeln mit rechteckiger oder quadratischer Kopfplatte *(Abb. auf S. 89)* und kleinere Fibeln, anscheinend simplere Versionen der ebengenannten Fibeltypen. Auch runde Formen sind weitverbreitet. Wir kennen einfache ringförmige, scheiben- und schalenförmige Fibeln *(Abb. 4)* und solche, bei denen dünne, bronzene Preßbleche auf eine glatte Metallscheibe gelötet sind (sog. komponierte Schalenfibeln). Auf Verschiedenheiten in der Tracht bei anglischen und sächsischen Frauen war schon hingewiesen worden, aber noch auffallender sind die Unterschiede zwischen dem Frauenschmuck von Kent und der Insel Wight im Gegensatz zu Schmuck aus dem übrigen England. Kentische Frauen trugen edelsteinbesetzte Scheibenfibeln aus Gold, Silber oder Bronze. Einlegearbeiten aus farbigem Glas und Granat, sowie die verschiedensten Techniken wie Niello, Filigran und Kerbschnitt ergaben reiche, vielfältige Ornamente. Am bekanntesten ist die herrliche Fibel aus Kingston Down *(Abb. 14)*. Aus Kent stammen goldene Schnallen, Manschettenverschlüsse (sog. Ärmelhaken) und Anhänger, Drehscheibenkeramik und eine Vielzahl von Glasgefäßen.

Waffen sind schwerer in eine entwicklungsgeschichtliche Folge zu bringen. Zum einen liegt es wohl daran, daß sie sich nur mit den Kampfmethoden änderten, zum anderen, daß sie aus Eisen waren und deshalb heute nicht immer so gut erhalten sind, um noch die ursprüngliche Form erkennen zu lassen. Die eisernen Schildbuckel, die den sächsischen Schild – zum Schutz der Griffpartie – in der Mitte verstärkten, wurden im Laufe des 7. Jhs. größer, und für bestimmte Arten von Speerspitzen ließe sich die lokale und zeitliche Verbreitung vielleicht in großen Zügen angeben. Die Zierbeschläge an Schwertscheiden können mit Schmuckformen auf anderen Erzeugnissen der Schmiedekunst in Verbindung gebracht werden.

Der Dekorationsstil ist ebenso wichtig wie die Form des Gegenstandes. Die Darstellung von Tieren übte einen besonderen Reiz auf germanische Künstler aus, doch wurden diese nur selten realistisch wiedergegeben. Anfangs hat man wohl die stilisierten, aber noch gut erkennbaren Löwen und Seepferdchen auf den Rändern spätrömischer Gürtelbeschläge kopiert. Ganz ähnliche Tiere erscheinen auf sächsischen gleicharmigen Kerbschnittfibeln *(Abb. 5–6)*, vielleicht weil Künstler aus römischen Werkstätten für sächsische

Drei kreuzförmige Fibeln,
die die Entwicklung dieses Typus zeigen:
A aus East Shefford, Berkshire, B aus Barton Seagrave, Northamptonshire, C aus Sleaford, Lincolnshire.

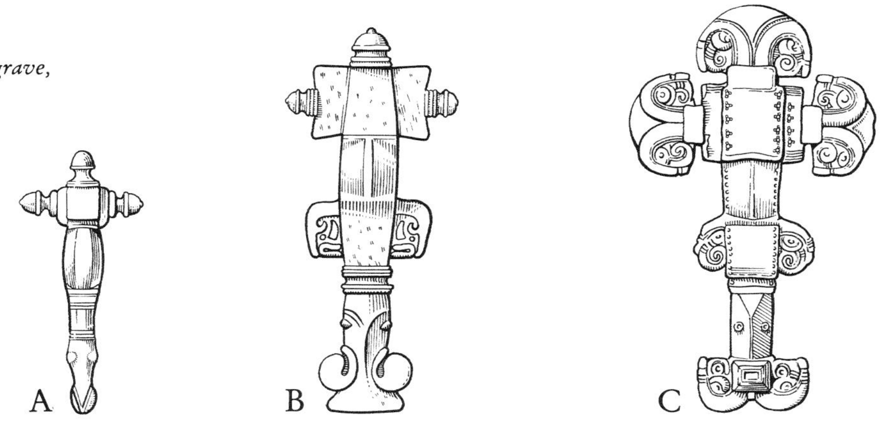

Auftraggeber in Norddeutschland arbeiteten. Barbarische Künstler könnten allerdings auch in römischen Werkstätten ausgebildet worden sein, um dann in ihrer Heimat die römischen Techniken an germanischen Fibeln anzuwenden. Aus England kennen wir eine kleine Gruppe von Metallgegenständen mit besonders charakteristischen Tierornamenten (sog. Quoitbrooch-Stil). Es handelt sich dabei entweder um Teile von Gürtelbeschlägen oder um große Ringfibeln; sie wurden anscheinend im frühen 5. Jh. in Südengland von Künstlern angefertigt, die mit den Techniken der rheinländischen oder nordgallischen Werkstätten vertraut waren. Man weiß allerdings nicht, ob sie für Soldaten britischer oder germanischer Abstammung bestimmt waren, die im romano-britischen Heer dienten, oder für barbarische Invasoren.

Die wichtigsten Varianten germanischer Tierornamentik wurden zu Beginn dieses Jahrhunderts durch den Schweden Bernhard Salin definiert, dessen Klassifizierung seither gebräuchlich ist. Tierstil I ist meist in Kerbschnittechnik ausgeführt, eine Hochrelieftechnik, deren Muster wie in Holz geschnitzt wirken, obwohl sie gegossen sind. Das unterstreicht das Zusammenhanglose in der Darstellung der Tiere, die oft nur Kopf, Hüfte, Fuß oder Klaue als einzig erkennbare Attribute aufweisen, dazu verschiedene schemenhafte Körperteile, die nicht anatomisch normal gebildet sind. Gelegentlich finden sich anthropomorphe Masken oder Köpfe, darunter eine seltsame Spielart in Profilansicht, die zur Umbenennung des Stils durch einen anderen Gelehrten in ‚Helmstil' führte. Hände mit auswärts gekehrten Daumen sind letztlich von Darstellungen des römischen Herrschaftsgestus abzuleiten. Tierstil II unterscheidet sich durch rhythmischen Fluß *(Abb. auf S. 68)*, der durch die Verflechtung sich windender Schlangen- oder bandförmiger Tierkörper entsteht. Anatomische Exaktheit ist auch hier nicht angestrebt. Die Tiere haben meist lang ausgezogene Kiefer, Augen und ein oder zwei Gliedmaßen, den Kopf bezeichnet ein gerundetes oder eckiges Band. Die Tiere dieses Stils sind selten in Kerbschnittechnik, dafür in Filigrandrahtgeflecht gearbeitet, das dem fließenden Bandwerk angemessen ist; sie kommen außerdem in Cloisonné-Technik aus Gold und Granat vor.

Man hat lange Zeit angenommen, Tierstil I und II würden direkt aufeinanderfolgen, und daher führte man sie häufig bei Fragen zur Chronologie ins Feld. Stil I wurde etwa für das 6., Stil II für das 7. Jh. angenommen. Obwohl das nicht ganz unrichtig ist, ergeben sich doch Probleme. Stil I scheint sich im 5. Jh. aus spätrömischen Randtieren entwikkelt zu haben und dürfte in England verbreitet worden sein, als dort Fibeln mit rechteckiger Kopfplatte, ein ursprünglich skandinavischer Typus, auftraten. Das könnte sich gegen Ende des 5. Jhs. zugetragen haben, den genauen Zeitpunkt wissen wir nicht. Stil II sollte nach dieser Ansicht unter dem Einfluß byzantinischer Flechtmuster entstanden sein, von denen man annahm, sie seien erst nach der Ankunft der Langobarden in Italien (568 n. Chr.) nach Nordeuropa vermittelt worden. Aber in Langobardengräbern nördlich der Alpen aus der Zeit vor der Wanderung nach Italien, die ins 6. Jh. datiert werden, fanden sich bereits Metallgegenstände, die dem Stil II ähnlich waren. Reiche Frankengräber im Kölner Dom und in der Abtei von Saint-Denis bei Paris *(S. 52–53)* erbrachten flechtwerkverzierte Gegenstände. Eines der Gräber in Saint-Denis enthielt einen Ring mit der Inschrift ‚Arnegunde' und könnte daher die Ruhestätte der gleichnamigen fränkischen Königin sein, die um 569 starb. Einige ihrer Schmuckstücke sind mit seltsam verschlungenen

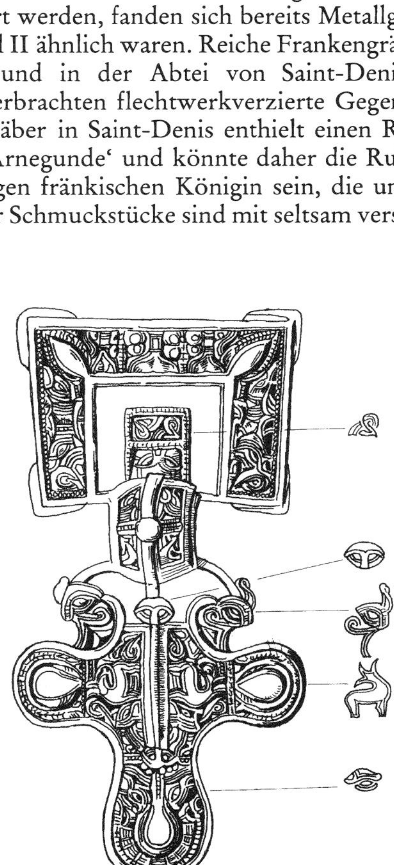

Fibel mit rechteckiger Kopfplatte aus Ragley, Warwickshire, mit Ornamenten im sog. Tierstil I. Einige Tiermotive sind zur besseren Identifizierung nebenan herausgezeichnet.

Tieren verziert, die wiederum eher Stil II als Stil I ähneln. Es wurde schon gesagt, daß manche Techniken der Metallbearbeitung für den einen Stil geeigneter sind als für den anderen. Eine regionale Vorliebe für Tierstil II zeigt sich in Kent, wo mehr Schmuck dieser Art gefunden wurde als irgendwo sonst in England, außer im Königsgrab von Sutton Hoo in Suffolk. Lange nachdem sich kentische Goldschmiede schon Stil II zugewandt hatten, haben vielleicht Künstler im übrigen England nach wie vor Gegenstände im Stil I produziert. Damit wird die Zuverlässigkeit der Typologie als Äquivalent zur Chronologie stark beeinträchtigt. Man darf keinesfalls annehmen, daß sich Gestaltungsweisen im frühangelsächsischen England von heute auf morgen änderten. Niemand konnte sich jedes Jahr neue Fibeln leisten, sie wurden wohl ein Leben lang getragen, wenn nicht länger. Manche Gegenden Englands waren ausländischen Ideen und Anregungen stärker ausgesetzt, manche waren reicher als die anderen. Man darf auch nicht annehmen, daß eine Typenentwicklung stets gleichmäßig und gradlinig verläuft, vielmehr wird sie zuweilen rasch wechseln, dann wieder langsamer verlaufen. Die kleineren Unterschiede spiegeln wohl eher Phantasie und Geschmack von Individuen als verschiedene Entstehungszeiten der Objekte. Die Verschiedenartigkeit des Schmucks könnte zum Teil auch vom sozialen Stand der mit ihm bestatteten Frauen abhängen. Vielleicht war es üblich, daß verheiratete und unverheiratete, reiche und arme Frauen jeweils besondere Arten von Schmuck trugen, so daß aus der gleichen Zeit stammende Gräber von Frauen verschiedenen Standes Fibeln unterschiedlicher Form enthalten könnten.

Zweifellos spiegeln sich aber Standesunterschiede in den Beigaben der Männer. Viele Männergräber sind vielleicht nicht gleich als solche kenntlich, weil sie außer einem Messer keine Waffen enthalten. Wahrscheinlich durften nur manche Stände Waffen tragen, und nicht alle konnten es sich leisten, die Waffen ihrer Väter mitzubestatten. Aus spätangelsächsischer Zeit kennen wir ein Schwert, das als Familienstück vererbt wurde. Im 8. Jh. hatte es einst König Offa von Mercia gehört, und zweihundert Jahre später vermachte es Prinz Athelstan seinem Bruder Edmund.

Der Speer war die gebräuchlichste Waffe, die oft, aber nicht immer, im Verein mit dem Schild auftritt. Wir haben in den Gräbern nur wenige Äxte gefunden, auch Pfeil und Bogen sind recht spärlich vorhanden, obwohl sie bekannt gewesen sind. Schwerter sind als Grabbeigabe selten und gelten allgemein als Zeichen für einen gewissen Rang, den der Tote innerhalb der Gemeinschaft eingenommen hatte. Manchmal kann auch aus der besonderen Lage und Herrichtung des Grabes auf den einstigen Stand des Verstorbenen geschlossen werden. Friedhöfe in Kent und Ostanglien enthielten Gräber, die von Ringgräben umzogen waren, welche entweder zu Pfostensetzungen gehört hatten oder Begrenzungen eines Erdwalls waren. Oft scheint ein Grab für sich genommen wenig auffällig, und erst der Vergleich mit anderen aus demselben Friedhof zeigt, daß es sich um eine besondere Bestattung handelt. Ein Grab mit Schwertbeigabe braucht beispielsweise in einer kentischen Gemeinde nicht für die bedeutendste Persönlichkeit angelegt worden zu sein, denn dort gab es einen zahlenmäßig starken ‚Adel', in Ostengland ist jedoch ein ‚Schwertgrab' so ungewöhnlich, daß man in jedem derartigen Grab die Bestattung des örtlichen Häuptlings vermuten darf.

Importierte Bronze- und Glasgefäße sind Zeichen von individuellem Wohlstand, ob sie nun durch Handel erworben oder Geschenke eines Königs oder Anführers an den anderen waren. Im 5. und 6. Jh. gab es wohl keinen organisierten Handel zwischen England und dem Kontinent, aber die Verbindungen waren nicht gänzlich abgerissen. Wir sehen das an den wenigen Importwaren wie Drehscheibengefäßen und Glas in Kent, Elfenbein in Ostengland. Man hat lange geglaubt, das Rheinland sei der wichtigste Ausgangspunkt für neue Güter und Ideen gewesen, in letzter Zeit wird aber die Rolle Frankreichs deutlicher. Der Hafen von Hamwih scheint einen großen Teil seines Handels im späten 7. und im 8. Jh. mit Frankreich abgewickelt zu haben. Angeregt durch die Missionsbewegung gab es in dieser Zeit auch schon direkte Beziehungen zum Mittelmeergebiet.

Am deutlichsten offenbart sich der hierarchische Charakter der frühangelsächsischen Gesellschaft in dem reichen Schiffsgrab, das 1939 bei Sutton Hoo an der Küste von Suffolk in der Nähe von Woodbridge gefunden wurde, die prunkvollste Bestattung dieser Art in Europa *(Abb. 1, 17)*. Wegen des außerordentlichen Reichtums sicher ein Königsgrab, wird es im allgemeinen dem ostanglischen König Redwald zugewiesen, der um 627 starb. Zu den Grabbeigaben gehören eine byzantinische Schale, zwei silberne Löffel mit den Inschriften ‚Saulos' und ‚Paulos', die auf die Taufe hinweisen könnten, zahlreiche Münzen aus Gallien, jeweils ein Helm und Schild – vielleicht aus Schweden – sowie in England gefertigter Schmuck aus Gold und Almandinen (Granat). Das Grab wird entweder als Kenotaph gedeutet, wobei man voraussetzt, daß der Körper nach einer Schlacht nicht geborgen wurde oder an anderer Stelle ein christliches Begräbnis erhielt, als Brandbestattung, die vielleicht durch Knochenfragmente auf der byzantinischen Schale belegt ist, oder als Körpergrab, wobei die Knochen im säurehaltigen Sand vollständig zerfallen sind.

Wir wissen sehr wenig über das Ritual, das zu den heidnischen Bestattungen gehörte, von denen schon die Rede war. Einzig im Versepos ‚Beowulf', das zwar erst gegen Ende des 7. Jhs. oder im 8. Jh. zum ersten Mal niedergeschrieben wurde, jedoch viel frühere Ereignisse behandelt, wird ein Begräbnis geschildert. Zu Beginn hören wir vom Helden Scyld Scefing, dessen Leichnam in ein Schiff gelegt und aufs Meer hinausgeschickt wurde. Obwohl die Schiffsbestattung von Sutton Hoo auf dem Lande stattfand, könnte hier eine ähnliche Leichenfeier abgehalten worden sein.

> Den Gebieter brachten / zu der Brandung auf zur See, die Gesellen / wie er selbst befahl, da der Worte noch waltete /des Wehrvolks Freund, der liebe Landeswart / den Leuten gebot. Auf der Reede lag / mit beringtem Steven, schimmernd, fahrbereit, /des Fürsten Schiff. An Bord brachten / den Brecher der Ringe, den lieben Landherrn, / die Leute dann, den König zum Mast. / Viel Kleinode waren von fernen Fluren / dort funkelnd gehäuft. Nie hörte ich köstlicher / einen Kiel beladen mit Kriegswaffen / und Kampfgewanden, Schilden und Schwertern. / In seinem Schoss lagen die kostbaren Kleinode, / die mit dem König sollten fernhin fahren / in der Fluten Reich. Nicht rüsteten sie geringer / mit Reichtum ihn aus, mit jeglichem Gut, / als jene taten, die einst einsam / ihn ausgesandt weit über die Wogen / als winziges Kind. Dann gaben sie ihm / ein goldnes

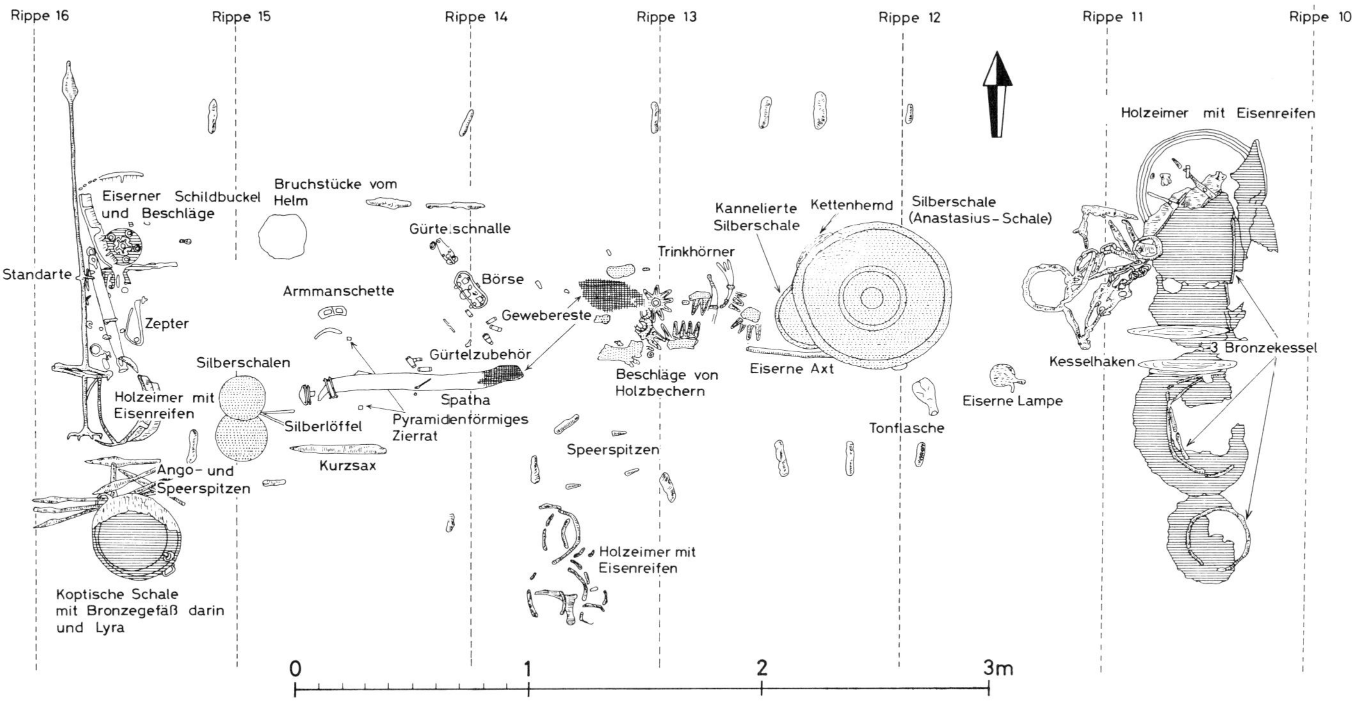

Plan der Grabkammer im Innern des Schiffes von Sutton Hoo mit der Anordnung der Grabbeigaben nach dem Grabungsbefund. Die zeltförmige Grabkammer von 5,3 m × 4,5 m Größe war zwischen den Spanten 10 und 16 errichtet worden, die auf dem Plan gestrichelt wiedergegeben sind.

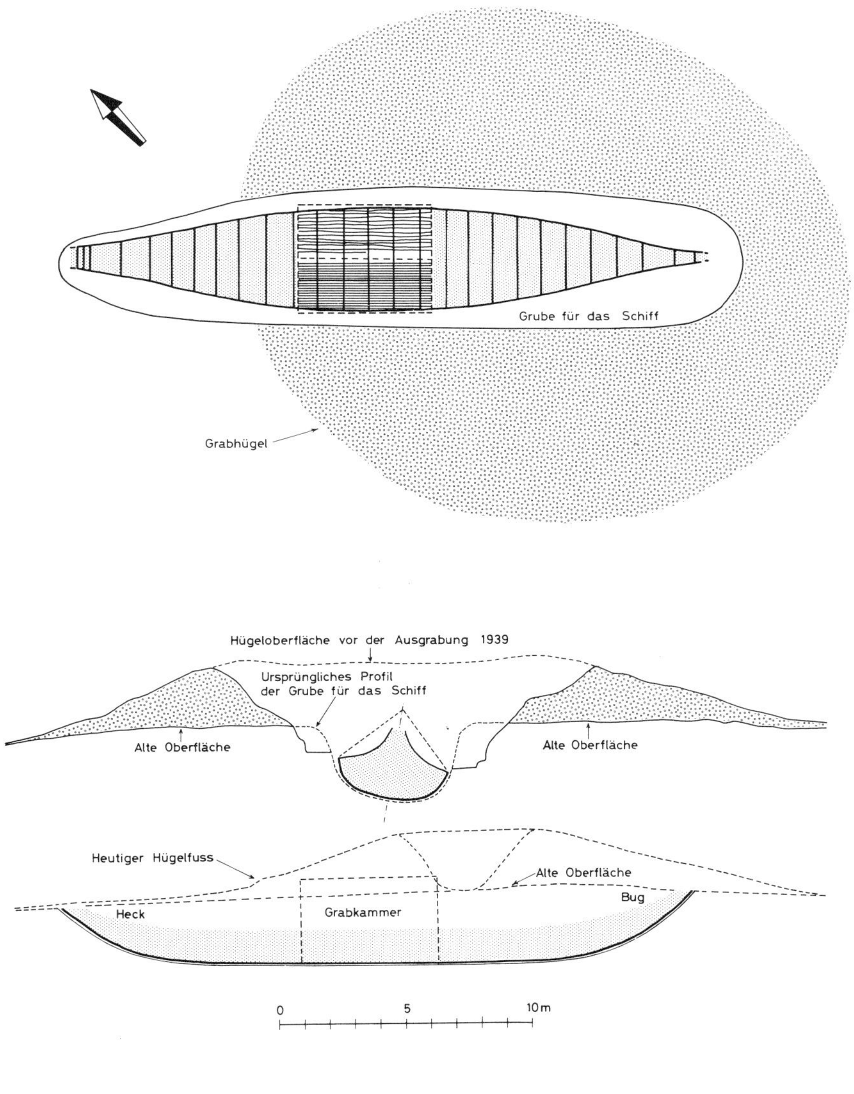

Ausgrabungsbefund des Schiffsgrabes von Sutton Hoo in Aufsicht, Schnitt und Seitenansicht.

Banner hoch zu Häupten, / liessen hin ihn treiben, sandten ihn seewärts. / Der Sinn war trüb / bekümmert den Kriegern. / Keiner vermag von den Saalbesitzern / zu sagen fürwahr, kein Held unterm Himmel, / wer den Hort empfing.
(nach: F. Genzmer: Beowulf und das Finnsburg Bruchstück. Reclams Universal Bibliothek Nr. 430/30a)

Darüberhinaus wissen wir über heidnische Religionsvorstellungen buchstäblich nichts. Da Kenntnisse im Schreiben und Lesen erst mit der Ankunft des Christentums einsetzten und lange dem geistlichen Stand vorbehalten waren, sind schriftliche Überlieferungen, die das Heidentum betreffen, selten und wohl zumeist auch parteiisch. Beda nennt einige Götter und ihre Feiern mit Namen, und Augustin informiert Papst Gregor brieflich voller Entsetzen über Gewohnheiten der heidnischen Engländer: danach sollen sie Pferdefleisch gegessen und ihre Stiefmütter geheiratet haben. Die neue Religion hat nahezu alle Spuren der alten vernichtet.

Die Augustinische Mission

597 kam Augustin nach England, um den Heiden das Christentum zu verkünden. Die Bekehrung der Angelsachsen ging ebensowenig rasch und plötzlich vonstatten wie einst deren Einwanderung, obwohl beide Ereignisse gelegentlich auch als Fixpunkte in der archäologischen Datierung herangezogen werden. Die Missionierung und ihr Verlauf ist erstaunlich ausführlich geschildert, denn es war der Hauptzweck von Bedas *Historia*, genau darzustellen, wie England christlich geworden war. In diesem Prozeß spielte Politik eine große Rolle, da die Bekehrung eines Königs auch die Bekehrung seiner Gefolgsleute und Verbündeten bestimmte und zum Teil von seinen Beziehungen zu anderen, heidnischen oder christlichen Herrschern abhing. Manchmal folgten Bekehrungen auf Eheschließungen, wie bei Edwin von Northumbria, nachdem er die Tochter des schon christlich gewordenen Königs von Kent heiratete. Das Christentum in Northumbria war aber wohl eher missionierenden Mönchen aus Irland zu verdanken als Augustin und seinen Nachfolgern. König Oswald, der spätere Heilige, war im schottischen Exil aufgewachsen und dort Christ geworden. Einige Königreiche, wie z.B. Essex, wurden während der Regentschaft eines Herrschers christlich, um dann jedoch mit dem heidnischen Nachfolger ins Heidentum zurückzuverfallen. König Redwald hielt es für klug und weitsichtig, Christus einen Altar in seinem heidnischen Tempel zu errichten, für den Fall, daß es sich bei ihm doch um einen bedeutenden Gott handeln könnte. Sollte Sutton Hoo wirklich Redwalds Grab sein, könnte man den Synkretismus seiner Vorstellungen an folgenden Dingen erkennen: Die Kreuze auf den byzantinischen Schalen und die silbernen Löffel mit Inschriften wären dann christliche Symbole, auch könnte das Fehlen des Leichnams mit dem Umstand zu erklären sein, daß er anderswo christlich bestattet wurde. Andererseits ist die ganze Ausstattung der Grablege und vor allem das Schiffsbegräbnis als solches an sich ein völlig heidnischer Brauch. Manche Könige waren noch im 7. Jh. nicht zum Christentum bekehrt; Penda von Mercia z.B. blieb trotz seines christlichen Sohnes und eines Bündnisses mit dem walisischen Christenkönig Cadwallong bis zu seinem Tode (laut Beda 655 n. Chr.) ein verstockter Heide.

Mit der Christianisierung strömten von allen Seiten neue kulturelle Anregungen herein. Die Mission ging direkt von Rom aus und öffnete den Weg zur mittelmeerischen Zivilisation. Im 7. Jh. kamen die gallischen Missionare Felix und Agilbert, die in Ostengland und Wessex predigten. Sie müssen Bücher, vielleicht auch liturgische Gewänder und Kelche mitgebracht haben, die englische Künstler kopiert haben könnten. Angelsachsen reisten auch selbst auf den Kontinent, um sich anregen zu lassen. Benedict Biscop aus Northumbria (gest. 689) war einer der bekanntesten, der in Gallien Steinmetzen und Glaser auftrieb, die Kirchen bauen konnten, denn diese Fertigkeiten waren damals in England unbekannt. Ihre Arbeit bezeugen noch heute Monkwearmouth (gegr. 674) und Jarrow (gegr. 681). Grabungen an diesen frühen Klosterstätten förderten u.a. Bauten aus Stein, Skulpturenfragmente und Fensterglas zutage. Der Einfluß der Antike wird an den skulpierten Steinkreuzen (den ‚roods', d.h. Kruzifixen) am deutlichsten, die in frühchristlicher Zeit für Nordengland charakteristisch sind. Bildmotive, wie die von Tieren oder Vögeln bevölkerten Weinranken, dienen häufig als Schmuck. Dieses durch antike Vorbilder angeregte Thema wurde von den northumbrischen Bildhauern abgewandelt und verändert *(Abb. 23–24)*. Bei figürlichen Darstellungen waren die Künstler weniger geschickt, obwohl die stark mitgenommenen, bestoßenen Kruzifixe nichts mehr vom ursprünglichen Zustand erkennen lassen, der vielleicht vollendeter war, als man heute meint. Solche Kreuze könnten Anlaß zu einer der ergreifendsten angelsächsischen Dichtungen gewesen sein, dem ‚Traum des Kreuzes', in dem das Kreuz selbst in bewegenden Worten spricht:

Als Kruzifix wurde ich aufgerichtet, ich trug hoch oben den mächtigen König, den Herrn des Himmels, ich wagte nicht, mich niederzubeugen. Sie durchbohrten mich mit schwarzen Nägeln, die Wunden sind noch deutlich zu sehen, klaffende Wunden der Arglist, ich wagte nicht, ihnen wehe zu tun. Sie verspotteten uns zusammen. Ich war betaut vom Blut aus des Mannes Seite, als er seinen Geist aufgab. Ich habe schweres Leid auf dem Berg erduldet, ich sah den Herrn der Heerscharen gewaltsam ausgestreckt, Dunkelheit hatte den Leichnam des Herrn mit Wolken bedeckt, den klaren Glanz. Dunkle Schatten zogen unter den Wolken herauf. Alle Schöpfung weinte und beklagte den Tod des Königs. Christus war ans Kreuz geschlagen.

Höhepunkte der northumbrischen Renaissance, wie wir mit einiger Berechtigung diese Phase künstlerischen Schaffens nennen könnten, sind die illuminierten Handschriften. Sie sind mehr der keltischen als der römischen Missionstätigkeit zu danken, obwohl das keltische Mönchtum letztlich ebenfalls mittelmeerisch inspiriert ist. Die Handschriften galten als typisch irisch, werden heute aber zumeist hiberno-sächsisch genannt, um zu betonen, daß englische Künstler großen Anteil daran hatten. Die figürlichen Szenen sind, mehr oder weniger erfolgreich, eindeutig nach antiken Vorbildern kopiert. Aber bei den verflochtenen Initialen und ‚Teppichseiten' war der hiberno-sächsische Künstler in seinem Element *(Abb. 29)*. Die aus Tieren und Flechtwerk verschlungenen und verwickelten Muster dieser Seiten erinnern an die Freude der heidnischen Künstler aus früherer Zeit am komplizierten, gewundenen Tierornament. Man sieht beim direkten Vergleich zwischen Tafeln aus dem ‚Book of Durrow', einer der ältesten und berühmtesten Handschriften, und Cloisonnéarbeiten aus Sutton Hoo, daß beide in der gleichen Tradition stehen. Die in heidnischer Zeit fast nur für persönlichen Schmuck und Zierart beanspruchte Fertigkeit der Künstler steht nun vor allem im Dienst der Verehrung Gottes.

Der englische Staat entsteht

Zu Bedas Lebzeiten bestand England aus vielen kleinen Königreichen, die man wegen der sieben bedeutendsten und dauerhaftesten unter ihnen, nämlich Kent, Sussex, Wessex, Ostanglia, Mercia, Northumbria und Essex, auch als Heptarchie bezeichnet. Diese Königreiche schlossen jeweils noch kleinere Gruppierungen ein, deren Namen uns teilweise durch eine Urkunde aus Mercia überliefert sind, die ‚Tribal Hidage', die vor kurzem in die Zeit zwischen 670 und 690 datiert wurde. Sie ist wahrscheinlich eine frühe Steuerliste und verzeichnet eine Anzahl Stämme, die im Königreich Mercia aufgegangen waren, als das Register angelegt wurde. Auch Northumbria bestand ursprünglich aus Deira und Bernicia, während die Namen ‚Norfolk' und ‚Suffolk' vielleicht die Erinnerung an eine Nord-Südteilung Ostanglias bewahren. Lindsey (etwa das heutige Lincolnshire), das zwischen Mercia und Northumbria liegt, hat nacheinander zu beiden großen Reichen gehört, bevor es ein Teil von Northumbria wurde. Die größeren Königreiche besaßen abwechselnd die Vormachtstellung, die im Titel ‚Bretwalda' zum Ausdruck kommen könnte, den Beda für einige Könige gebraucht. Vermutlich ist mit dieser Bezeichnung eine Art ‚Großkönig' gemeint. Der erste uns bekannte ist Aelle von Sussex, doch abgesehen davon spielen die Südsachsen in der Geschichte keine große Rolle. Ferner sollen Aethelberth von Kent und Redwald von Ostanglia, die gleichzeitig lebten, Bretwaldas gewesen sein, ob aber zur selben Zeit oder nacheinander, wissen wir nicht. Laut Beda waren es überwiegend die northumbrischen Könige, die im 7. Jh. beherrschenden Einfluß besaßen, aber da er in Northumbria schrieb, waren seine Quellen möglicherweise parteiisch. Urkunden aus Mercia hätten wahrscheinlich ihren König Penda herausgestrichen. Im 8. Jh. war Mercia dann unter Aethelbald und Offa, zwei starken Herrschern, das wirklich führende Königreich. Zuerst verleibte er sich kleinere Reiche ein, wie das der Hwicce im Severntal oder der Magonsaete in Herefordshire, dann kamen größere an die Reihe, Kent und Ostanglia. Offa ist noch heute unvergessen, weil er einen Grenzwall zwischen England und Wales entwerfen ließ, den sog. Offa's Dyke *(Abb. 21)*. Hätte er ebenbürtige Nachfolger gehabt, und wäre Mercia nicht unverzüglich dem Ansturm der Wikinger erlegen, könnte sich vielleicht ein geeintes England mit Mercia als Mittelpunkt entwickelt haben. Stattdessen waren es westsächsische Könige, Alfred und seine Nachkommen, die Englands Osten aus dänischer, den Nordwesten aus norwegischer Hand zurückeroberten. Alfred war der Erste, den man ‚König über alle Engländer' nannte.

4

DIE KELTEN AUF DEN BRITISCHEN INSELN
Pikten, Skoten, Iren und Waliser

Von James Graham-Campbell

Wegen seiner hohen Berge, tiefen Täler und ausgedehnten Wälder – nicht zu reden von seinen Flüssen und Mooren – ist Wales nicht leicht zugänglich. Die Briten, die am Leben blieben, suchten in diesen Gebieten Zuflucht, als die Sachsen die Insel besetzten, und sie konnten auch später weder von den Engländern noch von den Normannen völlig unterworfen werden.

Gerald von Wales, *Beschreibung von Wales um 1200*

„Die Barbaren drängen uns an das Meer, das Meer drängt uns zu den Barbaren zurück: Wir haben zwei Möglichkeiten zu sterben: wir werden erschlagen oder wir müssen ertrinken." Mit diesen Worten schilderten die britischen Führer ihre bedrohliche Lage, als sie einen Hilferuf an den römischen Befehlshaber in Gallien richteten (so jedenfalls hat es der britische Mönch Gildas ein Jahrhundert später aufgezeichnet). Das Gesuch, das in das Jahr 446 oder kurz darauf datiert werden muß, blieb ohne Antwort; es kam keine Hilfe. Statt dessen gingen weitere Gebiete an die Angelsachsen verloren. Diese waren zunächst nicht als Eindringlinge gekommen, sondern als bezahlte Verbündete im Kampf gegen die anderen Barbaren, die Pikten, Skoten (Iren, später in Schottland) und Sachsen, die Britannien seit Generationen mit räuberischen Überfällen überzogen hatten. Unzufrieden mit ihrer Entlohnung richteten die angelsächsischen Siedler, denen ihre Stammesgenossen und Familien gefolgt waren, die Waffen gegen ihre Herren mit dem Ergebnis, daß Britannien ‚unter die Herrschaft der Sachsen geriet', wie es auf dem Kontinent hieß. Dies entsprach nicht ganz der Wahrheit, da insbesondere der Norden und der Westen damals noch nicht erobert waren.

Gildas hat die weiteren Geschehnisse in recht pathetischer Sprache aufgezeichnet (genauer: erdichtet, denn er schrieb über Begebenheiten, die sich lange vor seiner Geburt zugetragen hatten). Es kommt hinzu, daß für ihn die Taten der Angelsachsen – seien sie nun real oder fiktiv – doppelt verwerflich waren, weil hier Heiden gegen Christen gekämpft hatten: „Es war schrecklich anzusehen, wie die Grundsteine von Türmen und hohen Mauern umgestürzt auf die Plätze geworfen wurden, vermengt mit heiligen Altären und menschlichen Körperteilen, so als wären sie wie in einer grotesken Weinpresse mit einer purpurfarbenen Schicht geronnenen Blutes bedeckt. Kein Grab fanden die Toten außer in den Ruinen der Häuser und in den Mägen von wilden Tieren und Vögeln."

Um die Mitte des 6. Jhs., als Gildas schrieb, waren die römischen Städte in Britannien wohl durchaus „schäbige, verlassene Ruinen", nichts spricht jedoch dafür, daß sie von den Angelsachsen absichtlich so verwüstet worden waren, wie es die zitierte Passage nahelegt. Diejenigen Städte, die früh in die Hände der Angelsachsen fielen, wurden einfach sich selbst überlassen; diejenigen, die noch eine Zeitlang den Briten verblieben, wurden allmählich aufgegeben. Bemerkenswerterweise kennen wir jedoch aus Silchester wie aus Wroxeter Gedenksteine des 5. Jhs. für Männer mit irischen Namen, vermutlich Führer von Trupps, die zur Verteidigung dieser Städte aus irischen Siedlern in Westbritannien aufgestellt worden waren.

Den Briten gelang es, gegen Ende des 5. Jhs. das Vordringen der Angelsachsen in einem Feldzug aufzuhalten, der mit dem großen Sieg der Briten bei der Belagerung von Mount Badon endete. Es gibt keine zeitgenössische Quelle, mit deren Hilfe wir Mount Badon lokalisieren oder der wir gar entnehmen könnten, wer der Anführer der siegreichen britischen Kräfte war. Was die Datierung angeht, so hat dieses Ereignis im Geburtsjahr Gildas, also um 500, stattgefunden. In späteren Quellen wird der Name Artus mit dem Sieg in Verbindung gebracht, ein Zusammenhang, der nach den Worten von Charles Thomas „zu stark sei, als daß man ihn ernstlich infrage stellen könnte". Es mag überraschen, daß von einem Mann, um den sich so viele Legenden ranken, praktisch nichts wirklich Greifbares überliefert ist. Eins war Artus jedoch nicht, nämlich ein König. Im 9. Jh. wurde er als *dux bellorum*, ‚Kriegsführer' [oder ‚Herzog'], bezeichnet, der ‚zusammen mit den Königen der Briten' gekämpft habe.

Durchbrochener Beschlag mit Darstellung der Kreuzigung, aus Clonmacnoise.

Ein Heerführer also, über den ein anderer vierzehn Jahrhunderte später schrieb: „Es ist alles wahr oder müßte wahr sein; und mehr und schöner dazu." Wenn wir es nur wüßten.

Gildas schreibt, daß auf den Sieg von Badon eine Zeit relativen Friedens folgte, der zu seinen Lebzeiten andauerte, aber es war unvermeidlich, daß die Angelsachsen ihr Vordringen nach Westen wiederaufnahmen. 577 gewannen sie eine Schlacht bei Dyrham, nahmen Gloucester, Cirencester und Bath ein und schnitten damit die Briten in Wales von den Briten im Südwesten ab – letztere konnten ihre Unabhängigkeit noch eine Weile bewahren, wie weiter unten noch zu zeigen ist. Auch auf die Geschichte des Nordens und Nordwestens wird noch näher einzugehen sein. Hier soll nur erwähnt werden, daß der Teil des angelsächsischen Königreichs Northumbria, der sich nördlich des Humber bis zum Hadrianswall (Deira) erstreckte, zu den ersten Gebieten gehörte, die von den Angelsachsen besiedelt wurden, während der nördliche Teil (Bernicia) erst in der zweiten Hälfte des 6. Jhs. erobert wurde.

Die angelsächsische Landnahme im südlichen, östlichen und mittleren Britannien erfolgte in der Zeit vom 5. bis zum 7. Jh. als ein vielschichtiger und langwieriger Prozeß von unterschiedlicher Intensität. Die einheimische britische Bevölkerung wurde nicht ausgerottet, sie floh auch nicht massenweise ins Walisische Bergland, aber dennoch bleibt es ein schwieriges Problem, Spuren der zurückbleibenden Briten archäologisch nachzuweisen, da sie anders als die heidnischen Angelsachsen ihre Toten ohne Grabbeigaben bestatteten. Daher geben lediglich Funde aus angelsächsischen Gräbern einen gewissen Aufschluß über die materielle Kultur der Briten in diesen Gebieten.

Die wichtigsten Objekte britischer Herkunft, die in derartigen angelsächsischen Gräbern aus der Zeit vom 5. bis zum 7. Jh. zutage kamen, sind Bronzeschüsseln mit verzierten Attaschen, die sogenannten Hängeschüsseln (hangingbowls). Meist haben sie drei Attaschen, die oben in einen Haken zum Aufhängen auslaufen. Die schönsten Attaschen sind mit Email verziert (gelegentlich eingelegt mit Millefiori-Glas). Die Muster bestehen aus kurvolinearen Motiven, die zu Spiralen, Dreierwirbeln und Peltamotiven angeordnet sind. Drei solcher Schalen wurden in dem Schiffsgrab von Sutton Hoo *(Abb. 10)* aus dem 7. Jh. gefunden, die größte davon ist gleichzeitig das schönste bekannte Beispiel ihrer Art. Der Ursprung dieser Schalen geht auf Gefäße zurück, die im römischen Britannien während des 4. Jhs. hergestellt wurden. Es ist anzunehmen, daß die Fertigung in nachrömischer Zeit weiterging, auch wenn die Produktionszentren noch nicht gefunden werden konnten. Die Technik zur Herstellung der Attaschen dieser Gefäße war den Angelsachsen ursprünglich nicht bekannt, sie wurde aber mit Sicherheit von den nachrömischen Briten angewandt, wie Funde aus den Ausgrabungen in Dinas Powys in Südwales bezeugen. Die Produktion von Hängeschüsseln war im 7. Jh. ganz sicher auch in Schottland verbreitet, denn eine Gußform für eine in jener Zeit gebräuchliche Attasche ist in Craig Phadrig in der Umgebung von Inverness ausgegraben worden. Wahrscheinlich gegen Ende des 7. und im 8. Jh. wurden dann auch in Irland Hängeschüsseln hergestellt, denn die These, daß die Mehrzahl der früheren Schüsseln in Irland selbst gefertigt wurde, stützt sich auf höchst indirekte und unzulängliche Indizien. Die irischen Schüsseln haben einen

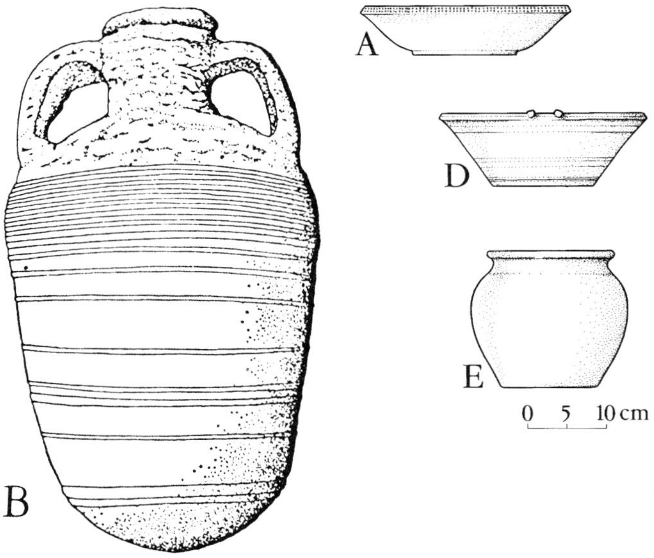

Typische Formen der verschiedensten Arten von Importkeramik, die als A-, B-, D- und E-Ware bezeichnet werden (Keramik der Klasse C fehlt hier, da sich später herausstellte, daß sie erst mittelalterlichen Datums ist).

ganz eigenen Charakter und kommen im England der angelsächsischen Zeit nicht vor, man findet sie jedoch in Norwegen in Gräbern des 9. Jhs. Wikinger hatten sie dorthin als Beute mitgenommen. In der Zwischenzeit lernten auch die Angelsachsen die Herstellung solcher Hängeschüsseln. Eine davon *(Abb. 9)* ist bis zu den Shetland-Inseln gelangt, wo sie zusammen mit piktischem Silbergerät zur Zeit der ersten Angriffe der Wikinger auf der St. Ninian's Isle versteckt wurde.

Britannien sah in der Zeit vom 5. bis zum 9. Jh. die Besiedlung Englands durch die Angelsachsen; die Waliser bewahrten ihre Unabhängigkeit, während die *Scotti* (die Skoten aus Irland) erstmals in Schottland Fuß faßten und schließlich das Land der Pikten besetzten, die nördlich der Flüsse Forth und Clyde lebten. Im 9. Jh. ließen sich allmäh-

Die Länder im Nordwesten Europas – Irland und ein großer Teil von Schottland – wurden niemals von Rom erobert und blieben außerhalb des römischen Imperiums und auch des germanischen Siedlungsbereiches. Die dort lebenden bodenständigen keltischen Völker konnten sich zwar antiken Einflüssen gegenüber nicht ganz verschließen, bewahrten aber bis zur Blütezeit der christlichen Kirche in Irland und Nordbritannien, die im 7. Jahrhundert begann, eine gewisse politische und kulturelle Eigenständigkeit. Die Darstellung ihrer Geschichte vor dieser Zeit ist auf skizzenhafte und oft feindlich gesinnte Quellen angewiesen und beginnt erst jetzt, durch die archäologische Forschung, nach und nach Gestalt anzunehmen.
Auch heute noch sind die Pikten, die von den römischen Historikern weitaus schlechter als die übrigen nordkeltischen Stämme beurteilt wurden, von Geheimnissen umwoben. Bisher sind nur wenige archäologische Fundstätten ausgegraben oder überhaupt identifiziert worden. Der romantische Felsen von Dunottar, Kincardineshire *(rechte Seite)*, trug bekanntlich eine piktische Burg (die irischen *Annalen* erwähnen, daß sie im Jahre 681 belagert wurde), aber die Gebäude, die sich jetzt darauf befinden, sind wesentlich jüngeren Datums. (1)

Siedlungstypen

,Cashels', Ringwälle in Trockenmauerwerktechnik, sind für Westirland charakteristisch, allerdings schwer zu datieren. Sie kamen in vorgeschichtlicher Zeit auf, waren aber noch zur Zeit der frühen Christen und der Wikinger als Wallanlagen, die die Gehöfte reicher Landbesitzer umschlossen, gebräuchlich. Das *links* abgebildete befindet sich in County Clare. (2)

Eine piktische Befestigung mit Wällen aus Trockenmauerwerk und Holzeinbauten stand einstmals auf der Felszunge von Burghead im Moray Firth *(unten)*. (3)

,Raths' und ,crannogs' sind zwei übliche Formen irischer Verteidigungsanlagen. Die erste *(links unten)* bei Dungiven, County Derry, hat Erdwälle; die zweite *(unten rechts)*, im Lough Enagh, ist teilweise oder gänzlich eine künstlich angelegte Insel. (4, 5)

Die über die gesamte Länge Westenglands verstreuten keltischen Siedlungen zeigen, wie die frühere Bevölkerung ihre Stellung nach dem Einfall der Sachsen behauptete. Cadbury Castle *(oben links)* war eine eisenzeitliche Hügelfestung und wurde im 5. oder 6. Jahrhundert erneut befestigt – wie man ernsthaft vermutet, von König Artus. Dumbarton Rock *(oben rechts)* trug die Festung der Könige von Strathclyde. Sie wurde 920 von den Wikingern belagert und eingenommen. *Unten:* Dunadd, die Burg von Dalriada, dem einst mächtigen Königreich der Skoten, beherrscht den Isthmus von Crinan in Argyll. (6, 7, 8)

Gegenströmungen

Die nach der angelsächsischen Invasion übriggebliebenen Briten schufen noch lange Werke, die weit eher in keltischer als in germanischer Tradition standen. Eine einheimische Besonderheit waren geschmückte Gefäße, sog. Hängeschüsseln, die sogar von den zugewanderten Angelsachsen hoch geschätzt wurden. *Rechts:* Die Attasche einer der drei Hängeschüsseln aus dem Schiffsgrab von Sutton Hoo. *Links:* Eine piktische Silberschale aus dem Schatz der St. Ninian's Isle, die mit ebensolchen Tieren verziert ist, wie das unten abgebildete Reliquienkästchen. (9, 10)

Im ‚Book of Durrow' *(rechte Seite)*, das in den siebziger Jahren des 7. Jahrhunderts geschrieben wurde, sind Spiralenmotive, stilisierte Tiere und kurvolineares Flechtwerk – Stilmerkmale sowohl keltischer als auch angelsächsischer Kunst – phantasievoll verbunden. (12)

Das Reliquienkästchen von Monymusk *(unten)*, das im 8. Jahrhundert auf piktischem Gebiet entstand, war dazu bestimmt, Reliquien des heiligen Columban aufzunehmen. Flechtwerk und Tierornamentik wurden von northumbrischer Kunst inspiriert. (11)

Steinstelen

Der uralte Brauch, Steinstelen auf Gräbern und in Heiligtümern zu errichten, ist über die ganze Welt verbreitet. Im keltischen Bereich ist die Kontinuität zwischen vorgeschichtlicher und geschichtlicher Zeit besonders deutlich. An drei Iren erinnern Gedenksteine mit Inschriften im Ogham Alphabet *(links):* der erste von Church Island, County Kerry, der zweite mit zweisprachiger Inschrift (Ogham und Latein) aus Südwales, der dritte, ebenfalls zweisprachig, aus Ivybridge, Devon. (13, 14, 15)

Piktische Steine, viele aus vorchristlicher Zeit, tragen eine Fülle symbolischer bildlicher Darstellungen, deren Bedeutung jedoch rätselhaft bleibt. Entsprechen diese Muster den Tätowierungen, mit denen die Pikten angeblich ihre Körper schmückten? Hier beidseitig abgebildet ist ein Stein aus Glamis *(links)*, einer aus Dunnichen *(oben)* und einer aus Nigg *(rechte Seite oben)*, der schon ganz in christlicher Tradition steht und den irischen Steinkreuzen vergleichbar ist. (16–19)

Zwei Beispiele verdeutlichen die verschiedenen Möglichkeiten der künstlerischen Gestaltung christlicher irischer Steine: während der Stein von Kilnasaggart, County Armagh *(links)*, der einen von ‚Ternóc, Sohn von Ciaran dem Kleinen' dem Hl. Peter gestifteten Begräbnisplatz markiert, noch recht einfach in der Ausführung ist, weist das Nordkreuz in Ahenny *(oben)*, dessen Details und Buckel Metallarbeit nachzuahmen scheinen, sehr komplexe Stilmerkmale auf. Die Szene auf dem Sockel entzieht sich jeder Interpretation, obwohl sie manchen piktischen Reliefs vergleichbar ist. (20, 21)

Der Kelch von Ardagh besteht aus Silberschale und Silberfuß, welche durch einen vergoldeten Bronzehals verbunden sind. Rund um die Schale verläuft ein Fries aus filigranverzierten Plättchen von erlesenster Handwerkskunst. Auf der Unterseite des Kelchfußes (nicht sichtbar auf der großen Abbildung, aber auf der Abbildung *ganz links*) befindet sich ein Kreis von ähnlich feinen Mustern, deren Details (ein kleiner Ausschnitt des mittleren Ringes ist daneben abgebildet) eine nahezu endlose Vergrößerung lohnen würden. (22, 23, 24)

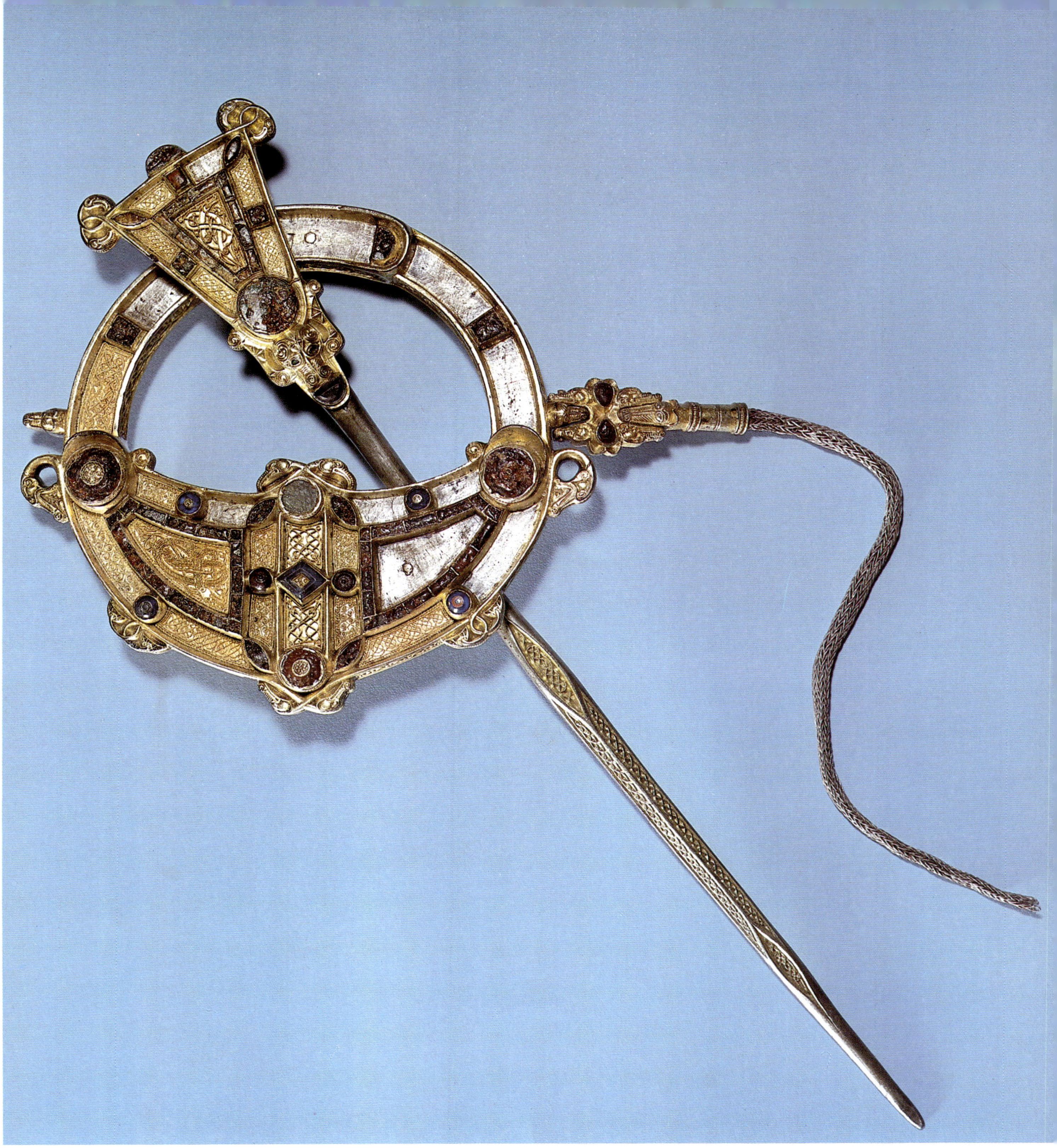

Die Tara-Spange zeigt, daß irische Goldschmiede Goldfiligran und andere angelsächsische Kunstschmiedetechniken anwenden und weit übertreffen konnten. Die Spange ist aus Bronze und mit einem dünnen Goldüberzug versehen. Der dreieckige Abschluß der Nadel läuft in einem Tierkopf aus. Der äußere Ring der Spange teilt sich in zahlreiche Felder, welche mit minutiöser Filigranarbeit sowie Glas- und Bernsteineinlagen ausgefüllt sind. (25)

Gesichter der Vergangenheit

Die menschliche Gestalt spielt eine verhältnismäßig kleine Rolle in der keltischen Kunst, die vor allem im Ornamentalen unübertroffen ist. Wann immer jedoch Gesichter erscheinen, besitzen diese oft eine starke individuelle Ausdruckskraft.

Das Muiredach-Kreuz von Monasterboice *(oben):* das Relief im Zentrum zeigt das Jüngste Gericht. Christus hält in der einen Hand ein Kreuz, in der anderen einen blühenden Zweig, das Symbol der Auferstehung. Links neben ihm die Gesegneten, rechts die Verdammten, über ihm die Begegnung zwischen den Heiligen Paulus und Antonius, darunter die Seelenwaage. Auf dem Schaft erkennt man die Anbetung Jesu durch die Magier (mit einer mysteriösen vierten Person) und Moses, der Wasser aus dem Felsen schlägt. (26)

Von Calf of Man, einer Insel am südlichen Ende der Isle of Man, stammt das Fragment eines Altars *(links)*, auf dem eine stark stilisierte Kreuzigungsszene abgebildet ist. (27)

Das Kreuz der Heiligen Schrift von Clonmacnoise *(rechts):* im Zentrum die Kreuzigung, auf dem Schaft die Verhaftung, die Geißelung und die Soldaten, die das Grab Christi bewachen. (28)

Die Bronzeschale, an der sich diese Attasche befand, wurde von einem Plünderer aus Irland mitgebracht und einem Grab in Myklebostad, Norwegen, beigegeben. Irische Metallarbeit war sehr begehrt und wurde von den Wikingern eifrig erworben. (29)

Ein Abt von Whit Island, Lough Erne. (30)

Die Symbolfigur für St. Matthäus – der Mensch – aus dem ‚Book of Durrow' *(rechts)* trägt einen Mantel aus winzigen Quadraten zusammengesetzt, ähnlich dem Körper der Gestalt auf Abb. 29. (31)

Drei Soldaten auf einem piktischen Grabstein, den man auf Orkney fand, tragen lange Speere und quadratische Schilde. (33)

Eine Dame in Begleitung von Trompetern nimmt an einer Jagd teil *(links)*. Die Szene ist geheimnisvoll, wie die meisten piktischen Reliefs. Der Stein stammt aus Hilton of Cadboll, Ross. (32)

Allerhöchste Vollendung

Die Handschriften, die englische und irische Klosterschreiber im 7. und 8. Jahrhundert anfertigten, finden als Kunstwerke nirgendwo auf der Welt ihresgleichen. Während dieser Zeit übernahm Irland, ein Außenposten am Rande der zivilisierten Welt, eine wichtige Rolle in der Verbreitung des Christentums, indem es Missionare und Gelehrte nach England und ins heutige Deutschland und Mitteleuropa sandte.

Das ‚Book of Kells' wurde vielleicht auf der Insel Iona begonnen und im frühen 9. Jahrhundert unvollendet nach Kells in Irland gebracht, um es vor den Plünderungen der Wikinger zu schützen. Es ist eine große und prächtige Abschrift der Evangelien mit einer Fülle von Ornamenten und Illustrationen, sowie einigen ganzseitigen Bildern. Der heilige Johannes *(links)* wird in einem niedrigen Stuhl sitzend porträtiert. In der einen Hand hält er ein Buch, in der anderen einen Federkiel. Ein strahlender Heiligenschein umgibt seinen Kopf. Die gesamte Seite wird von einer Serie rechteckiger, mit Ornamenten ausgefüllten Tafeln eingerahmt, welche an die zeitgenössischen Metallarbeiten erinnern. Als kurioses Detail erscheint eine hinter diesem Rahmen stehende Figur, deren Füße und Hände hinter den Zierleisten hervorlugen. Leider wurde der Kopf bei einer Aufarbeitung des Buches im 19. Jahrhundert abgeschnitten. (34)

Das MacDurnan-Evangeliar *(rechts)* entstand im späten 9. Jahrhundert. Die ornamentalen Elemente des Rahmens und der Figur sind denen aus dem ‚Book of Kells' vergleichbar, aber die offensichtlich freihändig angelegte Zeichnung ist gröber und bezeugt wenig Interesse am Detail. (35)

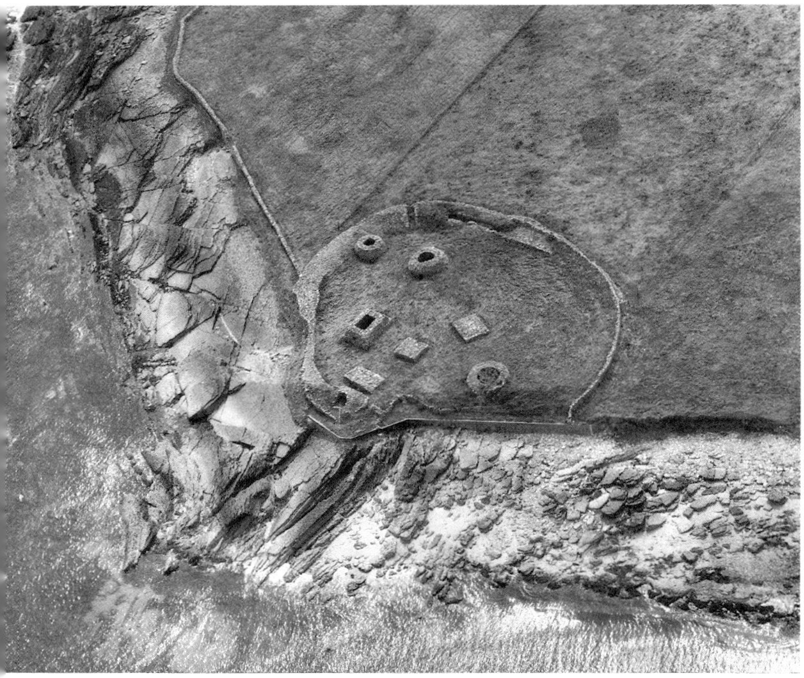

Bollwerke der Kirche

Unter den frühen Mönchen gab es solche, die das Leben in einer aktiven Gemeinde bevorzugten und solche, die sich als Einsiedler an entlegene Orte zurückzogen. *Links:* Illauntannig, County Kerry, ein klösterliches ‚cashel' mit bienenkorbähnlichen Zellen und rechteckigen Kapellen. *Mitte links:* Der Klosterbezirk von Moyne, County Mayo. *Unten:* Die Überreste von Bienenkorb-Hütten auf dem Felsen der Insel Skelling Michael, eine der entlegensten und am besten erhaltenen frühen klösterlichen Siedlungen. (36, 37, 39)

St. Ninian's Höhle, einige Meilen von Whithorn, wird in der Überlieferung mit dem ersten, im 5. Jahrhundert nach Schottland gesandten christlichen Missionar in Verbindung gebracht. Die Höhle wurde im 7. und 8. Jahrhundert als Begräbnisstätte benutzt. (40)

In Clonmacnoise, County Offaly *(links)*, stammen die meisten Gebäude aus dem Mittelalter, zwei außergewöhnliche Kreuze und zwei Rundtürme haben sich jedoch aus früherer Zeit erhalten. (38)

In Glendalough, County Wicklow, befindet sich eine der besterhaltenen frühen Kapellen, St. Kevin's Kitchen genannt, und ein Rundturm aus der Wikingerzeit. (41)

Der Glastonbury Tor *(unten)* war sicherlich schon früh bewohnt, allerdings nicht unbedingt von Mönchen. (42)

Tintagel, Cornwall *(oben)*, gilt als das früheste britische Kloster, aber die dortigen Ausgrabungen konnten bisher noch nicht den Nachweis erbringen, daß es sich wirklich um eine klösterliche Anlage handelt. (43)

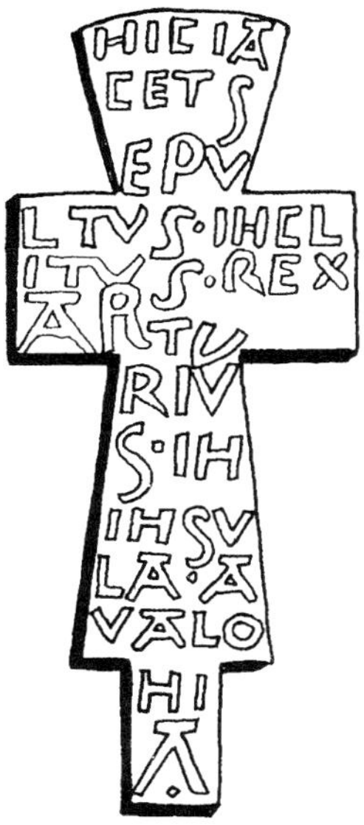

Hat Artus wirklich gelebt? Im Jahre 1191 behaupteten die Mönche von Glastonbury, seinen Leichnam und den der Königin entdeckt zu haben, zusammen mit einem Bleikreuz, das die lateinische Inschrift trägt: „Hier liegt begraben der berühmte König Artus auf der Insel Avalon." Die Inschrift ist, dem Schriftcharakter nach zu urteilen, mit Sicherheit erst nach der Zeit des Artus entstanden, möglicherweise jedoch vor 1191.

lich die Wikinger in Nord- und Westschottland und auch in Irland nieder (dort war das Ausmaß ihrer Siedlungen allerdings viel geringer); diesen Vorgängen ist Kapitel 6 gewidmet. Diese fünf Jahrhunderte tragen in Irland den Namen ‚frühchristliche Zeit', anderswo heißen sie ‚frühmittelalterliche' oder ‚frühgeschichtliche' Zeit; auch der Begriff ‚nachrömisch' eignet sich als Epochen-Bezeichnung für jene Gebiete, die bis zum Jahre 410 Teil der römischen Diözese *Britannia* gewesen waren.

Viele Gegenstände der materiellen Kultur dieser Jahrhunderte sind nur sehr schwer zu datieren. Münzgeld wurde nicht verwendet, und die heimischen Töpfereierzeugnisse waren außerordentlich schlicht. Unter diesen Umständen haben Funde von annähernd datierbarer Importkeramik eine überragende Bedeutung erlangt.

Im 5. und 6. Jh. kamen zwei verschiedene Gruppen von Keramik aus dem östlichen und südlichen Mittelmeerraum auf dem atlantischen Seeweg nach Britannien *(Abb. auf S. 96)*. Die erste Sorte (als A-Ware bekannt) besteht aus roten Schüsseln und Tellern – Tafelgeschirr nach spätrömischer Art –, die zweite aus Amphoren (B-Ware), großen Vorratskrügen, die wohl wegen ihres Inhalts, höchstwahrscheinlich Wein oder Öl, eingeführt wurden. Aus der gleichen Zeit, jedoch allem Anschein nach aus dem Süden und Westen Frankreichs, stammen graue Schalen, darunter Reibschüsseln (D-Ware). Am weitesten verbreitet ist in Britannien und in Irland die E-Ware, Küchengeschirr von guter Qualität – Töpfe, Krüge und Becher –, die ebenfalls aus Frankreich (wahrscheinlich aus Aquitanien) kam. Ihre zeitlichen Ober- und Untergrenzen sind unsicher, aber jedenfalls war sie im 6. und insbesondere im 7. Jh. in Gebrauch.

A- und B-Ware findet sich hauptsächlich – wenn auch nicht ausschließlich – in aristokratisch-weltlichen und in größeren kirchlichen Siedlungen, was darauf schließen läßt, daß es sich um teure Artikel handelte. Die Kontakte mit dem Mittelmeergebiet, die durch diese Töpferwaren belegt werden, haben nach Charles Thomas auch zur Einführung und Verbreitung des Mönchtums in Britannien und in Irland beigetragen. Die Verbindungen zu Westfrankreich entlang der Atlantikküste, die durch die D- und E-Ware bezeugt sind und wohl auch einen begrenzten Weinhandel umfaßt haben, sind dagegen weniger auffällig; ihre Intensivierung steht möglicherweise mit der Tätigkeit der irischen Mönche seit dem 6. Jh. auf dem Kontinent in Zusammenhang. Von diesen vier Arten von Importkeramik ist die E-Ware auf der Insel am weitesten verbreitet. Sie findet sich in Siedlungen von höchst unterschiedlichem sozialen Status, ist über ein verhältnismäßig großes Gebiet verbreitet und ist sogar in das Innere Irlands und Schottlands vorgedrungen, während die Sorten A, B und D im wesentlichen auf die Küstengebiete beschränkt sind.

Irland: Außerhalb der römischen Reichsgrenzen

Die römischen Legionen sind niemals nach Irland vorgestoßen, dennoch ist das Land vom römischen Einfluß nicht unberührt geblieben. Gallo-römische und romano-britische Kaufleute scheinen, wenn auch nur gelegentlich, nach Irland gereist zu sein. Die *Scotti* – wie die Bewohner Irlands zu jener Zeit in Britannien hießen – suchten die benachbarten Küstengebiete des Reiches heim, um Beute zu machen und die Bevölkerung zu versklaven. Infolgedessen hat man in Irland eine beträchtliche Menge römischen Materials gefunden, Keramikscherben, Münzen und feine Metallarbeiten, aber auch große Silberschätze wie die von Balline, County Limerick, und von Coleraine, County Derry. Diese beiden Schatzfunde bestehen aus zerhacktem römischen Silbergeschirr und Rohsilber, darunter Barren mit amtlichen Stempeln, mit denen die Römer vermutlich für die Aufrechterhaltung der guten Beziehungen zahlten und sich von Raubüberfällen freikauften. Auf einem dieser Raubzüge, die die Iren mit ihren Lederbooten, den Curraghs, an der Westküste Britanniens unternahmen, wurde auch der Hl. Patrick als junger Mann entführt und nach Nordirland in die Sklaverei verschleppt.

Die Auswirkungen dieser unterschiedlichen Kontakte mit der römischen Welt auf das irische Leben und die irische Kultur waren beträchtlich, aber in der Praxis ist es schwierig, diese frühen Einflüsse von jenen der unmittelbar nachrömischen Jahrhunderte zu trennen, als – infolge der irischen Siedlungen in Britannien und der Ankunft von Missionaren in Irland – neue Verbindungen geknüpft wurden. Einflüsse im Bereich der Sachkultur finden sich bei Werkzeugen und Waffen und in der Einführung neuer Arten von Haushalts-

Iona hat seinen Charakter als kirchliche Stätte bewahrt, obwohl die meisten Spuren von St. Columbas Kloster aus dem 6. Jahrhundert verschwunden sind. Die zwei Hochkreuze von Johannes d. T. und St. Martin, die immer noch dort stehen, wurden wahrscheinlich errichtet, kurz bevor die Insel angesichts wikingischer Beutezüge im frühen 9. Jahrhundert verlassen wurde. Auf das Kreuz von St. Martin, das hier abgebildet ist, sind eine Anzahl piktischer Motive eingemeißelt (wie etwa die von Schlangen umgebenen Buckeln), aber im ganzen entspricht die Form des Kreuzes der in Irland gebräuchlichen. Bei der Kirche im Hintergrund handelt es sich um das restaurierte mittelalterliche Gebäude. (44)

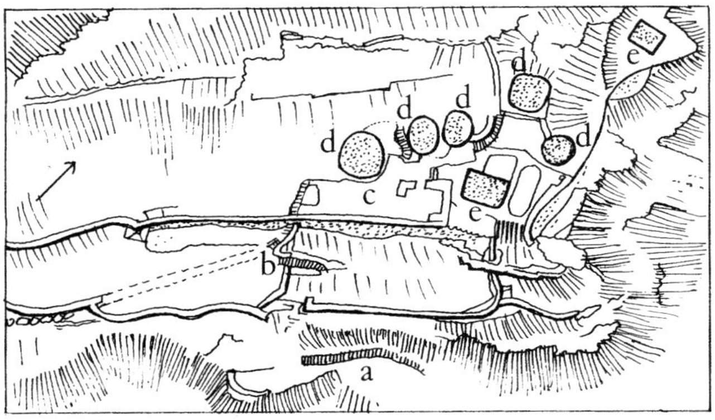

Plan der Mönchssiedlung auf der Insel Skellig Michael vor der Südwestküste Irlands. Nach allen Seiten fallen die Klippen steil zum Meer ab. – a, Treppe zum Meer; b, Eingang; c, Hauptplatz; d, Zellen; e, Oratorien.

geräten wie etwa faßförmiger Schlösser und Schlüssel. Ferner tauchen neue Artikel des persönlichen Bedarfs auf, darunter Toilettengeräte. Am bemerkenswertesten sind neue Typen von Gewandspangen, darunter frühe Formen der Ringfibeln (sog. Penannular-Fibeln), ein Typ, der in späterer Zeit von den irischen Handwerkern immer weiter ausgestaltet wurde. Auch künstlerische Einflüsse lassen sich nachweisen, so die Integration des Rosettenmotivs (in Zirkelschlagtechnik) in das traditionelle Repertoire der kurvolinearen Muster mit ihren konzentrischen Kreisen und Spiralen.

Die Anfänge des irischen Ogham-Alphabets liegen noch im dunkeln *(Abb. auf S. 10)*, doch war seine Entwicklung nur möglich als Folge der Kontakte mit der des Lesens und Schreibens kundigen römischen Welt. Das Alphabet hat keine Buchstaben, sondern verwendet Gruppen von kurzen und langen Strichen, die eine Mittellinie, im allgemeinen die Kante des Steins oder Gegenstands, in den die Inschrift eingeschnitten ist, berühren oder kreuzen. Die frühesten erhaltenen Beispiele von Ogham-Schrift sind Inschriften auf grob gearbeiteten Gedenksteinen *(Abb. 13)* in Südirland, die den Namen des Mannes, dessen gedacht werden soll, und gewöhnlich einige Angaben über seine Abstammung, zumindest den Namen seines Vaters enthalten. Diese frühesten Gedenksteine sind wahrscheinlich noch heidnisch, aber die Mehrheit dürfte christlich sein, da einige der späteren Stücke mit einfachen Kreuzen verziert sind.

Roms größtes Vermächtnis an Irland war das Christentum, denn die ersten Missionare in der ersten Hälfte des 5. Jhs. waren Männer römischer Herkunft wie Patrick und vor ihm Palladius, der im Jahr 431 nach Irland gekommen war. Sie traten als Vertreter der römischen Kirche auf; Palladius etwa, ein gallo-römischer Bischof, war vom Papst zu denjenigen Iren, ‚die an Gott glauben', gesandt worden. Von der Kirche des Hl. Patrick in Irland sind kaum archäologische Zeugnisse vorhanden, aber die Kirche, die sich im 6. Jh. etablierte, als ‚der Kampf um die Seelen der Menschen' ging, war nach dem üblichen spätrömischen Schema organisiert. Ein Bischof stand an der Spitze einer Diözese, die vermutlich mit dem Reich eines Kleinkönigs identisch war. Freilich gab es in Irland eine unvermeidliche Abweichung von der Regel – der Bischof konnte seinen Sitz nicht, wie allgemein üblich, in einer Stadt haben, da Irland keinerlei urbane Zentren besaß. Im 6. Jh. breitete sich indessen das Mönchtum in ganz Irland aus, und binnen kurzem hatte die Organisation der irischen Kirche einen deutlich eigenständigen Charakter angenommen; sie stützte sich auf die größeren Klöster und deren Einflußgebiete, während die Bischöfe ihre Verwaltungsfunktionen verloren.

Das irische Mönchtum enthielt von Anfang an ein starkes asketisches Element, das auf die Kirchenväter zurückging, die fernab jeglicher Zivilisation in der Einöde gelebt hatten; daher finden wir in abgelegenen und praktisch unzugänglichen Plätzen nicht nur Anlagen für einzelne Eremiten, sondern auch kleine Klöster mit zwei oder drei Zellen, die eher den Namen ‚Gemeinschaftseinsiedeleien' verdienten. Die Suche nach abgeschiedenen Plätzen, an denen ein Büßerleben möglich war, trieb die irischen Mönche über die felsigen Eilande vor der irischen Küste hinaus zu den Inseln vor der schottischen Westküste, den Orkney-Inseln und den Shetland-Inseln und sogar bis zu den Faröer und nach Island, wo sie die ersten Siedler waren, die dann von den Wikingern im 9. Jh. entdeckt wurden. Es ist nicht einmal ausgeschlossen, wie Timothy Severin vor kurzem nachgewiesen hat, daß der Hl. Brendan oder auch ein anderer in einem jener Lederboote, die ihnen damals für ihre Reisen zur Verfügung standen, Amerika erreicht hat.

Eine ‚Gemeinschaftseinsiedelei' war von einer Umfassungsmauer umgeben und besaß außer den Wohnzellen in der Regel ein oder sogar zwei rechteckige Oratorien und einen Friedhof, der vielleicht noch heute an Gedenkplatten mit den in jener Zeit eingeritzten Zeichen zu erkennen ist. In Irland sind solche Anlagen hauptsächlich im Westen bekannt, wo sie aus Trockenmauerwerk bestehen. Was Lage und Vollständigkeit betrifft, so stellt *Sceilg Mhichíl (Abb. auf S. 114)* das spektakulärste Beispiel dar, hoch oben auf einem Felsvorsprung von Great Skellig *(Abb. 39)* gelegen, mitten im Atlantik, acht Meilen vor der irischen Südwestküste. So abgeschieden es lag, war es doch nicht abgelegen genug, um der Aufmerksamkeit räuberischer Wikinger im frühen 9. Jh. zu entgehen.

Sceilg Mhichíl (oder Skellig Michael) besitzt heute noch sechs Zellen und zwei Oratorien mit sehr schönen Dächern aus vorkragenden Steinen. Leichter erreichbar ist das kleine, vollständig erhaltende Oratorium von Gallarus auf der Dingle-Halbinsel. Es zeigt den charakteristischen rechteckigen Grundriß mit einem Innenraum, dessen Breite zwei Drittel seiner Länge beträgt; die vier Wände sind nach innen gewölbt, am westlichen Ende befindet sich eine Tür, das einzige Fenster sitzt in der Ostwand. Ein derartig schlichtes und trotzdem vollkommenes Bauwerk läßt sich kaum genau datieren; einige meinen sogar, daß es möglicherweise erst aus den Jahrhunderten nach der hier behandelten Periode stammt.

Ähnliche Plätze und Gebäude aus Holz muß es überall in Irland gegeben haben. Beda berichtet, daß es in Irland üblich war, die Kirchen „nicht aus Stein, sondern aus zugerichteten Eichenstämmen mit einem Dach aus Ried" zu bauen, und ein unbekannter irischer Mönch aus dem 10. Jh., der die Annehmlichkeiten seiner Einsiedlerhütte schildert, schreibt: „Ich habe eine Hütte im Wald, niemand außer dem Herrn kennt sie; auf der einen Seite eine Esche, auf der anderen Seite ein Haselstrauch, ein erhöht stehender Baum umgibt sie." Derartige Konstruktionen aus Holz und Rutenflechtwerk haben oberirdisch keine Spuren hinterlassen.

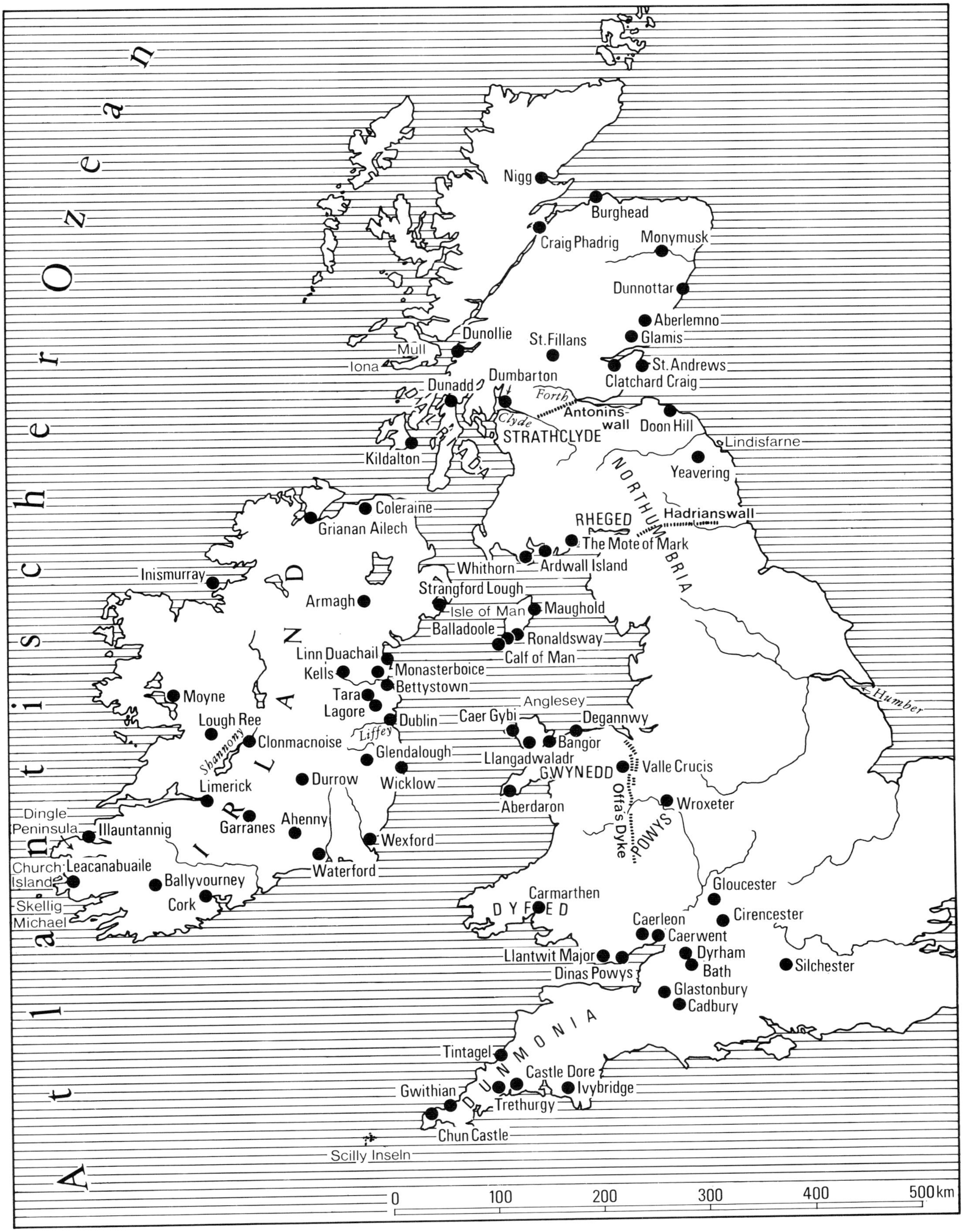
Atlantischer Ozean
Nigg
Burghead
Craig Phadrig
Monymusk
Dunnottar
Aberlemno
Glamis
St. Fillans
Dunollie
Mull
Iona
St. Andrews
Clatchard Craig
Dumbarton
Dunadd
DÁL RIADA
Forth
Antoninswall
Clyde
STRATHCLYDE
Doon Hill
Lindisfarne
Kildalton
NORTHUMBRIA
Yeavering
Coleraine
Grianan Ailech
RHEGED
Hadrianswall
The Mote of Mark
Ardwall Island
Whithorn
Inismurray
Strangford Lough
Armagh
Isle of Man
Maughold
Balladoole
Ronaldsway
Calf of Man
Linn Duachail
Kells
Monasterboice
Bettystown
IRLAND
Moyne
Tara
Lagore
Anglesey
Humber
Caer Gybi
Degannwy
Lough Ree
Dublin
Liffey
Bangor
Clonmacnoise
Shannon
Glendalough
Llangadwaladr
Valle Crucis
GWYNEDD
Durrow
Wicklow
Limerick
Aberdaron
Offas Dyke
Wroxeter
POWYS
Dingle Peninsula
Illauntannig
Garranes
Ahenny
Wexford
Waterford
Church Island
Leacanabuaile
Ballyvourney
Gloucester
Carmarthen
Skellig Michael
Cork
DYFED
Cirencester
Caerleon
Caerwent
Llantwit Major
Dyrham
Dinas Powys
Bath
Silchester
Glastonbury
Cadbury
DUMNONIA
Tintagel
Castle Dore
Gwithian
Ivybridge
Trethurgy
Chun Castle
Scilly Inseln
0
100
200
300
400
500 km

Leichter sind größere Klöster mit ihren Umfassungsmauern aus Trockenmauerwerk oder Erdwällen wie das Kloster Moyne, County Mayo, zu lokalisieren – am deutlichsten aus der Luft.

Bedeutende Gründungen wie Clonmacnoise *(Abb. 38)*, County Offaly, das im Jahre 544 am Ufer des Shannon errichtet wurde, wie Glendalough *(Abb. 41)* in den Bergen von Wicklow (ebenfalls aus dem 6. Jh.) und wie Armagh, wo der Hl. Patrick seine Hauptkirche errichtete, wuchsen zu regelrechten ‚Klosterstädten' heran, mit einer Bevölkerung, die sich auf mehrere hundert oder gar tausend Einwohner belief und Kleriker wie Laien umfaßte. Von diesen Städten, die als Mittelpunkte der Gelehrsamkeit und des Handwerks berühmt waren, hat sich nur Armagh zu einer modernen Stadt weiter entwickelt, aber die zahlreichen Ruinen von Clonmacnoise (die Stadt wurde schließlich im Jahre 1552 von der englischen Garnison in Athlone zerstört) und von Glendalough in dem wunderschönen ‚Tal der zwei Seen' lassen noch immer die vergangene Größe und den Glanz dieser bedeutenden Zentren des Glaubens und der Wissenschaft ahnen.

Es ist kein Wunder, daß die Wikinger bevorzugt diese Städte überfielen, deren große Bevölkerung sich für Geiselnahme und Versklavung anbot und deren angesammelte Schätze sie plündern konnten, ob es sich um Wertgegenstände oder ganz einfach um Nahrungsmittel für die Versorgung der Truppen handelte. Die Mönche mußten sich daher um die Verteidigung ihrer Städte kümmern und verstärkten entsprechend die Umfassungsmauern. Der Bau der ungewöhnlichen Rundtürme aus Stein, die bis heute die irische Landschaft prägen, stellt eine eigenwillige Antwort auf die unaufhörliche Bedrohung während der Zeit vom 10. bis ins 12. Jh. dar. Sie wurden sicherlich als Glockentürme genutzt, von denen man Handglocken läutete, aber die Schutzfunktion, die ihnen zukam, wird deutlich an der erhöht angebrachten Tür und an den wenigen kleinen Fenstern: nur hoch oben unter der Spitze befanden sich in der Regel vier größere.

Ein anderes Beispiel, das die Handwerkskunst der damaligen Steinmetze zeigt und das uns aus diesen unruhigen Zeiten überliefert ist, sind die Hochkreuze; vor allem die Kreuze aus dem 9. und 10. Jh. können durchaus als Irlands eindrucksvollster und eigenständigster Beitrag zur Kunst Westeuropas in frühmittelalterlicher Zeit bezeichnet werden. Die irische Neigung zur Errichtung von Steinmonumenten läßt sich bis auf die ursprünglich heidnischen Ogham-Steine zurückverfolgen, die als Säulen, Platten oder auf dem Boden liegende Gedenksteine vorkommen *(Abb. 13)*. Einige der jüngeren Stücke aus dem 7. Jh. zeigen im Unterschied zu den schlichten Kreuzen, die zuerst im 6. Jh. auftauchten, bereits kunstvolleren Schmuck mit kurvolinearen Motiven, die eine Parallele in den hervorgehobenen Initialen des 'Cathach des Hl. Columba' *(Abb. auf S. 11)* finden – eines Psalters, den der Überlieferung nach der Hl. Columba selbst geschrieben haben soll, der aber wohl eher aus dem frühen 7. Jh. stammt. Zum ersten Mal und auch sehr zögernd erscheinen damals menschliche Darstellungen in der irischen Kunst; die kleine Gestalt eines Geistlichen mit seinem Stab auf einer Reliefplatte in Ballyvourney, County Cork, erinnert an die Art, wie der Mensch, das Symbol des Evangelisten Matthäus, im 'Book of Durrow' *(Abb. 31)* aus dem 7. Jh. gestaltet ist.

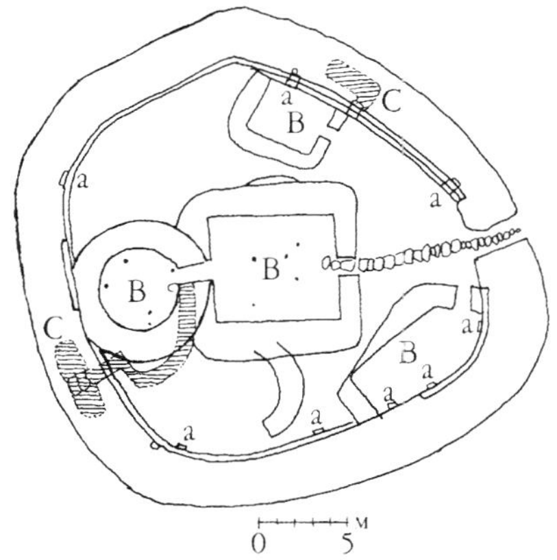

Plan der steinernen Befestigung von Leacanabuaile, County Kerry. An einigen Stellen führen Treppen (A) auf den Wall. Die Häuser (B) haben unterschiedliche Grundrisse; außerdem befinden sich in der Umfassungsmauer selbst zwei Kammern, die über Gänge zu erreichen sind.

Freistehende Kreuze tauchen erst im 8. Jh. auf. Die ältesten irischen Hochkreuze scheinen die beiden Kreuze von Ahenny *(Abb. 21)*, County Tipperary, zu sein. Sie gehen auf Prototypen aus Holz zurück, die mit verzierten Metallbeschlägen gefaßt waren, ähnlich wie vielleicht Prozessionskreuze. In Ahenny ist die Übertragung von Techniken der Metallarbeit auf Stein außer an dem flachen Relief deutlich an verschiedenen Details zu erkennen wie etwa an den Bukkeln, die metallene Nietköpfe nachahmen, und auch der abstrakte Dekor am Schaft und im Mittelteil stammt aus dem Repertoire der Metallkunst.

Im 8. und 9. Jh. wurden die Hochkreuze weiter entwikkelt und weiter ausgeschmückt mit figürlichen Darstellungen und Szenen aus der Heiligen Schrift. Den Höhepunkt dieser Entwicklungslinie bilden die sogenannten Schriftkreuze des 10. Jhs. Sie sind, wie M. und L. de Paor geschrieben haben, „architektonisch in Proportion und Komposition, indem die Skulpturen einer planvollen und systematischen ikonographischen Anordnung folgen, im wesentlichen schon eine Vorwegnahme romanischer Kunst". Von Dublin aus braucht der Reisende nur bis Monasterboice *(Abb. 26)*, County Louth, zu fahren, um das schönste Werk dieser Kunst zu sehen. Auf der Ostseite trägt es im oberen Teil eine Kreuzigung, auf der Westseite das Jüngste Gericht, die Bildfelder auf dem Schaft zeigen unterhalb der Kreuzigung Szenen aus dem Neuen Testament, unterhalb des Jüngsten Gerichts Szenen aus dem Alten Testament. Als oberer Abschluß ist ein Gebäude mit Giebeln und einem Schindeldach – in der Art eines Reliquienkästchens – dargestellt, das an das Bild des Tempels im ‚Book of Kells' erinnert. Zwischen den Kirchenruinen und Rundtürmen von Clonmacnoise *(Abb. 38)* stehen Schriftkreuze des Übergangs- wie des voll entfalteten Stils, beeindruckend sind aber auch die mehr als fünfhundert erhaltenen Grabplatten, von denen viele am Ort in eine Mauer eingelassen sind und so ein bemerkenswertes Lapidarium bilden.

Prächtige Metallarbeiten aus Clonmacnoise sind ein durchbrochener Beschlag mit Kreuzigungsszene *(Abb. auf S. 95)* und der reichverzierte Aufsatz eines Krummstabs *(Abb. 9 auf S. 164)* aus der späteren Wikingerzeit. Sie erinnern an die wichtige Rolle, die die Klöster als Auftraggeber für künstlerische Arbeiten spielten; sie waren Zentren, in denen Handwerker aller Art – Bildhauer, Schreiber und Maler oder Metallarbeiter – ausgebildet wurden und arbeiten konnten. Nicht unerwähnt bleiben darf auch der Beitrag der Klöster zur Literatur: die Naturdichtung des frühchristlichen Irlands strahlt eine Frische aus, die ohne Parallele im mittelalterlichen Europa ist. Die bedeutendsten noch erhaltenen Gegenstände der Metallkunst für kirchliche Zwecke stammen allerdings entweder aus Zufallsfunden auf dem Lande, wie der Kelch von Ardagh, der als Teil eines vergrabenen Schatzes *(Abb. 22–24)* in einer ringförmigen Befestigung im County Limerick gefunden wurde, oder sind, ohne jemals vergraben worden zu sein, über die Jahrhunderte hinweg tradiert worden, oft als Erbstück einer Familie, die sich für ihren Schutz und für ihre Erhaltung verantwortlich fühlten.

Verstreut über ganz Irland finden sich Tausende von einfachen, kreisförmigen Wehranlagen, die als Ringbefestigungen (ring-forts), bekannt sind. Sie umschlossen die Gehöfte der reichen Landbesitzer der frühchristlichen Periode und der Wikingerzeit. Einige sind sogar noch älter, denn dieser Siedlungstyp hatte sich bereits in der irischen Vorgeschichte herausgebildet. Im Westen sind diese Ringbefestigungen in Trockenmauertechnik errichtet und heißen allgemein ‚cashels' oder ‚cahers' *(Abb. 2)*. In manchen von ihnen sind innen noch Reste von Gebäuden zu erkennen, so in Leacanabuaile *(Abb. auf S. 116)*, County Kerry. In den anderen Landesteilen bestanden sie aus einem Erdwall mit davorliegendem Graben und werden gelegentlich als ‚raths' *(Abb. 4)* bezeichnet; die Gebäude im Innern waren in der Regel aus Holz. Nicht nur reiche Bauern, selbst Könige wohnten in solchen Anlagen, die in der Größe und in der Ausstattung ihrer Verteidigungseinrichtungen beträchtlich variieren konnten. Es gibt Ringbefestigungen mit zwei oder sogar drei Wällen; die größten unter ihnen dienten vermutlich als Stammeszentren wie die von Garranes, County Cork, die vom Ende des 5. bis ins 7. Jh. benutzt wurde, aber nicht ständig bewohnt war.

Die ringförmigen Befestigungen waren Einheiten, die sich weitgehend selbst versorgen konnten. Lebensgrundlage war eine gemischte Landwirtschaft, in der die Viehwirtschaft das beherrschende Element war; der Reichtum wurde in Rindern bemessen, und der Viehdiebstahl „war eine so verbreitete Form der Fehde, daß man eigentlich nur von einem gewalttätigen und blutrünstigen Sport sprechen kann" (M. und L. de Paor). Die Einwohner dieser Ringbefestigungen waren in der Regel in der Lage, den größten Teil der benötigten Eisenwerkzeuge selbst herzustellen, oft auch feine Metallarbeiten. Sonst deckten sie ihren Bedarf bei reisenden Schmieden oder auf Märkten in den größeren Klöstern. Dagegen war das Töpferhandwerk außer im Nordosten unbekannt, und selbst dort kann es nicht als sehr hochstehend bezeichnet werden.

Eng verwandt mit den ‚raths' und ‚cashels' sind die ‚crannogs' *(Abb. 5)*, künstliche Inseln in Seen oder Sumpfgebieten, die mit dem trockenen Land oft durch schmale Dämme verbunden waren. Es handelte sich dabei ebenfalls um einfache befestigte Anwesen, in denen sogar Angehörige der obersten Gesellschaftsschichten lebten. Vom Crannog von Lagore, County Meath, wissen wir, daß er einer Königsfamilie als Wohnsitz diente, und Ausgrabungen erbrachten den Beweis für den Wohlstand der Bewohner, die Abnehmer von qualitativ hochwertigen Handwerkserzeugnissen, vor allem von verzierten Metallarbeiten waren.

Die großen traditionellen Königszentren Irlands wie Tara im County Meath waren während dieser christlichen Jahrhunderte im Grunde nichts als grasbewachsene Erdhügel; sie wurden nur noch zu zeremoniellen Anlässen aufgesucht. Das gleiche gilt wohl auch für die großen Steinbefestigungen im Westen, obwohl diese wahrscheinlich nach wie vor zu Verteidigungszwecken benutzt wurden. Von der großartigen Befestigung von Grianán Ailech, County Donegal, wissen wir, daß sie der Sitz eines Königs war und erst 1101 zerstört wurde. Die Menschen am unteren Ende der sozialen Rangskala dagegen, die Hirten und Küstenbewohner, lebten in einfachen Häusern und Hütten, deren Spuren sich größtenteils dem Nachweis entziehen.

Ein künstlerischer Höhepunkt: Handschriften und Metallarbeiten

Die Entwicklung der irischen Kunst in der Zeit zwischen dem 5. und 7. Jh. zu verfolgen, ist schwierig; die noch erhaltenen Zeugnisse sind zum größten Teil nicht besonders eindrucksvoll, doch gibt es genügend einfache Gegenstände wie Gewandnadeln, Penannularfibeln, sog. Handnadeln (hand-pins), oder sog. Latchets (ungewöhnlich geformte Gewandspangen), sowie Funde aus Abfällen aus Metallwerkstätten (z.B. in Garranes und Lagore), die den hohen Standard im Bronzeguß, im Umgang mit Email und bei Einlegearbeiten aus buntem Glas (‚millefiori') belegen. Die Muster sind traditionell, sie sind letztlich aus der Spirale und anderen kurvolinearen Motiven der keltischsprechenden Welt der Jüngeren Eisenzeit abgeleitet, nur geringfügig abgewandelt durch römische Einflüsse.

Als die Klöster erst einmal fest etabliert waren und königliche Unterstützung gewonnen hatten, benötigten sie eine ganze Reihe von neuartigen Geräten für den kirchlichen Gebrauch, von Prunkhandschriften bis zu Taschenbrevieren, von Kelchen bis zu Krummstäben, von Kreuzen bis zu Reliquiaren, die alle aufs schönste zum Ruhme Gottes verziert sein sollten. Es gab daher neue Auftraggeber und neue Bedürfnisse in einem früher nicht gekannten Ausmaß. Um diesen neuen und anspruchsvollen Bedarf zu befriedigen, sahen sich die Handwerker nach neuen Anregungen um und fanden sie in der angelsächsischen Kunst. Durch ihre Missionarsarbeit im England des 7. Jhs. lernten die irischen Mönche Cloisonné-Schmuck und Metallarbeiten des Tierstils II kennen, ähnlich denen, wie sie im Schiffsgrab von Sutton Hoo *(Abb. 17 auf S. 77)* gefunden wurden – angelsächsische Metallarbeiten aus dieser Zeit scheinen nicht nach Irland gelangt zu sein. Insbesondere entstand durch das Kloster, das Aidan (aus dem schottischen Kloster Iona) auf Lindisfarne im Königreich Northumbrien gründete, eine große Kirchengemeinde, die Nordengland mit Westschottland und Irland verband. Im Gefolge der hin- und herziehenden Mönche kam es zu einem ungehinderten Austausch nicht nur von religiösen Gegenständen (vor allem Büchern), sondern auch von Handwerkern aus dem Kleriker- und Laienstand.

Das Ergebnis war die Geburt eines neuen Kunststils in Northumbrien in der zweiten Hälfte des 7. Jhs. In ihn sind deutlich erkennbar irische wie angelsächsische künstlerische Traditionen eingegangen, dazu neue Formen, die über die römische Kirche aus dem Mittelmeerraum eingeführt worden waren. Dieser Stil, oft als ‚hiberno-sächsischer' Stil bezeichnet (Hibernia: lateinischer Name für Irland), erreichte seine volle Entfaltung in dem ‚Lindisfarne-Evangeliar' *(Abb. 29 auf S. 80)* etwa aus dem Jahre 700. Die Verschmelzung keltischer und angelsächsischer Traditionen ist jedoch schon in der ältesten noch erhaltenen insularen Handschrift mit ganzseitigen Illustrationen sichtbar – dem ‚Book of Durrow' *(Abb. 12)* aus den siebziger Jahren des 7. Jhs. Es zeigt eine Mischung aus Spiralmotiven, stilisierten Tieren, geradlinigen geometrischen Mustern und kurvolinearem Bandgeflecht. Nach Konzeption und Schrift steht das ‚Book of Durrow' ganz in der Tradition der irischen Gründung, in der es geschrieben und illustriert worden ist. Vermutlich war das Lindisfarne selbst, denn es kommt nur ein Zentrum in Frage, das mit den Leistungen der angelsächsischen Metallarbeit des 7. Jhs. voll vertraut war, eine Konstellation, die bei einem Ort in Irland unwahrscheinlich ist.

Die rasche Weiterentwicklung des hiberno-sächsischen Stils illustrieren in Vollendung das technisch brillante ‚Evangeliar von Lindisfarne' und das weniger gut erhaltene ‚Evangeliar von St. Chad' (heute in Lichfield). Keine Handschrift des 7. oder 8. Jhs. von eindeutig irischer Herkunft erreicht die überragende Virtuosität dieser Werke, aber wahrscheinlich ist das ein reiner Zufall der Überlieferung. Andererseits gibt es in Irland zwei oder drei außergewöhnliche Metallarbeiten mit einem Dekor in voll entfaltetem hiberno-sächsischem Stil, die eindeutig aus irischer Produktion stammen.

Am deutlichsten ist die Wirkung des hiberno-sächsischen Stils in Irland in der Metallarbeit zu sehen. Wichtige neue Techniken wie Goldfiligran und Kerbschnitt wurden von den Angelsachsen entlehnt und mit großem Geschick verwandt oder sogar noch weiter vervollkommnet. Keine angelsächsische Filigranarbeit kommt in Feinheit und in Beherrschung der Technik den Endstücken der sogenannten ‚Tara'-Fibel *(Abb. 25)* gleich, die gar nicht in Tara, sondern am Strand bei Bettystown, County Meath, gefunden wurde. Die traditionellen Entwürfe in Email und buntem Glas sind in geradlinige Zellwerkmuster umgewandelt, die sich vom angelsächsischen Cloisonné-Schmuck herleiten. Diese Entwicklung wird augenscheinlich, wenn man die Behandlung der Attaschen an den älteren britischen Hängeschüsseln mit denen vergleicht, die im 8. Jh. in Irland angefertigt wurden. Diese neue Art der Verwendung von Email findet sich auch auf den Griffen des Kelches von Ardagh.

Der Kelch von Ardagh *(Abb. 22–24)* wurde zusammen mit einem einfachen Bronzekelch und einer Reihe von Fibeln des 9. Jhs. von einem Jungen beim Kartoffelernten in einer Ringbefestigung gefunden, wo die Wertsachen bewußt versteckt worden sein müssen. Schale (Cuppa) und Fuß des reichornamentierten Kelchs bestehen aus Silber und sind durch einen vergoldeten Bronzestiel (Nodus) verbunden, der in Kerbschnittechnik verziert ist. Ein um die Schale laufender Fries trägt eine Anzahl von mit Goldfiligran verzierten Feldern, die mit Tiergeflecht oder einfachem Flechtwerk gefüllt sind. Zwischen ihnen sitzen feingearbeitete Buckel mit Glas- und Emailfüllungen in einem Silbergitter – dem typischen Kennzeichen irischer Handwerksarbeit im späten 7. und 8. Jh.; besonders schön ist das auch auf den Griffen zu sehen. Unterhalb des Frieses stehen die Namen der Apostel in der eleganten Prunkschrift des ‚Lindisfarne-Evangeliars'. Ober- und Unterseite des Fußes sind mit einer bemerkenswerten Vielzahl von Techniken verziert; hier finden sich auch die traditionellen kurvolinearen Muster wieder, die nicht aufgegeben, sondern in einer untergeordneten Rolle in den Gesamtplan integriert wurden (wie auf der ‚Tara'-Fibel, wo sie nur auf der Rückseite erscheinen).

Derartige Meisterwerke der Juwelierkunst mußten die Wikinger faszinieren, die einige der Stücke, die sie auf die eine oder andere Weise erwarben, sorgfältig aufbewahrten *(Abb. 29)*. Die Wikinger sollen sogar an dem Niedergang dieses außergewöhnlichen irischen Kunsthandwerks schuld sein, aber es gibt keinen überzeugenden Beweis dafür, daß noch in der Mitte des 9. Jhs. Gegenstände von derartig hoher Qualität angefertigt wurden, zu einer Zeit also, als die Auswirkungen der Angriffe der Wikinger zum erstenmal voll zu spüren waren. Ein derartig außergewöhnlich hohes Niveau konnte nicht auf Dauer gehalten werden; diese Kunst hatte früh den Gipfel der Raffinesse erreicht, so daß kein Raum für eine weitere Verfeinerung blieb. Ein Ergebnis dieser Entwicklung ist die bezaubernde Naivität des kunstvollen ‚Evangeliars des MacRegol von Birr' aus der ersten Hälfte des 9. Jhs. In der Metallarbeit scheinen Wiederholung und Banalität schon vor dem Auftauchen der Wikinger eingesetzt zu haben. Ironischerweise haben sie jedoch vielleicht die irische Metallarbeit neu angeregt, denn aufgrund ihrer verschiedenen Unternehmungen standen zum ersten Mal große Mengen von Silber in Irland zur Verfügung.

Im Ergebnis setzte sich während des 9. Jhs. ein schlichterer Stil durch, der den Glanz des edlen Metalls voll zur Geltung brachte und die polychrome Art und überfeine Oberflächenbehandlung des degenerierten hiberno-sächsischen Stils vermied, der allerdings in einzelnen Elementen bis ins 10. Jh. weiterlebte. Die weitere Entwicklung der irischen Kunst, die noch einmal im 11. und 12. Jh. mit dem Eindringen skandinavischen Geschmacks einen Aufschwung erlebte, gehört nicht mehr in dieses Kapitel.

Dalriada, das Königreich der Skoten

Nach der Überlieferung sind im 5. Jh. die drei Söhne von Erc – Fergus, Loarn und Angus – mit 150 Mann von ‚Dál Riata', einem Gebiet im nordirischen County Antrim, zu Schiff aufgebrochen, um den Westen Schottlands zu besetzen. Wie groß auch immer der Wahrheitsgehalt dieser Geschichte sein mag, fest steht auf jeden Fall, daß eine im Umfang begrenzte Wanderung von irischen Scotti (Skoten) stattgefunden hat und daß an der Küste von Argyll und auf seinen Inseln das irischsprachige Königreich Dalriada gegründet wurde. Seine Hauptfestung war Dunadd *(Abb. 8)*, eine Felsenzitadelle über der Landenge von Crinan. Bei einer Grabung zu Anfang dieses Jahrhunderts fanden sich dort nur wenige Objekte, die man seinerzeit für typisch irisch hielt; insbesondere gab es dort keinerlei Funde der oben erwähnten nordirischen Töpferwaren. Die einzige Keramik, die überhaupt zutage kam, war importierte D- und E-Ware *(Abb. auf S. 96)*. Daß andererseits Dunadd vom 5. bis 9. Jh. durchgehend bewohnt war, dafür gab es reichliches Beweismaterial, unter anderem Waffen, Werkzeuge, Zierat und Abfälle von Metallarbeiten.

Im Jahre 563 kam Columcille, der Hl. Columba, mit seinen Begleitern im Dienste ihres Glaubens und des ihrer skotischen Brüder nach Dalriada und gründete ein Kloster auf Iona, der kleinen Insel vor der Südwestspitze von Mull.

Von den Pikten schrieben römische Autoren, daß sie ihren Körper bemalten (Picti = bemalte Menschen), wahrscheinlich ein Hinweis auf Tätowierung. Im 17. Jahrhundert entwarf John White dieses phantasievolle, aber völlig frei erfundene Bild eines Piktenkriegers.

Andere irische Mönche errichteten entlang der ganzen Westküste und auf den Orkney- und den Shetland-Inseln weitere Klöster, die ihrerseits wieder als Stützpunkte für die Atlantikreisen ihrer Mitbrüder dienten. Von Iona *(Abb. 44)* wurde eine bedeutende Bekehrungsarbeit unter den Pikten unternommen, und von Iona aus gründete Aidan 634–635 das Kloster auf Lindisfarne – ebenfalls einer kleinen Insel, die vor der Küste Northumbriens liegt; er folgte dem angelsächsischen Fürsten Oswald, der unter den Skoten in Dalriada im Exil gelebt hatte, bei dessen Rückkehr auf den Thron. Beide kamen später bei Angriffen der Wikinger ums Leben, und im früheren 9. Jh. zogen sich die meisten Mönche von Iona nach Kells in Irland zurück, während andere ostwärts nach Dunkeld zogen.

Über das Kloster des Hl. Columba auf Iona ist nur wenig bekannt, auch wenn man gemeint hat, in den Steinfundamenten einer Hütte auf dem Felssporn von Torr Abb, vor der heutigen Abtei, die Behausung des Hl. Columba selbst zu erkennen. Die beeindruckendsten Zeugen der frühen Gemeinde – die großen freistehenden Kreuze, die die Namen der Hll. Martin *(Abb. 44)* und Johannes tragen – sind vermutlich kurz, bevor das Kloster unter dem Druck der wiederholten Überfälle der Wikinger praktisch aufgegeben wurde, entstanden. Sie besitzen einen eigenen Charakter und unterscheiden sich in der Form völlig von den Reliefplatten der Pikten, aber der Einfluß der piktischen Kunst zeigt sich in den großen verzierten Buckeln, die von Schlangen umwunden sind. In Schottland sind solche freistehenden Kreuze selbst in Dalriada selten; besonders gut erhalten ist das von Kildalton auf Islay.

Das schönste Beispiel piktisch beeinflußter hiberno-sächsischer Kunst stellt das ‚Book of Kells' *(Abb. 34)* dar, eine großartige Prachthandschrift, die nach Schrift und Ausmalung in der Tradition des ‚Book of Durrow' und des ‚Lindisfarne-Evangeliars' steht. Lange Zeit glaubte man allgemein, daß dieses prächtige, aber nicht vollendete Evangeliar zu Anfang des 9. Jhs. in Iona entstanden sei und von dort während der Raubzüge der Wikinger nach Kells gelangte. Kürzlich hat jedoch Professor Brown die These aufgestellt, daß es in Wahrheit einige Jahrzehnte früher und möglicherweise im Osten des Piktenlandes entstanden sei.

Um die Mitte des 9. Jhs. zog der Skotenkönig Kenneth mac Alpin nach Osten, als in seinem eigenen Königreich Dalriada wie auch im hohen Norden des Piktenlandes die Wikinger immer weitere Gebiete an sich brachten, und ließ sich im Herzen des südlichen Piktenlandes nieder. Die Eroberung des Piktenlandes, über die keine Einzelheiten bekannt sind, hatte nachhaltige Folgen; damals verbreitete sich die irische Sprache über ganz Schottland – sie entwickelte sich zu der schottischen Form des Gälischen –, und auf diese Weise erhielt das moderne Königreich seinen Namen von den Skoten.

‚Die bemalten Menschen'

Picti (Pikten) ist der Begriff, mit dem römische Autoren die Bewohner des Landes nördlich des Antoninswalls, also nördlich der Linie zwischen den Mündungstrichtern des Forth und Clyde, bezeichneten. *Picti* heißt vermutlich ‚die bemalten Menschen' und bezieht sich auf ihren Brauch, den Körper zu bemalen oder zu tätowieren; es handelt sich im Grunde nur um einen Spitznamen. Die klassischen Autoren, die über die Sitte der Körpertätowierung bei den Pikten berichten, hatten ihre Informationen nur aus zweiter Hand, und diese Geschichten lassen sich nicht bestätigen. Es ist ziemlich unwahrscheinlich, daß die Pikten etwa so aussahen wie die bemerkenswerten Gestalten, die sich John White in der zweiten Hälfte des 16. Jhs. auf der Grundlage dieser Berichte ausgedacht hat *(Abb. auf S. 119)*. Daß wir nicht einmal wissen, wie die Pikten sich selbst nannten, ist nur eins der vielen Rätsel, von denen sie noch umgeben sind. Über jeden Zweifel erhaben ist jedoch die Tatsache, daß die über das Meer vorgetragenen Angriffe der Pikten – das gleiche gilt für die Skoten und die Sachsen – für das spätrömische und das nachrömische Britannien eine große Bedrohung darstellten. Um sich vor ihnen zu schützen, mußten in Yorkshire Verteidigungsanlagen errichtet werden.

Die Beschäftigung mit den militärischen Aspekten der piktischen Gesellschaft hat zu einem von mehreren wissenschaftlichen Durchbrüchen geführt, die in den letzten Jahren in der Erforschung der Pikten gelungen sind, hier vor allem als Ergebnis der archäologischen Untersuchung einiger ihrer stark verteidigten Bollwerke. Ausgrabungen von prähistorischen Befestigungen in Clatchard Craig, Fife, und in Craig

Phadrig bei Inverness haben neben anderen interessanten Funden – einschließlich der Gußform einer Hängeschüssel-Attasche in Craig Phadrig – E-Ware *(Abb. auf S. 96)* zutage gefördert, ein Beweis dafür, daß beide Plätze zur Zeit der Pikten wieder bewohnt waren. Man weiß inzwischen, daß zwei der wichtigsten Festungen im Piktengebiet, die Festung von Dundurn bei St. Fillans, die die westlichen Zugangswege aus Dalriada bewachen sollte, und die Anlage auf der Felszunge von Burghead *(Abb. 3)* am Südufer des Moray Firth, in der Zeit, als die Pikten eine Rolle in der Geschichte spielten, erbaut (und zerstört) worden sind. Beide besaßen große Steinwälle, die mit genagelten Holzbalken verstärkt waren. In Burghead wurden im 19. Jh. eine große Anzahl von Steinen mit eingeritzten Stiersymbolen gefunden, von denen heute aber nur noch wenige erhalten sind.

Derartige Symbolsteine bildeten lange Zeit den einzigen größeren Fundus von eindeutig piktischen Erzeugnissen. Sie sind zwar heidnischen Ursprungs, müssen aber nicht unbedingt vor dem 7. Jh. entstanden sein. Es handelt sich um Felsblöcke und grob behauene Steinplatten, in die eine Reihe von Symbolen *(Abb. auf S. 120)* eingeritzt sind, die im ganzen Piktenland eine einheitliche Stilisierung aufweisen. Diese Symbole stellen sowohl Tiere dar (z. B. die Stiere von Burghead, aber auch Eber, Vögel, Fische und andere) als auch eine Fülle abstrakter Abbildungen, unter denen sogar stilisierte Gegenstände des alltäglichen Lebens wie Kämme und Spiegel vorkommen. Die Symbole sind meist in Gruppen von zwei bis vier in die Steine eingeritzt, bei denen es sich vermutlich um Gedenksteine handelt (als Klasse I bezeichnet), obwohl ihre wirkliche Bedeutung noch umstritten und Gegenstand heftiger Auseinandersetzungen ist.

Selbst wenn die Symbole der Pikten heidnischen Ursprungs wären, erwiesen sie sich auch in einem christlichen Kontext als passend, denn sie finden sich ebenfalls auf piktischen, in Relief gearbeiteten Kreuzplatten (Klasse II), jedoch im allgemeinen nur auf der Rückseite. Zusätzlich tauchen figürliche Szenen, biblischer wie weltlicher Art, und eine ganze Menagerie von Sagentieren auf; gute Beispiele dafür sind der Stein im Friedhof von Aberlemno und die Vorderseite des Steines im Pfarrhausgarten von Glamis *(Abb. 16, 17)*, auf dessen Rückseite ältere Symbole der Klasse I eingeritzt sind. Das Kreuz selbst beherrscht die Vorderseite der Platte und ist mit Flechtwerkmustern geschmückt.

Eine Auswahl von Symbolen auf piktischen Steinen. Ihre Bedeutung ist immer noch weithin rätselhaft.

Die Kreuzplatten der Klasse II bezeugen zwar den christlichen Glauben der Pikten, ansonsten aber ist nur wenig über die frühe piktische Kirche bekannt. Das Land der Pikten war vom Westen aus missioniert worden. Zu Beginn des 8. Jhs. wandte sich jedoch König Nechtan an Northumbrien und die angelsächsische Kirche mit der Bitte um geistliche Führung und praktische Hilfe. Als Folge davon sind northumbrische Elemente in die piktische Kunst eingeflossen, und in diesem Rahmen könnte das ‚Book of Kells' sehr wohl im Piktenland entworfen und ausgeführt worden sein. Die angelsächsische Variante der ‚belebten' Weinranke – eine Kletterranke, in der sich Tiere verbergen und Vögel sitzen – taucht auf piktischen Steinen der Klasse II auf, so auf dem von Hilton of Cadboll, Easter Ross *(Abb. 32)*. Flechtwerktiere, die in eleganten Spiralen auslaufen, so wie auf dem Stein im Friedhof von Aberlemno sind ebenfalls von der angelsächsischen Kunst inspiriert.

Die letzte Entwicklung piktischer Skulptur unmittelbar vor der Machtübernahme der Skoten waren von Schlangen umwundene Buckel – ein Motiv, das bereits bei den Kreuzen von Iona erwähnt wurde. In Vollendung sind sie auf der großen Platte von Nigg *(Abb. 19)* sowie – in einem ganz anderen Zusammenhang – an den Schmalseiten eines eindrucksvollen freistehenden Grabschreins in St. Andrews zu sehen. Im Laufe des 9. Jhs. kamen dann piktische Symbole allmählich außer Gebrauch.

Diese Symbole waren nicht nur auf Steindenkmäler beschränkt, sondern kommen auch auf Metallarbeiten vor; zu diesen gehört eine Anzahl feiner silberner Schmuckstücke – zum Teil mit eingelegtem roten Email –, wie z. B. ein Schmuckplattenpaar und eine ‚Handnadel' (hand-pin) aus einem Schatzfund des 7. Jhs. in Norries Law, Fife, sowie die Schlußglieder von schweren silbernen Halsketten. Sehr beliebt bei den Pikten des 8. Jhs. war eine besondere Art von Ringfibeln (Penannularfibeln), die sich deutlich vom ‚Tara'-Typ unterschied, der damals in Irland verbreitet war. Zwölf solcher Fibeln gehörten zu dem bemerkenswerten Schatzfund von der St. Ninian's Isle.

Dieser Schatz war in einem Holzkästchen unter dem Fußboden einer kleinen Kapelle auf der Gezeiteninsel St. Ninian vor der Südwestspitze der Shetland-Inseln verborgen worden. Er umfaßte 28 Gegenstände aus Silber und – unerklärlicherweise – ein Stück Kieferknochen eines Tümmlers und ist um das Jahr 800 – zweifellos wegen der Plünderungen der Wikinger – vergraben worden. Der Schatz enthielt außer den Fibeln noch eine zweite größere Hauptgruppe von Gegenständen, und zwar acht Schüsseln, darunter eine aus Northumbrien eingeführte Hängeschüssel *(Abb. 9)*. Die übrigen sind, wie David Wilson nachgewiesen hat, piktische Arbeiten. Zwei von ihnen sind mit Friesen von Tieren *(Abb. auf S. 121)* geschmückt, deren Darstellung eng verwandt ist mit der auf piktischen Steinplatten der Klasse II (z. B. die von Aberlemno), und die in bestimmten Details Entsprechungen im ‚Book of Kells' besitzt. Die unmittelbaren Vorläufer dieser Tiere in piktischen Metallarbeiten finden sich auf der Vorderseite des sogenannten ‚Brecbennoch of St. Columba' *(Abb. 11)*, des Reliquars von Monymusk, eines kleinen holzgeschnitzten und mit Metall verkleideten

Tierdarstellungen auf manchen piktischen Steinen, wie dem von Ardross, und in insularen Handschriften, wie dem ‚Book of Kells', weisen gewisse Parallelen auf.

Schreins in Hausform, der emaillierte Scharnier-Attaschen für einen Tragriemen besitzt.

Erst vor kurzem haben Ausgrabungen auf der Hauptinsel der Orkneys und auf der Hebrideninsel North Uist erste Aufschlüsse über das Aussehen und die Wirtschaft der einheimischen Siedlungen in diesen abgelegenen piktischen Gebieten gebracht. Die Siedlungen von Buckquoy auf Orkney und am Udal auf North Uist wurden beide im 9. Jh. von den Wikingern erobert. Die Tatsache, daß die materiellen Funde in beiden Plätzen eine gewisse Kontinuität aufweisen, deutet darauf hin, daß die einheimische Bevölkerung, soweit sie nicht geflohen oder getötet worden war, versklavt wurde. Daß die Übernahme dieser Gebiete durch die Norweger alles andere als friedlich vor sich ging, zeigt sich an der vollständigen Ausmerzung der einheimischen Ortsnamen auf den Inseln vor der schottischen Nordküste und an einem kleinen Befestigungsring am Udal auf North Uist, der während dieses kritischen Augenblicks in der Geschichte der Siedlung errichtet wurde.

Die Nordbriten

Die britischen Königreiche, die in nachrömischer Zeit südlich des Forth und des Clyde entstanden waren, wurden – mit Ausnahme von Strathclyde – im oder noch vor dem 7. Jh. von den northumbrischen Angelsachsen erobert. Wir haben nur vereinzelte archäologische Kenntnisse über das Leben in den Landschaften Lothians und Borders im 5. und 6. Jh., es blieb jedenfalls das Gebiet der *Votadini,* des römischen Klientelkönigreichs, nördlich der Ostpartie des Hadrianswalls. Auf dem Doon Hill, oberhalb von Dunbar, hat Brian Hope-Taylor eine britische Holzhalle ausgegraben, die mit einer Mauer umgeben war und im 7. Jh. zerstört wurde, vermutlich während des Vorstoßes der Angeln, denn an ihrer Stelle wurde eine zweite Holzhalle errichtet, nun aber in der Art der Halle am damaligen angelsächsischen Königssitz in Yeavering in Northumberland *(Abb. auf S. 86).*

In Südwestschottland – wie in Wales und in Südwestengland – beruhten die einheimischen Königreiche, die während des 5. Jhs. entstanden, auf den älteren Stammesgruppierungen der Eisenzeit. Aus den *Damnonii* entwickelte sich das Königreich Strathclyde, zu dessen ersten Königen Coroticus oder Ceretic zählte, dem der Hl. Patrick vorwarf, unter den von ihm bekehrten Iren auf Sklavenfang zu gehen. Obwohl das Ayr-Tal das Herz von Strathclyde bildete, lag dessen größte Festung an der Nordgrenze in Alcluith, heute Dumbarton Rock *(Abb. 7).* Bei Ausgrabungen unter der Leitung von Leslie Alcock wurden Spuren eines Holz-Erde-Walls freigelegt, der absichtlich zerstört worden war, wahrscheinlich von dem Wikingeraufgebot, das die Festung im Jahre 920 mit Erfolg belagert hat. Nach den Funden zu urteilen haben sich die ehemaligen Einwohner am Inhalt von mittelmeerischen Amphoren (B-Ware) gütlich getan sowie Keramik der Klasse E *(Abb. auf S. 96)* benutzt. Ferner wurden Bruchstücke von merowingischem Glas gefunden, aus denen vermutlich Schmuck und Einlagen für Metallarbeiten hergestellt wurden.

Das zweite Königreich von Bedeutung in Südwestschottland war Rheged. Seine Ausdehnung ist unsicher, auf jeden Fall umfaßte es Dumfries und Galloway: das Zentrum lag in Carlisle. Eine der drei großen Befestigungen in diesem Königreich, die archäologisch untersucht worden sind und für die eine nachrömische Besiedlung nachgewiesen wurde, ist ‚The Mote of Mark' bei Dalbeattie. Sie wurde allerdings erst im 6. Jh. erbaut und blieb bis weit in das 7. Jh. bewohnt. Hier wurden viele ausgezeichnete Metallarbeiten hergestellt; unter den zahlreichen Fragmenten von tönernen Gußformen gibt es auch einige mit Flechtwerkmustern, ein Ornament, das von den Angelsachsen entlehnt war, die in den dreißiger Jahren des 7. Jhs. dann Rheged eroberten.

Über Südschottland und Nordengland verstreut findet sich eine kleine Anzahl von britischen Grabsteinen aus dem 5. und 6. Jh., die aber mit ihren lateinischen Inschriften und mit ihren einfachen Kreuzen oder Chi-Rho-Monogrammen in römischer Tradition stehen. Einer dieser Steine aus Whithorn bei Wigtown, der von Barrovadus für Latinus und dessen junge Tochter errichtet wurde, stammt aus dem 5. Jh. und wurde auf dem Friedhof gefunden, der ein kleines steinernes Oratorium umgibt, dessen Mauern Spuren von weißem Putz aufwiesen. Dies könnte die *Candida Casa* sein, das ‚Weiße Haus' (‚hwit aern' im northumbrischen Englisch), das Whithorn seinen Namen gab; die Kapelle soll der Überlieferung nach der Hl. Ninian erbaut haben, der früh im 5. Jh. als Bischof dorthin kam. Weiter östlich an der Küste hat Charles Thomas auf Ardwall Island Teile einer kleinen Klosteranlage aus dem 6. bis 8. Jh. ausgegraben, die an ähnliche Anlagen in Irland erinnert.

Die britischen Königreiche im Norden müssen schon zu Anfang des 7. Jhs. von denen in Wales getrennt worden sein, denn König Edwin von Northumbrien war in den dreißiger Jahren des 7. Jhs. bereits in der Lage, erfolgreiche Angriffe gegen Anglesey und Man zu führen und muß daher noch vor dieser Zeit seine Herrschaft auf das Gebiet westlich der Pennines ausgedehnt haben. Es gibt jedoch wenig Belege für eine Anwesenheit der Angelsachsen in Cumbria und Lancashire; beide Gebiete sind vorwiegend britisch geblieben, bis um 900 die norwegische Besiedlung begann.

Die Isle of Man

Die Isle of Man entging ebenso wie Irland der Herrschaft der Römer und der Angelsachsen, denn die Unterwerfung der Insel durch Edwin kann höchstens dazu geführt haben, daß sie tributpflichtig wurde. Tatsächlich bestanden während der Jahrhunderte, die uns hier interessieren, besonders enge Beziehungen zu Irland, und von dort muß auch eine Besiedlung erfolgt sein (wahrscheinlich im 5. Jh.), denn das auf der Isle of Man gesprochene Manx-Gälisch stammt vom Irischen ab (Manx: Bewohner der Insel sowie deren Sprache), das allmählich das einheimische Britische verdrängt hat. Dieser Vorgang läßt sich in gewisser Weise an den frühchristlichen Gedenksteinen der Inselbewohner ablesen. Einige von ihnen bewahren das Gedächtnis an Männer mit britischen Namen, gleichzeitig kommt jedoch auch die Ogham-Schrift vor. Eine besonders schöne, nur als Fragment erhaltene Altarvorderseite von Calf of Man *(Abb. 27)* bezeugt die fortbestehende Verbindung mit Irland; die Darstellung der Kreuzigung ähnelt sehr irischen Fassungen des Themas in Metallarbeiten des 8. Jhs. Eine Kreuzplatte in Maughold mit der Aufschrift CRUX GURIAT verweist jedoch auf eine andere Geschichte, denn der Mann mit dem britischen Namen Gwriad, zu dessen Gedenken sie aufgestellt wurde, war möglicherweise der Vater von Merfyn Frych, einem König von Nordwales, der im Jahre 825 den Thron bestieg. Denkmäler dieser Art belegen auch, daß die Bildhauerkunst auf der Isle of Man zur Zeit der ersten norwegischen Siedlungen im 9. Jh. bereits voll entfaltet war; so konnte diese Tradition eine der Grundlagen für die schönen, auf der Insel gefundenen Wikingerkreuze des 10. Jhs. bilden.

Einige der auf Man siedelnden heidnischen Wikinger begruben ihre Toten in bestehenden christlichen Friedhöfen wie Balladoole und Balladoyne. Nach ihrer Bekehrung scheinen sie die einheimische Kirchenorganisation übernommen zu haben und benutzten auch die ‚keeills' – frühe, kleine, von Friedhöfen umgebene Kapellen. Wir wissen nur wenig von den Siedlungsplätzen der ersten Wikinger auf Man, noch weniger jedoch über die Siedlungen in den Jahrhunderten vor Ankunft der Norweger. Eine davon ist am Flughafen Ronaldsway ausgegraben worden, und zur Zeit legt Peter Gelling in Port y Candas die Reste einer befestigten Anlage frei, die aus dem 6. bis 8. Jh. stammt und deren Bewohner über Keramik der E-Ware verfügten.

Wales und die Iren

Die Zahl der archäologischen Zeugnisse aus dem nachrömischen Wales ist außerordentlich gering, wenn man von einer großen Gruppe frühchristlicher Gedenksteine und einer Handvoll ausgegrabener Siedlungen absieht. Römische Herrschaft und römischer Einfluß sind im Süden am stärksten gewesen, wo mit Caerwent und Carmarthen Städte entstanden waren, sonst jedoch die römische Präsenz militärischer Natur gewesen war. Irische Raubzüge hatten in spätrömischer Zeit den Bau neuer Kastelle wie in Caer Gybi auf Anglesey und in Cardiff nötig gemacht, mit denen die schützende Kette solcher Anlagen weiter verstärkt wurde.

Vielleicht haben sich schon im 4. Jh. Iren in Wales niedergelassen – falls die alte römische Übung, Barbaren für den Kampf gegen Barbaren anzuwerben, auch in diesem Grenzgebiet der Provinz praktiziert wurde –, mit Sicherheit jedoch im 5. Jh. Ebenfalls im 4. oder 5. Jh., je nachdem wie man die literarischen Quellen auslegt, siedelten sich Nachkommen der *Votadini* vom südlichen Ufer des Firth of Forth in Nordwestwales an. Unter ihrem Führer Cunedda sollen sie die Iren aus verschiedenen Teilen von Wales vertrieben haben.

Die irische Siedlung im Nordwesten wie im Südwesten von Wales hat in den Ortsnamen dieses Gebiets Spuren hinterlassen, aber anders als in Schottland und auf der Isle of Man hat das Irische niemals das Britische, von dem das Walisische abstammt, verdrängen können. Die etwa fünfzig Ogham-Steine, die für Wales belegt sind, sowie Steine mit lateinischen Inschriften, die Männern mit spezifisch irischen Namen gewidmet sind und die auf einigen Steinen in der Art der Ogham-Schrift von oben nach unten laufen, stellen das wichtigste archäologische Zeugnis für die Anwesenheit der irischen Siedler dar. Von besonderem Interesse sind zweisprachige Inschriften (Ogham- und lateinisches Alphabet auf ein und demselben Stein), insbesondere die von Castell Dwyran *(Abb. 14)* im Südwesten des Landes, deren lateinischer Text: MEMORIA VOTEPORIGIS PROTICTORIS, ‚Denkmal des Protectors Voteporix' lautet; denn dieser Voteporix ist vielleicht identisch mit Vortiporius, von dem wir wissen, daß er in den zwanziger Jahren des 6. Jhs. im Königreich Dyfed geherrscht hat. In Nordwestwales, dem Königreich Gwynedd, befindet sich in der Kirche von Llangadwaladr auf Anglesey ein lateinischer Gedenkstein für Catamanus (Cadfan), ‚den weisesten und berühmtesten aller Könige'. Er stammt aus dem 7. Jh. und zeigt eine merkwürdige Mischung aus römischer Kapitalschrift und Buchstabenformen aus der für die Handschriften entwickelten Schrift. Abschließend sei ein königliches Denkmal aus dem Königreich Powys erwähnt, die Eliseg-Säule in Valle Crucis bei Llangollen. Cyngen hat sie im 9. Jh. zum Andenken seines Urgroßvaters Eliseg (Elise) errichtet, der das Haupt des walisischen Widerstandes gegen den angelsächsischen König Offa von Mercia gewesen war. Welchen Erfolg die Waliser bei der Abwehr des angelsächsischen Vordringens hatten, drückt sich bis zum heutigen Tag in den großen Anlagen von Wat's und Offa's Dyke *(Abb. 21 auf S. 78)* aus, die die Angelsachsen als Grenzwälle gegen die Waliser gebaut haben.

Ein Gedenkstein aus Aberdaron in Gwynedd wurde errichtet für ‚Senacus, den Priester, der hier mit einer Schar seiner Brüder liegt'; so liefert er den direkten Beweis für die Existenz eines Klosters an diesem Ort. Gräber und schriftliche Aufzeichnungen sind praktisch die einzigen Hinweise für die Lokalisierung der ersten Kirchen in Wales; zu ihnen gehören Llanwit Major an der Südküste und das große Klosterzentrum von Bangor. Denn die Archäologie hat bis jetzt nur sehr wenig an vornormannischen Klöstern und Kapellen in Wales entdecken können; oberirdisch haben sich keinerlei Reste solcher Gebäude erhalten.

Ausgrabungen in mehreren vorrömischen Ringwällen, unter anderem in Degannwy und Dinas Emrys in Nordwales (beides Plätze, die auch später für den Bau von Burgen gewählt wurden), haben Hinweise auf eine nachrömische Besiedlung erbracht, unter anderem Importkeramik. Sehr viel mehr wissen wir jedoch über die kleine Befestigung von Dinas Powys, die auf einem Hügel bei Cardiff liegt und im 5. Jh. erbaut wurde. Leslie Alcock hat hier zwei innerhalb der Verteidigungsanlagen gelegene Gebäude ausgegraben und außer Hinweisen auf Landwirtschaft auch solche auf andere Tätigkeiten, darunter Metallbearbeitung, gefunden. Im wesentlichen handelt es sich bei den Funden aus dieser Anlage um Material, wie es typisch ist für Westbritannien und Irland in dieser Zeit; allerdings sind Metallschrott und Glasstücke, die für die Herstellung von Schmuck benutzt wurden, von den Angelsachsen im Osten erworben worden, während das Vorhandensein eines kompletten Sortiments importierter Keramik darauf hindeutet, daß diese Siedlung am Westhandel mit Luxusgütern beteiligt war. Dies läßt den Schluß zu, daß wir es mit der Residenz eines Häuptlings aus dem 5. bis 7. Jh. zu tun haben. Über die normalen ländlichen Siedlungen dieser Zeit in Wales wissen wir jedoch immer noch fast nichts.

König Marks Reich

In nachrömischer Zeit entstand im Südwesten Britanniens das Königreich Dumnonia, das Cornwall, Devon und Somerset umfaßte, aber in der Zeit vom 6. bis ins frühe 10. Jh. unter dem Druck der angelsächsischen Expansion nach Westen allmählich zusammenschrumpfte. Das Königreich scheint keine ständige Hauptstadt besessen zu haben, doch kann zumindest einer der Regierungssitze in Cornwall identifiziert werden. Die eisenzeitliche Befestigung Castle Dore wurde wieder besiedelt und erhielt einen hölzernen Saal. Dabei handelt es sich möglicherweise um den Königssaal des Cunomorus (oder Cynfawr), der bereits im 9. Jh. mit dem legendären König Mark gleichgesetzt wurde. Nicht weit entfernt steht der Gedenkstein für seinen Sohn aus dem 5. oder 6. Jh. mit der Aufschrift DRUSTANUS FILIUS CUNOMORI, ‚Tristan, Sohn des Cynfawr'. Eine weitere eisenzeitliche Befestigung, die im 6. Jh. wieder bewohnt war, ist die wuchtige Steinfestung Chun Castle in Südcornwall, in der, wie kleinere Ausgrabungen gezeigt haben, Zinn geschmolzen wurde.

An der Ostgrenze von Dumnonia liegen zwei eisenzeitliche Ringwälle, die alle derartigen Befestigungen, für die eine Besiedlung in nachrömischer Zeit belegt ist, an Umfang übertreffen. Beide heißen Cadbury, die eine liegt oberhalb von Congresbury und die andere, Cadbury Castle, in der Nähe von South Cadbury *(Abb. 6)*. Die Funde, unter anderem aus dem Mittelmeerraum importierte Keramik, beweisen, daß beide im 5. und 6. Jh. wieder bewohnt waren. Aber was Cadbury Castle von allen anderen Plätzen dieser Art unterscheidet, ist weniger seine außerordentliche Größe als vielmehr die Tatsache, daß der oberste Umfassungswall damals in seiner ganzen Länge (etwa 1095 Meter, mit einer Innenfläche von mehr als 7 Hektar) erneut befestigt wurde. Wer der Mann war, der über die Mittel gebot, dies gewaltige Bauwerk zu errichten, ist unbekannt, doch wenn man es überhaupt einer jener schattenhaften Gestalten zuschreiben will, erscheint es nicht unvernünftig, hier mit Leslie Alcock an König Artus zu denken.

Ein gewisses Bild vom Leben in Dumnonia auf einer niedrigeren sozialen Rangstufe läßt sich aus einer Siedlung in Gwithian in Cornwall gewinnen, wo Charles Thomas eine unbefestigte Siedlung mit Hütten in Trockenmauertechnik entdeckt hat, deren zahlreiche Abfallgruben eine Reihe von einheimischer und importierter Keramik enthielten. Importierte mittelmeerische Keramik aus einem ‚round' – einer besonderen Art von ringförmiger Befestigung – in Trethurgy zeigt, daß wenigstens eine Siedlung dieses älteren Typs auch in nachrömischer Zeit bewohnt war. Beide Plätze beweisen zudem, daß zumindest im Südwesten die Möglichkeit, importierte Gefäße mit entsprechendem Inhalt zu erwerben, nicht nur dem Adel und der Kirche offenstand.

In Südwestengland überlebte das Christentum den Abzug der Römer, ohne mit dem angelsächsischen Heidentum in Berührung zu kommen. Hier dürfte sich auch das Mönchtum, das vom Kontinent kam, aber seine Wurzeln letztlich im östlichen Mittelmeerraum hatte, zuerst etabliert haben. Tintagel *(Abb. 43)* in Cornwall, dessen Ursprünge in die zweite Hälfte des 5. Jhs. hineinreichen, gilt als das früheste bekannte britische Kloster. Die Deutung dieser Stätte als ein geistliches Zentrum ist vor kurzem jedoch angezweifelt worden. Tintagel liegt auf einem Vorgebirge, das mit einem massiven Erdwall gesichert ist; in den Bauten hat man A-, B- und D-Ware *(Abb. auf S. 96)* gefunden – ein Hinweis dafür, daß es im 5. und 6. Jh. bewohnt war; aber nicht alle Bauten sind so alt. Vor der weiteren Diskussion darüber, ob es sich hier um ein Kloster oder einen Fürstensitz handelt, müssen zunächst detaillierte Untersuchungen und neue Ausgrabungen abgewartet werden. Genauso unmöglich ist die endgültige Entscheidung darüber, ob die Siedlung auf dem Glastonbury Tor *(Abb. 42)* – mit Keramik der B-Ware – weltlicher oder klösterlicher Natur war, obschon sehr vieles für die zweite Möglichkeit spricht. Ausgrabungen in Glastonbury Abbey haben Reste eines großen Walles freigelegt, der die späte irische Gründung einschloß, aus der im Laufe der Zeit ein spät-angelsächsisches Kloster von außergewöhnlicher Bedeutung entstehen sollte.

Eine kleine Gruppe von Gedenksteinen in Ost-Cornwall und West-Devon läßt vermuten, daß die Überlieferung von der Niederlassung irischer Siedler in Dumnonia einen wahren Kern enthält. Sie müssen nicht unbedingt von Irland gekommen sein, wenn man die bereits erwähnte Besiedlung von Südwales berücksichtigt. Einige dieser Gedenksteine tragen irische Ogham-Inschriften, andere, in lateinischer Schrift, nennen Männer irischen Namens. Eine Platte aus Ivybridge *(Abb. 15)* in Devon wurde im 6. oder 7. Jh. dreimal als Gedenkstein für Iren verwendet: ‚Suaqqucos' in Ogham-Schrift, ‚Fanonus' auf der Vorderseite und ‚Sagranus' auf der Rückseite (beide in lateinischer Schrift und von oben nach unten in der Art der Ogham-Inschriften geschrieben).

Selbst ein so knapper Überblick wäre nicht vollständig, ohne die Briten zu erwähnen, die Dumnonia im 5. und 6. Jh.

verließen und sich in Armorica, der heutigen Bretagne, niederließen. Offensichtlich hat es sich dabei um eine Wanderung größeren Ausmaßes gehandelt; die Gründe für diesen Vorgang sind noch nicht geklärt, doch dürften der wachsende Druck infolge des Vorstoßes der Angelsachsen und die irische Besiedlung dabei eine wichtige Rolle gespielt haben. Auf diese Wanderung ist die große Übereinstimmung zwischen dem Kornischen und Bretonischen zurückzuführen; am beständigsten spiegelt sich das Ereignis jedoch in dem Namen ‚Bretagne'.

Im 9. Jh. gab es nur noch in Cornwall und Wales Briten, die frei von angelsächsischer Herrschaft lebten, und Cornwall mußte sich bald Wessex unterwerfen. Damit vollendeten die Angelsachsen die Sammlung der britischen Lande, die im Königreich von England aufgingen.

Fortbestand und Wiedergeburt der keltischen Tradition

Wenn auch die Eroberung Irlands durch die Anglonormannen nicht zur Unterwerfung des ganzen Landes führte, war sie doch dafür verantwortlich, daß die einheimischen Stile und Techniken allmählich verschwanden. Erst das Nachlassen der englischen Aufsicht ließ im späten Mittelalter eine Renaissance des Keltischen zu. So enthält das ‚Book of Ballymote', das um 1390 im Auftrag eines gälischen Fürsten zusammengestellt wurde, neben Geschichtsdarstellungen, Genealogien, klassischen Erzählungen, Gedichten und Gesetzestexten auch eine Abhandlung über die Ogham-Schrift. Ferner weist es farbige Initiale auf, die bewußt jene der früheren Handschriften nachahmen; auch der Tierstil erlebt eine neue Blüte, doch sind die Feinheiten des Flechtwerks den spätmittelalterlichen Künstlern, denen die spezielle Ausbildung ihrer frühchristlichen Vorgänger fehlte, häufig entgangen. Andererseits wurden ältere Arbeiten teilweise mit großer Sorgfalt und großem Geschick kopiert. So scheint die Lederhülle, die traditionell zu dem ‚Book of Armagh' gehört (obwohl sie viel zu groß dafür ist), auf den ersten Blick aus dem 11. oder 12. Jh. zu stammen. Nur Einzelheiten im Flechtwerkmuster und im Tierschmuck (und der unbeholfene Versuch, gotische Buchstaben nachzumalen) verraten, daß sie in Wahrheit im 15. Jh. entstanden ist.

Mit der Wiederbelebung des Keltischen im mittelalterlichen Irland erwachte auch ein starkes Interesse an Harfenmusik. Als die schönsten erhaltenen Zeugnisse dieser Tradition können zwei berühmte Harfen gelten: Die eine befindet sich in Dublin und wird traditionell mit Brian Boru in Verbindung gebracht (er besiegte im Jahr 1014 die Wikinger in der Schlacht von Clontarf), die andere, in Edinburgh, ist als Queen-Mary-Harfe bekannt geworden. Beide stammen vermutlich aus derselben spätmittelalterlichen Werkstatt, aber ob diese sich in Irland oder in Schottland befand, ist schwer zu sagen; denn in der schottischen Kunst, insbesondere in den westlichen Highlands, waren viele frühe Elemente lebendig geblieben. Gut illustrieren das zwei sehr ähnliche Schmuckkästchen aus Walbein mit Bronzeschlössern und Bronzebeschlägen – das ‚Eglinton'- und das ‚Fife'-Kästchen. Sie sind über und über mit Flechtwerkmustern geschmückt und wahrscheinlich im 15. Jh. entstanden, obwohl sie teilweise in viel frühere Zeit datiert werden. Die gleiche Vorliebe für Flechtwerk findet sich auf den spätmittelalterlichen Steindenkmälern in den westlichen Highlands. Reliefplatten

Gelegentlich glitt die Begeisterung für die Wiederbelebung der keltischen Tradition ins leicht Absurde ab. 1895 wurden Nachbildungen des rund 25 Jahre zuvor entdeckten Kelchs von Ardagh als Zuckerdosen mit dazu passenden Zuckerzangen auf den Markt gebracht.

und menschliche Darstellungen dieser bemerkenswerten regionalen Bildhauerschule sind zwar von der romanischen Kunst inspiriert, doch gibt es einige freistehende Kreuze des 14. und 15. Jhs., wie das Maclean-Kreuz auf Iona, die an die frühere Verwendung dieses Denkmaltyps in Westschottland erinnern.

Noch einmal, um die Mitte des 19. Jhs., wandten sich irische Künstler programmatisch der Kunst und Architektur der frühchristlichen und iro-romanischen Periode zu, um sich Anregungen bei ihren Bemühungen zu beschaffen, eine nationale Kunst zu begründen. Seit dem späten 18. Jh. hatten irische Altertumskundler ein größeres Publikum mit einheimischer Kunst und Altertümern bekanntgemacht. Als man begann, Hochkreuze als Vorbild für die Gestaltung von Denkmälern und Grabsteinen zu benutzen, konnte man sich dabei auf H. O'Neills Werk ‚Illustrations of the Most interesting of the Sculptured Crosses of Ancient Ireland' (‚Illustrationen der interessantesten Reliefkreuze des alten Irlands') stützen, das 1857 veröffentlicht wurde. Handschriften wurden auf entsprechende Anregungen hin durchsucht, und aus dem ‚Book of Durrow' und dem ‚Book of Kells' wurden Muster für alle möglichen Zwecke, von der Buchillustration bis zu Verzierungen an Gebäuden, übernommen.

Kopien altirischer Ornamente wurden – oft in freier Variation – spätestens seit 1842 von Waterhouse & Co. in Dublin und bald von vielen anderen hergestellt. Der Ankauf der im Jahre 1850 gefundenen ‚Tara'-Fibel durch Waterhouse brachte einen ungeheuren Aufschwung für das Reproduktionsgeschäft, und eine nachempfundene Fibel dieser Art war ein wesentlicher Teil der neu zusammenphantasierten irischen Nationaltracht; in Schottland besann man sich für die gleichen Zwecke ebenfalls wieder auf ‚keltische Muster'. Auch der im Jahre 1868 gefundene Kelch von Ardagh blieb von dieser Mode nicht verschont; in der Ausstellung der Gesellschaft für Kunst und Handwerk in Irland im Jahr 1895 tauchte er als Zuckerdose mit dazu passender Zange auf *(Abb. auf S. 124)*. Diese, zum Teil mißbräuchliche Verwendung der frühchristlichen Kunst Irlands erfreute sich bis in die Mitte des 20. Jhs. großer Beliebtheit, so daß wir heute noch auf zahlreiche Spuren dieser Hinterlassenschaft stoßen.

Die Geschichte der heroischen britischen Vergangenheit Englands lebt vor allem in einer Gestalt weiter, in der des Artus oder besser des ‚Königs Artus', den in Prosa und Vers Geoffrey of Monmouth, Sir Thomas Malory, Tennyson und viele andere verherrlicht haben. Ihre phantasievoll ausgeschmückten Schilderungen und ihre große Beliebtheit interessieren uns hier nicht weiter, wichtig ist in diesem Zusammenhang, daß Artus schon früh als überregionale Heldengestalt gleichermaßen in Nordbritannien, in Wales und im Süden erscheint. Im Süden wurde er jedoch am stärksten mit bestimmten Orten in Verbindung gebracht. Das geht soweit, daß Cadbury Castle mit Vorbehalten als das ‚Camelot' der späteren Romanzen angesehen wurde.

Die ‚Geschichte der Briten' aus dem 9. Jh., angeblich von dem walisischen Mönch Nennius verfaßt, enthält die lateinische Zusammenfassung eines walisischen Gedichts, das die zwölf Schlachten aufzählt, die Artus geschlagen haben soll. Wann es entstanden ist, ist unbekannt, vielleicht noch zu Lebzeiten von Artus, wahrscheinlicher jedoch erst im späten 6. oder im 7. Jh., wo Artus bereits als großer britischer Held bezeugt ist. Solche Quellen lassen naturgemäß kaum einen Schluß auf den wahren Kern der Geschichte von Artus und seinen Heldentaten zu, aber das ist ohne Belang, wenn es darum geht, die Artus-Sage, die zum ersten Mal Geoffrey of Monmouth im Jahre 1136 ausgestaltet hat, immer wieder neu zu erzählen.

Auf keinen Fall werden wir jemals die Wahrheit über die Ereignisse des Jahres 1191 erfahren, als die Mönche von Glastonbury behaupteten, den Leichnam von Artus und seiner Königin Guenhuwara (franz. Guenievre) gefunden zu haben. Bei den Leichnamen (wer auch immer sie waren) lag ein Bleikreuz *(Abb. auf S. 113)*, das Camden in der Ausgabe seiner ‚Britannia' vom Jahre 1607 abgebildet hat und das die Inschrift trug HIC IACET SEPULTUS INCLITUS REX ARTURIUS IN INSULA AVALONIS, ‚Hier liegt begraben der berühmte König Artus auf der Insel Avalon'. Vom Schriftcharakter her stammt die Inschrift mit Sicherheit nicht aus dem 6. Jh., aber auch nicht aus dem 12., denn die Formen der Buchstaben sind typisch für das 10./11. Jh. Dennoch kann eine Fälschung nicht ausgeschlossen werden, sie lag durchaus im Bereich der Fähigkeiten eines Mönches im 12. Jh. Glastonbury besitzt eine lange Geschichte von Fälschungen und phantasievollen Legenden; und vor diesem Hintergrund ist auch die Behauptung der Mönche zu sehen, sie hätten das Artus-Grab gefunden. Ist es nur ein Zufall, daß das Kloster 1184 durch einen Brand stark beschädigt worden war und daß die Mittel für einen Wiederaufbau knapp waren? Von etwas Publizität haben derartige Projekte immer Nutzen gezogen ...

Aber all diese Begebenheiten liegen zwangsläufig im Dunkel der Geschichte, dem wir so häufig in diesem Überblick begegnet sind. Dennoch verfügen wir – bei aller Beschränktheit – über reichhaltige und vielfältige Quellen historischer, archäologischer und linguistischer Natur; es wird noch viel Arbeit kosten, sie auszuwerten, um so unser Wissen über diese entscheidende und immer wieder faszinierende Periode in der Geschichte der Britischen Inseln zu vertiefen.

5

DIE SKANDINAVIER IN IHRER HEIMAT

Else Roesdahl

Norwegen ist ein großes Land, das Volk ist ungestüm und es ist nicht gut, es mit einem unzureichenden Heer anzugreifen.

Snorri Sturluson, *Heimskringla um 1230*

Skandinavien ist fast vollständig von Wasser umgeben: Im Osten und Süden liegen der Bottnische Meerbusen und die Ostsee, im Westen und Norden die Nordsee, der Nordatlantik und das Arktische Meer. Auf dem Seewege hielten die verschiedenen Teile des Gebietes Kontakt untereinander. Die Kette von Inseln, Inselchen und Schären, die sich fast über die ganze Länge der Atlantikküste erstreckt, bildete einen Schutz vor den atlantischen Stürmen; und mit den Verbesserungen im Schiffsbau wurde es immer leichter, die Verbindungen aufrecht zu erhalten. So konnte zu Ende des 9. Jhs. der Norweger Ottar, der dem Hofe König Alfreds des Großen einen Besuch abstattete, dem König berichten, daß er von seinem Heimatort in Halogaland in Norwegen in einem Monat nach Skiringssal (Kaupang) in Südnorwegen segeln könnte, wenn er jeden Tag günstigen Wind hätte und wenn er jede Nacht an Land verbrächte. Von Skiringssal benötigte man auf dem Seewege fünf Tage nach Haithabu (bei Schleswig) im damals südlichsten Dänemark.

Obwohl es auch möglich war, auf dem Landwege zu reisen, dauerten solche Fahrten bedeutend länger als zur See. Adam von Bremen, der als Chronist zu Ende des 11. Jhs. schrieb, berichtet, daß es fünf Tage dauere, von Schonen nach Sigtuna in Uppland zu segeln und daß auf dem Landwege die gleiche Reise einen ganzen Monat in Anspruch nähme.

Bronzematrize mit der Darstellung bewaffneter Krieger zur Herstellung figürlicher Preßbleche aus Torslunda, Öland; derartige Bleche wurden als Helmzier verwendet.

Reisen zu Wasser und zu Lande waren gefährlich. Der Reisende mußte auf Plünderungen durch Seeräuber und Verwicklung in Kriege zwischen verschiedenen Stämmen und Staaten gefaßt sein. Trotz dieser Risiken reisten die Skandinavier über weite Strecken, und die Bevölkerung aus verschiedenen Gebieten arbeitete zusammen, um gemeinsame Probleme zu lösen. Mit der Zeit entwickelte sich dadurch eine charakteristische Kultur, die weiten Teilen des Gebietes gemeinsam war, so daß Außenstehende dazu neigten, die Skandinavier als eine ethnische Einheit zu betrachten. Diese ethnische Gruppe fiel während der Wikingerzeit ‚explosionsartig' über das europäische Festland und die britischen Inseln her. Doch schon fünfhundert Jahre früher waren sie bereits eine politisch-militärische Kraft, mit der man außerhalb ihres Mutterlandes rechnen mußte. Teile von ihnen siedelten in der Fremde, während andere wiederum unerhörte Goldreichtümer mit sich zurück nach Skandinavien brachten.

Die germanische Eisenzeit (ca. 400–800)

Die germanische Eisenzeit leitet ihren Namen von den germanischen Völkern ab, die Skandinavier eingeschlossen, die für viele der kulturellen Entwicklungen in den vierhundert Jahren nach dem Zusammenbruch des römischen Reiches in Europa verantwortlich waren.

Die Jahre von 400 bis 575 werden mit einiger Berechtigung Völkerwanderungszeit genannt: Die Auflösung des Römischen Reiches gab so manchen asiatischen und europäischen Stämmen außerhalb des Imperiums Gelegenheit zu neuen Expansionen und Wanderungen. Viele suchten ihr Glück in weit entfernten Ländern. Einige siedelten in neuen Landstrichen, manche gingen zugrunde und wieder andere kehrten in ihre Heimat zurück. Angeln und Jüten segelten von Schleswig-Holstein und Dänemark nach Westen, um in England zu siedeln. Ein dänischer König, Hygelac (Cochilaicus), nahm an einem Raubzug nach Westeuropa um das Jahr 515 teil und wurde bei der Rückkehr auf sein Schiff erschlagen. Solche Einzelheiten sind zwar bekannt, aber ausführliche schriftliche Nachrichten über Skandinavien und die Skandinavier sind dürftig und meist phantastisch. Die wenigen literarischen Denkmäler der Skandinavier selbst, die in Runenschrift verfaßt wurden, sind lapidar und häufig schwer zu interpretieren. Diejenigen, die aus der Frühzeit erhalten sind, sind nur selten mehr als magische Formeln; so z.B. „Ich heiße Hariuha, in der Gefahr eine Zuflucht. Ich will dich beschützen." Einige Inschriften nennen Personennamen, z.B. den wohlklingenden Frauennamen Agilamundo oder Männernamen wie Widugastir und Halar.

Charakteristisch für die Völkerwanderungszeit sind die riesigen Grabhügel, deren größter Raknehaugen in Romerike, Norwegen *(Abb. 14)*, ist. Er hat einen Durchmesser von annähernd 95 m und ist 15 m hoch. 80000 m³ Lehm, Sand und Erde wurden aufgeschüttet und er enthielt 125 000 Hölzer, die konisch in drei Schichten angeordnet waren. Wahrscheinlich wurde er im Laufe eines einzigen Jahres aufgeschüttet. Man schätzt, daß fünfhundert Leute von Frühling bis Herbst damit beschäftigt waren. 1939–40 wurde der Hügel archäologisch untersucht, aber man fand keine Bestattung. Das bei der Errichtung des Hügels verwendete Holz erbrachte aufgrund dendrochronologischer Untersuchungen Hinweise für seine Datierung. Es ist möglich, daß sich irgendwo in den nicht untersuchten Teilen des riesigen Hügels ein Grab befindet. Vielleicht wurde der Tumulus aber auch als Kenotaph für jemanden, der in der Fremde starb, errichtet oder als Symbol der Macht der politischen oder religiösen Führer des Gebietes aufgeschüttet. Er befindet sich nahe einer ehemals wichtigen Verkehrsverbindung und könnte auch einen Versammlungsplatz gekennzeichnet haben.

Die älteste Wikingermünze wurde im frühen 9. Jahrhundert in Haithabu geprägt: auf einer Seite ist ein Tier, auf der anderen ein Schiff dargestellt.

Die großen Anstrengungen, die unternommen wurden, um Raknehaugen zu errichten, legen vom hohen Stand der politischen Organisation in diesem Gebiet Zeugnis ab. Man weiß, daß Skandinavien zu jener Zeit in zahlreiche Königreiche und Häuptlingsbezirke unterschiedlicher Größe aufgeteilt war. Die Herrscher wurden aus einigen hervorragenden Familien gewählt, die militärische und wahrscheinlich auch religiöse Macht besaßen. Raknehaugen könnte den Mittelpunkt eines solchen Herrschaftsbezirkes kennzeichnen; auch der in Snartemo in Vest Agder, Südnorwegen *(Abb. 11)*, Bestattete, der ein herrliches Schwert mit Goldgriff besaß, dürfte einst Häuptling eines anderen norwegischen Gebietes gewesen sein.

Ein drittes Herrschaftsgebiet hatte sein Zentrum an dem legendären Platz von Alt-Uppsala *(Gamla Uppsala)* im schwedischen Uppland, wo noch heute drei mächtige Grabhügel zu finden sind *(Abb. 16)*. Die ersten richtigen archäologischen Untersuchungen dieser Hügel fanden 1846 statt. Auf dem Boden des östlichen Hügels fand man ein Tongefäß, das Leichenbrand und Bruchstücke von Beigaben enthielt, die ebenfalls dem Scheiterhaufenfeuer ausgesetzt waren. Die Ausgrabungen des westlichen Hügels erbrachten 1874 ähnliche Ergebnisse. Obwohl die meisten Gegenstände so stark verbrannt waren, daß sie im Grunde genommen nicht identifizierbar waren, war es doch möglich festzustellen, daß die Bestattungen in das 6. Jh. zu datieren sind und daß die Toten einst ungewöhnlich reich ausgestattet waren. Unter den Funden waren Knochen von mehreren Haustieren sowie Gegenstände von hoher Qualität aus wertvollem Material. Einige Fragmente gehörten wahrscheinlich zu einem großen Goldhalsring; andere stammten möglicherweise von goldenen Schwertgriffen; weitere Bruchstücke waren vielleicht Reste eines figürlich verzierten Helmes; außerdem fand man Glasbecher, Spielsteine und goldgewirkte Stoffe.

Wer waren diese Könige? Schon seit langem werden sie mit Aun, Egil und Adils identifiziert, die man aus dem ‚Ynglingatal' kennt, der Dichtung des norwegischen Skalden Thjodolf aus der Zeit um 900. Dieses Gedicht bezeichnet die norwegischen Könige Vestfolds als die Nachkommen der Svearkönige Uppsalas und letztlich als Abkömmlinge des Gottes Freyr selbst. Einige dieser Könige erscheinen vielleicht auch im ‚Beowulf', dem angelsächsischen Heldenepos, das gewöhnlich in das 8. Jh. datiert wird (das einzige erhaltene Manuskript war um das Jahr 1000 niedergeschrieben worden). Sie tauchen später wieder in Legenden im Zusammenhang mit dem zentralen Ort Lejre in Dänemark auf, als die dänischen Könige ihre Abstammung zurückzuverfolgen suchten. Früher dachte man, daß diese Könige zur gleichen

Als Krieger, Abenteurer und Seefahrer hatten sich die Skandinavier bereits zur Zeit unserer frühesten schriftlichen Aufzeichnungen in jenen Ländern niedergelassen, die von altersher mit ihnen verbunden werden. Bei dem griechischen ‚Thule' handelt es sich wahrscheinlich um Norwegen; Ptolemaios, Tacitus und andere antike Schriftsteller erwähnen Stämme, die in Dänemark und Schweden lebten. Für manche dieser Völker bedeutete der Untergang des römischen Imperiums einen Anreiz, sich eine neue Heimat zu suchen, andere breiteten sich von ihren angestammten Wohnsitzen in angrenzende Gebiete aus, und wieder andere rafften Reichtümer im unruhigen Europa zusammen und kehrten mit Gold beladen nach Skandinavien zurück. Von Anfang an scheinen sie sich durch Kühnheit, Unternehmungsgeist und körperliche Kräfte ausgezeichnet zu haben, und die Periode, die den Namen der Nordmänner überall in der damaligen Welt berühmt und gefürchtet machte (ca. 800–1050), stellte nur den Höhepunkt einer Entwicklung dar, die mindestens fünf Jahrhunderte zuvor begonnen hatte.
Die Stätten, die uns die vielleicht interessantesten Einblicke in das Leben Skandinaviens vor der Wikingerzeit geben, sind Vendel und Valsgärde im mittelschwedischen Uppland. Hier wurden viele reiche Gräber aus der Zeit zwischen dem 7. und 11. Jahrhundert ausgegraben. Darunter waren fünfundzwanzig Bootsgräber, die Parallelen zu Sutton Hoo aufweisen. Jedes Grab enthielt gewöhnlich Küchengeräte, Knochen von geschlachteten und zubereiteten Tieren, sowie eine Fülle von Kriegsgerät, darunter einige prächtige eiserne Helme *(rechte Seite)*. Dieser hier stammt aus Valsgärde und ist wie der Helm von Sutton Hoo in rechteckige Felder unterteilt; die untere Hälfte besitzt Gesichts- und Nackenschutz aus einem Netz vernieteter Eisenringe (Brünne), Helmkamm und Augenschutz sind aus Bronze.
Die Grabbeigaben von Vendel und Valsgärde tragen dazu bei, ein ziemlich vollständiges Bild von den wichtigsten Lebensbereichen der damals herrschenden Oberschicht zu entwerfen: Krieg und Kampf spielten zweifellos eine wichtige Rolle in ihrem Leben; aber auch Feste, Feierlichkeiten und Schiffsreisen – mit schon hochentwickelten Fahrzeugen – bildeten Höhepunkte im Jahreslauf. Wir wissen wenig von der Glaubenswelt dieser Menschen, aber es scheint, daß man im Jenseits die Fortsetzung des irdischen Lebens erwartete, so daß man den Toten sogar Werkzeuge, Kleider und Spielzeug, die sie im Alltag benutzt hatten, mit ins Grab gab. (1)

Zwei Goldhörner – einmalige Kostbarkeiten aus der Zeit zwischen 400 und 450 – wurden 1639 und 1734 in Gallehus bei Tondern, Dänemark, gefunden. Unglücklicherweise wurden beide 1802 gestohlen und eingeschmolzen. Bei den hier gezeigten Hörnern handelt es sich um Nachbildungen nach alten Zeichnungen. Das kleinere Horn trägt eine Runeninschrift, die besagt, ‚Laegaest, Holtes Sohn' habe es angefertigt. Die menschlichen und tierischen Figuren aber, mit denen beide geschmückt sind, geben weiterhin Rätsel auf. Der Abschluß an dem größeren Horn wurde im 17. Jahrhundert hinzugefügt, um ein Trinkhorn daraus zu machen. (2)

Die Waffen eines geschlagenen Heeres versenkte man als Opfer für die Götter in einen See. Aus einem solchen Weihefund stammen diese drei Schwerter mit Silbergriffen, die in Kragehul auf Fünen gefunden wurden *(unten)*. Caesar berichtet, daß auch einige gallische Stämme diesen Brauch übten. (3)

Durch überraschende Mengen von Gold gewinnt diese frühe Periode eine exotisch anmutende Pracht. Ein Halskragen, gefunden in Färjestaden, Schweden *(unten)*, besteht aus fünf Goldringen, welche untereinander mit Einsatzstücken und goldenem Filigrandraht verbunden sind. Halskragen dieser Art gehören zu den erlesensten Erzeugnissen skandinavischer Kunst. (4)

Die getriebenen Beschläge, die man an Helmen fand (z. B. an dem von Sutton Hoo und an denen von Vendel und Valsgärde), wurden durch Pressen von Bronzemodeln *(oben und unten)* auf das Metall hergestellt. Der Jüngling mit dem gehörnten Kopfputz und der Mann mit der Tiermaske führen vielleicht einen kultischen Tanz auf. Alle vier Männer haben Schwerter und Speere und zwei tragen mit Tierfiguren gekrönte Helme. (5, 6)

Um den Hals trägt diese geschnitzte Figur, bei der es sich wohl um ein Götterbild handelt *(oben)*, einen ebensolchen Halskragen, wie der nebenstehend abgebildete. Plastiken dieser Art sind selten. Diese hier wurde in einem Moor in Rude Eskildstrup auf Seeland gefunden. (7)

Enthüllte Schätze

Die meisten Goldgegenstände, die aus der Völkerwanderungszeit auf uns gekommen sind, stammen entweder aus Opfern an die Götter, oder aus in Kriegszeiten versteckten Schätzen, die zu ihrer Zeit nicht wieder gehoben wurden. *Links* sind Teile eines Schatzfundes aus Kitnaes, Dänemark, abgebildet: eine goldblechüberzogene Fibel mit rechteckiger Kopfplatte, die mit Filigran und Granateinlagen verziert ist, dazu viele Schmuckanhänger aus geprägtem Goldblech mit Mustern, die spätrömischen Münzen nachempfunden sind – sogenannte Brakteaten. (8)

Auf der Insel Helgö vor Stockholm erreichte die Herstellung von Goldgegenständen zwischen 400 und 700 industrieähnliche Ausmaße. Bronzefibeln, die manchen Gußformen von Helgö *(links)* entsprechen, fand man in Nordschweden, auf Gotland und in Finnland. Viele seltsame kleine Goldpreßblecharbeiten, auf denen Liebespaare abgebildet sind *(oben)*, entdeckte man ebenfalls auf Helgö. (9, 10)

Die Goldschmiede waren in der Lage, Filigrandraht herzustellen, dessen Durchmesser nur einen Zehntel Millimeter betrug. *Links:* Das vergrößerte Detail eines Halskragens, ähnlich dem von Abb. 4. (13)

Das Schwert von Snartemo, Vest-Agder, Norwegen *(unten links)*, um 500, übertrifft alle anderen an Pracht und Feinheit. Der vergoldete Silberknauf ist mit zwei einander zugewandten geschnäbelten Tieren verziert; auf den drei goldenen Feldern des Griffs sind Tierformen so unentwirrbar stilisiert und verwickelt dargestellt, daß man sie kaum als solche erkennen kann. (11)

Die spätere Phase der germanischen Eisenzeit – etwas 575 bis 800 – gilt in vieler Hinsicht als dunkelste Epoche in der skandinavischen Geschichte. Bislang kann über sie noch kein zusammenhängender Bericht geschrieben werden. Dennoch stand in dieser Zeit die Kunst in voller Blüte. Ein so prächtiges Schmuckstück wie die silberne, vergoldete Gürtelschließe aus Åker in Südostnorwegen *(oben)*, die um etwa 600 geschaffen wurde, mag jedoch als Beispiel für die Lebendigkeit der ornamentalen Gestaltung dienen: im Muster sind Tiere, ein männliches Gesicht und cloisonnierte Granate kombiniert. (12)

Die großen Grabhügel, die man noch heute überall in Skandinavien finden kann, markieren wahrscheinlich die Zentren der alten Herrschaftsbereiche. In dem größten, in Raknehaugen, Norwegen *(oben)*, ist wahrscheinlich niemals ein Toter beigesetzt worden. In Alt-Uppsala *(rechts)* bargen drei Hügel die verbrannten Knochen dreier Männer. Waren es Könige? Die Legende liefert viele Namen für sie, die Archäologie jedoch keinen. (14, 16)

Steinerne Befestigungen, Zufluchtsorte und Wohnungen für Mensch und Vieh in Zeiten der Gefahr, waren zahlreich und notwendig. Auf der schwedischen Insel Öland sind sechzehn dieser Ringburgen erhalten. Die Anlage von Ismanstorp *(oben)* hat die Bauweise der Völkerwanderungszeit am besten bewahrt. (15)

Ein Wikingerfürst ruhte nach seinem Tode entweder in einem echten Schiff oder in einer wie ein Schiff geformten Steinsetzung. Lejre auf Seeland *(unten)* wird in der Legende mit dänischen und schwedischen Königen und mit der Geschichte von Beowulf in Verbindung gebracht. Diese Überreste einer großen schiffsförmigen Steinsetzung stammen aus dem 10. Jahrhundert. (17)

Ein Haus aus dem 9. Jahrhundert in Haithabu bei Schleswig war gut genug erhalten, um eine Rekonstruktion zu

ermöglichen. Es war mit Lehm-Flechtwerk-Technik in einem Holzrahmen *(oben)* gebaut. Im Hauptraum *(links)* befanden sich eine zentrale Herdstelle und breite, podestartig erhöhte, mit Brettern eingefaßte Bänke. Ein Webstuhl und ein paar Truhen waren meist die einzigen Einrichtungsgegenstände. (18, 19)

Von Birka *(oben)* aus, das auf einer kleinen Insel im Mälarsee, Mittelschweden, gelegen war, erstreckten sich die Handelsbeziehungen der Wikinger nach Westeuropa, England, Rußland, Byzanz und bis in die islamischen Länder. Im 10. Jahrhundert muß Birka innerhalb der nordischen Welt eine wirklich kosmopolitische Stadt gewesen sein. Sie lag auf dem offenen Platz am Ufer; die Gräberfelder sind heute größtenteils von Wald bedeckt. (20)

„König Harald ließ diese Monumente zum Gedenken an seinen Vater Gorm und seine Mutter Thyra errichten: derselbe Harald, der ganz Dänemark und Norwegen für sich gewann und der die Dänen zu Christen machte." So lautet die stolze Inschrift, die Harald Blauzahn auf dem größten Runenstein der Welt, dem Stein von Jelling bei Vejle in Jütland *(rechts)* anbringen ließ. Auf der Vorderseite ist die Gestalt des gekreuzigten Christus eingemeißelt. Den kleineren Stein ließ König Gorm als Gedenkstein für seine Frau aufstellen.

In Jelling *(links)* sind zwei riesige Grabhügel erhalten. In dem einen befinden sich die Gräber von Haralds Eltern. Zwischen beiden Hügeln steht eine Kirche – die steinerne Nachfolgerin der von Harald erbauten hölzernen. Die Nachfolger König Haralds legten in Dänemark eine Reihe von Militärlagern an. Sie besaßen alle einen runden Grundriß mit vier Toren. Die Häusergruppen bildeten rechteckige Höfe in jedem Sektor. Die *unten* abgebildete Anlage befindet sich in Fyrkat, Nordostjütland. (21, 22, 23)

Die Legende bringt Königin Thyra, Haralds Mutter, mit dem Bau des Danewerkes *(oben)* in Verbindung. Bis jetzt gelang es der Archäologie jedoch nicht, einen solchen Zusammenhang zu beweisen. Es gilt jedoch als wahrscheinlich, daß ihr Sohn den Wall angesichts ernsthafter Bedrohung durch das Deutsche Reich besonders verstärken ließ. Das Danewerk, westlich von Schleswig und Haithabu, kann als der dänische 'Offa's Dyke' gelten. Als Erdwall von etwa 17 km Länge erstreckt er sich über die engste Stelle von Jütland. Er wurde teilweise im 8. Jahrhundert errichtet, aber viele Male verändert, und diente über lange Perioden dänischer Geschichte als Bollwerk gegen Deutschland. 1864 wurde er zum letztenmal benutzt. Das Danewerk ist hier in westöstlicher Richtung zu sehen: am Horizont liegt die Stadt Schleswig, die Nachfolgerin von Haithabu. (24)

Handwerk und Handwerkskunst

Die aufregendste Entdeckung in der Geschichte der norwegischen Archäologie wurde 1904 gemacht, als man in einem Grabhügel in Oseberg, südlich von Oslo *(unten links)*, ein fast komplettes Wikingerschiff ausgrub, das mit einer Fülle von meist reich ornamentiertem Mobiliar ausgestattet war. Das Schiff wurde um das Jahr 800 als Grab für eine Königin aus dem Herrscherhaus von Vestfold hergerichtet. Besondere Bodenbeschaffenheiten hatten das Holz konserviert. Im Triumph wurde es aus dem Erdreich gehoben und durch die Straßen der Hauptstadt *(unten rechts)* zum Bygdøy-Museum transportiert. Dort befand sich bereits ein anderes Wikingerschiff *(rechte Seite)*, das man über zwanzig Jahre zuvor in Gokstad, einige Meilen weiter südlich an derselben Küste, gefunden hatte. Diese beiden Schiffe trugen erheblich zu unserem Wissen über Wikingerschiffe bei. Da sie von leichter Bauart waren, wenig Tiefgang hatten und sehr leicht manövrierbar waren, konnten sie gesegelt oder gerudert werden. Eine genaue Nachbildung des Gokstad-Schiffes wurde 1893 über den Atlantik gesegelt. (25, 26, 29)

Komplette Handwerkszeugsätze, gefunden in Mästermyr, Schweden *(links)* und in Bygland, Norwegen *(oben)*, ermöglichen es uns, die Bauweise dieser Schiffe nachzuvollziehen. Die schwedische Werkzeugkiste enthielt 150 einzelne Stücke, darunter Hämmer, einen Nietblock, ein Gerät zur Nagelherstellung, Metallscheren, Kneifzangen, Äxte, ein Breitbeil, eine Raspel, eine Stichsäge, einen Hobel, Meißel und Waagen. (27, 28)

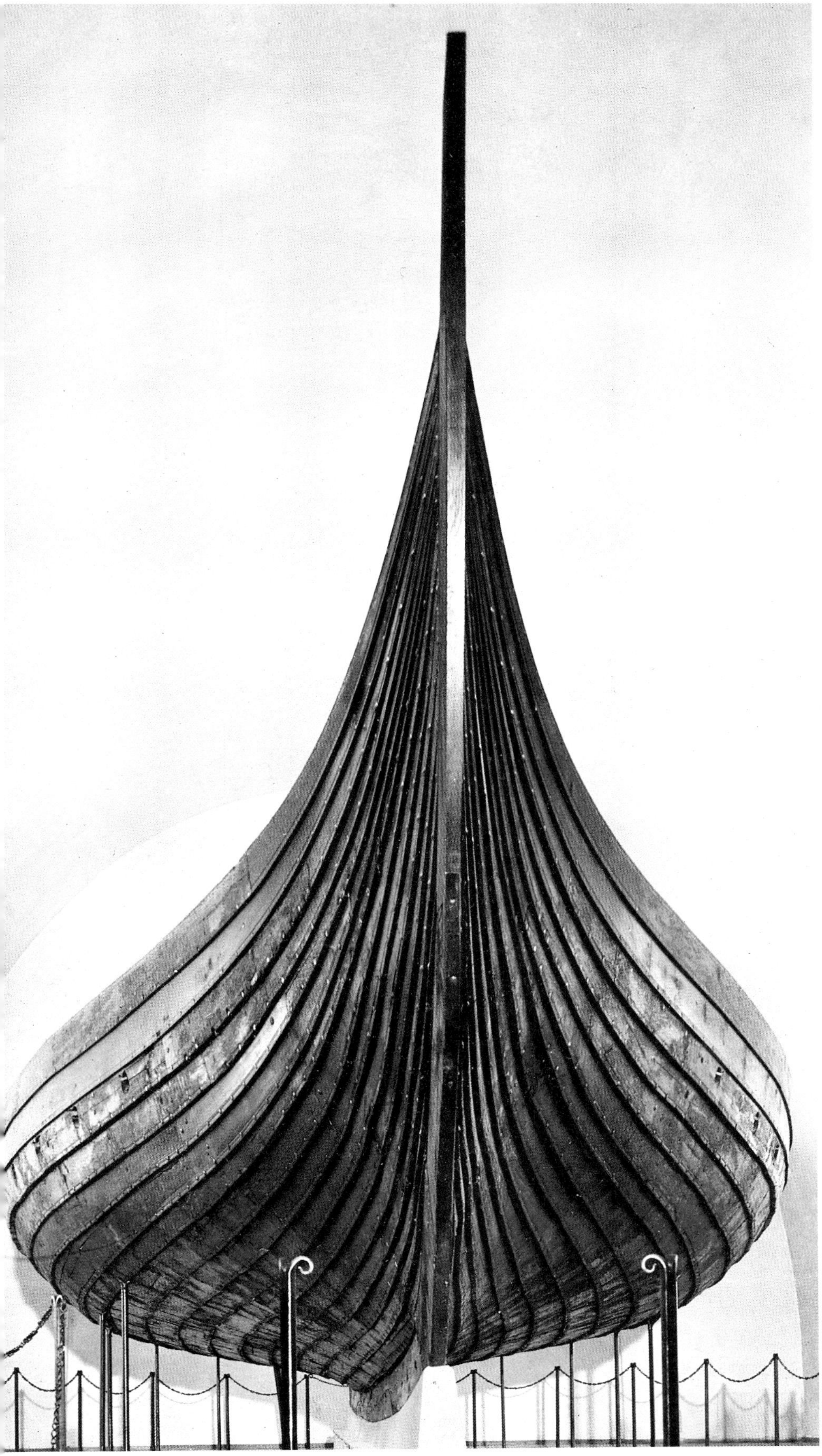

Diese Zusammenstellung von Waffen *(unten)* besteht aus einem Schild, einem Helm, vier Schwertern, fünf Lanzenspitzen und vier Äxten. Die Schwertklingen sind wahrscheinlich importiert, die Griffe jedoch

skandinavische Fabrikate. *Unten:* Fässer und andere Küchengeräte, die auf dem Oseberg-Schiff gefunden wurden. Die Attaschen des Eimers in der Mitte (siehe S. 164) sind irischer Herkunft. (30, 31)

Was in Oseberg ans Licht kam, war mehr als nur ein Schiff: es erwies sich als eine in dieser Form noch nie dagewesene Sammlung von Kunstgegenständen aus der Hochblüte der Wikingerzeit. Die Qualität des Schnitzwerkes war hervorragend, sowohl am Schiff selbst, als auch an den verschiedenen Gegenständen, die in ihm gefunden wurden: mehrere Bettgestelle und Schlitten, ein fast kompletter vierrädriger Wagen und anderes. *Links:* Der Kopf eines Ungeheuers von einem der Schlitten. Die abschreckende Wirkung ist beabsichtigt, über die tiefere Bedeutung können jedoch nur Vermutungen angestellt werden. *Unten:* Eine Schmalseite des Oseberg-Wagens. Eingeschnitzt ist eine Szene, die vielleicht den Helden Gunnar in der Schlangengrube darstellt – obwohl er nicht Harfe spielt. Der ganze Wagen ist so sorgfältig gearbeitet, daß er einer Königin als

Gefährt gedient haben könnte. Wagen einfacherer Art waren allgemein gebräuchlich. *Oben:* Ein Pfosten unbekannten Verwendungszwecks, der in einen grimmigen Löwenkopf ausläuft – das Meisterwerk jenes Holzbildhauers, der in der Wissenschaft als ‚der Akademiker' bezeichnet wird. (32, 33, 34)

Die kleinen Silber- und Bronze-Figürchen aus der Wikingerzeit stellen wahrscheinlich übernatürliche Wesen dar, ihre Kleidung spiegelt jedoch die damalige Mode recht gut wider. Die Gewänder der Frauen fallen vorne gerade und enden über dem Fuß, sind aber hinten schleppenartig verlängert. Die beiden mittleren Figuren tragen Trinkhörner. (35–39)

Der Jelling-Stil ist nach einem Silberpokal benannt, der aus dem Königsgrab von Jelling geborgen wurde *(links)*. Die darauf abgebildeten schlangenartigen Tierformen haben sich unmittelbar aus der früheren skandinavischen Kunst entwickelt (vergleiche die Schnitzereien auf den Oseberg-Funden) und wurden auch in jenen Gebieten verwendet, die die Wikinger erobert hatten. (40)

Der Mammen-Stil setzt den Gebrauch verschlungener Tierformen fort, benutzt aber auch gerne Pflanzenmotive. Das Reliquienkästchen von Bamberg (S. 166) ist in diesem Stil geschmückt. Seinen Namen verdankt er einer prunkvoll verzierten Axt, die im reich ausgestatteten Kammergrab von Mammen bei Viborg gefunden wurde *(oben)*. Sie besteht aus Eisen und besitzt auf beiden Seiten Tierornamente aus Silberdrahteinlagen. (41)

Der Stil von Ringerike (bei Oslo) greift wieder auf annähernd realistische Tier- und Vogelformen zurück, verwebt sie aber zu einem Dickicht von stilisierten Stengeln und Blättern. Bemerkenswerte Beispiele für diesen Stil liefert eine Serie bronzener Schiffswimpel, wie etwa dieser aus Heggen, Norwegen *(links)*; ein weiteres Beispiel ist der St. Paul's-Stein, der auf S. 165 abgebildet ist. (42)

Im Urnes-Stil gelangt die Kunst der Wikinger, die nun bereits vom Christentum bestimmt wird, zu ihrer letzten Blüte. Das Meisterwerk dieses Stiles ist die Stabkirche von Urnes, Norwegen *(rechte Seite)*, auf der sich überschlanke Tiergestalten, einige davon Rehen ähnlich, in einem endlosen Geflecht von Schlangen und Ranken verlieren. (43)

Zeit lebten, als man auch die Grabhügel von Alt-Uppsala anlegte. Doch die Ausgrabungen zeigten, daß Lejre seinen Höhepunkt erst im 10. Jh. erreichte. Andere Untersuchungen legen außerdem nahe, daß viele der genannten Gestalten historische Persönlichkeiten der Völkerwanderungszeit Mitteleuropas waren, deren Heldentaten über weite Räume hinweg erzählt wurden. Nachdem diese Erzählungen Skandinavien erreicht hatten, wurden manche dieser mitteleuropäischen Heldenfiguren in die Liste der großen Vorfahren der skandinavischen Könige eingereiht und ihre vermuteten Königreiche wurden schlicht nach Skandinavien verlegt.

Es ist zwar unwahrscheinlich, daß wir jemals erfahren werden, wer in den Grabhügeln von Alt-Uppsala bestattet wurde, aber eine Beschreibung im ‚Beowulf' gibt uns zumindest eine Vorstellung von der Art der damaligen Bestattungsriten:

> Und hier entzündeten die Helden einen ungeheueren Scheiterhaufen; der dunkle Holzrauch erhob sich über dem Feuer, die lodernden Flammen vermischten sich mit dem Wehklagen; die Winde flauten erst ab, als der bis in das Innerste aufgezehrte Körper zu Asche geworden war ...

Aus Skandinavien sind für jene Zeit unterschiedlich große Grabhügel, aber auch Bestattungen ohne Hügel und sogar ohne Leichenbrand bezeugt; den Häuptling aus Snartemo, dessen Schwert oben erwähnt wurde, hatte man z.B. nicht verbrannt. Die Grabbeigaben dieser Bestattungen geben uns einen Eindruck vom damaligen Kunstgeschmack. Besonders augenfällige Zeugen der damaligen Kunststile sind die Goldgegenstände der Völkerwanderungszeit.

Reichtum und Krieg

Keine andere Periode des Nordens kann sich nach Reichtum und Glanz der Funde mit der des frühen Mittelalters, dem ‚goldenen Zeitalter' Nordeuropas, wirklich messen. Das damals verwendete Gold findet man aber nur selten in Gräbern, sondern eher schon in sogenannten Hort- oder Schatzfunden, d.h. meist zufällig im Erdboden oder in Torfmooren, wo man es entweder als göttliche Weihegaben deponierte oder nur einfach vor Plünderungen versteckte. Häufig findet man das Gold in Gestalt von länglichen Barren oder ringförmig gebogenen Stäben, die man ebenfalls als Goldbarren (Bullion) ansprechen kann; gelegentlich kommen aber auch römische Goldmünzen vor. Vielfach wurde das Gold zu kunstvollen Schmuckstücken verarbeitet, doch es diente auch zur Verzierung von Waffen, z.B. als Verkleidung des Schwertgriffs oder der Schwertscheide. Den größten bisher bekannten Goldhort fand man bei Tureholm in Södermanland, Schweden. Ursprünglich wog er mehr als 12 kg, doch sind heute nur noch Teile desselben erhalten. Der größte, noch heute vollständig erhaltene Schatzfund aus jener Zeit stammt aus Timboholm in Schweden: Er wurde 1904 geborgen und wiegt etwas mehr als 7 kg. Er besteht aus ungemünztem Gold in Form von zwei länglichen Barren und sechsundzwanzig ringförmig gebogenen Goldstäben. Als Schmuck wurden in jener Zeit häufig große Bronzefibeln verwendet, die mit Goldblech bedeckt und mit Filigran und farbigen Steinen verziert sind. Als Beispiel sei hier die dänische Fibel von Kitnaes *(Abb. 8)* genannt. Einige Halsringe und Halskragen sind jedoch ganz aus Gold hergestellt und wiegen z.T. mehr als 1 kg. *(Abb. 4)*. Diese Halskragen gehören zu den bewundernswertesten Produkten der altskandinavischen Kunst *(Abb. 13)*. Sie bestehen aus drei bis sieben ringförmig gebogenen Goldstäben, auf die in einigen Fällen kleine Goldblechwülste geschoben sind; diese sind durch filigrandrahtverzierte Felder untereinander getrennt. Außerdem wurden die Zwischenräume mit kleinen Tier- oder (weniger häufig) Menschenfiguren geschmückt. Wir sahen bereits, daß die verkohlten und verschmolzenen Grabbeigaben von Alt-Uppsala sehr wahrscheinlich Reste eines solchen Halskragens enthielten. Zweifellos besaß jedoch die Holzfigur von Rude Eskildstrup in Dänemark *(Abb. 7)*, die wahrscheinlich einen Gott darstellt, einen ähnlichen Halskragen. Diese Beobachtung legt nahe, daß derartige Halskragen tatsächlich von Männern getragen wurden.

Der berühmteste Fund aus jener Zeit umfaßt die beiden großen goldenen Hörner von Gallehus im Süden Jütlands *(Abb. 2)*. Die heute nicht mehr erhaltenen Hörner wurden zufällig auf dem gleichen Acker gefunden, wobei zwischen der Auffindung beider Objekte ungefähr ein Jahrhundert lag. Das erste und vollständig erhaltene Horn fand man 1639, das zweite erst 1734. Ihre Entdeckung rief jedesmal eine große Sensation hervor, und sie gelangten in königlichen Besitz. Das erste Horn wurde bereits 1641 von dem berühmten Sammler und Antiquar Ole Worm mit Abbildung publiziert. Das zweite Horn wurde vom Archivar J. R. Paulli im Fundjahr veröffentlicht. Zusammen wogen die Hörner ungefähr 6½ kg: Worm gibt für das erste als Durchmesser der Mündung 10 cm und als Länge – an der äußeren Krümmung gemessen – 71,3 cm an. Möglicherweise war das zweite Horn ursprünglich ein bißchen größer. Sehr wahrscheinlich handelt es sich bei diesen kostbaren Gegenständen um Trinkhörner, wohl kaum um Blasinstrumente. Eingravierte und aufgelötete Tiere und Menschenfiguren – wohl kultischen oder religiösen Sinngehaltes – bedeckten die Oberflächen, doch bleibt die genaue Deutung dieser Szenen im Dunkeln. Unter dem Rand des zweiten Hornes befand sich eine Runeninschrift „ek hlewagastir holtijar horna tawido" („Ich, Laegaest, Sohn [verwandtschaftlicher Bezug?]

Der Reichtum der wikingischen Welt wird sowohl von Schriftquellen als auch von archäologischen Funden bezeugt. Geld stammte aus Plünderungen, aus Tributzahlungen (wie etwa das sehr beträchtliche *Danegeld*, das die Engländer über lange Zeit hinweg zu zahlen hatten) und aus Handelsgewinnen. Bis heute wurden im ganzen über 42000 englische Münzen in Skandinavien entdeckt. Die Summe der arabischen Münzen ist sogar doppelt so hoch – ein Beweis für den ungeheuren Umfang des Handels, der um das Ende des 1. Jahrtausends zwischen dem Norden und dem Süden florierte. Hortfunde, die in slawischen Ländern zum Vorschein kamen (abgebildet auf S. 189 und 192), verdeutlichen dieses zur Genüge. Dieser Schatz *(linke Seite)* stammt aus Hon, Norwegen, und wurde um 860 deponiert. (Er enthält eine karolingische Kleeblattfibel, goldene Schmuckanhänger mit Blattdekor, angefertigt nach westeuropäischen Vorbildern, viele aus arabischen Münzen gefertigte Anhänger, einen Ring mit Gravur in griechischer Schrift, und einen Goldanhänger mit Granateinlage, der mindestens 150 Jahre älter ist als die übrigen Stücke. Die Geschichte der Wikinger erfordert in der Tat, daß wir den Blick weit über Skandinavien hinauslenken, und das nächste Kapitel wird ihren überseeischen Unternehmungen und dem nordischen Einfluß in fremden Ländern gewidmet sein. (44)

von Holte, machte dieses Horn“). 1802 wurden die beiden goldenen Hörner gestohlen und eingeschmolzen. Die Nation betrauerte ihren Verlust, und Adam Oehlenschläger schrieb zu ihrer Erinnerung ein wortgewaltiges Gedicht. Aber sie waren unwiderbringlich verloren, unglücklicherweise ebenso wie die zu einem etwas späteren Zeitpunkt von ihnen gemachten Abgüsse. Obwohl das genaue Aussehen dieser Hörner nicht mehr rekonstruiert werden konnte, ließ König Frederik VII. 1860 Kopien aus vergoldetem Silber anfertigen, die auf alten Beschreibungen und Zeichnungen basierten. Diese Nachbildungen, die später dem Altnordischen Museum in Kopenhagen geschenkt wurden, geben zumindest einen Eindruck von ihrem einstigen Aussehen.

Wie gelangte so viel Gold nach Skandinavien? Das meiste stammte zweifellos aus dem spätrömischen Reich, wo es Angehörige der verschiedenen germanischen Stämme während ihrer Raubzüge und Wanderungen in enormen Mengen erbeutet hatten. Einiges von diesem Beutegut erreichte Skandinavien. Die meisten römischen Goldmünzen *(Solidi)* wurden dort eingeschmolzen. So hat man geschätzt, daß zur Herstellung der beiden goldenen Hörner annähernd 1650 Solidi benötigt wurden. Diese Menge hätte ausgereicht, um ungefähr zweihundert gefangene römische Soldaten auszulösen. Deutlich beleuchtet wird die Herkunft des Goldes in den skandinavischen Schatzfunden auch durch die damals aufkommenden Brakteaten: Diese runden Anhänger aus dünnem, einseitig geprägtem Goldblech entstanden während des 4./5. Jhs. in Skandinavien und wurden als Amulette getragen. Sie zeigten heidnisch-germanische Götterbildnisse und waren nach skandinavischem Geschmack verziert und gestaltet *(Abb. 8)*. Doch deutlich erkennbar haben die Darstellungen auf den frühesten Brakteaten ihre Vorbilder in Münzporträts und Goldmedaillons spätrömischer Kaiser, so daß die Richtung der Beeinflussung und damit auch die der Goldzufuhr keinem Zweifel unterliegt.

Doch waren nicht alle fremden Kontakte das Ergebnis von Krieg und Raubzügen. Die kleine Insel Helgö im Mälarsee bei Stockholm war im frühen Mittelalter ein Hauptzentrum des Fernhandels. Die Ausgrabungen erbrachten spezialisierte Metallhandwerkerbetriebe in Zusammenhang mit großen Gebäudekomplexen, die vielleicht auch Bauernhöfe waren. Eisen- und Bronzehandwerker stellten ebenso wie Goldschmiede ihre Produkte in solchen großen Mengen her, daß sie nur als Handelsgut zu deuten sind. Gegenstände mit Mustern, die mit den in Helgö gefundenen Gußformen übereinstimmen *(Abb. 9, 10)*, fand man in der Tat in Nordschweden, Gotland und Finnland. Doch beschränkten sich die in Helgö gehandelten Waren nicht nur auf hier hergestellte Dinge – Häute und Pelze gehörten wahrscheinlich auch dazu –, und die Handelsverbindungen reichten daher auch weit über die hier genannten Gebiete hinaus. Die zahlreichen und mannigfaltigen Funde von Helgö zeigen einerseits Handelskontakte mit dem Kontinent und Großbritannien und andererseits solche, die bis in den Raum östlich der Ostsee reichten. Man fand sogar Schatzfunde mit römischen Goldmünzen. Helgö erlangte seine größte Bedeutung in der Zeit zwischen 400 und 700; während dieser Periode beherrschte es den lokalen Handel in Mittelschweden ebenso wie den Fernhandel. Dadurch, daß hier Großhandel mit der in großem Umfang betriebenen Herstellung nichtagrarischer Güter verbunden wurde, repräsentiert Helgö einen vollständig neuen skandinavischen Siedlungstyp. Somit erscheint Helgö als bisher einmalig in dieser Zeit.

Langhaus der Siedlung von Vorbasse, Dänemark. Die Zahlen bezeichnen die einzelnen Räume; der Haupteingang ist durch einen Pfeil gekennzeichnet. Die Räume 1–3 sind Wohnräume, Raum 4 ist ein Viehunterstand und Raum 5 wahrscheinlich eine Scheune oder ein Getreidespeicher.

Ein skandinavischer Bauernhof bestand normalerweise aus einer unterschiedlichen Anzahl von Gebäuden, die mit einem Zaun oder Steinwall umfriedet waren. In den meisten Fällen diente das eine Ende des Hauptgebäudes als Wohnung, während das andere Ende als Kuhstall oder vielleicht als Scheune benutzt wurde. Deshalb konnten solche Gebäude sehr lang sein. Manchmal kann man die Zahl der im Stall untergebrachten Tiere dadurch feststellen, daß man die im Boden erkennbaren Spuren der einzelnen Stallboxen zählt. Eines der Gehöfte in Vorbasse in Südjütland *(Abb. auf S. 146)* hatte Platz für vierzehn Stück Großvieh, vermutlich Kühe. Von dem insgesamt 25 m langen Gebäude wurden 8 m als Kuhstall verwendet. Das Hauptgebäude eines weiteren Gehöftes war 38 m lang: Davon wurde ein Drittel (im westlichen Teil) als Wohntrakt benutzt, 10,5 m in der Mitte dienten als Stall für 22 Stück Großvieh und der Rest wurde wahrscheinlich als Scheune verwendet. Kleinere Nebengebäude wurden als Lager, Vorratsräume und Werkstätten benutzt. In Dänemark waren diese Häuser im allgemeinen aus Holz gebaut, während in Norwegen und Schweden lokal anstehende Bruchsteine als Mauerwerk dienten. Die Inneneinteilung der Häuser war jedoch in ganz Skandinavien ähnlich. Durch die zwei längslaufenden Pfostenreihen, die das Dach trugen, ergab sich ein dreischiffiges Zweiständerhaus. Der Wohntrakt wurde oft durch Querwände in mehrere Räume geteilt, und eine Herdstelle befand sich in der Mitte des Fußbodens.

In Vorbasse sind die Gehöfte jener Zeit um einen großen offenen Anger gruppiert, so daß man den Eindruck gewinnt, daß hier eine dorfartige Siedlung mit einem gewissen Grad von kommunaler Gliederung bestand. Es scheint, daß derartige Dörfer in Dänemark üblich waren, während für Schweden und Norwegen Einzelhöfe oder kleine Hofgruppen charakteristisch sind.

Die auf solchen Bauernhöfen lebende Bevölkerung war oft wohlhabend: Bei einem Mann, der während der Völkerwanderungszeit in Mitteljütland bestattet wurde, ist es offensichtlich, daß er die guten Dinge im Leben zu schätzen wußte und daß er die Möglichkeit hatte, diese Vorliebe zu pflegen. Sein Leichenbrand befand sich in einem Gefäß, das in ein Bärenfell, dessen Klauen sich im Grab erhalten hatten, gewickelt war. Zu seinem Vergnügen im Jenseits waren ihm ein Spielbrett mit sechsunddreißig Spielsteinen und ein Glasbecher mitgegeben worden, der wahrscheinlich aus dem Gebiet des Schwarzen Meeres stammt. Dieses Gefäß trägt eine verlockende griechische, um den Rand laufende Inschrift, die in der Übersetzung lautet: „Trinke, und dein Leben wird herrlich sein.“

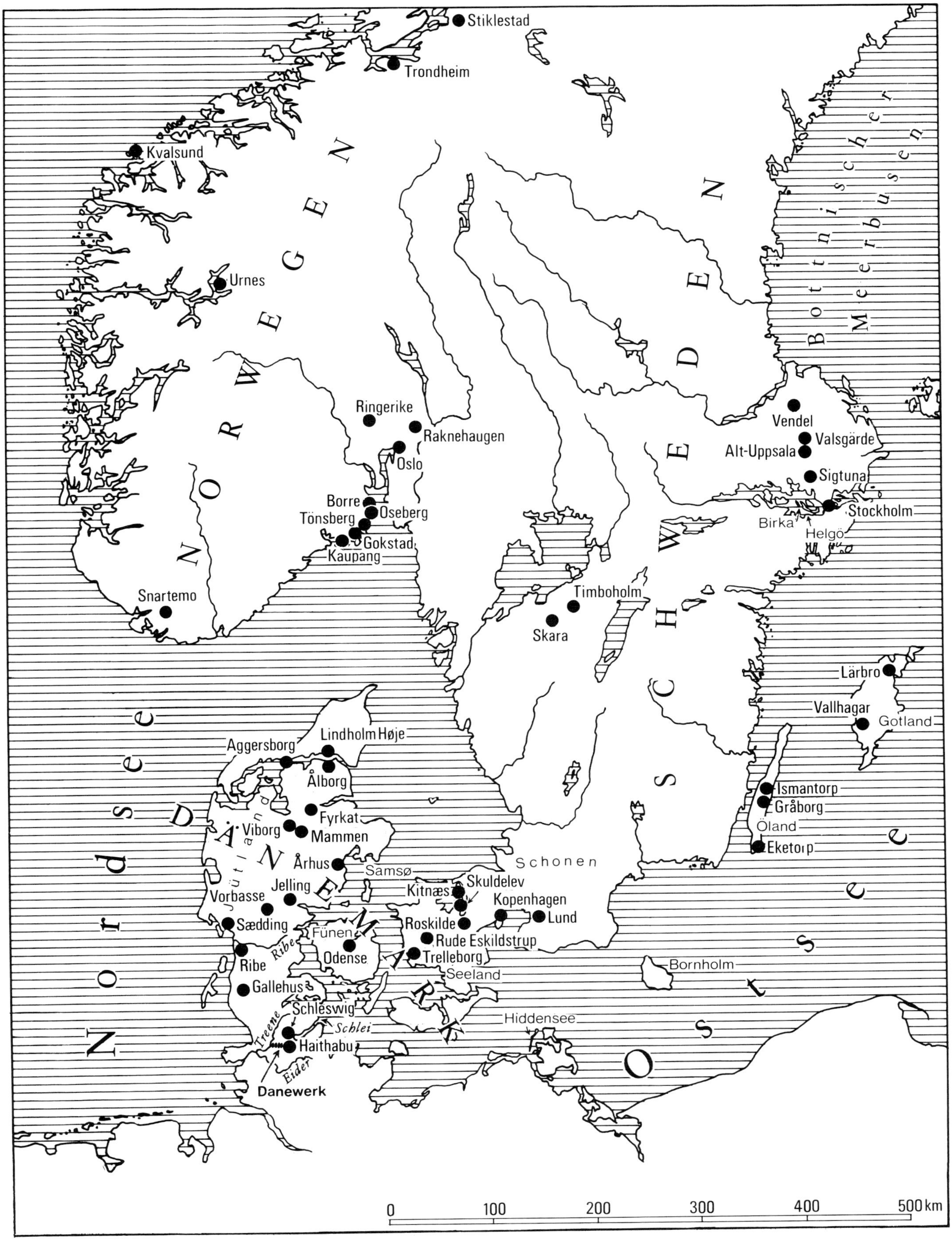
N O R W E G E N
S C H W E D E N
D Ä N E M A R K
N o r d s e e
O s t s e e
B o t t n i s c h e r M e e r b u s e n
J ü t l a n d
Stiklestad
Trondheim
Kvalsund
Urnes
Ringerike
Raknehaugen
Oslo
Borre
Oseberg
Tönsberg
Gokstad
Kaupang
Snartemo
Vendel
Valsgärde
Alt-Uppsala
Sigtuna
Stockholm
Birka
Helgö
Timboholm
Skara
Lärbro
Vallhagar
Gotland
Lindholm Høje
Aggersborg
Ålborg
Fyrkat
Viborg
Mammen
Århus
Samsø
Jelling
Vorbasse
Sædding
Ribe
Fünen
Odense
Gallehus
Schleswig
Schlei
Treene
Haithabu
Eider
Danewerk
Kitnæs
Skuldelev
Kopenhagen
Lund
Roskilde
Rude Eskildstrup
Trelleborg
Seeland
Schonen
Ismantorp
Gråborg
Öland
Eketorp
Bornholm
Hiddensee
0
100
200
300
400
500 km

Der zunehmende Wohlstand wird des weiteren durch die Errichtung neuer Gehöfte – zumindest in Norwegen und Schweden – deutlich. Das Siedlungsgebiet wurde größer; alles geeignete Land wurde bebaut und neues Land wurde im Norden kolonisiert. Zusätzliche Handelswege wurden von der Umgebung Trondheims an der Atlantikküste über das Gebirge zum Bottnischen Meerbusen erschlossen. Viele dieser Siedlungen lagen in ungünstigen Randgebieten und wurden daher bald wieder aufgegeben. Gegen Ende der Völkerwanderungszeit wurden die Veränderungen sogar im Altsiedelland offensichtlich. Zahlreiche Gehöfte und dorfartige Siedlungen, von denen einige schon mehrere hundert Jahre bestanden hatten (wie in Vorbasse und Vallhagar/Schweden), wurden aufgelassen, und viele Bestattungsplätze wurden nicht mehr weiter benutzt. Die Besitzer von Goldschätzen wurden, aus nicht mehr zu erhellenden Gründen daran gehindert, ihre Reichtümer wieder zu bergen. Diese Veränderungen wurden mit den Folgen von Kriegen erklärt, doch lassen sich ähnliche Beobachtungen über weite Teile Nordwesteuropas machen. Sie könnten daher auch mit einem Wandel der Agrarstruktur, mit Klimaverschlechterung oder Veränderung im Handel in Zusammenhang stehen. Es ist freilich auch damit zu rechnen, daß viele Besitzer solcher Horte, die aus Sicherheitsgründen dem Boden anvertraut worden waren, nicht in ihrer Heimat starben, sondern bei Plünderungszügen im fernen, von Krisen erschütterten Europa.

Es gab jedoch auch Hinweise auf Unruhezeiten. Viele der skandinavischen Torfmoore haben nämlich Waffen und anderes Kriegsgerät zum Vorschein gebracht, darunter wertvolle Schwerter mit Klingen aus fränkischen Werkstätten *(Abb. 3)*. All dies wurde den Göttern aus Dankbarkeit für den Sieg geopfert. Eine jahrhundertealte Sitte führte dazu, daß man anfangs alle Ausrüstungsgegenstände eines besiegten Heeres oder räuberischer Banden in einen heiligen See versenkte. Aber allmählich entwickelte man ein ‚wirtschaftlicheres' System, indem nur noch symbolisch Teile der Gegenstände geopfert wurden, wie etwa Scheidenbeschläge, Schwertgriffe, Schnallen und ähnliches.

Die vielen Befestigungen, die während dieser Periode errichtet wurden, bezeugen ebenfalls Unruhen und unsichere Zeitläufte. Eine Reihe von ihnen findet man weitab von der nächsten Siedlung in schwierigem und unzugänglichem Gelände. Vermutlich wurden sie in Zeiten akuter Gefahr als Fluchtburgen für Mensch und Vieh benutzt. Ganz andere Züge verrät jedoch die Insel Öland mit ihren Anlagen. Die Mehrzahl der sechzehn runden Befestigungen dieser flachen Insel wurden im frühen Mittelalter errichtet, ein Teil gehört vielleicht erst in die Wikingerzeit. Die größte ist Gråborg. Sie hat einen Durchmesser von 210 m und reicht in ihren Anfängen bis in das 5. Jh. zurück. Doch wurde sie oft erneuert. Zum letzten Mal wurde sie im 17. Jh. von den Einheimischen bei einem dänischen Einfall auf Öland als Zufluchtsort benutzt.

Die Befestigung Ismanstorp *(Abb. 15)* hat wohl das völkerwanderungszeitliche Aussehen am besten bewahrt: Sie besitzt einen Durchmesser von 125 m und enthielt Fundamente von achtundachtzig Gebäuden. Bisher fanden hier nur geringe Ausgrabungen statt. Untersuchungen in einer ähnlichen Befestigung in Eketorp jedoch brachten aufre-

Im Innern der zweiten runden Befestigungsanlage von Eketorp auf Öland. – Rekonstruktionszeichnung einer Szene kurz vor einem Angriff. Bevor das Tor geschlossen wird, werden Vieh und Wagen hastig in das Innere gebracht. Die Krieger versammeln sich vor den Häusern.

gende Ergebnisse: Im 4. Jh. wurde hier eine runde Anlage mit einem Durchmesser von 55–60 m errichtet. An den kreisrunden Wall waren im Innern – radial angeordnet – etwa zwanzig Häuser gebaut. Im Innern der Anlage befand sich ein großer offener Platz. Spuren einer ständigen Besiedlung fanden sich nicht. Es erscheint daher wahrscheinlich, daß Eketorp, wie so viele andere Befestigungen jener Zeit, nur in Gefahrenzeiten aufgesucht wurde *(Abb. auf S. 148)*. Im 5. Jh. wurde dann die ganze Anlage neu gestaltet. Der innere Durchmesser wurde auf etwa 80 m vergrößert, und die Siedlung besaß nun dreiundfünfzig Gebäude, diesmal außer Wohngebäuden auch Kuhställe. An der Innenseite der Ringmauer wurden wiederum radial angeordnete Häuser errichtet, und im Zentrum der Anlage befand sich ein geschlossener Häuserblock. Für mehrere Jahrhunderte blieb Eketorp ständig besiedelt – es war nun in der Tat ein befestigtes Dorf. Die Ähnlichkeiten zwischen dieser Siedlung und anderen Befestigungen sind so überraschend, daß sie wohl annähernd gleichzeitig sein müssen. Überdies wurde in jener Zeit eine große Zahl von Bauernhöfen auf der Insel – Spuren von mehr als 900 Gebäuden sind erhalten – aufgelassen. Diese Befestigungen scheinen einen vollständig neuen und einzigartigen Siedlungstyp darzustellen. Er ist vielleicht von byzantinischen Befestigungsanlagen beeinflußt, repräsentativ und gut geeignet für das Zusammenleben und somit den zu jener Zeit auf Öland herrschenden Bedingungen angepaßt. Dies war sicherlich keine Friedenszeit. Um das Jahr 700 wurde Eketorp aufgegeben und erst zu Ende der Wikingerzeit wieder aufgebaut, um dann bis um 1300 benutzt zu werden.

Geschichten in Stein

Als größte Neuerung während der Völkerwanderungszeit auf Gotland, der zweiten großen schwedischen Insel in der Ostsee, darf die Ausschmückung großer Kalksteinplatten gelten. Diese sogenannten Bildsteine wurden an den Bestattungsplätzen bzw. in deren Nähe errichtet oder aber an Straßen aufgestellt. Solche monumentale Kunst war neu für die Insel und im übrigen Skandinavien völlig unbekannt. Etwa 375 derartiger Steine oder Bruchstücke davon sind bisher bekannt. Sie gehören dem Zeitraum von etwa 400–1100 an. Die besten unter ihnen gehören auch zu den – in jeder Hinsicht – größten und interessantesten aller vorgeschichtlichen Kunstwerke in Skandinavien.

Die gotländischen Bildsteine der Völkerwanderungszeit sind bis zu 3,3 m hoch und sehen wie eine auf den Rücken gestellte Axt aus. Die vertikalen Seiten sind schwach eingezogen, die Oberkante ist konvex geschwungen. In die geglättete Oberfläche sind die einfachen und strengen Zeichnungen, die häufig aus großen Kreisen, Wirbeln und Spiralmustern bestehen, in sehr flachem Relief eingemeißelt. Die Darstellungen sind anschließend durch Farbe, von der sich manchmal Spuren erhalten haben, hervorgehoben worden. Als sie mit den sicherlich auffallenden Farben frisch bemalt waren, stellten diese großen und unverwechselbaren Steine eindrucksvolle Monumente in der Landschaft dar.

Nach einer Periode, in der die Darstellungen auf den Steinen weniger sorgfältig ausgeführt worden waren, erreichten die gotländischen Bildsteine im 8. Jh. einen weiteren künstlerischen Höhepunkt. Einige waren beinahe 4 m hoch. In der Zwischenzeit hatte sich die Form gewandelt. Im Umriß erinnern diese Kalksteine nunmehr an einen aufgeschnittenen Pilz. Auch in der ornamentalen Verzierung unterscheiden sie sich von den früheren. Jetzt ist die ganze Vorderseite mit repräsentativen Darstellungen bedeckt, die häufig in horizontalen Bändern angeordnet sind. Die Darstellungen waren schwach gegen einen flachen Hintergrund abgehoben und ursprünglich durch Farbe betont.

Die Bedeutung der geschilderten Szenen ist oft diskutiert worden. Gelegentlich ist es möglich, Begebenheiten, die aus Heldenepen und aus der Mythologie bekannt sind, zu erkennen. Dies gilt z. B. für den Stein von Ardre *(Abb. 2 auf S. 18)*. Die im oberen Feld einiger Steine gezeigte Szene mit einem Reiter auf einem achtbeinigen Pferd – Odins Sleipnir –, der eine Frau mit Trinkhorn trifft, symbolisiert sehr wahrscheinlich den zeremoniellen Empfang des Verstorbenen in Walhall, der Heimat der toten Helden. Recht häufig ist im unteren Teil ein großes Schiff zu sehen, dessen Mannschaft mit Schilden bewaffnet ist. Diese Schiffe sind jeweils mit einem großen und auffälligen Segel ausgerüstet und zeigen eine komplizierte Takelage. Es handelt sich dabei sehr wahrscheinlich um jenes Fahrzeug, das die Verstorbenen von den Küsten Gotlands zum Totenreich brachte. In Stora Hammars/Lärbro *(Abb. auf S. 150)* stellt ein 3,5 m hoher Stein eine mehrteilige Geschichte dar, die sich über einer riesigen Schiffsdarstellung abspielt. Das oberste Bild, das zugleich wohl den Beginn der Geschichte bildet, zeigt eine Frau zwischen zwei schwerterschwingenden Männern. Darunter erkennt man ein Pferd, zwei Schwerter und zwei Männer mit hocherhobenen Armen, offensichtlich feierliche Eide schwörend. Darauf folgt eine Szene, die einen an einem Baum erhängten Mann zeigt, der von bewaffneten Männern umringt ist. Als nächstes sieht man eine Reihe von Männern mit gezückten Schwertern in einem Schiff. Ihnen tritt eine von einer großen Frau angeführte und ähnlich bewaffnete Kriegergruppe zu Fuß entgegen; dies stellt vielleicht einen bewaffneten Zusammenstoß an einem Strand dar. Das Ergebnis dieser Aktion ist im nächsten Bildabschnitt zu sehen. Dort umringen Krieger einen Mann, der auf dem Rücken unter einem Pferd mit leerem Sattel liegt. Das in stürmischer See segelnde Schiff im untersten Bildfeld des Steines bildet einen würdigen Abschluß für diese dramatische Geschichte – der Held ist unterwegs zum Reich der Toten.

Diese Steine wurden im 8. Jh. aufgestellt, als die Zeit der Völkerwanderungen lange vorbei war und eine Periode beträchtlicher Expansion begann – die Wikingerzeit. Die Jahrhunderte, die beide Zeitabschnitte voneinander trennen (etwa 575–800), sind in vieler Hinsicht der am wenigsten bekannte Zeitraum skandinavischer Frühgeschichte. Es ist dies eine Periode, in der Einblicke in eine zusammenhängende Geschichte nur gelegentlich möglich sind. Die charakteristischen reichen Funde der Völkerwanderungszeit kommen nicht mehr vor, doch bezeugen die vielen wertvollen Gegenstände, die man als Einzelfunde oder in Gräbern entdeckt hat – wie z. B. die in das 7. Jh. zu datierende Fibel von Åker in Südostnorwegen *(Abb. 12)* – den großen Reichtum weiter Teile Skandinaviens. Der bevorzugte Kunststil bestand aus abstrakten Tierfiguren, die stark ineinander verflochten sind und von großem Ideenreichtum zeugen. Für das ungeübte Auge ist es oft schwierig, die Einzelheiten dieser Tiere mit ihren sehr stilisierten Köpfen, gewundenen Leibern, weitaufgerissenen wilden Mäulern und Vogelköpfen zu erkennen *(Abb. auf S. 68)*.

Die Gräber von Vendel

Die Jahrhunderte, die die Völkerwanderungszeit von der Wikingerzeit trennen, werden in Schweden als Vendelzeit bezeichnet, benannt nach den reich ausgestatteten Bootsgräbern, die man in Vendel in Uppland aufdeckte. Das erste wurde 1881 bei Erweiterungsarbeiten an der Umfassungsmauer der Kirche von Vendel gefunden. Von den insgesamt vierzehn dicht beieinander liegenden Gräbern waren zwölf Bestattungen in Booten und zwei in Särgen vorgenommen worden. Man fand auf dieser Nekropole nur Männergräber, die in ihrer Zeitstellung gleichmäßig über den Zeitraum von 600–1050 verteilt waren. Ähnliche Bootsgräber fand man an anderen Orten Upplands und im Mälargebiet, wie z.B. in Valsgärde. Zweifelsohne handelte es sich um Bestattungsplätze, die nur den Anführern reicher und alteingesessener Bauernfamilien vorbehalten waren. Bezeichnenderweise wurden diese Friedhöfe bis zur Einführung des Christentums benutzt.

Die reichen Gräber der Vendelzeit zeichnen sich durch ihre prunkvolle Waffenausrüstung aus *(Abb. 1)*. Diese Schwerter mit ihren goldenen Griffen, die man zusammen mit halbnaturalistisch verzierten Helmen und Schilden fand, sind eng mit der königlichen Schiffsbestattung von Sutton Hoo in England verwandt (vgl. Kapitel 3). Es besteht kein Zweifel daran, daß die in Schweden gefundenen Gegenstände auch an Ort und Stelle gefertigt wurden, denn in Torslunda auf Öland *(Abb. 5, 6)* fand man vier Matrizen für die Herstellung von Bronzepreßblechen, deren Motive enge Beziehungen zu jenen auf den genannten Helmen aufweisen. Es ist deshalb wahrscheinlich, daß Helm und Schild von Sutton Hoo schwedischer Herkunft sind. Vielleicht bildeten sie Teile eines großen Geschenkaustausches. Außer Waffen enthalten die vendelzeitlichen Bootsgräber im allgemeinen eine reichliche Auswahl an Kochgerätschaften, ganze oder halbe geschlachtete Tiere und solche unerläßlichen Dinge wie Becher oder Trinkhörner. Pferde und Hunde garantierten eine erfolgreiche Jagd im zukünftigen Leben, während das Schiff, den Darstellungen der gotländischen Bildsteine nach zu schließen, wahrscheinlich für den Transport des Toten in seine neue Heimat vorgesehen war.

Von den Booten der vendelzeitlichen Bestattungen sind gewöhnlich nur Abdrücke im Boden und Reihen von Nieten übrig geblieben. Gut erhaltene Reste eines 18 m langen und 3,2 m breiten Schiffes fand man aber in Kvalsund in Westnorwegen, wo es wahrscheinlich als Opfergabe niedergelegt worden war. Das Schiff ist etwa in die Zeit um 700 zu datieren und hat im Gegensatz zu früheren Schiffen bereits einen rudimentären Kiel. Der relativ breite Rumpf ermöglichte die Verwendung von Segeln. Spätestens im 8. Jh. waren die skandinavischen Schiffe auch zum Segeln eingerichtet, eine wichtige Voraussetzung für weite Fahrten. Segelschiffe kannte man in Westeuropa schon seit Jahrhunderten, doch erst als die Skandinavier sich mit dem Schiffsbau näher befaßten, wurde rasch ein Fortschritt erreicht. Im 8. oder 9. Jh. besaßen die Skandinavier gute, manövrierfähige Segelschiffe, die für Fahrten auf dem Atlantik geeignet waren.

Die Werkzeuge und Geräte, die man für den Schiffsbau, zum Schmieden, zum Schnitzen und für Zimmermannsarbeiten benötigte, beginnen nun zusammen mit Ackerbau-, Fischfang- und Jagdgeräten in den Funden zu erscheinen. In Norwegen bildete sich eine neue Sitte aus, die bis zum Ende der heidnischen Periode beibehalten wurde. Die Toten wurden nicht länger nur mehr mit Waffen, Schmuck, feiner Kleidung und Spielgeräten ausgestattet: Männer und Frauen nahmen jetzt auch Werkzeuge und Geräte des täglichen Lebens mit in das Grab. Es scheint, als ob von dieser Periode an die Norweger eher darauf vorbereitet waren, ihr normales Leben auch über den Tod hinaus weiterzuführen, als nur ständiges Feiern, Kämpfen und Jagen in Betracht zu ziehen. Die Grabfunde erlauben einen einzigartigen Einblick in die hochentwickelte Technologie jener Zeit und liefern uns Werkzeuge von solch perfekter Form, daß sie über Jahrhunderte hinweg unverändert bleiben konnten. Die große Zahl hervorragender Eisengegenstände in den Gräbern bezeugen sowohl einen beachtlichen Reichtum als auch geschickte Schmiede und ausreichende Eisenvorräte: ein Bild, das

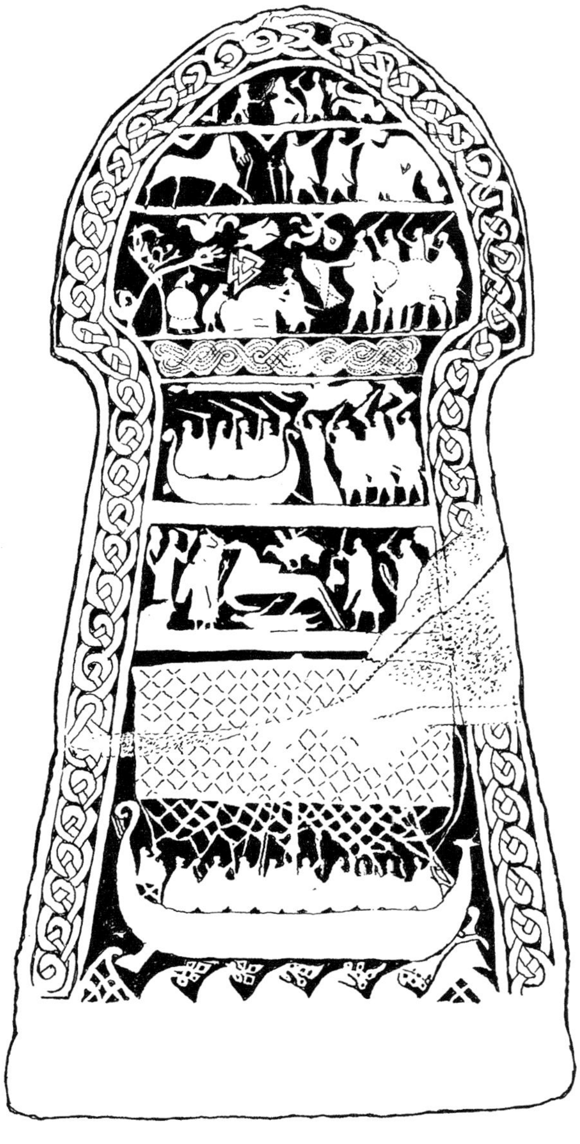

Bildstein von Stora Hammars/Lärbro, Gotland. Die sorgfältig ausgearbeiteten Szenen – ein Drama in sechs Bildfeldern – sind auf Seite 149 ausführlich beschrieben. Am eindrucksvollsten ist das unten dargestellte Schiff, das den Helden zum Totenreich bringt.

durch die vielen Fundstellen, die Eisenverarbeitung bezeugen, bestätigt wird.

In dieser Zeit wurde auch die Art der Schreibweise modernisiert *(Abb. auf S. 10)*. Runen, die gemeinsamen Schriftzeichen aller germanischen Stämme, waren in Skandinavien seit dem 3. Jh. allgemein verbreitet. Man weiß nicht, wo die Runen ihren Ursprung haben – einige Wissenschaftler haben Dänemark, das viele Beispiele für die ältesten Runenformen lieferte, angenommen. Zumindest steht aber fest, daß sie von einem oder mehreren mediterranen Alphabeten abgeleitet sind. In Skandinavien wurde die Runenschrift nach der Einführung des Christentums nur langsam vom lateinischen Alphabet abgelöst. Das Runenalphabet oder ‚Futhark' (der Name setzt sich aus den ersten sechs Buchstaben des Runenalphabetes zusammen) bestand ursprünglich aus vierundzwanzig Zeichen: Die meisten Inschriften, die dieses Alphabet verwenden, sind sehr kurz. Im Laufe des 7. oder 8. Jhs. ist in Skandinavien eine Vereinfachung zu beobachten, die ein ‚Futhark' mit sechzehn Zeichen zum Ergebnis hatte. Während der Wikingerzeit wurde dieses in zwei unterschiedlichen Formen verwendet. Das jüngere ‚Futhark' (mit sechzehn Buchstaben) fand eine weite Verbreitung, und es muß damals nichts Ungewöhnliches gewesen sein, Runenschrift lesen und schreiben zu können. Die Runenschrift wurde während der Wikingerzeit für alle Arten von Inschriften auf Gedenksteinen, für Kritzeleien auf allen möglichen Oberflächen und ebenso auch für alltägliche Mitteilungen verwendet, die in einen Holzstab geschnitten sein konnten (die in zeitgenössischer Sprache als *rúnakefli* bezeichnet werden).

Im 7. und 8. Jh. jedoch hatten nur wenige Eingeweihte Kenntnis von den Runen, und wie in früheren Zeiten waren die Inschriften magischen Inhalts. Einen derartigen Sinngehalt hat die ungewöhnlich lange Inschrift, die man im älteren ‚Futhark' auf den Enggjum Stein in Norwegen schrieb: Ungefähr zweihundert Zeichen waren in die Unterseite eines Steines, der ein Männergrab bedeckte, eingraviert. Die Schriftzeichen sind schwierig zu interpretieren und waren einst offensichtlich nur dazu bestimmt, von dem Verstorbenen gelesen zu werden. Die Inschrift besagt u. a., daß sie weder von Sonnenlicht berührt noch durch Eisen geschnitten worden sei. Das heißt, daß die Zeichen mit einem ungewöhnlichen Gerät bei Fackellicht eingeritzt worden waren und daß der Stein mitten in der Nacht zum Grab gebracht wurde, damit er seine magischen Kräfte nicht verliere. Eine andere merkwürdige Runeninschrift aus dem 8. Jh. fand man in Ribe in Dänemark. Sie ist auf ein menschliches Schädelbruchstück eingeritzt, das zum Aufhängen durchbohrt war. Der Mensch war jedoch schon eine geraume Zeit tot, ehe sein Schädelfragment auf diese makabre Weise verwendet wurde. Die Inschrift hat magischen Charakter und enthält die Namen der drei Götter: Ulfur, Odin und Hydyr.

Ribe, Haithabu und das Danewerk

Ribe ist eine der vielen Städte und Siedlungen, die eine Blüte in der Wikingerzeit erlebten, deren Anfänge jedoch in das 8. Jh. zurückreichten. Seit langer Zeit haben Archäologen versucht, das wikingerzeitliche Ribe zu finden, eine Stadt, die man aus mehreren Belegen in auswärtigen Quellen kannte. Viele Jahre lang fand man keine archäologischen Schichten, die früher als in das 12. Jh. zu datieren waren. Es kam deshalb einer kleinen Sensation gleich, als man bei Ausgrabungsarbeiten 1973–1975 am Stadtrand reiche Funde aus dem 8. Jh. machte. Sie erlaubten einmalige Einblicke in Handel und Handwerk, die die Voraussetzungen für die Entwicklung einer derartigen Stadt bildeten. Die Lage der Stadt am Fluß Ribe erlaubte einen leichten Zugang zur Nordsee und nach Westeuropa, von wo man Keramik, Mühlsteine, Glas u. ä. importierte. Nicht weniger bedeutungsvoll sind die in Ribe gefundenen 28 winzigen friesischen Silbermünzen von einem Typ, der *sceattas* genannt wird. Nur wenige Gegenstände aus Nordskandinavien fand man in Ribe, da dessen Handelswege unzweifelhaft nach Süden gerichtet waren. Unter der großen Menge der gefundenen Materialien sind Gegenstände, die Zeugnis von den verschiedenen Handwerken und Gewerben ablegen. Auch erhält man Informationen über die Herstellungsweisen und über die fertigen Gegenstände. Es gab dort Eisen- und Bronzeschmiede, Schuster- und Kammacherwerkstätten sowie eine Werkstatt, in der Perlen hergestellt wurden. Dort wurde der einheimische Bernstein geschnitten und poliert oder importiertes Rohglas zu leuchtend bunten Perlen verarbeitet. Web- und Spinnereierzeugnisse, wie man sie in jeder Siedlung dieser Periode feststellen kann, fand man hier ebenfalls. Allerdings hat man bis jetzt noch keine richtigen Häuser aufdecken können, so daß schon angenommen wurde, daß man hier eher mit einer nur zeitweilig benutzten Siedlung und nicht mit einer ständigen Niederlassung zu rechnen hätte. Doch ist dies ziemlich unwahrscheinlich. Fest steht jedoch, daß Ribe seinen Ursprung als Handels- und Handwerkerzentrum hatte. Der Schmuck z. B., den die Bronzehandwerker in einheimischem Geschmack herstellten, war für den Absatz auf einem lokalen oder zumindest auf dem skandinavischen Markt gedacht. Die großen Mengen importierten Materials mußten aber auch mit irgendetwas bezahlt werden. Was das war, wird durch einige dicke Schichten von Kuhmist angedeutet. Bis vor kurzer Zeit waren Dänemarks Hauptexportartikel stets Agrarprodukte, und da die Händler von Ribe nicht nur Zwischenhändler waren, scheint es, daß landwirtschaftliche Erzeugnisse die Hauptexportartikel waren. Es wird sich dabei um Vieh, geräuchertes oder gesalzenes Fleisch, Leder und Häute, Bienenwachs und Honig gehandelt haben. Allein die großen europäischen Klöster benötigten riesige Mengen Häute für Bücher, und in der katholischen Kirche war der Verbrauch an Wachskerzen gewaltig.

Gleichzeitig mit Ribe wurden andere dänische Siedlungen gegründet. Eine von diesen war Aggersborg, wo in der Wikingerzeit an einer den Limfjord leicht zu überquerenden Stelle die größte Befestigungsanlage ihrer Zeit errichtet wurde. Der andere Hauptübergang über den Limfjord in der Nähe der heutigen Stadt Ålborg war sogar schon zu einem früheren Zeitpunkt an beiden Ufern besiedelt. Der Bestattungsplatz dieser Siedlung ist herrlich auf der Anhöhe Lindholm Høje gelegen, von wo man einen weiten Blick über die wichtige Segelroute, die die Ostsee mit Westeuropa verbindet, hat. Der Friedhof enthält ungefähr siebenhundert Bestattungen aus der Zeit des 6.–10. Jhs.

Ungefähr zur gleichen Zeit wie Ribe wurde eine andere Stadt, Haithabu (Hedeby) *(Abb. 4 auf S. 186)*, gegründet. Sie sollte zur größten und vielleicht wichtigsten Stadt während der Wikingerzeit in Skandinavien werden. Haithabu liegt südlich der heutigen dänisch-deutschen Grenze an einem Arm der Schlei bei Schleswig. Das Meer reicht hier von

Osten weit in das Landesinnere und verkürzt damit den Überlandweg zu den kleinen Flüssen Rheide und Treene, die in die zur Nordsee fließende Eider münden, beträchtlich. Dies stellt eine ideale Lage für ein Markt- und Handelszentrum im Fernhandel zwischen Westeuropa und der Ostsee dar. Da es hier geeignete Möglichkeiten gab, die Fracht umzuladen, konnte man also die lange und oft gefährliche Fahrt entlang der Westküste Jütlands zum Limfjord vermeiden. Die Hauptroute von Norden nach Süden durch Jütland war der Heerweg oder Ochsenweg, der dicht an Haithabu vorbeiführte und den einzigen möglichen Landverbindungsweg nach Süden darstellte: Im Westen bildeten die breiten versumpften Flußtäler ein nicht zu überwindendes Hindernis, und südlich davon mußte man eine 20 km breite, schwer zu durchdringende Waldwildnis durchqueren, ehe man zur Eider kam. Am anderen Ufer des Flusses, der in der Tat die Grenze darstellte, lebten die Sachsen und verschiedene slawische Stämme.

Das Gebiet um Haithabu stellte somit das Tor zu Dänemark dar. Um 737 wurde es durch einen ungefähr 6,5 km langen Wall und Graben befestigt. Vielleicht gehört auch die als Ostwall bekannte, etwa 3,2 km lange Wall- und Grabenanlage in diesen Zusammenhang. Das Befestigungssystem bestand aus einem etwa 10 m breiten und 2 m hohen Erdwall mit einer vorgeblendeten hölzernen Palisade. Die Datierung in das Jahr 737 konnte mit Hilfe der Dendrochronologie ermittelt werden. Diese Datierungsmethode basiert auf dem Zählen und Messen der Jahresringe eines Holzes, die man dann mit den Jahresringen von bereits datierten Hölzern vergleicht. Die historischen Ereignisse, die diese ausgedehnten Befestigungsanlagen veranlaßten, sind unbekannt. Auch wissen wir nicht, wer die Erbauer waren; aber das Wall- und Grabensystem wurde sicherlich angesichts einer ernsten Bedrohung durch die benachbarten Stämme im Süden errichtet.

Mit der Zeit wurde dieses Befestigungssystem, das als Danewerk bekannt ist *(Abb. 24)*, erweitert und erneuert; neue Wallstücke wurden angefügt, andere wurden aufgegeben, bis im 10. Jh. die ganze Anlage schließlich mehr als 13 Kilometer lang war. Nur selten wissen wir genau, wann und von wem ein bestimmter Wallabschnitt erbaut wurde, und vieles ist noch rätselhaft bei dieser gigantischen und komplizierten Anlage, die eine der größten ihrer Art in Nordeuropa ist. Gewöhnlich ist es nicht möglich, die Glaubwürdigkeit von Berichten mittelalterlicher Geschichtsschreiber zu beweisen. Eine sich besonders hartnäckig haltende Legende bringt die tatkräftige Königin Thyra mit Bauaktivitäten am Danewerk in Verbindung, doch ist es den Archäologen bisher unmöglich gewesen, irgendeinen Teil des Danewerkes mit den Lebensdaten jener Königin in Zusammenhang zu bringen. Das Danewerk diente dem Königreich Dänemark als Bollwerk gegen Süden, bis sich im 13. Jh. die politische Situation im Küstengebiet änderte. Zum letzten Male diente es den Dänen 1864 während des Deutsch-Dänischen Krieges als Verteidigungswall gegen einen preußischen Angriff.

Der Aufstieg der Wikinger

Um 800 erscheinen in der schriftlichen Überlieferung immer mehr Nachrichten über die Skandinavier. Die meisten von ihnen verdanken wir Westeuropa, wo sie von Männern nie-

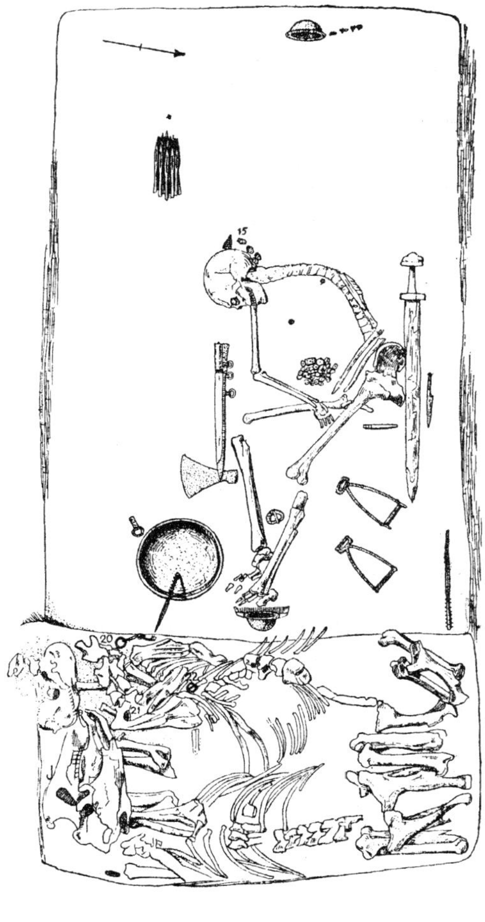

Das Grab eines reichen Mannes aus Birka. Er war mit seinen Waffen, Steigbügeln und anderer persönlicher Habe wie Schale und Kamm sowie mit einem Pferd zu seinen Füßen beigesetzt.

dergeschrieben wurden, die in der Regel Kleriker waren. Diese Geschichtsschreiber beschäftigten sich fast ausnahmslos mit den kriegerischen Auseinandersetzungen, wie z. B. den Wikingereinfällen in Westeuropa oder den kaiserlichen Feldzügen gegen Dänemark oder aber mit den Bemühungen der Kirche, die heidnischen nordischen Völkerschaften zum rechtmäßigen Glauben zu bekehren. Diese christlichen Schriftsteller, die jene Heiden zwar fürchteten und verachteten, jedoch keine Kenntnisse über die Verhältnisse in Skandinavien besaßen, waren es vor allem, die das Bild der blutrünstigen wikingerzeitlichen Skandinavier entwarfen, das man heute immer noch in volkstümlichen Darstellungen finden kann. Die damaligen Skandinavier benahmen sich nicht besser und nicht schlechter als irgendein anderes Volk unter ähnlichen Bedingungen. Nur blieben sie für eine ungewöhnlich lange Zeit Heiden und besaßen eine andere Kultur.

Mit dem Beginn der Wikingerzeit nahm die Zahl der Städte und Handelszentren zu, die offensichtlich von Königen oder Häuptlingen gegründet oder unterstützt wurden. Der dänische König Göttrik (Godfred) z. B. zerstörte die slawische Handelsniederlassung in Reric, nachdem er die slawischen Verbündeten Karls des Großen besiegt hatte, und verschleppte die Händler nach Skandinavien, um sie in Haithabu ansässig zu machen. Nach Aussage der historischen

Quellen erbaute (oder vergrößerte) er einen befestigten Erdwall quer über das Land: Dies war vielleicht der 6,5 km lange Abschnitt des Danewerks, der als Kograben bekannt ist. Derselbe König wagte es einst sogar, Karl dem Großen mit der Eroberung seiner Hauptstadt Aachen zu drohen. Haithabu dehnte sich allmählich aus und blühte auf. Im 10. Jh. wurde es mit einem massiven Erdwall umgeben, der ein halbkreisförmiges Areal von 24 Hektar umschloß. Dieser Erdwall wurde mit dem Danewerk verbunden, während eine aus Pfählen gebildete halbrunde Befestigung den Hafen von Haithabu schützte. Die Handelsverbindungen reichten weit nach Osten und Westen und schlossen ebenso ganz Skandinavien mit ein. Zeugnis für die Bedeutung des Handwerks ist die große Vielfalt der Waren, die in Haithabu hergestellt wurden. Bei den dortigen Ausgrabungen fand man viele Hausfundamente, die alle auf eigenem, umzäunten Grund standen *(Abb. 18, 19)*. Eines dieser Häuser war so gut erhalten, daß man es rekonstruieren konnte. Mit Hilfe der Dendrochronologie ließ es sich genau auf das Jahr 870 datieren, einige Umbauten wurden 12 Jahre später vorgenommen. Das Gebäude ist ein gewöhnliches Stadthaus, 12 m lang und 5 m breit, aus Fachwerk in Lehm-Flechtwerktechnik errichtet. Es hatte drei Räume: einen großen Zentralraum sowie zwei kleinere Räume an den Enden. Der Raum an dem einen Ende enthielt einen Backofen für Brot und wurde als Küche benutzt, während die Funktion des Raumes am anderen Ende nicht bekannt ist. Der Hauptraum besaß eine zentrale offene Feuerstelle, und entlang der Wände liefen niedrige, breite Lehmbänke, die mit Holzplanken belegt waren. Diese Sitzgelegenheiten, die über dem zugigen Fußboden errichtet waren, dienten zu unterschiedlichen Zwecken – zum Arbeiten, zum Schlafen und zur allgemeinen Bequemlichkeit. Die einzigen weiteren Möbelstücke waren wahrscheinlich ein Webstuhl und mehrere Truhen zum Aufbewahren von Gegenständen und zum Sitzen. Das Haus war vermutlich auch mit Textilien, Häuten und gewebten Teppichen ausgestattet. Haithabu wurde im 11. Jh. aufgegeben und seine Rolle von dem nahen Schleswig übernommen.

Ähnliche Entwicklungen sind im Mälargebiet in Mittelschweden zu beobachten. Zu Beginn der Wikingerzeit begann sich Birka (auf der kleinen Insel Björkö) auf Kosten der Siedlung von Helgö auszudehnen, und am Ende des 10. Jhs. übernahm Sigtuna die Rolle von Birka *(Abb. 20)*. Birka war wie Haithabu im 10. Jh. durch einen Erdwall befestigt worden, doch war hier das umschlossene Gebiet kleiner, und nur ein geringer Teil ist bis jetzt ausgegraben. Die Toten wurden außerhalb der Befestigung bestattet, wobei einige in hölzernen Grabkammern mit oder ohne Hügel beigesetzt wurden. Viele waren mit wertvollen Gegenständen ausgestattet *(Abb. auf S. 152)*, die Handelsbeziehungen zu Westeuropa, zu den britischen Inseln, nach Rußland, Byzanz und den arabischen Ländern im westlichen Asien ebenso aufzeigen, wie zu anderen Teilen Skandinaviens. Hier finden wir Zeugnisse einer bunt durcheinander gewürfelten, kosmopolitischen Welt, in der die Frauen sich mit Juwelen und Geschmeide von einer bis heute nicht mehr erreichten Vielfalt und Pracht aus allen Teilen der Welt schmückten. Wir können annehmen, daß man eine Reihe fremder Sprachen in Birka hörte und daß es dort möglich gewesen ist, auf schwedische, französische oder russische Art zu essen. Eine Vielzahl von Göttern wurde hier verehrt: nicht nur Odin, Thor, Freyr und die anderen Mitglieder des nordischen Götterhimmels, sondern auch Allah und Christus ebenso wie Gottheiten der Slawen, Finnen und Lappen. Nach der Missionstätigkeit des fränkischen Mönches Ansgar – später Erzbischof von Hamburg-Bremen – gab es sogar für eine kurze Zeit im 9. Jh. eine christliche Kirche in Birka.

Die frühesten norwegischen Städte wie Oslo, Tönsberg und Trondheim scheinen nicht vor dem 11. Jh., vielleicht um 1000, gegründet worden zu sein, zu einer Zeit als auch in Schweden und Dänemark viele neue Siedlungen angelegt wurden: Orte wie Skara, Sigtuna, Lund, Roskilde, Odense, Ålborg und Schleswig, die alle heute noch bestehen. Viborg wurde in jener Zeit bereits vergrößert und Århus geht innerhalb seiner Wallanlage bis in die Zeit um 900 zurück. Ein internationales Handelszentrum wurde bereits um 800 in Kaupang an der Südküste Norwegens errichtet. Es sollte für 150 Jahre Bestand haben. Ottar von Halogaland in Nordnorwegen legte hier bei seiner langen Reise nach Haithabu an, und man muß annehmen, daß Kaupang als einer derjenigen Häfen fungierte, die Güter wie Eisenwerkzeuge, Wetzsteine und feuerfeste Kochtöpfe aus Speckstein exportierten. Letztere konnten direkt aus dem Felsen herausgeschnitten werden und waren in Dänemark ganz besonders begehrt (sie wurden z.B. in Haithabu in großen Mengen gefunden). Handel war in der Wikingerzeit nicht auf Luxusartikel beschränkt: Je stärker die Gewerbe im allgemeinen spezialisiert wurden, um so mehr wurden die Dinge des täglichen Bedarfs zu Handelsobjekten. Kaupang hatte auch Verbindungen zu Westeuropa – zum Kontinent ebenso wie zu den britischen Inseln. Da die Wissenschaftler allmählich ihr Urteil über die Skandinavier der Wikingerzeit modifiziert haben, erscheint es nun möglich, daß einige der nicht so wertvollen Metallschmuckstücke oder die zu Schmuck umgearbeiteten Beschläge weniger als Beutegut aus westlichen Klöstern, sondern eher als Handelsgut anzusehen sind.

Geld und Schiffe

Silber war das übliche Zahlungsmittel, sei es in Form von Münzen, Barren oder Schmuck. Der Wert wurde nach dem Gewicht bemessen, so daß Schmuck in entsprechende Stücke geschnitten werden konnte, wenn er als Zahlungsmittel diente. Deshalb trugen Händler in einem Kästchen eine zusammenklappbare Handwaage mit einer Reihe von Gewichtssteinen mit sich, um das nicht gemünzte Edelmetall zu wiegen. Silber kam nach Skandinavien in großen Mengen. Einiges davon behielt seine ursprüngliche Form, doch vieles wurde zu Schmuck von hoher Qualität verarbeitet. Abgesehen von derartigem Silberschmuck enthielten die für die Wikingerzeit belegten Schatzfunde mehr als 84000 arabische und 42000 englische Münzen neben Prägungen aus anderen Regionen. Viel Silber wurde durch Handel erworben, doch kamen große Mengen auf anderem Wege nach Skandinavien, wie z.B. in der Zeit um 1000 durch die Zahlung von *Danegeld* in England. Diese Steuer *(Abb. auf S. 177)* kam nicht nur den Dänen sondern auch den Norwegern und Schweden zugute. Eine Runeninschrift auf einem Stein aus Yttergärde in Uppland, der zur Erinnerung an einen gewissen Ulf errichtet wurde, besagt am Ende „und Ulf bekam aus England drei Gelder. Da war das erste, das Tosti zahlte. Dann zahlte Thorkild. Dann zahlte Knut“. Die beiden letzteren waren Thorkild Höje, ein dänischer Häuptling, dessen Leute mehr oder weniger unabhängig in England operierten, und Knut,

König von Dänemark und England. Andere Runensteine erzählen ähnliche Geschichten.

Die ersten Münzen wurden in Skandinavien schon im 9. Jh. geprägt, aber erst ein Jahrhundert später, nachdem die Produktion zwischenzeitlich eingestellt worden war, begann sich das Münzwesen auszubreiten. Im 11. Jh. jedoch gab die wachsende Zentralgewalt den Anstoß zu einer schnelleren Entwicklung. Münzen zu prägen war ein lukratives Geschäft, denn die Münzhersteller und die sie kontrollierenden Behörden erlaubten – den Vorbildern aus Westeuropa folgend – oft, den Nominalwert über den Metallwert des Silbers hinausgehen zu lassen und die Differenz für sich zu behalten. Silber war gut, aber Gold war besser. Diejenigen, die mit ihrem Gold großzügig umgingen, wurden von den Skalden in ihren Liedern gefeiert. Einer von ihnen sprach für viele, als er die Zeilen dichtete: „Mir erscheint das Leben heller, wenn es durch einen goldenen Ring gesehen wird." Gold wurde oft kunstvoll bearbeitet, wie z.B. der berühmte Schmuck von Hiddensee *(Abb. 11 auf S. 189)* im Gebiet der Slawen, der mit Vogelköpfen in Filigrantechnik geschmückt ist. In anderen Fällen ist es allein die Größe des Schmuckstückes, die beeindruckend ist, wie dies zum Beispiel bei dem 1977 in Dänemark gefundenen Goldring der Fall ist. Er hat einen Durchmesser von ungefähr 30 cm und wiegt knapp 2 kg. Sein Besitzer, Mann oder Frau, muß ungewöhnlich reich gewesen sein und eine auffallend breite Brust besessen haben.

Die Reichweite des Handels und anderer Aktivitäten in der Wikingerzeit war von leistungsfähigen Segelschiffen abhängig. Solche kennt man von vielen Fundstellen. Die berühmtesten und am besten erhaltenen fand man in Oseberg und Gokstad in Norwegen *(Abb. 25 – 31)*. Mitglieder der königlichen Familie Vestfolds waren in diesen Schiffen – eine Frau in dem einen und ein Mann in dem anderen – zusammen mit vielen Grabbeigaben bestattet. Darüber wurde ein großer Grabhügel aufgeschüttet. Durch die besondere Bodenbeschaffenheit hatte sich das meiste Holz erhalten, und die riesigen Schiffe mit ihren hochgezogenen Schiffsschnäbeln im Bygdøy Museum in Oslo bestehen noch fast vollständig aus ihrem Originalholz. Es handelt sich um typische Wikingerschiffe: bei günstigen Winden konnte man Segel setzen, aber sie konnten auch, wenn es nötig war, gerudert werden. Der Kiel war schmal und der Tiefgang so gering, daß das Schiff in sehr flachem Wasser bis unmittelbar an die Küste segeln konnte. Dadurch, daß die Spanten an den Planken an eigens dafür vorgesehenen Klampen (Querleisten) festgezurrt und nicht angenagelt wurden, erhielt der Schiffsrumpf eine zusätzliche Elastizität und Festigkeit, die das Schiff um so seetüchtiger machten. Die Stärke der Hölzer war so gering wie möglich, so daß das Schiff leicht war und das Segel und die Ruder besonders wirksam eingesetzt werden konnten. Es war mit einem rechteckigen Segel getakelt und mit einem großen Steuerruder auf der (rechten) Seite im Heck des Schiffes ausgerüstet, die wir immer noch als Steuerbord bezeichnen (von altenglisch: stéorbord, Steuerseite). Das Oseberg-Schiff ist das ältere von den beiden großen norwegischen Funden und stammt aus der Zeit um 800. Der Rumpf ist etwa 22 m lang, und seine Form legt nahe, daß es für ruhige, geschützte Gewässer am besten geeignet war. An Vordersteven und Heck reich geschnitzt, war es als Reisegefährt wirklich einer Königin würdig. Das Gokstad-Schiff *(Abb. 29)*, das ein halbes Jahrhundert jünger ist, war dagegen ein Hochseeschiff. Der Mast ist fest eingesetzt und die hochgezogenen Seiten, die zwischen Kiel und Dollbord 1,95 m messen, waren dazu bestimmt, bei hohem Seegang ein Überschlagen der Wellen zu verhindern. Aus dem gleichen Grunde konnten auch die sechzehn Riemenlöcher an jeder Seite verschlossen werden: Die Zahl dieser Löcher legt nahe, daß das 24 m lange Schiff von 32 Männern gerudert werden konnte. Eine Nachbildung des Gokstad-Schiffes segelte 1893 von Norwegen über den Atlantik nach Amerika. Es wurde wegen seiner ausgezeichneten Manövrierfähigkeit sehr gelobt. Solche Schiffe trugen die Wikinger über die Meere.

Fünf Schiffe von Skuldelev in Dänemark legen von der Spannweite der Schiffsbautechniken der späten Wikingerzeit Zeugnis ab. Diese Schiffe waren um 1000 gebaut und im 11. Jh. im Roskildefjord versenkt worden, um damit die enge Fahrrinne zur wichtigen Stadt Roskilde zu sperren. Als man die Überreste dieser Boote barg, stellte sich heraus, daß es sich dabei um mehrere besondere Schiffstypen handelte: ein seetüchtiges Frachtschiff 16,3 m lang; ein kleineres Frachtschiff für den Küstenverkehr 13,8 m lang; zwei Kriegsschiffe 17,4 m und ungefähr 29 m lang und ein 11,6 m langes Boot, möglicherweise eine Fähre oder ein Fischerboot.

Die reiche und vielfältige Ausstattung des Grabes einer Königin von Oseberg zeigt viele Aspekte des täglichen Lebens eines königlichen Haushaltes auf. Der kunstvoll geschnitzte Wagen *(Abb. auf S. 155)* ist das einzige vollständig erhaltene vierrädrige Fahrzeug aus der Wikingerzeit, obwohl man viele Wagenteile auch von anderen Fundorten kennt, so daß man zeigen kann, daß derartige Wagen nicht ungewöhnlich waren *(Abb. 32–34)*. Die Schlitten von Oseberg sind ebenfalls einmalig: drei sind reich verziert, der vierte ist rein funktional. Das Mobiliar besteht aus einem Stuhl und mehreren Betten sowie Truhen – das Standardmobiliar größerer Haushalte über Jahrhunderte hinweg. Darüber hinaus enthielt das Grab Öllampen, Küchengeräte, Werkzeuge sowie Spinn- und Webgerät neben einer Reihe von anderen Gegenständen.

Kunst der Wikinger

Die ornamentale und darstellende Kunst, die in diesem Fund durch Beispiele so gut belegt ist, hatte durch die ganze Wikingerzeit hindurch einen hohen technischen und künstlerischen Entwicklungsstand. Wie die Skaldendichtung hatte auch sie einen unverwechselbaren Stil und eine einmalige Entwicklung. Sie ist aus der Tierornamentik der Völkerwanderungszeit entwickelt, und alle Arten von Tieren – akrobatische Tiere, dünne bandförmige Tiere, große aggressive Tiere, sich aufbäumende Tiere, laufende Tiere und schlanke phlegmatische Tiere – blieben die wichtigsten Elemente dieser Kunst. Gleichzeitige europäische Ornamentik gab Anlaß, Pflanzenmotive aufzugreifen; und später wurden auch christliche Motive übernommen. Im Laufe des 11. und 12. Jhs. wurde schließlich der nordische Tierstil durch die Ornamentik des romanischen Europa ersetzt.

Die skandinavische Kunst des frühen Mittelalters ist, grob gesprochen, in eine Reihe aufeinanderfolgender Stile aufzugliedern: Die Stile I, II und III (nach Bernhard Salin) gehören in die Völkerwanderungs- und Vendelzeit (obgleich Stil III noch bis in die Wikingerzeit reicht, wo er zum Beispiel in den Holzschnitzarbeiten des Oseberg-Fundes so hervorragend dargestellt ist). Auf Stil III folgte der Borre-Stil (benannt nach der Verzierung auf einer Gruppe von vergoldeten Bronzegegenständen aus einem norwegischen Grab von Borre) und der Jelling-Stil *(Abb. 40)*, der nach der Verzierung auf einem kleinen Silberbecher aus einem der Königsgräber von Jelling in Dänemark benannt ist. Auf diesen Stil folgte der Mammen-Stil *(Abb. 41)*, der durch das mit Silber ausgelegte Tierornament auf einer Axt von Mammen in Dänemark belegt ist. Aus ihm hat sich der Ringerike-Stil entwickelt *(Abb. 42)* (benannt nach dem Ornament auf einer Gruppe von Steindenkmälern aus dem Gebiet von Ringerike in Norwegen). Der letzte Kunststil der Wikingerzeit, der Urnes-Stil, erhielt seinen Namen von den feinen Holzschnitzereien an einer kleinen Kirche in Urnes in Westnorwegen *(Abb. 43)*. Farbspuren sind auf einigen Denkmälern erhalten: zum Beispiel auf dem Stein aus der Zeit Knuts auf dem St. Pauls Friedhof in London *(Abb. 12 auf S. 165)*, der in skandinavischer Manier verziert ist. Diese Funde zeigen, daß die Ornamente der Wikingerzeit auf Holz und Stein oft durch kräftige Farben geschmückt waren, wie dies auch bei den früheren gotländischen Bildsteinen der Fall war: Die Nüchternheit der natürlichen Farben der Oseberg-Schnitzereien *(Abb. 33)* und des großen Jelling-Steines *(Abb. 22)* zum Beispiel sprechen den modernen Geschmack an, geben aber kaum den auffallenden und farbenprächtigen Eindruck wieder, den diese Gegenstände ursprünglich boten. Solche Gegenstände spiegeln die Kultur und den Geschmack der oberen Bevölkerungsschichten; es waren dies Kunstwerke, die für Könige, Höflinge, reiche Gutsbesitzer und Händler geschaffen waren. Solche Leute gaben den Ton an, und in ihnen hatten die Handwerker Kunden mit ausgewähltem Geschmack und mit der nötigen Kaufkraft. Die Art und Weise der Verzierungen breitete sich von den Städten aus und gelangte in die Dörfer und Bauernhöfe durch den Absatz von Massenanfertigungen von Schmuckwaren und durch wandernde Handwerker. Die gleichen Kunststile erscheinen deshalb ebenso auf solch einfachen Gegenständen wie auf dem Besitz der Reichen; nur das Material und die Qualität der Ausführung unterscheiden die beiden.

Bauern und Könige

Die Bauernhöfe waren das Rückgrat der Gesellschaft. Der größte Teil der Bevölkerung lebte auf dem Land, und der landwirtschaftliche Überschuß half der Wirtschaft, indem er an die Städter verkauft oder ins Ausland exportiert wurde. Sklaven spielten offensichtlich eine wichtige Rolle als Landarbeiter: Es ist wahrscheinlich, daß sowohl Kriegszüge als auch besondere Expeditionen in der Wikingerzeit für genügend viele Sklaven sorgten, und es waren vielleicht diese Arbeitskräfte, die dazu beitrugen, daß soviel neues Land unter den Pflug kam und daß solche ehrgeizigen Projekte wie die Anlage von Befestigungen, Wällen, Brücken sowie Kanäle und königliche Denkmäler ermöglicht wurden. In Lejre und Stengade in Dänemark *(Abb. 17)* fand man einen makabren Beleg dafür, was Sklaverei unter Umständen bedeuten konnte: Es wurden Skelette von Sklaven entdeckt, die im Grab ihres Herrn geopfert worden waren.

Ländliche Siedlungen, Bauernhöfe und Dörfer sind am besten aus Dänemark bekannt. Wie in der Völkerwanderungszeit waren die Häuser aus Holz oder Fachwerk bzw. Flechtwerk gebaut, und das Dach wurde gewöhnlich von zwei Pfostenreihen gestützt. Aber die Langseiten waren jetzt oft gekrümmt und das Dach in einer Art gewölbt, die wikingerzeitlichen ‚Eberrücken'-Grabsteinen wie jenem von Brompton in Yorkshire nachgebildet sind, und die in der Form dem Schrein von Cammin ähneln. Solche Häuser, die in mehrere Räume aufgeteilt waren, konnten mehr als 40 m lang sein. In einem einzigen Falle war es möglich gewesen, Spuren eines Kuhstalles an einem Ende eines Hauses nachzuweisen und eine Häusergruppe als zu einem einzigen Gehöft gehörend zu bestimmen, da sie eingezäunt war, wie Zaunreste zeigen. Dies war in Vorbasse, wo man 1978 Spuren eines umfriedeten Bauerngehöftes in der Nähe völkerwanderungszeitlicher Häuser fand. Das Gehöft bestand aus einem über 30 m langen Hauptgebäude mit Stallungen für 20 Kühe im Ostteil und mehreren kleinen Nebengebäuden, darunter eine Schmiede. Es ist offensichtlich, daß die Anlage dänischer Bauernhöfe sich seit der Völkerwanderungszeit nicht sehr gewandelt hatte. Dasselbe gilt offensichtlich auch für die Dörfer selbst. In Saedding in Südwestjütland hat man kürzlich große Teile einer wikingerzeitlichen Siedlung ausgegraben. Bisher konnte man zwar noch keine einzelnen Gehöfte unter den zahlreichen Häusern ermitteln, doch war es interessant festzustellen, daß die Häuser um einen großen Anger angeordnet waren, wie jene der völkerwanderungszeitlichen Siedlung von Vorbasse.

Vom 10. Jh. an erscheint Dänemark schließlich als ein einziges Königreich unter einem König. Die jetzige Königin Margarete von Dänemark kann ihre Familie von Generation

Der Wagen von Oseberg, ein einzigartiger Fund aus der Wikingerzeit. Fragmente von anderen Fundstellen beweisen, daß derartige Wagen nicht ungewöhnlich waren, wenngleich keiner so reich verziert war wie dieser hier. Ein Detail ist auf S. 140 abgebildet.

zu Generation bis zu dem König zurückverfolgen, der einer der mächtigsten Herrscher der Wikingerzeit war, nämlich Harald Blauzahn (der um 986 als Christ starb). Seine Eltern, König Gorm und Königin Thyra, waren 40 oder 50 Jahre vor ihm noch als Heiden gestorben. Harald Blauzahn schuf für sich und seine Eltern ein einzigartiges Denkmal in Jelling; innerhalb dieser Anlage kommt einem gewaltigen Runenstein eine zentrale Bedeutung zu. Er ist der größte und eindrucksvollste Runenstein, den man kennt *(Abb. 22)*. Die Inschrift lautet: „König Harald gab den Auftrag, diese Monumente in Erinnerung an seinen Vater Gorm und seine Mutter Thyra anzufertigen: Jener Harald, der ganz Dänemark und Norwegen für sich gewann und der die Dänen zu Christen machte." Diese stolzen Worte werden durch die gewaltigen Bauvorhaben, die in Dänemark ausgeführt wurden, eindrucksvoll bestätigt.

Einige der Denkmäler Haralds sind immer noch in Jelling zu sehen. Als seine Eltern starben, bestattete er sie in heidnischer Manier in einer reich mit Beigaben ausgestatteten hölzernen Grabkammer, die von einem großen Grabhügel bedeckt wurde, der heute noch 8,5 m hoch ist und einen Durchmesser von 65 m hat. Einige schiffsförmig angeordnete, aufrechtstehende Steine *(Abb. 21)* standen wahrscheinlich mit diesem Hügel in Zusammenhang. Heute ist nur mehr der südlichste Teil dieser Steinsetzung erhalten, da das meiste schon im frühen Mittelalter von einem anderen, größeren Hügel bedeckt wurde – es ist dies der größte Tumulus Dänemarks. Dieser Hügel, der wie der vorher genannte sorgfältig aus Torfplaggen aufgeschichtet wurde, ist heute 11 m hoch und hat einen Durchmesser von 77 m. Er enthält aber keine Bestattung und kann als Kenotaph vorgesehen gewesen sein. Die Grabkammer von König Gorm und Königin Thyra ist schon mehrfach ausgegraben worden. Der kleine Silberbecher, nach dem der Jelling-Stil benannt ist, gehörte zu den wenigen Gegenständen, die man dort fand. Es ist klar, daß die Grabkammer schon vor langer Zeit geöffnet worden war, und die bis jetzt noch nicht beendeten Ausgrabungen innerhalb und außerhalb der Kirche *(Abb. 40)*, die zwischen den beiden Hügeln liegt, haben neues Licht auf die Öffnung des Hügels und auf Haralds Bekehrung zum Christentum geworfen. Diese fand um 960 statt, wie die schriftlichen Quellen berichten.

Der neue Glaube

Unter der jetzigen Steinkirche, die um 1100 errichtet wurde, fand man Spuren von drei früheren Holzkirchen von bemerkenswerter Größe. Darüber hinaus deckte man eine große zentrale Bestattung aus der Zeit der ältesten dieser Holzkirchen auf. Dieses Grab enthielt die Skelette eines Mannes und einer Frau, die sich nicht mehr in ihrer ursprünglichen Lage befanden und die offensichtlich von einem anderen Bestattungsplatz hierher umgebettet worden waren. Man fand auch viele Reste von goldgewirkten wertvollen Textilien (Brokat) und einen silbernen Beschlag von ungewöhnlich guter Qualität mit einem Tierkopf, dessen Stil ganz und gar mit den Gegenständen übereinstimmt, die man in der Grabkammer des Hügels fand. Es gibt keinen Zweifel darüber, daß Harald seine Bekehrung zum Christentum und die seiner Untertanen hervorheben wollte, indem er seine Eltern noch einmal auf christliche Art bestattete. Ihre Körper waren aus dem heidnischen Grabhügel exhumiert und an bevorzugter Stelle in der großen neuen Kirche beerdigt worden. Außerhalb dieser Kirche (genau in der Mitte zwischen diesen beiden Grabhügeln) ließ er den großen dreiseitigen Runenstein errichten, der eigens für diesen Anlaß angefertigt worden war. Auf einer Seite sieht man Christus, die zweite zeigt ein hochnäsiges Tier und die dritte trägt die oben erwähnte lange Inschrift. Wir können nur die Großartigkeit der Zeremonien erahnen, die diese Aktion begleiteten.

Harald festigte seine Herrschaft über Dänemark durch den Bau großer Befestigungen, die wahrscheinlich zivilen und militärische Zwecken dienten. Es handelt sich dabei um Fortifikationen wie Trelleborg auf Seeland, Fyrkat in Nordostjütland, Aggersborg am Limfjord sowie wahrscheinlich auch um eine Anlage auf Fünen *(Abb. 23)*. Diese Befestigungen wiesen unterschiedliche Größen auf, aber sie waren streng nach demselben Schema gebaut: ein kreisrunder Wall mit Toren in allen vier Himmelsrichtungen umschloß ein viergeteiltes Areal, in dem elegant geformte Häuser jeweils einen rechteckigen Hof bildeten. Es dürfte wahrscheinlich sein, daß Harald auch in großem Maße Erweiterungen am Danewerk vornahm (das zweimal große Kämpfe zwischen Harald und den kaiserlichen, deutschen Streitkräften sah). Vermutlich baute er auch die Brücke über das sumpfige Flußtal bei Ravning Enge (bei Jelling), die etwa 800 m lang ist. Darüber hinaus wurde möglicherweise unter seinem Befehl ein über 800 m langer Kanal quer über die Insel Samsö gebaut. Aber die Befestigungen, die Brücken und der Kanal waren nicht lange in Benutzung. Wahrscheinlich wurden sie sämtlich aufgegeben, als Sven Gabelbart 986 nach einem erfolgreichen Staatsstreich gegen seinen alternden Vater, der in der Tat zu ehrgeizig mit seinen Bauplänen war, die Macht übernahm. Danach waren die dänischen Könige über mehrere Generationen hinweg hauptsächlich mit wikingischen Beutezügen, mit der Außenpolitik und der Krone Englands, die Haralds Enkel Knut der Große 1016 bekam, beschäftigt *(Abb. 18 auf S. 167)*.

Im Laufe des 10. und frühen 11. Jhs. erhielt auch Norwegen eine Zentralgewalt unter einem einzigen König, die mit der Einigung der Küstenregionen durch den König von Vestfold, Harald Schönhaar *(Abb. 12 auf S. 214)*, nach der Schlacht von Hafrsfjord um das Jahr 900 begann. Wahrscheinlich wurde auch Schweden zu Beginn des 11. Jhs. geeint. Über Olaf Skötkonung (Schoßkönig), der um 1020 starb, wird als erstem berichtet, daß er sowohl über die Svear im Osten als auch über die Götar im Südwesten herrschte. Das Erringen einer Zentralgewalt war überall von der Einführung des Christentums begleitet, das stets von den Königen unterstützt wurde. Es war sehr zum Vorteil des Königs, mit einer gebildeten und belesenen Priesterschaft zu tun zu haben, die zentral organisiert war, die Wichtigkeit einer Oberhoheit anerkannte und gleichzeitig engen Kontakt zum Volk hielt. Aber der christliche Glauben gewann nur langsam an Boden. In Schweden und Norwegen leiteten einige unabhängig eingestellte Häuptlinge heidnische Gegenbewegungen ein. In Norwegen mußte das Christentum tatsächlich mit Gewalt eingeführt werden: Es wurde endgültig erst unter König Olaf angenommen, der nach seinem Tode in der Schlacht von Stiklestad 1030 der erste königliche Heilige Skandinaviens wurde, obwohl er nicht im mindesten fromm war.

In Schweden dauerte die Bekehrung gar noch länger, aber im Laufe des 11. Jhs. drangen deutsche Missionare vom

Südosten stetig nach Norden im Zuge ihrer Missionstätigkeit vor. Einer dieser Missionare war der außergewöhnlich fromme Adalward, Bischof von Skara, dessen Grab in der Kathedrale von Skara einen kleinen Silberbecher mit der rührenden Inschrift „Adalvardus Peccator" (Adalward der Sünder) enthielt. Als Adam von Bremen seine Beschreibung der nordischen Länder 1070 verfaßte, war der heidnische Glaube im Lande der Svear immer noch lebendig. Adam beschreibt einen großen heidnischen Tempel in Alt-Uppsala mit den Idolen Odins, Thors und Freyrs und gibt einige der dort zelebrierten schrecklichen heidnischen Riten wieder. Man hat geglaubt, schwache Spuren dieses Tempels unter der Kirche gefunden zu haben, die in der Nähe der alten königlichen völkerwanderungszeitlichen Grabhügel errichtet wurde: Aber die Angaben sind nicht überzeugend. Einige Jahrzehnte später hatten die Svear endlich das Christentum angenommen und um 1100 waren die skandinavischen Länder dabei, in die gemeinsame europäische Kultur integriert zu werden. Die englische Krone war verloren, als Knuts Sohn 1042 bei einer Hochzeit starb, 'bei seinem Trunk standhaltend'. Um Knuts Reich wieder zu errichten, unternahmen die Norweger und Dänen eine Reihe fruchtloser Angriffe, doch wurden solche Versuche in der zweiten Hälfte des 11. Jhs. endgültig aufgegeben. Auf die rastlosen Jahrhunderte der Wikingerzeit folgte nun eine Periode, die charakterisiert ist durch die Konsolidierung dessen, was man in den turbulenten Zeiten erreicht hatte. Zwischen König und Kirche wurde eine harmonische Zusammenarbeit erreicht, denn die Könige hatten es sich zum Ziel gesetzt, ihre Macht auf eine feste Grundlage zu stellen, um ihre Feinde in Schach halten zu können. Es waren dies sowohl die skandinavischen Nachbarn als auch die seit kurzer Zeit nun rastlos gewordenen slawischen Stämme südlich der Ostsee. Aber die Errungenschaften ihrer großen Ahnen waren nicht vergessen. In den nun folgenden Jahrhunderten und bis in die moderne Zeit hinein haben die Wikinger die Literatur, die darstellenden Künste sowie die politischen Ereignisse beeinflußt und die allgemeine Nostalgie in Skandinavien und Europa geweckt, wobei das nordische Vermächtnis selbst solche alltäglichen Dinge wie Ortsnamen und Lehnwörter mit einschließt. Der englisch sprechende Teil der Welt kann weder Erfolg haben noch krank sein und sterben, kann weder Eier noch Brot essen, ohne dabei skandinavische Worte zu benutzen. In vielen Teilen der westlichen Welt – so etwa auf der Isle of Man – ist man stolz darauf, als Nachfahren der einst gefürchteten Wikinger angesehen zu werden.

6

DIE WIKINGER

Von David M. Wilson

Als sie bereit waren, stachen sie in See und segelten drei Tage lang, bis das Land am Horizont versunken war. Dann flaute der günstige Wind ab, Nordstürme und Nebel kamen auf. Viele Tage wußten sie nicht, wo sie waren. Danach brach die Sonne wieder durch, und sie konnten die Himmelsrichtungen bestimmen. Da setzten sie die Segel und segelten einen Tag lang. Dann sahen sie Land und sprachen darüber, welch ein Land das sein könne.

Die Grönlandsaga, vor dem 13. Jahrhundert

„Der Britische Ozean", schrieb der Domscholaster Adam von Bremen Mitte des 11. Jhs., „umfaßt in seiner immensen, schrecklichen und gefährlichen Breite im Westen Britannien, das jetzt England heißt. Im Süden berührt er Friesland und den Teil Sachsens, der zu unserer Hamburger Diözese gehört. Im Osten reicht er an Dänemark und die Mündung der Ostsee, sowie an Norwegen, das jenseits von Dänemark liegt. Im Norden strömt dieser Ozean an den Orkney-Inseln vorbei und umfließt dann in unendlichen Weiten den Erdkreis. Zur Linken liegt Hibernia, die Heimat der Skoten, das jetzt Irland heißt, zur Rechten die Klippen Norwegens, dahinter liegen die Inseln Island und Grönland."

Es waren die Wikinger, die sich diesen schrecklichen Ozean mit seemännischem Geschick auf der Suche nach Reichtümern unterworfen hatten. Zu Adam von Bremens Zeiten hatten sie bereits damit begonnen, sich in das allgemeine Gefüge des christlichen Europas einzugliedern. Die Skandinavier der Wikingerzeit fühlten sich aber nicht nur als Bezwinger der westlichen Meere. Zu verschiedenen Zeiten kontrollierten sie auch die Ostsee und die großen Flüsse der Slawen in ihrem Verlauf durch Rußland und Polen. Sie griffen Frankreich und Deutschland an, kämpften für das Byzantinische Reich und im Kaspischen Meer. Sie erreichten Arabien und das Mittelmeergebiet und unternahmen Raubzüge nach Spanien.

Vom späten 8. bis zur Mitte des 9. Jhs. waren die Skandinavier eine Macht, mit der man in Europa rechnen mußte – vielleicht eine Macht der Einzelgänger, typisch für Völkerschaften, denen die Zeitgenossen, die sich für gebildeter hielten, wenig Verständnis entgegenbrachten. In der Geschichtsschreibung werden die Wikinger ganz unterschiedlich dargestellt: als Plünderer, Seeräuber, Kaufleute, Kolonisten, Politiker, Dichter, Seeleute und Söldner. In der allgemeinen Vorstellung haftet ihnen aber vor allem ihr Ruf an, roh und brutal gewesen zu sein. Obwohl diese Rohheit etwas romantisch verklärt ist, stellt man sie uns doch als grausames und schreckliches Volk dar, das zwar tapfer war, aber nur eigene Interessen verfolgte.

Die Geschichte der Wikinger läßt weder auf eine einheitliche Planung noch Ausführung ihrer Unternehmungen schließen. Je nach Gebiet und Zeitpunkt variierten ihre Ziele und Aktivitäten. Im frühen 9. Jh. unternahmen die Skandinavier beispielsweise Raubzüge nach England, siedelten sich auf den Hebriden an, bauten ihren Handelsverkehr an den russischen Flüssen entlang aus und leisteten in Norddeutschland bei Feldzügen gegen den fränkischen Kaiser Unterstützung. Im frühen 11. Jh. trieben sie Handel in der Irischen See, kolonisierten Teile Grönlands, wagten sich bis an die amerikanische Küste, errichteten ein dänisches Königreich in England und kämpften als Söldner für den byzantinischen Kaiser. An diesen Unternehmungen beteiligten sich Männer aus den verschiedensten Gebieten Skandinaviens: Sie kamen aus den bäuerlichen Gegenden Dänemarks, von Ostseeinseln und den tiefen Fjorden Westnorwegens. Auch Kolonisten von Island und den Orkney-Inseln, aus England und der Normandie, sowie Kaufleute aus Dublin, Nowgorod und Pommern waren dabei. Die Geschichte, die es zu berichten gilt, ist verworren, und es kommen Wiederholungen darin vor.

Zumindest bis zum 11. Jh. haben wir nur einseitige Kenntnis von den Wikingern, denn bis zu dieser Zeit stamm-

Runenstein aus Gripsholm, Schweden. Die Inschrift berichtet von der Fahrt des Schweden Harald, der im Sarazenenland den Tod fand.

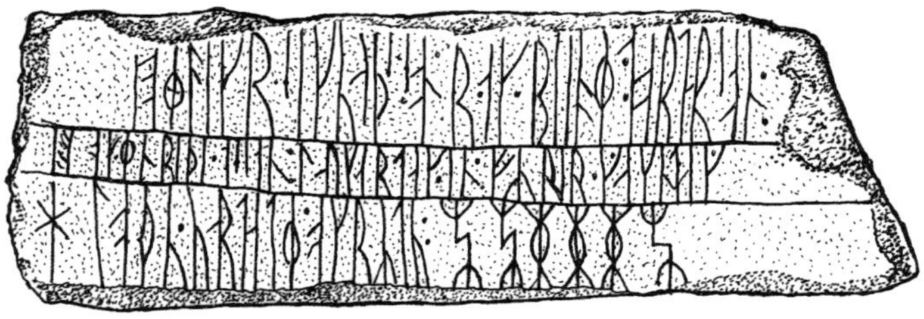

Runeninschrift (10 cm lang), gefunden an der Westküste Grönlands. Darin wird über den Besuch von drei Nordmännern im Jahr 1333 berichtet. Dies ist der nördlichste Fund in Grönland aus dem Mittelalter (72°–73°N).

ten alle schriftlichen Berichte über ihre Taten von nichtskandinavischen Geschichtsschreibern und Polemikern. Die Wikinger waren mindestens bis zur zweiten Hälfte des 10. Jhs. Heiden: Nur wenige Leute konnten lesen, und erst durch die Kirche gelangten Bücher in den Norden. Die große Sammlung skandinavischer Saga-Literatur, wovon einiges als Geschichte verstanden sein will, wurde überwiegend im christlichen Hochmittelalter niedergeschrieben (s. Kap. 1). Damit hat sich lediglich ein der Tradition und Konvention verpflichteter Bericht über die Unternehmungen der Wikinger erhalten. Der Historiker muß diese Sammlung mit Vorsicht benutzen, was besonders für die frühe Wikingerzeit gilt. Die lebendigen Aufzeichnungen von den Geschichten und Familiensagas vermitteln ein zugleich verschwommenes und konkretes Bild von den Beteiligten. Im übrigen sind wir auf die ziemlich sporadischen archäologischen Zeugnisse angewiesen.

Plünderer aus dem Norden

Anfang der neunziger Jahre des 8. Jhs. tauchten in den westlichen Meeren norwegische und dänische Plünderer auf. Den Schilderungen von Historikern nach beraubten sie Klöster. Bei ihren Überfällen stahlen sie, mordeten und richteten Verwüstungen an. Schnell verschwanden sie jeweils von der Bildfläche, um dann anderswo einzufallen. Am berühmtesten ist der Angriff auf das Kloster Lindisfarne im Jahr 793 *(Abb. 6)*, eines der reichsten und angesehensten Klöster Englands. Hier ruhten die Gebeine des Hl. Cuthbert. Der Engländer Alkuin, der in Sicherheit am Hof des fränkischen Königs Karls des Großen lebte, gibt eine übertriebene Schilderung dieses Angriffs der Heiden: Sie hätten „die heiligen Stätten Gottes entweiht, das Haus unserer Hoffnung zerstört, auf den Gebeinen unserer Heiligen im Tempel Gottes herumgetrampelt wie auf Unrat in den Straßen ... Welche Sicherheit gibt es für die Kirchen Britanniens, wenn der Hl. Cuthbert mit einer so großen Anzahl von Heiligen sein Eigentum nicht verteidigt?“ Dem Angriff auf Lindisfarne sollten viele weitere folgen *(Abb. auf S. 176)*: Iona, die geheiligte Stätte des Hl. Columba, ging 802 in Flammen auf. Inismurray in Irland wurde 807 Opfer eines Angriffes. Auf Noirmoutier südlich der Loiremündung wurden zwischen 814 und 819 zahlreiche Überfälle verübt. Obwohl die Berichte über derartige Angriffe von den Betroffenen geschrieben wurden, sind sie wahrscheinlich ziemlich wahrheitsgetreu, wenn auch unvollständig. Die Skandinavier haben sich in diesem frühen Stadium ihrer Unternehmungen wohl kaum auf Klöster beschränkt. Sie müssen auch an anderen Stellen plündernd eingefallen sein. So heißt es nämlich kurz und bündig in der ‚Angelsächsischen Chronik‘ für das Jahr 833: „In diesem Jahr verwüsteten heidnische Männer Sheppey.“ Zeitgenössische Berichte lassen darauf schließen, daß in den ersten 50 oder 60 Jahren der Wikingerzeit derartige Angriffe noch unkoordiniert waren. Lediglich in Norddeutschland war der dänische König Göttrik in regelrechte, ständige Kriegszüge mit dem fränkischen Kaiser verwickelt.

Mit einiger Gewißheit haben sich aber Skandinavier bald nach den ersten Überfällen im Norden Britanniens auf den Orkney- und Shetland-Inseln, an der Nordküste von Schottland und – vielleicht etwas später – auf den Hebriden und den Faröer niedergelassen, um Ackerbau zu betreiben. Als klassische Siedlerfarm kann der von Sir Walter Scott so benannte Jarlshof *(Abb. 7–8)* gelten, ein reicher Platz an der Südspitze der Shetland-Inseln. Ausgrabungen haben hier eine kontinuierliche Besiedlung von prähistorischer Zeit bis

Die Geschichte der nordgermanischen Völkerschaften ist im Europa des frühen Mittelalters sicherlich die abenteuerlichste. Zu einer Zeit, da die meisten germanischen Stämme begannen, Staaten in neuen Heimatlanden zu gründen, brachen die Skandinavier zu Fahrten auf, die sie in entlegenere Orte führten, als es irgendeinem anderen Volk jemals gelungen war: gen Westen bis Schottland und England, nach Irland und sogar an die fernen Gestade Islands, Grönlands und Amerikas; gen Süden in die Normandie und nach Sizilien; nach Osten ins Baltikum und nach Rußland. Sie kamen zuerst als Plünderer und Piraten, blieben aber als Siedler und Farmer, wobei sie oft die Kultur des Gastlandes annahmen und sogar ihre eigene Sprache aufgaben. Später, im 11. Jahrhundert, brachen die romanisierten Normannen zu einer Reihe von neuen Abenteuern auf; diesmal ging es nicht mehr um einfache Raubzüge, sondern um dauerhafte militärische Eroberungen, die ihnen Königreiche in England und Sizilien einbrachten. Auf diesen letzten Expeditionen werden wir sie hier nicht mehr begleiten.
Anders als bei den Völkern, die in den übrigen Kapiteln dieses Buches geschildert werden, ist die Geschichte der frühen Skandinavier in fremden Ländern besser in schriftlichen als in archäologischen Zeugnissen festgehalten. Zu der Zeit ihres größten Einflusses gab es bereits eine recht detaillierte Geschichtsschreibung. Die Chroniken werden ergänzt durch die verwickelten, halb historischen, halb legendären isländischen Sagas des Mittelalters, die das Leben der Nordmänner mit einer Anschaulichkeit darstellen, wie sie in Beschreibungen der Sachsen, Franken, Slawen oder Kelten niemals angetroffen wird.
Andererseits sind die dinglichen Hinterlassenschaften ihrer Kultur oft enttäuschend, obwohl die jüngsten archäologischen Entdeckungen auf Orkney, auf den Shetland-Inseln, in Dublin und in York einiges zum Gesamtbild unseres Verständnisses von der Welt der Wikinger beitragen.
Das Kreuz von Gosforth *(rechte Seite)* wurde im frühen 10. Jahrhundert errichtet, zu einem Zeitpunkt, als schon ein oder zwei Generationen skandinavischer Siedler im Nordwesten Englands lebten. Sie waren nun Christen und hatten die Form des Steinkreuzes von den Denkmälern übernommen, die damals in England üblich waren. Die merkwürdige bildliche Darstellung auf dem Schaft wurde als eine Mischung heidnisch-nordischer und christlicher Motive interpretiert. Die einzelnen Szenen sind schwer zu identifizieren, und die Art ihrer Verteilung auf dem Steingrund ist verwirrend. Auf der dem Betrachter zugewandten Seite befinden sich Szenen heidnischen Ursprungs, auf der anderen Seite ist die Kreuzigung dargestellt. Als Ganzes gesehen veranschaulichen die Reliefs wohl den Triumph der Kirche, die durch den Tod Christi über die heidnische Welt gesiegt hat. (1)

Die Wände der Kirche von Greensted in Essex *(links)*, die aus halbierten, mit ihrer Rundung nach außen zeigenden Baumstämmen bestehen, sind in England einzigartig. In dieser Technik wurde im 11. Jahrhundert auch in Dänemark gebaut. (2)

Orkney war im 11. Jahrhundert eine Grafschaft, die an Macht mit den Königreichen Skandinaviens wetteiferte.

York war eine Zeitlang ein wichtiges Handelszentrum der Wikinger. Unter der heutigen großen Kathedrale fand man Grabsteine *(oben)*, die im anglo-skandinavischen Stil verziert sind. Ausgrabungen der letzten Jahre haben an anderer Stelle die hölzernen Überreste von Handwerkerhäusern der Wikingerzeit zutage gefördert. (4)

Fundamentreste auf Birsay *(oben)* lassen die Kathedrale aus der Wikingerzeit erkennen; die Häuser am Hang und auf den Klippen im Vordergrund sind vielleicht Reste einer nordischen Adelssiedlung. *Rechts:* Das Grab eines wikingischen Siedlers in Westness, Rousay, Orkney. (3, 5)

Anfangs kamen die Wikinger als Plünderer auf die britischen Inseln. Ihr erster Angriff erfolgte 793, als sie das Kloster Lindisfarne ausraubten und zerstörten. Vielleicht wurde der hier abgebildete Gedenkstein, der auf einer Seite Krieger zeigt, die Schwerter und Äxte schwingen, errichtet, um dieses Ereignis festzuhalten. (6)

Jarlshof auf den Shetland-Inseln *(unten)*, ursprünglich eine piktische Siedlung, wurde im 9. Jahrhundert von den Wikingern übernommen, als diese dort das erste Gebäude errichteten. Die ganze Wikingerzeit hindurch baute man weitere Häuser an dieser Stelle und paßte sie den verschiedensten Erfordernissen an. Im 17. Jahrhundert war dieser Ort noch bewohnt. Eine Rekonstruktionszeichnung *(Bild im Bild)* zeigt die Siedlung im 10. oder 11. Jahrhundert, umgeben von Scheunen und Stallgebäuden. (7, 8)

Bis an die Grenzen der bekannten Welt

Ein Strom von Schätzen floß aus allen Teilen der Welt nach Skandinavien – Schätze, die entweder geraubt oder ehrlich erworben waren. Einige wenige Gegenstände stammten sicherlich aus Kirchen; sie sind gestohlen worden oder bezeugen missionarische Aktivität. *Links:* Das Kopfstück eines Krummstabes aus Irland, gefunden auf Helgö, in der Nähe von Stockholm. *Unten links:* Nach Norwegen gelangte diese vergoldete Bronzeattasche aus einer northumbrischen Werkstatt. Ein anderer schottischer oder irischer Importgegenstand wird auf S. 107 (Abb. 29) gezeigt: ein Teil eines Bronzegefäßes, das in Myklebostad in Norwegen entdeckt wurde. (9, 10)

Ein keltisches Gesicht starrt von dieser Henkelattasche, die zu einem Eimer aus dem Osebergschiff gehört (das ganze Objekt ist auf S. 139 zu sehen). Sowohl die Gestaltung der Figur als auch die Ornamentierung der emaillierten Brustplatte lassen auf schottischen oder irischen Ursprung schließen. (11)

Das Andenken zweier Nordmänner, die an den entgegengesetzten Enden der Welt starben, bewahrte man in Stein. *Oben:* Auf einem Grabstein, im frühen 11. Jahrhundert von Ginne und Toke auf dem Kirchhof zu St. Paul in London errichtet, ist wohl der Kampf zwischen einer Schlange und einem Löwen dargestellt. Beide Tiere werden als Wirbel spiralförmiger Linien geschildert. Das Relief erinnert durch seinen prächtigen und kraftvollen Stil an den von König Harald errichteten Stein in Jelling (S. 136). Hier ist die ursprüngliche bunte Bemalung restauriert worden. (12)

Über den Dnjepr gelangten die Wikinger ans Schwarze Meer und von dort aus bis nach Byzanz. Entlang dieser Route waren Handelsstationen eingerichtet, wo nordische Kaufleute einen beträchtlichen Teil ihres Lebens verbringen konnten. *Links:* Grabstein mit Runeninschrift, gefunden in der Nähe von Odessa. (13)

Durch ihre Fahrten, ihre Eroberungen, ihre Kolonisierungen und das Erschließen von Handelswegen gelang es den Wikingern wie kaum einem anderen Volk, kulturelle Barrieren niederzureißen. Diese Seiten illustrieren den wechselseitigen Ideenaustausch.

Der Krummstab, im 12. Jahrhundert für einen Bischof von Clonmacnoise angefertigt *(unten),* ist mit skandinavischen Ornamenten, verflochtenen Schlangen und einem stilisierten Kopf geschmückt.

Island: Eine geschnitzte Holzplatte *(oben),* auf der Ornamente im Ringerike-Stil und Heilige mit einem Glorienschein nebeneinander dargestellt sind, wurde im 11. Jahrhundert, bald nach der Einführung des Christentums, angefertigt.

Deutschland: Zu den vollendetsten Wikinger-Kunstwerken gehört dieses gediegene Kästchen aus vergoldeter Bronze und Walroßzahn, geschnitzt im Stil des frühen 11. Jahrhunderts *(unten).* (14–17)

Normandie:
eine ovale Gewandspange aus einem Frauengrab in Pitres.
(oben)

Aus Irland oder Schottland kam ein kleines Reliquienkästchen, das in Nordnorwegen gefunden wurde *(ganz oben)*. Aus dem islamischen Osten *(oben)* stammten viele Münzen eines Schatzfundes von Birka; die übrigen Objekte wurden wohl ihres reinen Silberwertes wegen mit versteckt. Aus Nordindien kam – und das ist wohl der verblüffendste Fund – ein Bronze-Buddha mit silbereingelegten Augen aus Helgö. (20, 21, 22)

Der Kampf um England dauerte Jahrhunderte. 1017 wurde Knut der Große zum König von Dänemark und England ernannt. *Oben:* Eine Seite aus dem ‚Liber Vitae' von New Minster, Winchester, zeigt Knut und seine Gemahlin Emma, ein Kreuz auf den Hochaltar stellend. *Links:* Eine Münze von Sigtrygg Seidenbart III. von Dublin, um 1015. (18, 19)

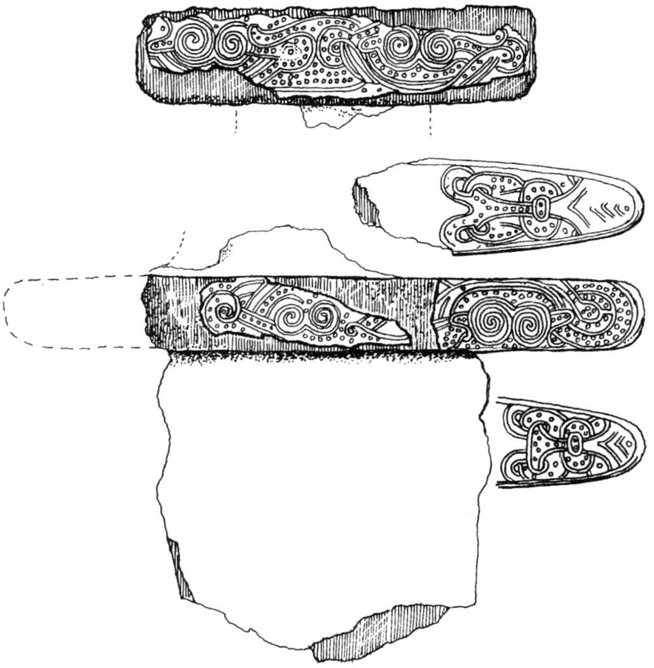

Fragmente eines Wikingerschwertes, gefunden auf der Ile de Groix, Bretagne. Die beiden ornamentierten Metall-Leisten bildeten den oberen und unteren Abschluß des heute fehlenden Griffes. Die Parierstange wird zusätzlich von der Ober- und Unterseite gezeigt, die zeichnerisch darüber und darunter eingefügt sind.

zum 17. Jh. nachgewiesen. Im frühen 9. Jh. übernahmen nordische Siedler von den einheimischen Pikten ein umfangreiches Hofanwesen. Hier bauten sie ein etwa 32 m langes Steinhaus mit zwei Räumen: einer Küche mit Backofen und Feuerstelle und dem Hauptwohnraum des Hauses mit einem Feuerplatz in der Mitte. Dieses Gebäude blieb mit geringen Veränderungen – ausgenommen der Zufügung von Nebengebäuden – bis in das 11. Jh. in Benutzung. Damals wurde es durch einen ganz ähnlichen Bau ersetzt. Wie überall in Schottland baute man hier die Häuser von Zeit zu Zeit um, bis die nordische Kultur in diesem Gebiet im Spätmittelalter zusammenbrach.

In England erfolgte die Besiedlung später. Die anfänglich eher vereinzelten Überfälle nahmen Mitte des 9. Jhs. einen anderen Charakter an. Ausgebildete Truppen wurden aufgeboten, um den englischen Königen entgegentreten zu können. Als die Engländer am Ende waren, kamen Verträge zustande. Daraufhin begann 876 eine Gruppe Skandinavier unter Halfdan, sich in Yorkshire anzusiedeln. Nach Unterhandlungen mit Alfred dem Großen ließen sich 881 Guthrum und seine Gefährten in Ostengland nieder.

Die anfänglichen Plünderungen waren von dem Verlangen nach Reichtümern geleitet worden. Das aus zerbrochenem Schmuck und Kirchenschätzen gewonnene Gold- und Silbermaterial stellte ein Vermögen dar, das man mit sich führen konnte. Wie umfangreich die Räubereien waren, kann man beispielsweise daraus ersehen, daß nach dem Angriff auf St. Bavo in Gent sieben Achtel des Klosterschatzes gestohlen waren. Ungemünztes Gold und Silber stellte ein transportables, für die Wikinger wichtiges Vermögen dar, denn in Skandinavien existierte noch keine Geldwirtschaft. Einen Vermögensposten anderer Art bildeten für sie Gefangene, nach denen auf den Sklavenmärkten Galliens und Skandinaviens rege Nachfrage herrschte. Innerhalb Skandinaviens beruhte beständiger Wohlstand auf Landbesitz und Waren. Die Plünderungen haben vermutlich nur am Rand zum nationalen Vermögen der Heimatländer beigetragen. Der Einzelne aber profitierte von den Beutezügen: Er konnte einen Hof erwerben oder vergrößern, neue Vorräte kaufen und auf diese Weise seinen Lebensstandard in der Heimat verbessern. Bald mußten die Skandinavier erfahren, daß die Ausbeute bei wiederholten Überfällen auf Klöster immer geringer wurde. Deshalb gingen sie dazu über, der Bevölkerung in den von ihnen heimgesuchten Gebieten Tribut aufzuerlegen, d.h. sie zu erpressen. Bereits 819 erhoben sie in Friesland Tribut, und von 845 bis 926 mußten die Westfranken regelmäßig Lösegeld an die Anführer der skandinavischen Beutemacher zahlen. Kent lieferte 865 seinen ersten Tribut ab: Aber erst über ein Jahrhundert später, im Jahr 991, wurde das eigentliche Danegeld (Dänengeld) in England eingeführt.

Das Verlangen nach Reichtum, den man in Beute, Tribut und Landerwerb verkörpert sah, äußerte sich auch beim Handel. Zu allen Zeiten konnte ein Beutemacher nach Belieben zum Händler werden, zumal es da nur geringe Unterschiede gab. Das läßt sich an der rührigen Tätigkeit der Skandinavier in Städten nachvollziehen. Im Verlauf des 9. Jhs. entwickelten sich in Skandinavien Städte als Verwaltungs- und Handelszentren. In Friesland hatten die Skandinavier für kurze Zeit versucht, einige der größeren Handelszentren an sich zu bringen. Der dänische Häuptling Rorik erhielt um 850 Dorestad mit seinem Umland. Dorestad war eine bedeutende Handelsstation am Rhein und war mehrmals von Wikingern überfallen worden. Als Rorik 857 Dorestad verließ, war aber damit jedem Versuch ein Ende gesetzt, hier einen skandinavischen Umschlagplatz zu behalten. Die Stadt wurde 858 zerstört. Außerhalb Skandinaviens war York die erste bedeutende Handelsstation in Westeuropa, die von den Wikingern eingenommen und beherrscht wurde. 867 fiel York an die Dänen und blieb bis 954 als wichtiges Handelszentrum in deren Hand.

Nicht einmal die Einöden Grönlands entmutigten die wikingischen Siedler. Zumindest die Südspitze der Insel bot offenbar alle Voraussetzungen für die Errichtung einer lebensfähigen Kolonie. Frühen Quellen zufolge lag das um 985 gegründete Gehöft von Erik dem Roten, dem Anführer der Siedler, an einem Ort namens Brattahlid. Diese Stelle wurde identifiziert und ausgegraben *(linke Seite)*, wobei Reste von Gehöften und auch die Kirche, die Eriks Frau Tjodhild bauen ließ, zum Vorschein kamen. Von Grönland aus brachen die Nordleute noch weiter nach Westen auf und landeten in Neufundland – als erste Europäer, die ihren Fuß in die Neue Welt setzten. Fünfhundert Jahre lang blieben sie in Grönland. Allmählich verfiel die Kolonie. Im frühen 15. Jahrhundert schließlich hört man nichts mehr von ihr. Kehrten die Siedler nach Island zurück, wurden sie von der Pest dahingerafft oder kamen sie durch eine Naturkatastrophe um? Wir werden es niemals erfahren. (23)

Der Weg nach Byzanz

Mit dem Gedanken, ausländische Handelsstationen zu benutzen, waren die Skandinavier im Osten bereits vertraut. Die Schweden hatten schon vor dem 8. Jh. Siedlungen, bei denen es sich vermutlich um Handelsplätze handelte, an der

Süd- und Ostküste der Ostsee gegründet. Auch am Ladogasee in Nordrußland hatten sie sich bei der Stadt mit dem heutigen Namen Staraja Ladoga (Alt-Ladoga) festgesetzt. Ausgrabungen in Grobin in Lettland haben gezeigt, daß es hier vor 800 eine Art schwedische Kolonie gegeben hat. Die Ausgrabungen in Staraja Ladoga lassen sich nicht so leicht überprüfen, aber in mindestens einer Schicht weisen die Funde der Sachkultur ausgeprägt schwedische Merkmale auf. In den Grabhügeln des Ladogagebietes finden sich dagegen viele Beweise für eine skandinavische oder skandinavisch beeinflußte Bevölkerung. Die Grabbeigaben zeigen typisch schwedische Charakteristika.

Klar und widersprüchlich zugleich ist die historische Überlieferung von den Ereignissen Mitte des 9. Jhs. in Nordrußland. Die altrussische ‚Erzählung von den vergangenen Jahren', die sogenannte Nestorchronik, wurde in ihrer ältesten noch erhaltenen Fassung zwischen 1111 und 1113 im Höhlenkloster außerhalb Kiews zusammengestellt und niedergeschrieben. Darin heißt es, daß im Jahre 859 die Waräger „von jenseits des Meeres Tribut von den Tschuden und Slowenen, den Merianen, sowie von den Wesen und Kriwitjen nahmen.

... Im Jahr 862 trieben sie die Waräger über das Meer und zahlten keinen Tribut, und sie begannen, sich selbst zu regieren. Es gab unter ihnen kein Recht, und Sippe stand auf gegen Sippe ... und sie fingen an, gegeneinander zu kämpfen ... Also fuhren sie über das Meer zu den Warägern, den Rus ... Und zu den Rus sprachen die Tschuden, Slowenen, Kriwitjen und Wesen: ‚Unser Land ist reich und groß, doch es ist keine Ordnung in ihm. So kommt, um uns zu beherrschen und gebietet über uns.'

Und drei Brüder wurden erwählt zusammen mit ihrer Sippe. Sie nahmen alle Rus mit sich und kamen. Rurik, der älteste, ließ sich in Nowgorod nieder, der zweite, Sineus, in Beloezero, der dritte, Truwor, in Isborsk (bei Pskow am Peipus-See)."

Die in dieser Chronikversion wiedergegebene Schilderung wird von einer Anzahl anderer Quellen gestützt. Man hält sie im allgemeinen für einen legendären, rational erklärten Bericht über die Gründung Nowgorods durch schwedische Abenteurer. Die Russen kommen in mehreren östlichen sowie westlichen Quellen vor, und man hält sie übereinstimmend für Skandinavier. Die Bezeichnung Waräger ist als Oberbegriff für die Skandinavier zu verstehen. Seit über zweihundert Jahren bildet die Überlieferung von der Gründung Nowgorods durch Skandinavier den Gegenstand von Diskussionen und Streitigkeiten. Beruht nämlich dieser Chronikeintrag auf Wahrheit, dann sind die ersten bekannten Herrscher des russischen Staates – seine Begründer vielleicht – keine Slawen sondern Schweden. Da sich viele russische Wissenschaftler weigerten, diese Theorie zu unterstützen, hat sich eine bisweilen heftige Kontroverse entwickelt. Dabei fungieren als Hauptprotagonisten die nordeuropäischen Wissenschaftler, die das skandinavische Element in den russischen Quellen hervorheben und deshalb Normandisten genannt werden, sowie russische Gelehrte, die praktisch jeden skandinavischen Einfluß in Rußland ablehnen. Ihnen hat man die Bezeichnung Anti-Normandisten gegeben.

Es ist jetzt schwierig, über die Skandinavier in Rußland zu schreiben, ohne dabei derartig starke Einschränkungen zu machen, daß die gesamte Geschichte dadurch verschwommen wird. Eine Interpretation wird in Kapitel 7 von Professor Herrmann zu finden sein. Davon weicht die hier vorgelegte geringfügig ab. Auf Grund der archäologischen Zeugnisse besteht kaum Zweifel daran, daß die Skandinavier ihre Toten nach skandinavischem Brauch an den russischen Flüssen von der Mitte des 9. Jhs. an begraben haben. Auch in Schweden weist umfangreiches archäologisches Material auf Verbindungen mit Rußland, den Gebieten von Byzanz und dem Mittleren Osten hin. Solches Material findet sich vor allem in den Gräbern der bedeutenden Markt- und Handelsstadt Birka *(Abb. 21)*, die bereits im ersten Viertel des 9. Jhs. eine wichtige Stellung eingenommen hat, sowie in den Gräbern der Insel Gotland *(Abb. 44 auf S. 144)*. Vom Beginn des 10. Jhs. an tauchten große Mengen arabischer Münzen (die jüngste Schätzung für Schweden hat 80000 ergeben) in Skandinavien auf. Davor waren arabische Münzen zwar im Baltikum, aber selten in Schweden vorgekommen.

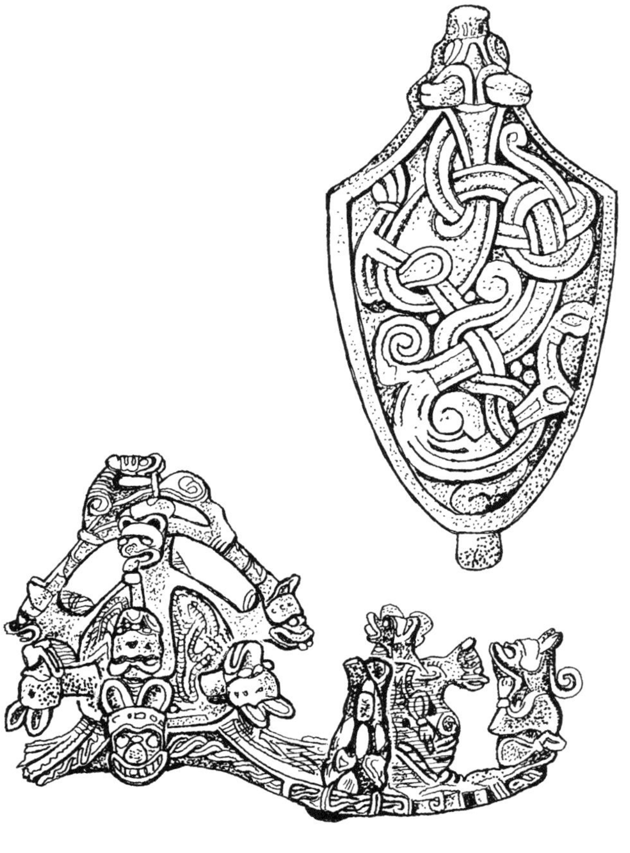

Zwei in Rußland gefundene Gegenstände der Wikingerzeit: Bronzener Scheidenbeschlag aus Danilowka in der Provinz Saratow, und eine große Silberfibel, die in der Nähe des Don gefunden wurde.

An auswärtigen Quellen besitzen wir Berichte von arabischen Reisenden sowie byzantinische Dokumente. Darin wird die Anwesenheit von Skandinaviern in Rußland bestätigt. Daß sie wirklich dort gewesen sind – wie der archäologische Befund bezeugt – beweisen Ortsnamen und die Personennamen einiger Anführer der Rus. Aussagen darüber zu machen, in welchem Ausmaß und wie lange sich ihre Anwesenheit ausgewirkt hat, ist freilich schwierig. Das gleiche gilt für den Grad ihres Einflusses. Kiew, das Kernstück des altrussischen Staates, war zeitweise unter skandinavischer Herrschaft: Ein Chronikhinweis auf die Führer der Stadt enthält beispielsweise auch skandinavische Namen wie Karl, Ingeld und Farolf. Kiew war eines der großen Handelszentren Europas. Hier traf die wichtigste europäische West-Ost-Route vom Rhein bei Mainz zum Kaspischen Meer bei Itil mit einer der bedeutendsten Nord-Süd-Routen von der Ostsee zum Schwarzen Meer, die über den Dnjepr verlief, zusammen.

Aus der Kiew-Zeit sind in Rußland bäuerliche Ansiedlungen von Skandinaviern kaum bezeugt. Archäologisches Material skandinavischer Herkunft fand man vor allem in den Städten oder in Gräbern *(Abb. auf S. 170)*. Auch Frauen sind in den Gräbern beigesetzt, und zwar skandinavische Frauen, die man nach ihrem Tod mit skandinavischen Schmuckstücken ausgestattet hat. Diese Funde zeigen, daß die Siedler hier nicht einfach Krieger oder Händler, sondern ansässige Familienväter waren. Sie bezeugen weiterhin, daß es sich um eine ziemlich festbegründete Gemeinschaft handelte. Diese Menschen lebten offenbar friedlich mit ihren slawischen Nachbarn zusammen. Vielleicht hatten sie unterschiedliche wirtschaftliche Interessen, oder aber es gab in dem damaligen Wirtschaftssystem genügend Platz für Slawen und Skandinavier nebeneinander. Man weiß nichts darüber, ob die Skandinavier jemals in größerem Ausmaß auf russischem Gebiet Ackerbau betrieben haben. Dieser Frage ist man durch Ausgrabungen fast überhaupt nicht nachgegangen. Einige bäuerliche Ansiedlungen skandinavischer Prägung hat es möglicherweise – wie später in Irland – an den Handelsstraßen oder in der Umgebung von Städten gegeben. Diesen Schluß läßt die Verteilung der Bestattungen zu, unter denen insbesondere die auf dem großen Gräberfeld von Gnezdovo bei Smolensk und an den Ufern des Ladogasees zu nennen sind.

Das Hauptinteresse der Skandinavier muß in diesem Teil der Welt jedoch dem Handel gegolten haben. Der Ladogasee war von der Ostsee über den Finnischen Meerbusen leicht erreichbar. Von hier galt es nur eine kurze Entfernung auf dem Fluß bis nach Nowgorod am Wolchow nördlich des Ilmensees zu bewältigen. Zum Oberlauf des Dnjepr gelangte man über die Lowat, den Uswjat und Kasplja. Man mußte zwischendurch nur für ein kurzes Stück die Schiffe über Land transportieren. Von dort führte der Fluß nach Smolensk, Kiew, Katerinaslaw und zu den Dnjepr-Stromschnellen, die zum Teil noch skandinavische Namen tragen, und auf diesem Weg weiter zum Schwarzen Meer. Mühsam zwar und unter Gefahren ließ sich so für Händler und Abenteurer der Weg von der Ostsee zum Schwarzen Meer und von dort nach Konstantinopel bewältigen. Im 10. Jh. beschreibt der byzantinische Kaiser Konstantin Porphyrogenitos die sechs Wochen dauernde Fahrt der Rus von Kiew zum Meer. Die Geschichte handelt von Gefahren, die vom Fluß und von feindlich gesinnten Menschen drohten. Sie erzählt auch von Überlandtransporten und vom Entladen der Schiffe. Dies war die Hauptstrecke der Skandinavier.

Hinweise auf skandinavische Kaufleute findet man jedoch auch an anderen Nordsüdstrecken in den Osten. Vom Oberlauf des Dnjepr konnte man nach einem kurzen Transport der Schiffe über Land zur Dwina gelangen, die geradewegs in die Ostsee mündet. Über die Wolga war das Kaspische Meer erreichbar, so daß die Skandinavier auf diesem Weg bis zur 8000 km langen Seidenstraße nach China vordringen konnten. In den Provinzen Tjemchai und Bjelimer geben Gräber über den Verlauf dieser Strecke Auskunft. Wir haben auch Berichte über beachtliche skandinavische Flotten, die im 10. Jh. im Kaspischen Meer kämpften. Eine weitere Strecke führte durch Polen an der Weichsel entlang zum Dnjestr und zum Schwarzen Meer. Die Funde bei Ausgrabungen an der südlichen Ostseeküste spiegeln die Anwesenheit von Skandinaviern im 9. und 10. Jh. wider – sie hielten sich auf der Insel Rügen, an der Peene und etwa einem Dutzend Orten in Norddeutschland und Polen auf.

Bis weit in das 11. Jh. benutzten die Skandinavier noch die östlichen Flüsse als Handelswege. Runeninschriften auf Gedenksteinen in Schweden berichten von ihren abenteuerlichen Unternehmungen. Wir erfahren durch diese Steine die schwedischen Namen von Teilen dieser fernen Ostländer: Grikkland für Griechenland oder Byzanz, Gardaríki für Rußland, Aldeigjuborg für Alt-Ladoga, Micklegard für Byzanz, Holmgard für Nowgorod usw. Einige Inschriften sind sehr knapp gehalten, andere dagegen berichten von bedeutenden Menschen und aufregenden Abenteuern. Auf einem riesigen Findlingsblock im nördlich von Stockholm gelegenen Ed *(Abb. auf S. 10)* lesen wir über eine Frau: „Ragnwald ließ die Runen zum Gedenken an Fastwi, seine Mutter, die Tochter Onams, einmeißeln. Sie starb in Ed. Gott sei ihrer Seele gnädig. Ragnwald war in Griechenland, er war der Anführer des Heeres." Ragnwald war damals offenbar Befehlshaber der Waräger-Leibwache der byzantinischen Kaiser in Konstantinopel und somit ein wirklich bedeutender Mann. Ein Stein aus Gripsholm *(Abb. auf S. 159)* erzählt von Harald, dem Bruder Ingwars des Weitgefahrenen. Die Inschrift schließt mit einem Vers, in dem von Särkland, dem Land der Sarazenen, und dem Grund für ihre Fahrt die Rede ist. „Mannhaft machten sie sich auf den weiten Weg nach Gold, und im Osten gaben sie dem Adler Nahrung. Sie starben im Süden, in Särkland."

Die Runensteine Schwedens berichten von dem Unternehmungsgeist Einzelner. Sie sind eine bleibende, persönliche Erinnerung an die weitgespannten Kontakte der schwedischen Wikinger. Unmittelbarer berührt vielleicht ein schwedischer Stein auf der Insel Berezanji im Schwarzen Meer *(Abb. 13)*. Hier hat Grane seinen Gefährten Karl begraben, der fern der Heimat in einem Meer, größer als die Ostsee, gestorben war. Weit faszinierender ist jedoch ein herrlicher Löwe aus Marmor. Er befindet sich seit 1687 in Venedig und hatte einst in Piräus, dem Hafen von Athen, Wacht gehalten. In die Flanken dieses Löwen hat ein schwedischer Wikinger eine jetzt fast unleserliche Runeninschrift eingeritzt, die aber noch von den umfassenden Verbindungen der Wikinger im 11. Jh. zeugt. In der Hagia Sophia in Istanbul finden sich in der Oberfläche einer Balustrade ebenfalls Runen. Vielleicht hat sie dort einer der Wächter des byzantinischen Kaisers in einem momentanen, durch Langweile hervorgerufenen Anflug von Vandalismus eingeritzt.

Unser Bericht über die Skandinavier im Osten beruht weitgehend auf der schriftlichen Überlieferung. Archäologische Untersuchungen hat man nur vereinzelt durchgeführt. Da sich die Forschungen über ein riesiges Gebiet erstrecken müssen, ist es schwierig, ein vollständiges Bild zu entwerfen. Die historische Berichterstattung ist überdies einseitig: Nur die Runensteine erzählen eine unverhüllte Geschichte, die slawischen und byzantinischen Quellen sind entweder voreingenommen oder geben Informationen aus zweiter Hand wieder. Arabische Quellen sind zwar farbenprächtig, doch konnten die Reisenden und Kaufleute, die von ihren Begegnungen unterwegs erzählen, möglicherweise nicht zwischen einem Schweden und Slawen, einem Chazaren oder Finnen unterscheiden. Zum besseren Verständnis tragen vielleicht historisch und archäologisch belegte abenteuerliche Unternehmungen im Westen bei.

Die Besiedlung Englands

Sollte es über die Rolle, die Nowgorod unter den Wikingern gespielt hat, Zweifel geben, dann gilt dies in weit geringerem Maß für York und später Dublin. Die Einnahme von York im Jahr 867 wurde bereits erwähnt. Im Umkreis von York hatten sich skandinavische Krieger angesiedelt. Das Land übernahmen sie von Engländern, die hier bereits oft als Pächter von Klöstern Ackerbau betrieben hatten. Da ihre Plünderungen einträglich gewesen waren, konnten die skandinavischen Krieger neues Kapital in diese Bauernhöfe einbringen. Die neuen Siedler besaßen wahrscheinlich außer ihrem tragbaren Vermögen auch Sklaven, die bei der Arbeit eingesetzt werden konnten. Auf diese Weise ließ sich der Ackerbau ertragreicher betreiben. Auf den Ortsmärkten konnten überschüssige Erzeugnisse verkauft werden. Einige dieser Märkte wuchsen, wie z.B. York, zu bedeutenden Städten heran. Der König ließ York als dem Hauptort eines Königreiches Steuergelder zukommen. Die Verwaltungsbeamten brauchten Lebensmittel, und so schaffte man zur Versorgung der Stadtbevölkerung Tiere und landwirtschaftliche Erzeugnisse in die Stadt. Vom Erlös kauften die Bauern dann auf dem Markt Dinge, die sie nicht selbst herstellen konnten, wie Kämme, Spangen und Schnallen. Selbst Schuhe gab es von Handwerkern zu kaufen, die sich in der Nähe des Marktes niedergelassen hatten. Vom Ausland brachten Kaufleute fremdländische Luxusartikel, um sie hier anzubieten. Als der König seine Machtposition gefestigt hatte, nahm er gegen Entgelt die Kaufleute unter seinen Schutz. Zölle wurden erhoben und Münzen geschlagen. Dabei handelt es sich um einige der ersten von Skandinaviern geprägten Münzen. In der alten Stadt York hatte sich bald ein reges Wirtschaftsleben entfaltet, das auf einem Handelszentrum außerhalb der römischen Festungsmauern an den Ufern des breiten Flusses Ouse beruhte. Die Wikinger von York und aus dem umliegenden Gebiet nahmen den christlichen Glauben an. Sie bestatteten ihre Toten nach christlichem Brauch *(Abb. 4)*, die Grabsteine jedoch versahen sie mit ihren eigenen Motiven.

York war nicht die einzige Stadt Englands, die von den Wikingern beherrscht wurde, vielmehr befand sich das halbe Land in der Hand der Eindringlinge. An zentral gelegenen Orten wie Stamford, Lincoln, Derby, Leicester und Nottingham, den ‚Five Boroughs', entstanden Märkte, und Befestigungen wurden dort angelegt. Für kurze Zeit zumindest gerieten auch andere Orte, wie beispielsweise Chester und Thetford, unter skandinavische Oberhoheit. Den Engländern gelang es aber allmählich, die Danelag (Danelaw) genannten skandinavischen Gebiete zurückzuerobern. Da die Nachkommen der Siedler wahrscheinlich sehr zahlreich waren, konnte man sie nicht von ihren Besitzungen vertreiben. Aber mit der Zeit gingen sie in der angelsächsischen Bevölkerung auf. Bis 954 hatte England eine Weile Ruhe vor den Skandinaviern.

Der keltische Westen

Die skandinavischen Siedlungen im Nordwesten Englands hatten unterdessen eine Blütezeit erlebt. Die Orkney-Inseln waren so mächtig geworden, daß sie zu einer Grafschaft emporgestiegen waren, die sich mit den großen Königreichen Skandinaviens messen konnte. Die *Orkneyinga Saga* gibt einen recht glänzenden Bericht über diese bedeutende Grafschaft. Trotz der politischen Voreingenommenheit des Verfassers wird die Geschichte aber wenigstens im Umriß greifbar. Der erste Herrscher, von dem wir Kenntnis haben, ist Ende des 9. Jhs. Sigurd, ein Mitglied der norwegischen Königsfamilie. Unter Thorfinn dem Mächtigen erreichte die Grafschaft Orkney Mitte des 11. Jhs. ihre größte Ausdehnung und beherrschte damals außer den Orkney- möglicherweise auch die Shetland-Inseln, einen großen Teil von Caithness, Sutherland sowie Ross und Cromarty. Mitunter gab es

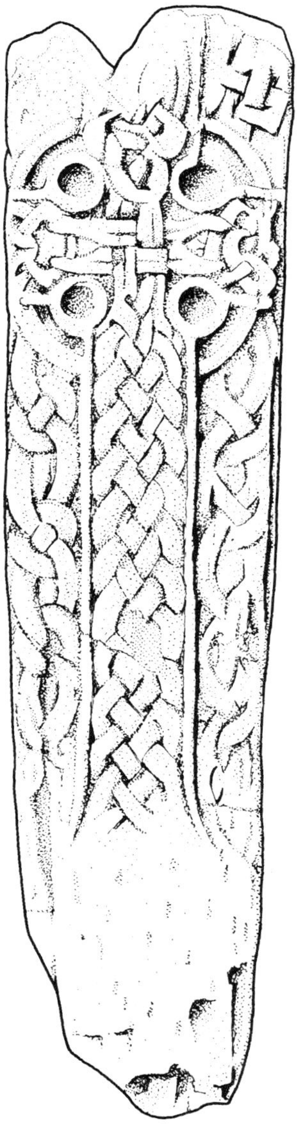

„Gaut fertigte dieses und alle [Steinkreuze] auf Man an", besagt die Inschrift auf diesem Stein aus Kirk Michael, Isle of Man. Er wurde im 10. Jh. zum Gedenken an einen Wikinger-Kolonisten errichtet.

Vorstöße bis zum Moray Firth im Süden. Als diese Gebiete 1468 aber Schottland zugeschlagen wurden, blieben der einst mächtigen Grafschaft nur die Shetland- und Orkney-Inseln. Vieles hat sich hier aus der Wikingerzeit erhalten, vor allem Ortsnamen. Bei Ausgrabungen wurden Gehöfte und Gräber freigelegt, die mehr als anderswo im atlantischen Raum noch einen Eindruck vom täglichen Leben der Siedler vermitteln *(Abb. 3 u. 5)*.

Hofanwesen, Gräber und Ortsnamen geben uns Aufschluß über die Ausbreitung fester Siedlungen von den Hebriden bis zur Isle of Man und der Irischen See. Eine Gewandspange der weiblichen Tracht weist darauf hin, daß selbst auf der abgelegenen Insel St. Kilda eine Wikingerfamilie, vermutlich Bauern, lebte. Möglicherweise waren es aber auch Piraten, die diejenigen Leute ausplünderten, die vom Nordatlantik in Richtung Süden nach Irland und England unterwegs waren, um in diesem ergiebigen Gebiet die Möglichkeiten zu nutzen, die Handel, Piraterie und Politik boten.

Auf der Isle of Man, den Hebriden, den Orkney- und Shetland-Inseln hat man eine Reihe vergrabener Schätze aus dem 10. Jh. mit Hacksilber und Münzen gefunden. Daran läßt sich der reiche Gewinn und Wohlstand der Siedler in diesem Bereich ermessen. Zunächst bestatteten sie ihre Toten nach heidnischem Brauch, wobei auch manchmal, wie in Ballateare auf der Isle of Man, Menschenopfer vorkamen. Bald aber nahmen sie den christlichen Glauben an. Auf der Isle of Man treten im 10. Jh. *(Abb. auf S. 172)* Gedenksteine mit christlichen Kreuzen und Runeninschriften auf, aus denen wir erfahren, daß die Nachkommen der unlängst christianisierten Siedler noch skandinavische Namen trugen und eine skandinavische Sprache gebrauchten. Zu einem unbestimmten Zeitpunkt entstand das Königreich von Man und den Inseln, d.h. den Hebriden. Zur Manifestierung der politischen Macht wurde ein neues Bistum als Gegengewicht zum Bistum auf den Orkney-Inseln begründet. Noch heute besteht das Bistum von Sodor und Man. Mit ‚Sodor' sind die südlichen Inseln gemeint, wobei ‚südlich' die Blickrichtung von Norwegen aus bedeutet.

Um die Mitte des 10. Jhs. war die Irische See zu einer Skandinavischen See geworden. Die englischen Könige und walisischen Fürsten geboten zwar über die Ostküsten, aber die skandinavischen Händler und Häuptlinge kontrollierten den Handel. Bis zum Jahrhundertende hatte sich Dublin zu einem der wichtigsten Handelsstützpunkte für die Skandinavier entwickelt.

Irland hatte sich bis zur Ankunft der Skandinavier auf die eigene Insel beschränkt. Die Klöster und Familienverbände zeigten kein großes Interesse an überseeischen Unternehmungen. Mit der Außenwelt wurden sie erst durch die Nordmänner konfrontiert, die zunächst auf Raubzüge ausgingen und dann kleine Lagerplätze um die Küste herum anlegten. Ins Landesinnere wagten sie sich nur zu Überfällen und zur Abwicklung von Handelsgeschäften. Anfangs können diese Lager nicht sehr groß gewesen sein, doch weist die Ausstattung der Gräber auf dem Friedhof in Kilmainham bei Dublin auf eine festgefügte Gemeinschaft kriegerischer Heiden hin. Die Skandinavier legten ihre ersten Niederlassungen entlang der Küste an – in Dublin, Linn Duachaill (vermutlich Annagassan in der Grafschaft Louth), Lough Ree (am Mittellauf des Shannon) und in Strangford Lough. Man hat aber herausgefunden, daß es sich dabei nur um Lagerplätze handelte. Zu den eigentlichen Stützpunkten und Handelsplätzen der Skandinavier entwickelten sich Waterford, Wexford, Cork und Limerick. Sie entstanden aber erst im frühen 10. Jh., als es im Süden Irlands kein mächtiges Hochkönigtum gab.

So kam es zur Gründung von Orten, die zu unabhängigen, wenn auch wenig bedeutenden Faktoren im politischen Gefüge Irlands wurden. Die Einwohner nahmen den christlichen Glauben an, bewahrten dabei aber ein gewisses Maß an ethnischer und wirtschaftlicher Unabhängigkeit. Überragende Bedeutung gewann Dublin *(Abb. 19)*: An den Ufern des Liffey wuchs eine der großen westeuropäischen Handelsstädte heran, die in den späten neunziger Jahren des 10. Jhs. – als Ausdruck ihrer wirtschaftlichen Bedeutung – die ersten Münzen Irlands prägte. Im Gegensatz zu England besaßen die Städte aber keinen Rückhalt in nordischen Bauernsiedlungen von nennenswerter Größe oder bleibendem Bestand. Zu verschiedenen Zeiten hatten die Nordmänner ein umfangreiches Gebiet von Dublin bis nach Wicklow im Süden inne. In anderen Landesteilen gab es verstreute kleinere Siedlungen, die von anderen Städten abhängig waren. Wie die Städte gerieten diese Gebiete aber in die Gewalt der Iren. Fortan lebten die Skandinavier in Irland – insbesondere in Dublin – als Kaufleute und Händler weiter und übten so ihren größten Einfluß aus. Die irischen Könige verhielten sich klug. Da sie sich dessen bewußt waren, welches Potential sie in den Städten und ihren Einwohnern besaßen, ließen sie die Fremden ihre Herrschaft nur wenig spüren. Sie schätzten deren Scharfsinn bei Handelsgeschäften, ihre wirtschaftliche Stärke und auswärtigen Verbindungen.

Seit Anfang der sechziger Jahre dieses Jahrhunderts werden Ausgrabungen in Dublin durchgeführt, bei denen zahlreiche Überreste der Wikingerstadt zutage gefördert wurden. Der Befund aus dem 9. Jh. ist zwar spärlich, in den jüngeren Schichten kommen aber immer mehr Funde zum Vorschein, die vom Wohlstand der Handel und Handwerk treibenden Einwohner Dublins zeugen. Die Holzhäuser wiesen zum Teil skandinavischen Baustil auf, die Straßen waren aus Holz gefügt. Man hat die Stapelplätze und Werkstätten von Handwerkern gefunden, sowie die Überreste von etwa einem Dutzend verschiedener Gewerbezweige. Besonders interessant sind eine große Anzahl Knochenstücke, auf die Metallhandwerker ihre Muster eingeritzt haben, bevor sie die Muster in Bronze umsetzten. Viele dieser Muster sind skandinavisch beeinflußt, bisweilen handelt es sich um ganz deutliche Wiedergaben skandinavischer Motive. Auf einem Knochenstück kann man beispielsweise den getreuen Entwurf zu einer Tierdarstellung sehen, die eine fast exakte Parallele auf der Seite des Reliquienschreins des ‚Cathach des Hl. Columba', eines der Hauptwerke irischer Metallarbeit, hat. Die skandinavische Handwerkskunst wurde von den Iren hoch geschätzt. Einige der herrlichsten Metallarbeiten irischer Sakralkunst des frühen 11. Jhs. weisen skandinavische Stilmerkmale auf. Dazu gehören der sog. Glockenschrein des Hl. Patrick, der Schrein des Hl. Manchan und das Kreuz von Cong mit seiner königlichen Weihinschrift. Auch in vollkommen irischen Gebieten wie der Grafschaft Clare tritt im Dekor der Steinplastik ein starker Einfluß von skandinavischen Meistern hervor.

Die skandinavischen Siedler übten im 11. Jh. nicht nur Einfluß auf die Kunst ganz Irlands, sondern auch auf die

Wirtschaft des Landes aus. Man hat eine ungeheure Anzahl für Skandinavien typischer Silber- und sogar Goldschätze aus der Wikingerzeit gefunden. Daran kann man ermessen, wie stark und umfangreich dieser Einfluß war. Archäologen haben etwa 110 Schatzfunde und mehr als 150 einzelne Silber- und Goldfunde verzeichnet. Zum Vergleich sei Schottland herangezogen, wo nur 31 Schatzfunde und Einzelfunde gemacht wurden. Daran läßt sich die große wirtschaftliche Blüte Irlands in dieser Zeit ablesen. Die internationalen Kaufleute übten eine nachhaltige Wirkung auf Irland aus. In Dublin selbst fand man allerdings wenig Material skandinavischer Herkunft; nur von dem Friedhof in Kilmainham, vor den Stadtmauern, stammen etliche Funde des 9. und frühen 10. Jhs. aus Skandinavien. Bei Ausgrabungen innerhalb der Stadt sind nur einige Bruchstücke von Schalen aus Speckstein herausgekommen, die aus Norwegen oder von den Shetland-Inseln importiert waren. Auf drei Stücken finden sich Inschriften im skandinavischen Runenalphabet. An diesen und anderen Gegenständen wird deutlich, daß die Bewohner Dublins im 11. und 12. Jh. Verbindungen mit Skandinavien unterhielten. Keramik aus Frankreich findet sich häufig in Schichten des 11. Jhs. und gibt uns Aufschluß über die Zielgebiete einiger Handelsinteressen der Dubliner. Auf Kontakt mit England weisen Keramik aus Stamford und Thetford, Münzen Aethelreds und Knuts des Großen, sowie eine lederne Schwertscheide hin, die ein Engländer namens Edric angefertigt hat.

Aus den Grabungsfunden in Dublin geht also hervor, daß umfangreiche Handelsbeziehungen von Irland aus mit dem skandinavischen Norden, mit Frankreich und England bestanden haben.

Wie wir bereits erfahren haben, prägten die Skandinavier in Dublin gegen Ende des 10. Jhs. Münzen: Die ältesten davon sind ganz offenkundige Nachprägungen von Münzen des englischen Königs Aethelred II., dessen Name auf einigen Stücken durch den eines nordischen Königs namens Sigtrygg (Sihtric) oder Anlaf ersetzt wurde *(Abb. 19)*. Die Ortsnamen von Wales geben Aufschluß über den Verlauf der Hauptstrecke nach England. An der gesamten Küste von Südwales bis zum Bristolkanal sind die Ortsnamen skandinavisch. Die meisten Benennungen für die Seemarkierungen an der Nordseite des Bristolkanals stammen von skandinavischen Händlern aus Dublin, die zum Severn unterwegs waren, um ihre Waren von dort in das Landesinnere von England zu bringen. Skandinavischen Beiklang haben noch Namen wie Skokholm, Worm's Head, Rothers Sker, Tusker Rock, Flatholm und Steepholm und geben damit Auskunft über den Verlauf dieser Strecke. Weiter zurück geht vermutlich eine Route nach Chester. Von hier gibt es nur Funde aus dem frühen 10. Jh., sowie eine Handvoll Ortsnamen. Mit Sicherheit waren aber im 11. Jh. Skandinavier in Chester.

Mehr als eineinhalb Jahrhunderte lang beherrschten skandinavische Kaufleute die Irische See. Da sich Dublin in der Hand irischer Könige befand, hatten sie oft nur eine schmale politische Operationsbasis. Weil die Iren aber am internationalen Handel nicht interessiert waren, bedienten sich die Skandinavier der Taktik ihrer fernen Vettern in Rußland. Sie paßten sich dem politischen Klima an, kontrollierten aber die wirtschaftlichen Verhältnisse. Womit trieben sie eigentlich Handel? Aus Irland und den Ländern um die Irische See kamen Sklaven, die bei Seeräuberei, Kriegszügen und Überfällen erbeutet wurden. Der Handel mit ihnen

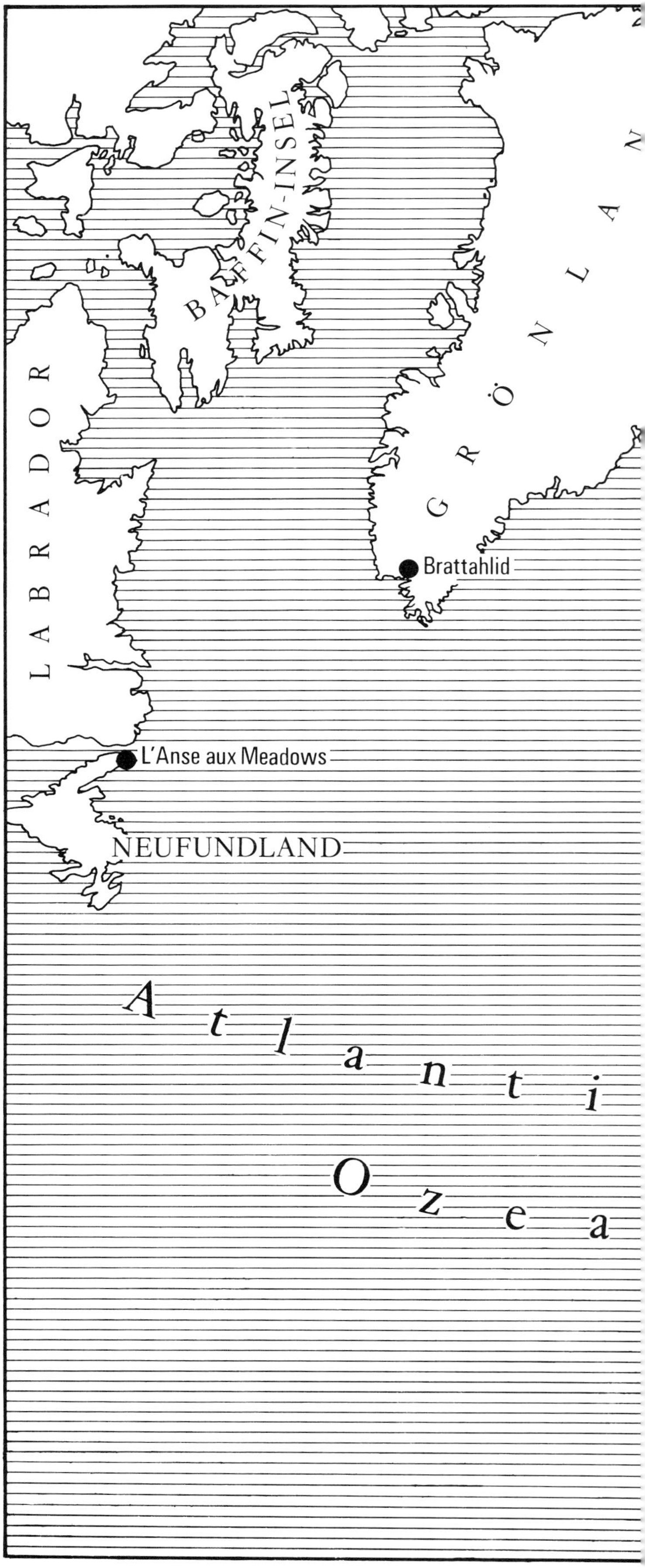

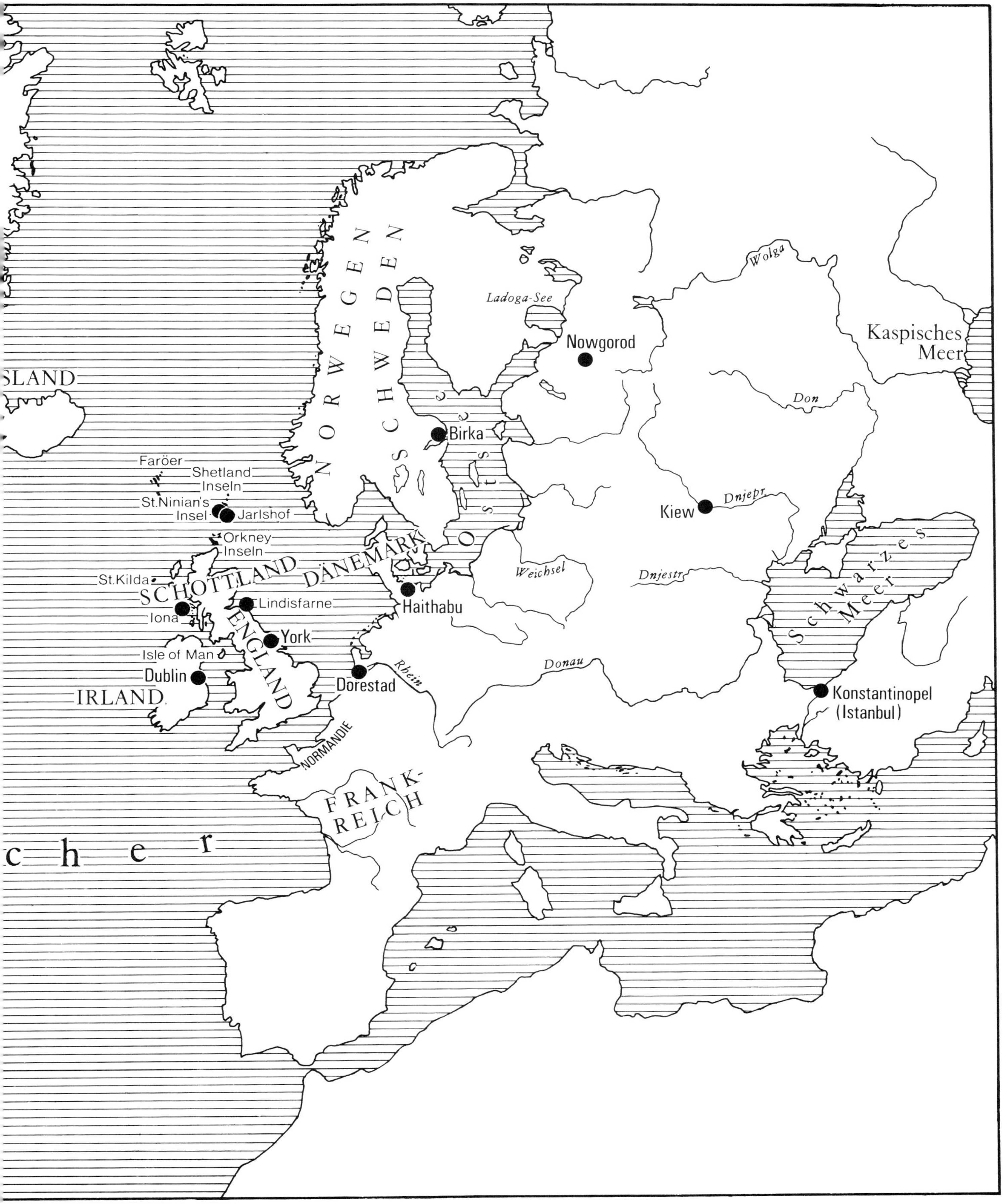
SLAND
Faröer
Shetland Inseln
St.Ninian's Insel
Jarlshof
Orkney-Inseln
St.Kilda
SCHOTTLAND
Iona
Lindisfarne
ENGLAND
York
Isle of Man
Dublin
IRLAND
NORWEGEN
SCHWEDEN
DÄNEMARK
Ostsee
Birka
Haithabu
Dorestad
Rhein
NORMANDIE
FRANK-REICH
c h e r
Ladoga-See
Nowgorod
Wolga
Kaspisches Meer
Don
Kiew
Dnjepr
Weichsel
Dnjestr
Donau
Schwarzes Meer
Konstantinopel (Istanbul)

wurde von der Kirche zwar rundweg verdammt, blühte aber dennoch in Westeuropa. Dublin war hierfür einer der wichtigsten Umschlagplätze. Bis weit in das 12. Jh. herrschte in ganz Europa rege Nachfrage nach Sklaven. Aber auch mit anderen Gütern wurde gehandelt. Die französische Keramik in Dublin ist Fossil eines florierenden Weinhandels. Auf Einfuhren von Norwegen weisen die Specksteinfragmente hin. Möglicherweise gab es auch schon Handel mit Holz. In vielen Schatzkammern von europäischen Kirchen aus der vorromanischen und romanischen Zeit finden sich Gegenstände aus Walroßbein, die auf Importe aus dem fernen Norden, aus Island und Grönland hinweisen. Die meisten Handelsgüter wie Wein und Sklaven haben jedoch keine archäologischen Spuren hinterlassen. Skandinavien und Grönland beispielsweise waren von größter Bedeutung für den europäischen Pelzhandel. Ein frühes schriftliches Zeugnis für den Handel mit Elfenbein und Pelzen findet sich in den Werken König Alfreds. Er schrieb einen Bericht über die Fahrt eines norwegischen Händlers namens Othar um das Nordkap: „Hauptsächlich fuhr er hierher, weil er einmal das Land erforschen wollte, dann aber auch wegen der Walrosse, denn sie haben sehr kostbares Bein in ihren Zähnen ... und ihre Haut ist sehr gut für Schiffstaue."

Abgesehen von Salz waren die Skandinavier in der Heimat reichlich mit Nahrungsprodukten und Kleidung versehen. Island verfügte allerdings nur über eine begrenzte Auswahl an Lebensmitteln; Mehl und Malz mußten importiert werden. Außer Sklaven wurden also wohl hauptsächlich Luxuswaren eingeführt, die wahrscheinlich zum großen Teil ihren Weg über Dublin nahmen. Dazu gehörten insbesondere Wein, Gewürze, Waffen, Halbedelsteine und vielleicht feine Wolltuche. Seide, Pelze und Gewürze kamen über die östlichen Routen. Immer war Silber dabei: Silberbarren, Silber für Münzen, Silber für Schmuck und Silber als Tauschware. In Skandinavien herrschte ein unersättliches Verlangen nach Silber. In Schweden hat man beispielsweise in den noch erhaltenen Münzschätzen 80000 arabische Münzen, aber auch 33700 angelsächsische sowie 154776 fränkische und deutsche Münzen gefunden, die überwiegend aus dem 10. und 11. Jh. stammen. Die Zahlen für Norwegen und Dänemark sind möglicherweise aus innenpolitischen Gründen wesentlich geringer. Aus den Zahlenangaben läßt sich jedoch gleich ersehen, welch große Bedeutung das Silber in der skandinavischen Wirtschaft hatte, und wie gediegen der Besitz war, über den die Skandinavier am Ende der Wikingerzeit verfügten.

Der Transport dieser Güter verlief über die Irische See und die russischen Flüsse. Im Osten ging der Handel allmählich in die Hände der Slawen und schließlich des Hansebundes über. Ein einziges politisches Ereignis – die normannische Eroberung Irlands im Jahr 1169 – beschnitt den skandinavischen Kaufleuten im Westen ganz drastisch die Herrschaft über das eigene wirtschaftliche Geschick. Der Hafen von Dublin stand ihnen nicht mehr offen, ihr Einfluß war dahin. Ihr Machtbereich im Westen beschränkte sich auf die wenigen Inseln Schottlands und in der Irischen See, die nominell bis zur Schlacht von Largs 1226 unter ihrer Kontrolle blieben. Der nordische Einfluß ist aber aus diesen Bereichen niemals völlig geschwunden. So verkörpert die Stadt Dublin eine ständige Erinnerung an die Nordmänner. Auch lassen viele Begriffe aus der Seefahrt wie *ancaire,* Anker; *båd,* Boot, Schiff; *tochta,* Ruderbank usw. an sie denken, auf der Insel Man sind es die Ortsnamen und das gegenwärtige Parlament (Tynwald). Dazu kommen Personennamen wie Lewis, Harris und Skye, MacAulay (Olafsson), MacNicol (Nicolson), MacRailt (Haraldsson). An der alten Sprache der Orkney-Inseln *(norn),* die seit zweihundert Jahren ausgestorben ist, läßt sich ihre weit zurückreichende Herkunft von den Wikingern erkennen.

Knut der Große, König von Dänemark und England

Bisher war von der Lage in England im späten 10. und 11. Jh. noch nicht die Rede. Nach dem Fall von York im Jahre 954 war durch klug bedachtes Vorgehen ein englisches Königreich aufgebaut worden. Es fand im Norden, wo die skandinavischen Siedler allmählich ihre Muttersprache aufgaben und im Grunde englisch geworden waren, Anerkennung.

In dem Vierteljahrhundert nach 954 gewann England nationale Selbständigkeit. Durch das geniale Vorgehen König Edgars und seiner Berater waren Kirche und Staat miteinander verschmolzen, das Land befand sich in einer starken Hand. England erlebte eine Blütezeit, zum ersten Mal seit vielen Jahren herrschte Friede im Land. Während der Besiedlung durch die Wikinger waren die alten Klosteranwesen aufgelöst und dann neu organisiert worden. Dadurch konnte das Land wirtschaftlicher genutzt werden und führte zu vermehrten Boden- und Kapitalerträgen. England

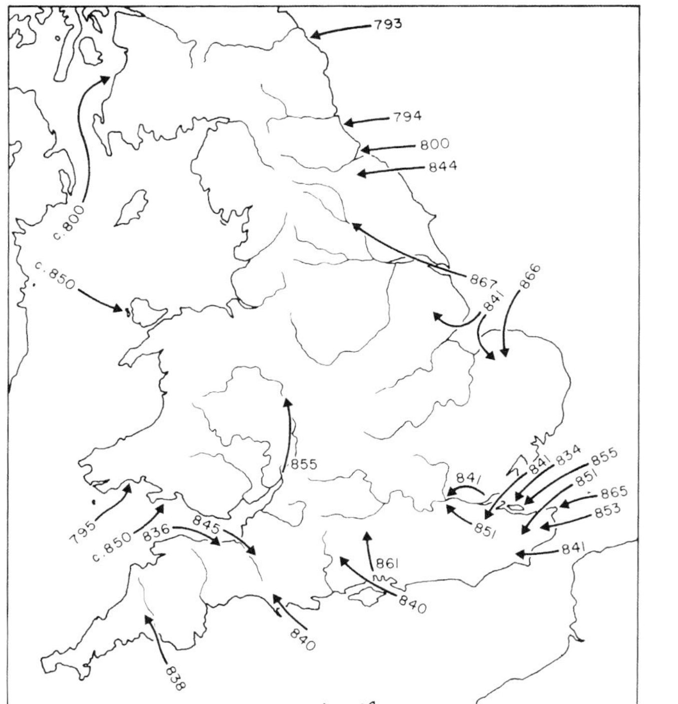

Karte von England mit den Stoßrichtungen der Hauptangriffe der Wikinger zwischen den Jahren 793 – erster Überfall auf Lindisfarne – und 867, als York Hauptstadt eines festbegründeten Wikingerkönigreiches wurde.

brachte es zu Wohlstand. Leider starb Edgar als junger Mann mit Anfang dreißig im Jahr 975. Unter traurigen, ja sogar verdächtigen Umständen kam Aethelred auf den Thron. Der Friede war erschüttert, und die nächsten 35 Jahre bedeuteten die härteste und schwierigste Periode in den anglo-skandinavischen Beziehungen. Vom Jahre 980 an wurde England von einer Reihe von Angriffen heimgesucht. Kein Teil des Königreichs war sicher: Thanet, Cheshire, Devon, Dorset, London – sie alle wurden Angriffsopfer in einer Reihe blutiger, gut geplanter Kampagnen. Einen Höhepunkt erreichten die Züge im Jahr 991. Die Angelsächsische Chronik berichtet: „Und in diesem Jahr war bestimmt worden, daß der Tribut zum erstenmal an die dänischen Männer bezahlt werden solle, da sie entlang der Küste großen Schrekken verbreiteten. Die erste Zahlung belief sich auf 10000 Pfund. Erzbischof Sigeric riet als erster zu diesem Vorgehen."

Als das Dänengeld einmal bezahlt war, erhoben die Abenteurer weitere Forderungen. Auf eine Zahlung von 16000 Pfund im Jahr 994 hin herrschte ein oder zwei Jahre lang Friede. Mehrmals wurden Abwehrversuche mit Überfällen auf die dänischen Stützpunkte und mit Vergeltungsaktionen unternommen. Dennoch verzeichnet die Chronik von 997 an eine nicht abreißende Serie von Überfällen. 1002 betrug das Dänengeld nach heutiger Währung 24000 englische Pfund. So einfach jedoch war der Friede nicht zu erkaufen, die Angriffe dauerten an. Vier Jahre später erfolgte eine weitere Zahlung, dieses Mal betrug sie entsprechend 36000 englische Pfund. 1012 war für die Engländer ein schwarzes Jahr: Der Erzbischof von Canterbury wurde bei einem Trinkgelage gefangengenommen und ermordet. 48000 Pfund kamen zur Auszahlung. Als die Dänen in die Heimat zurückkehrten, ließen sie eine ‚Schutz'macht mit 42 Schiffen zurück. Während der nächsten paar Jahre zwangen die dänischen Anführer Sven und Knut in mehreren Kriegszügen England in die Knie. 1016 starb Aethelred, und am Jahresende folgte ihm sein Nachfolger Edmund Ironside (‚Eisenseite') ins Grab. Daraufhin ließ sich Knut in London zum König wählen.

Knut war jetzt König von Dänemark und England *(Abb. 18)*. Er besaß Macht und Reichtum (im Jahr nach seiner Thronbesteigung nahm er an Tributzahlungen 83500 Pfund ein). Er heiratete Aethelreds Witwe Emma, um seinem Thronanspruch eine gewisse Legitimität zu verleihen. Durch umsichtige Herrschaft, verbunden mit Schmeichelei, gelang es ihm, einen festbegründeten Staat in England zu errichten, wobei nur einige wenige Männer die Steuern eintrieben und die Kirche begünstigten. 1035 starb er in Shaftesbury und wurde inmitten eines friedlichen Königreiches zu Winchester begraben. Sieben Jahre lang herrschte über die Stärke seiner Nachfolger Unklarheit. Als jedoch 1042 ‚Harthacnut, König der Engländer', beim Trinken auf einer Hochzeitsgesellschaft starb, folgte auf den letzten dänischen, in England regierenden König der fromme Edward mit dem Beinamen ‚der Bekenner'.

Die Skandinavier haben beträchtlichen Reichtum aus England eingeheimst. Runensteine in der Heimat *(Abb. auf S. 177)* und Chroniken in England heben diesen Aspekt ihres letzten abenteuerlichen Unternehmens besonders hervor. Jetzt stellte die skandinavische Macht nur noch für ein paar weitere Jahre eine Bedrohung für England dar. Wenige Tage vor der Schlacht bei Hastings schlug Harold von England eine norwegische Invasionstruppe in Stamford Bridge. Niemals wieder konnte die Kriegsmacht des Nordens England wirklich etwas anhaben. Außerhalb Londons und Yorks gingen skandinavische Kaufleute jedoch weiterhin ihren Geschäften nach und trafen mit ihren Vettern aus Dublin zusammen, die über den Bristolkanal nach England kamen.

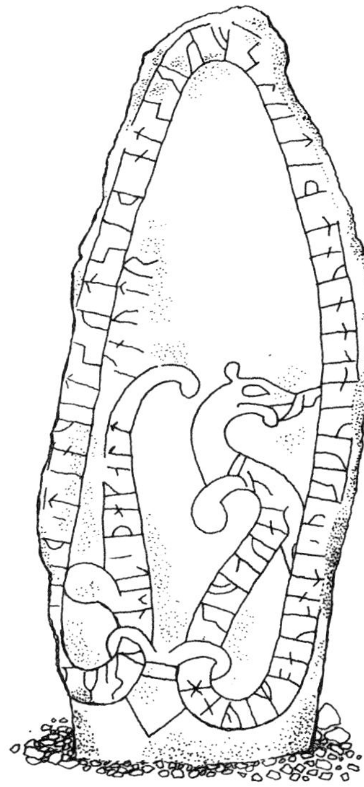

Runenstein von Yttergärde, Schweden. Die Inschrift berichtet, daß ein Söldner namens Ulf im 11. Jh. dreimal nach England kam.

Nebelgebiete voller Ungeheuer

Seit klassische Schriftsteller den Nordatlantik zum ersten Mal beschrieben haben, gilt er immer als ein in Nebel gehüllter Bereich voller Ungeheuer. Der irische Mönch Dicuil war zu Beginn der Wikingerzeit einer der gebildeten Männer am Hof Karls des Großen. Er hat eine Abhandlung mit dem Titel ‚Über das Ausmaß der Erde' hinterlassen. Da er die Hebriden und sogar die nördlichen Inseln besucht hat, schreibt er mit größerer Kenntnis als die meisten anderen. Er berichtet von irischen Mönchen auf der Insel Thule, wo die Sonne um Mitternacht scheint. Vielleicht ist er der erste, der eine Beschreibung der Faröer-Inseln bietet: „Es gibt eine weitere Gruppe kleiner Inseln, die fast alle durch schmale Wasserflächen voneinander getrennt sind. Nahezu hundert Jahre lang haben hier Einsiedler gelebt, die aus unserem Land, aus Schottland, davonsegelten. Diese seit der Schöpfung unbesiedelten Inseln sind nunmehr als Folge der Ankunft skandinavischer Seeräuber von den Eremiten verlassen worden. Dort gibt es unzählige Schafe und eine Menge Seevogelarten."

Es existiert kaum ein Beleg dafür, daß Iren vor der Wikingerzeit im Nordatlantik lebten. Als einziger Autor von Rang gibt Dicuil einen recht ausführlichen Bericht über die Tätigkeit der irischen Einsiedler dort.

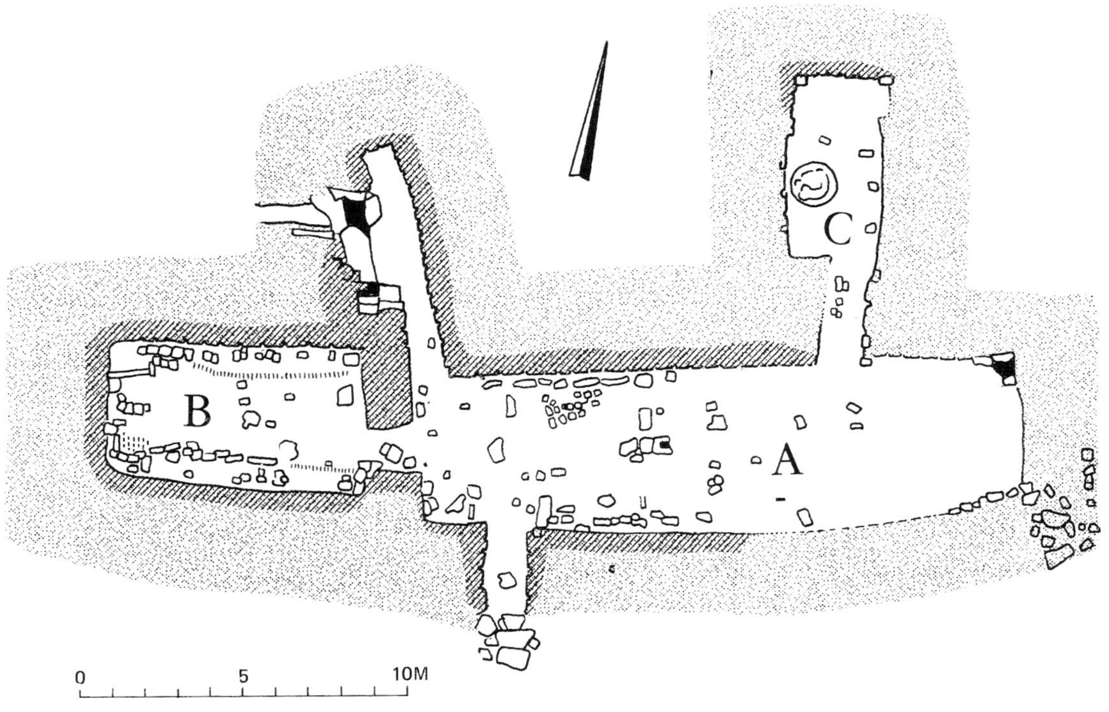

Durch Ausgrabungen freigelegter Grundriß eines Bauernhauses aus dem 11. Jh. in Gjáskógar, Island. Die Haupthalle (A) war 15 m lang und besaß in der Mitte eine Feuerstelle. Von hier gelangte man in einen Wohnraum mit Bänken (B) und in eine Molkerei (C) mit einem großen, in den Boden eingelassenen Gefäß.

Rekonstruktion von Thjodhilds Kirche in Brattahlid, Grönland. Sie war nur 2 m breit und aus Torf mit einem Holzdach und Innenwänden aus Holz gebaut.

Nach Dicuils Angabe waren die Skandinavier aber seit dem Beginn der Wikingerzeit auf den nördlichen Inseln aktiv. Auf die Besiedlung der Orkney- und Shetland-Inseln folgte die Begründung von Siedlungen auf den Faröer und in Island. Nach Island wurden die ersten Norweger angeblich durch Zufall verschlagen, als sie zu Schiff von Norwegen zu den Faröer unterwegs waren. Auf den Faröer hat man bei Ausgrabungen Spuren früher skandinavischer Besiedlung festgestellt.

Island wurde Mitte des 9. Jhs. zunächst ausgekundschaftet, dann folgte sehr bald zwischen ca. 870 und 930 die großangelegte Kolonisierung des Landes. Die Siedler kamen hauptsächlich von der Westküste Norwegens, doch sind einige wohl auch über die Britischen Inseln hierhergelangt. Island war für diese ersten halbaristokratischen Siedler ein Land, in dem das Gras vor Butter troff. Für die zunächst wohl über 20000 Siedler aus dem politisch aufgerührten Norwegen war üppiges Weideland vorhanden. Sie legten einzelstehende, große Hofanwesen in der unbewohnten Landschaft an *(Abb. auf S. 178)*. Vorräte und Saatgut hatten sie aus der alten Heimat mitgebracht. Sie riefen Ortsversammlungen *(Things)* ins Leben, sowie eine Nationalversammlung *(Allthing) (Abb. 1 auf S. 209)*, die jeden Sommer zwei Wochen lang tagte. Auf dieser Insel gab es weder einen König noch einen Grafen; das Ansehen eines Mannes beruhte auf der Anzahl seiner Gefolgsleute. Auf lokaler und zentraler Ebene übten die großen Häuptlinge, zuletzt 48 an der Zahl, die oberste Gewalt und Gerichtsbarkeit aus. Es wäre sicher falsch, das Island der Siedlerzeit als Demokratie zu bezeichnen. Weit war es aber von diesem Ideal nicht entfernt, denn im damaligen System sollte der Einzelne vor Konflikten bewahrt werden; es gab eine Verfassung, nach der das Land in feste Einheiten aufgeteilt war und die für eine ziemlich gerechte Gesellschaftsordnung sorgte.

Laut Übereinkunft des Allthing wurde Island im Jahr 1000 christlich *(Abb. 15)*. Dieses Ereignis brachte Island einer Verfassungskrise in der Wikingerzeit vielleicht am nächsten. Kirchen wurden gebaut, und Bischöfe besuchten die Insel, um dort zu predigen. 1056 wurde der erste einheimische Bischof namens Ísleif geweiht. Zwei Jahrhunderte lang war der Bischof einflußreichster und bisweilen wichtigster Mann im Land. Es kam aber zu Fehden, und Streitigkeiten zwischen Kirche und Staat brachen aus. Da der Bischof und andere hier nicht mäßigend einwirkten, gerieten die Isländer gegen ihren Willen zwischen 1262 und 1264 unter die Herrschaft der norwegischen Krone.

Der Weg von Island nach Grönland war nicht weit. Entdeckt hat es Gunnbjorn Ulf-Krakason, doch siedelte sich dort als erster Erik der Rote um 985 an, nachdem er sich zunächst drei Jahre lang einen vorläufigen Überblick verschafft hatte. Erik war der geborene Unruhestifter, aber Grönland bändigte ihn, und bis zu einem gewissen Grad bändigte er Grönland. Siedlungen wurden um die Gebiete mit dem heutigen Namen Julianehaab und Godthaab angelegt. In dem neuen, unfreundlichen und völlig unbewohnten Land waren dies die einzigen für die Landwirtschaft geeigneten Bereiche *(Abb. 23)*.

Zunächst nahm die Siedlung einen tüchtigen Aufschwung. Höfe wurden gebaut und Land verteilt. Neuankömmlinge schlossen sich den ersten Siedlern in diesem Fabelland an. In frühen, teilweise bis zum Anfang des 12. Jhs. zurückreichenden Quellen wird über die Besiedlung ausführlich berichtet. Während der letzten 50 Jahre führten dänische Wissenschaftler fast ohne Unterbrechung Ausgrabungen durch *(Abb. auf S. 160)*, bei denen die Skelette der Siedler und ihrer Nachkommen zutage gefördert wurden. Intensive Untersuchungen wurden auf Brattahlid (jetzt Qagssiarssuk), dem Hof Eriks des Roten, durchgeführt. Eine der ersten Christinnen im neuen Land war Thjodhild, die Frau Eriks. Die von ihr erbaute Kirche gehört zu den interessantesten Hinterlassenschaften der nordischen Besiedlung *(Abb. auf S. 178)*. Bei den Skeletten, die man in der Kirche und in ihrer Umgebung fand, kann es sich durchaus um die körperlichen Überreste von Erik dem Roten und seiner engsten Familie handeln.

Auch auf dem bischöflichen Anwesen von Gardar (Igaliko) wurden Untersuchungen durchgeführt. Den Ort für die große Bischofsresidenz und die mit einer Länge von nur 27 m bescheidene Kathedrale hatte Arnald, der erste Bischof von Grönland, bei seiner Ankunft in Island im Jahr 1126 ausgewählt. Von der nordischen Ansiedlung künden zerstörte Bauernhöfe und Kirchen, die als Steinhaufen der Verlassenheit preisgegeben bleiben. Daran wird deutlich, wie ungesichert das Leben in Grönland beschaffen war. Mehrere Faktoren haben zum allmählichen Aussterben der Kolonie beigetragen: die weitläufige Streuung der Ansiedlung, das Klima und die weiten Verbindungswege ins Landesinnere und nach draußen. Die Skandinavier blieben 500 Jahre lang in Grönland. In den Isländischen Annalen aus dem Mittelalter findet sich die letzte Erwähnung über ihre Anwesenheit: Noch 1408 fand eine Hochzeit in der Kirche von Hvalsey statt, an der viele Menschen teilnahmen. Weitere schriftliche Quellen haben sich nicht erhalten. Funde aus Herjolfsnes weisen aber auf eine skandinavische Bevölkerung bis weit in das 15. Jh. hinein. Über die Beschaffenheit und den Aufbau dieser Siedlung weiß man aber nichts: Die Bevölkerung ging unter. Die Bauernhöfe wurden verlassen, die Kirchen abgedeckt. Niemand kennt die näheren Umstände. Man hat viele Theorien aufgestellt: Die Nordmänner seien von den Eskimos ausgerottet worden; eine Seuche oder Klimaverschlechterung habe sie vernichtet; wegen Degenerierung der Bevölkerung habe es keinen Nachwuchs mehr gegeben; sie seien nach Amerika ausgewandert; beim Versuch, Grönland zu räumen, seien sie in einem Sturm umgekommen. Nur archäologische Ausgrabungen können zu einer Antwort verhelfen, gegenwärtig wissen wir nichts.

Das gute Vinland

Die Wikinger haben zweifellos Amerika erreicht. Aus den zwar späten, aber ausführlichen schriftlichen Quellen wissen wir genügend, um einen kleinen Teil der Geschichte zu rekonstruieren. Um 986 wurde Bjarni Herjolfsson von widrigen Winden in Sichtweite der nordamerikanischen Küste getrieben. Mit Bedacht und vielleicht in bestimmter Absicht segelte er drei Tage an der unwirtlichen Küste entlang, bevor er nach Grönland heimkehrte. Leif, der Sohn Eriks des Roten, war es dann aber, der in Bjarnis Schiff nach Amerika segelte und in Baffin Island (von Bjarni Helluland genannt), Labrador (Markland) und einem Land, das er Vinland nannte und bei dem es sich vermutlich um Neufundland handelt, an Land ging. Leif betrat amerikanischen Boden und kehrte dann nach Hause zurück. Ihm folgte sein Bruder Thorwald, der eine gründlichere Erforschung vornahm. Thorwald wurde dort von Eingeborenen getötet, die bei den Nordmännern *Skrälinger* hießen.

Der Saga um Erik den Roten zufolge segelte Anfang des 11. Jhs. Thorfinn Karlsefni mit 160 Männern, die zum Teil von ihren Frauen begleitet wurden, in drei Schiffen nach Westen. Sie hatten verschiedene Arten von Vieh bei sich und unternahmen den Versuch, sich – vermutlich in Neufundland – für immer anzusiedeln. Das Land war für ihre Begriffe reich: Es gab Fische in den Flüssen, guten Boden und ausgezeichnetes Weideland. Über dieses bedeutende Unternehmen gibt es abweichende Berichte, aber es endete nach drei Jahren in Streitigkeiten und Befürchtungen, zum einen wegen der Anwesenheit von europäischen Frauen, zum andern wegen der Einheimischen. Fast mit Gewißheit trug auch der langwierige und mühsame Verbindungsweg zur übrigen

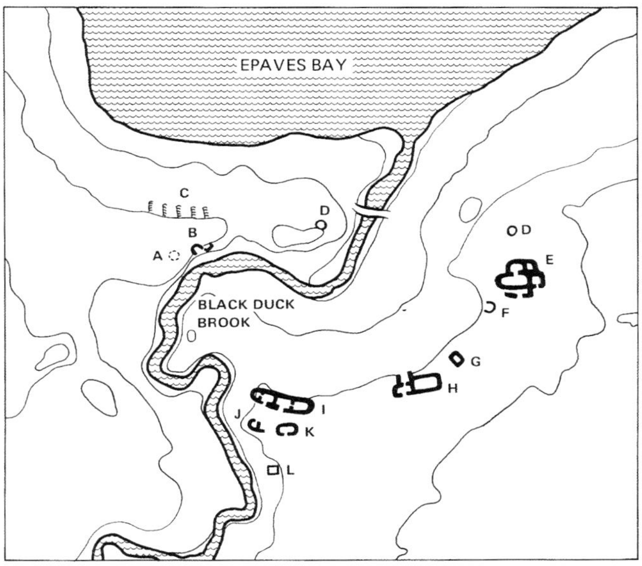

L'Anse aux Meadows in Neufundland ist die bisher einzige Stelle in Amerika, an der Wikinger mit Gewißheit gesiedelt haben. Hier wurden die folgenden Überreste freigelegt und überzeugend identifiziert: A Holzkohlebrennofen, B Schmiede, C Bootsschuppen an der alten Küstenlinie, D Kochgruben, E großes Haus, F Sauna, G Arbeitsschuppen, H, I, J, K Häuser, L natürliche Ablagerung von Sumpferz.

nordischen Welt dazu bei. Aus der Zeit nach dem frühen 11. Jh. haben wir gelegentlich Hinweise auf Besucher in Vinland. So unternahm ein isländischer Bischof zwischen 1110 und 1121 eine Fahrt dorthin.

Der norwegische Journalist Helge Ingstad und seine Frau, eine Archäologin, machten 1960 eine Entdeckung, die eine aufregende Bestätigung dafür ist, daß die Wikinger in Amerika waren. Sie entdeckten mit einiger Sicherheit eine Siedlung der Wikinger in L'Anse aux Meadows an der Nordspitze von Neufundland (51° 36′ N, 55° 32′ W) *(Abb. auf S. 179)*. Die Siedlung liegt auf einer Terrasse über einer weit ausschwingenden Bucht. Die Fundamente von mehreren Gebäuden halbgewerblichen und privaten Charakters wurden entdeckt. Man fand Knochen von Haustieren und Gewerbeabfälle. Eine Datierung in die Wikingerzeit bestätigt – ebenso wie die mittels der Radiokarbonmethode gelieferten Daten – der Fund einer Ringkopfnadel vom europäisch-wikingerzeitlichen Typ.

Ansonsten gibt es in Amerika keine weiteren Funde, die als Beweis für die Anwesenheit der Wikinger dort dienen könnten. Ein Runenstein aus Kensington, Minnesota, ist eine Fälschung. Bei einem Turm in Newport, Rhode Island, handelt es sich um eine Windmühle aus dem 17. Jh. Der Fund von Beardmore in Kanada war ganz gewiß verfälscht. Selbst die berühmte Karte von Vinland, ein teuer erworbener, in verschwenderischer Aufmachung veröffentlichter Schatz der Yale Universität, hat sich als Fälschung herausgestellt. Ein blühender Gewerbezweig hat sich in diesem Jahrhundert aus der Lieferung von skandinavischen Antiquitäten für Amerika entwickelt. Erst in den letzten paar Jahren hat berechtigter Zweifel alles außer den Funden von L'Anse aux Meadows in der Versenkung verschwinden lassen.

Die Wikinger waren wirklich in Amerika. Sie lebten dort zeitweise, haben aber wenig zur Erinnerung an dieses abenteuerliche Unternehmen, das zu ihren aufregendsten zählt, hinterlassen.

Das Erbe der Wikinger

Die skandinavischen Angriffe auf Europa gerieten nicht so leicht in Vergessenheit. Ihre Siedlungen bestanden weiter; aus Dänen und Norwegern wurden beispielsweise Yorkshiremen oder Isländer. Die Historiker haben aber ihre anfänglichen Überfälle und furchtbaren Plünderungen nie vergessen. Erst im 19. Jh. sah man sie in einem verklärten Licht und machte sie zu achtbaren Unternehmungen. Im Mittelalter schenkte man ihnen wenig Aufmerksamkeit. Es gab allerdings angelsächsische Gelehrte, die Interesse an den Überfällen der Dänen zeigten und sie ausführlich behandelten. Einer von ihnen war der zur Zeit Elisabeths I. lebende William Lambarde, der 1576 seine ‚Wanderung durch Kent' veröffentlichte. 1605 verstieg sich R. Verstigan gar in einem Werk zu der Äußerung, daß Knut „der größte König war ... den England je hatte." Aber erst im späten 18. Jh. befaßte man sich außerhalb Skandinaviens gründlich und ernsthaft mit ihnen. Edward Gibbon räumt zwar ein, daß „ihr Name allein schon in Frankreich verhaßt und gefürchtet war", spricht aber von den Skandinaviern in Rußland geradezu in glühenden Worten: „... Die ausgedehnten und angeblich volkreichen Länder Dänemark, Schweden und Norwegen besaßen viele unabhängige Häuptlinge und verzweifelte Abenteurer, die im Frieden vor Langeweile seufzten und bei Schmerzen und im Todeskampfe lächelten. Seeräuberei war das Gewerbe der skandinavischen Jugend, das ruhmsüchtig mit Lust betrieben ward. Ihres rauhen Klimas und der engen Grenzen überdrüssig, bestiegen sie ihre Schiffe und durchforschten jede Küste, wo sie entweder Beute machen oder Ansiedlungen gründen konnten. ..." (E. Gibbon, Der Sieg des Islams, Bernina-Verlag, Wien-Leipzig-Olten, 1937).

Die Skandinavier umgab ein Glorienschein, der nichts von dem mit Hunnen und Goten verbundenen Haß und Schrecken aufkommen ließ. Man pries ihren Mut und stellte sie als heldenhafte Männer hin, die sich den Elementen und dem Tod tapfer und gelassen stellten. In einer Zeit, als Alfred der Große zu einer Symbolfigur für nationalistisches und religiöses Denken wurde, stellte man die Dänen immer mehr als zwar rohe, aber würdige Gegner von ebenmäßig gebauten Angelsachsen hin.

Ende des 19. Jhs. waren sie in der Volksmeinung fast zu Wohltätern an dem Volk geworden, über das sie hergefallen waren. Man sah in ihnen die Begründer der Demokratie an vielen Orten und höchst achtbare Verfechter des nationalen Gedankens. So schreibt William Morris: „Wenn ein Nordvolk den größeren und besseren Teil seiner Sprache, Gesetze und Gebräuche aus einer nördlichen Wurzel herleitet, würde es angemessen erscheinen, daß der Norden für sie zwar nicht geheiligtes Land bedeutet, aber doch zumindest einen Platz, den es höher zu achten gilt als irgendeinen Teil der übrigen Welt. Mag ihre Kenntnis von anderen Menschen noch so groß geworden sein, der Glaube und die Taten ihrer Vorväter sollten niemals ohne Interesse für sie sein, sondern stets in Erinnerung gehalten werden."

In einigen Bereichen blieben sie unvergessen. Island ist noch immer ein Wikingerland. Über das Mittelalter hinaus hat sich in den Sagas und anderer Literatur Islands einiges Wissen über die Geschichte der Wikinger bis heute erhalten. Mit den Orkneys haben die Faröer und Shetland-Inseln einen Nationalismus auf ihren nordischen Grundlagen aufgebaut, der auch heute zum Ausdruck kommt: bei den Bewohnern der Faröer tritt er beispielsweise in einem gewissen Mangel an Achtung vor den Dänen zutage, in deren Hand die Regierung liegt. Auf den Shetlands zeigt er sich bei solch außergewöhnlichen Feiern wie Up-Helly-Aa, wobei es sich ursprünglich um ein schottisches Volksfest handelte. Heutzutage wird dabei jährlich am Dreikönigsfest ein Wikingerschiff verbrannt. Auf der Insel Man lebt die Erinnerung an die Wikinger vor allem in der Tynwald-Zeremonie fort, die im Freien stattfindet.

Andere Länder sind weniger geneigt, ihr skandinavisches Erbe anzuerkennen. Das Beispiel Rußland wurde oben bereits erwähnt. Die Normandie wurde fast unmittelbar nach der Besiedlung französisch. In England konnten bis zum späten 19. Jh., von einigen Dialektforschern abgesehen, nur wenige Menschen besonders romantische Gefühle ihrem Wikingererbe gegenüber entwickeln. Die gegenwärtig in York laufenden Grabungen haben allerdings dazu geführt, in Nordengland das Interesse am Jahrhundert der Wikinger wiedererwachen zu lassen.

Das außergewöhnliche Phänomen, daß die Wikinger in Amerika waren, erweckt noch heute Interesse. Jahrhundertelang war die Entdeckung Amerikas durch Skandinavier in Vergessenheit geraten oder doch nur einigen Gelehrten bekannt. Im späten 19. Jh. wanderten zahlreiche Skandinavier in den oberen Mittelwesten ein. Bei ihnen führte das Bedürfnis, im fremden Land eine Identität zu entwickeln, zur Wiederentdeckung dieser Tatsache. Zeitweise wurden dadurch geradezu lächerliche Studien gefördert: Reider T. Sherman beispielsweise versuchte, in einem fünfbändigen Vokabular skandinavische Elemente in der Sprache der nordamerikanischen Indianer auszusondern. Natürlich gibt es solche Elemente gar nicht! Vor allem aber wird das pseudowissenschaftliche Bemühen um den Nachweis einer skandinavischen Präsenz in der immensen Literatur über den auf jeden Fall unechten Kensington-Stein deutlich. Dieser Stein befindet sich jetzt in Alexandria, Minneapolis.

Ein aus Schweden eingewanderter Farmer namens Olof Ohman soll den Stein 1898 gefunden haben. Die Runeninschrift darauf datiert angeblich in das Jahr 1362. Es wurde mit völliger Sicherheit erwiesen, daß es sich dabei um eine Fälschung handelt. Ein Beweis ist das Geständnis eines der Fälscher. Den beharrlichen Glauben an seine Echtheit kann man eigentlich nur aus einem romantischen Nationalgefühl heraus begreiflich finden, in dem sich die Erfahrung skandinavischer Pioniere während zweier verschiedener Perioden in Nordamerika niederschlägt. Andere Funde und Denkmäler in Amerika erwiesen sich bis zur Entdeckung von L'Anse aux Meadows als ebenso unecht.

In vielen Bereichen bedeutet skandinavisches Erbe anscheinend etwas Ehrenhaftes, ja Erstrebenswertes. Zu Zeiten ausgeprägt romantischen Denkens brachte man den Wikingern geradezu Verehrung entgegen. Ihre Unternehmungen wurden höchst romantisch ausgelegt. Die Barbaren des Nordens konnte man eher akzeptieren als die Barbaren des Ostens, die ja eine realere Bedrohung für Europa bildeten und auch immer als solche hingestellt wurden.

7

DIE NÖRDLICHEN SLAWEN

Von Joachim Herrmann

Im Tempel stand ein gewaltiges Götterbild, den menschlichen Körper an Größe weit übertreffend, wunderlich anzusehen durch seine vier Köpfe und ebensoviel Hälse. Zwei der Köpfe schienen nach der Brust und ebenso viele nach dem Rücken zu sehen. Im übrigen schien von den vorderen wie von den hinteren der eine nach rechts, der andere nach links zu blicken. Die Bärte waren rasiert dargestellt, die Haare geschnitten, so daß es schien, der Fleiß des Künstlers hätte die Art der Rugianer in der Pflege der Haare nachgeahmt. In der Rechten hielt (die Figur) ein Trinkhorn, aus verschiedenen Metallen gebildet, das der Priester jährlich neu zu füllen gewohnt war, um aus der Beschaffenheit der Flüssigkeit die Ernte des kommenden Jahres zu weissagen.

Saxo Grammaticus, *Gesta Danorum.*
Beschreibung des Gottes Svantevit von Arkona um 1200

Die Neugestaltung der ethnischen Verhältnisse zwischen Antike und Mittelalter

Der Zusammenbruch des römischen Reiches und die Entstehung von Barbarenstaaten auf seinem Territorium leitete im 5. Jh. nicht nur in Süd- und Westeuropa eine neue Epoche europäischer Geschichte ein, sondern hatte auch tiefgreifende Wirkungen auf die ökonomischen, sozialen und kulturellen Verhältnisse in Mittel-, Ost- und Nordeuropa. Hier trat seit dem Ende des 5. und dem Beginn des 6. Jhs. eine Stammesgruppe hervor, deren Wurzeln Jahrtausende zurückreichen: die Slawen. Baltoslawische Stämme hatten sich wahrscheinlich bereits im Neolithikum als sprachliche und kulturelle Gruppierung aus der Gruppe indoeuropäischer Stämme abgesondert. Dieser Vorgang vollzog sich in den nordeuropäischen Ebenen, wahrscheinlich in den Landschaften zwischen Warthe (Warta), Weichsel (Wisła) und Dnjepr (Dnepr). Enge Beziehungen bestanden seit alters zu den Balten an der Ostseeküste. Germanische Stämme lernten Slawen als Nachbarn spätestens seit den letzten Jahrhunderten v. u. Z. kennen. Sie bezeichneten die slawischen Nachbarn als ‚Wenden', ein Name, der ursprünglich veneto-illyrischen Stämmen im östlichen Mitteleuropa gegolten hatte. Unter dem Namen ‚Venedi' werden die Slawen auch erstmals in der Literatur durch den römischen Schriftsteller Tacitus am Ende des 1. Jh. u. Z. in seinem Werk über Germanien eingeführt.

Die östlichen Nachbarn der Slawen waren steppennomadische Stämme Osteuropas, durch die u. a. starke iranische Einflüsse auf die slawische Sprache einwirkten. In den ersten Jahrhunderten u. Z. kam es zu mehrfachen Berührungen und Auseinandersetzungen zwischen südwärts wandernden germanisch-skandinavischen Stämmen, wie Goten und Burgunden, und slawischen Stämmen im Weichselgebiet bzw. zwischen Weichsel (Wisła) und Dnjepr (Dnepr). Teile slawischer Stämme der osteuropäischen Waldsteppenzone wurden offenbar dem ostgotischen Stammesreich zeitweise eingegliedert oder standen unter dessen Einfluß. Zur gleichen Zeit hatten andere slawische Stammesgruppen engere Verbindungen zur wirtschaftlichen und kulturellen Entwicklung in den römischen Provinzen in Dakien und an

Ein reichverzierter eiserner Steigbügel, mit Silber, Kupfer und Messing eingelegt, der in Pritzerbe/Havel, in der Nähe von Brandenburg, gefunden wurde. Das Fundstück ist im Gebiet der Pruzzen oder unter dem Einfluß dortiger Werkstätten hergestellt worden.

der mittleren und unteren Donau. Diese Beziehungen übten einen nicht unbeträchtlichen Einfluß auf die ökonomische Entwicklung im Weichselgebiet und im östlichen Karpatenvorland aus. Handwerkliche und gewerbliche Produktionserfahrungen wurden entweder durch Angehörige slawischer Stämme aus den römischen Provinzen übernommen und im einheimischen Milieu angewendet, oder Spezialisten aus den römischen Provinzen kamen als Flüchtlinge oder Gefangene selbst in die slawischen Stammesgebiete. An einigen Stellen bildeten sich regelrechte ökonomische Zentren heraus. So entstand seit dem 2. Jh. im oberen Weichselgebiet um Krakau (Kraków) ein Zentrum gewerblicher Keramikproduktion. Im Heilig-Kreuz-Gebirge (den Swiętekrzyskie Gory) wurde der Eisenbergbau, darunter auch der Untertagebergbau, entwickelt. Dieser versorgte größere Gebiete der Przeworsk-Kultur des östlichen Mitteleuropa mit Eisen; einige Indizien sprechen dafür, daß Eisen aus diesem zwischen Warschau und Krakau gelegenen Zentrum im Heilig-Kreuz-Gebirge auch in römisches Gebiet ausgeführt wurde. Schließlich zeigt die Analyse der Handelsgüter in Mittel- und Osteuropa, daß Teile der slawischen Stämme in nicht unerheblichem Maße römische oder provinzialrömische Güter in ihren Besitz brachten. Die Przeworsk-Kultur, die teils germanischen, teils slawischen Stämmen zuzuordnen ist, hat daher den Charakter einer Randkultur im römischen Einflußbereich. Außer den auf den ersten Blick sichtbaren Gütern materieller Kultur, die unter römischem Einfluß geprägt wurden, wie Metallerzeugnisse, Keramik und Schmuck, wurde auch die Landwirtschaft beeinflußt. Die maßgeblichen Neuerungen waren die allgemeine Einführung des Roggenanbaues in die slawische Wirtschaft und die Verwendung eiserner Ackergeräte, darunter des eisenbeschlagenen Hakenpfluges in einigen Gebieten.

Diese Beziehungen zu entwickelten römischen Gebieten wurden für die Geschichte der slawischen Stämme in doppelter Hinsicht bedeutsam. So bewirkten sie offensichtlich beachtliche Entwicklungsfortschritte in der ökonomischen und gesellschaftlichen Struktur dieser Stämme. Die Zunahme an wirtschaftlichem Leistungsvermögen hatte Auswirkungen auf das Anwachsen der Bevölkerung: Es kam im 4. bis 6. Jh. zu einer raschen Bevölkerungszunahme. Diese bildete die Grundlage für die seit dem 5. Jh. einsetzende slawische Wanderbewegung und Ausdehnung slawischer Siedlungsgebiete. Ebenso wie für germanische Stämme wurden die römischen Provinzen zu einem Magnet, der immer neue Scharen von Kriegern und Stammesgruppen anzog. Die slawischen Einfälle in die Balkanprovinzen setzten zu Beginn des 6. Jhs. ein. Seit der Mitte des 6. Jhs. erfolgte eine umfangreichere Ansiedlung von slawischen Stämmen südlich der Donau auf römisch-byzantinischem Boden. Damit wurde ein neuer Zugang zur mediterranen Kulturentwicklung geöffnet. Von dort gingen in den folgenden Jahrhunderten ökonomische und kulturelle Anregungen und Impulse aus, die sich bis zu den slawischen Stämmen an der Ostsee fortsetzten.

Eine Schmuckscheibe aus Bronze im Jelling-Stil aus dem 11. oder 12. Jahrhundert, die in Carwitz bei Neustrelitz gefunden wurde.

Um die Slawen ranken sich mehr ungelöste Fragen als um jedes andere Volk, das in diesem Buch behandelt wird. Ihre materielle Kultur überschneidet sich in so vielen Punkten mit der ihrer Nachbarn, daß es manchmal schwer ist, einen Fundgegenstand mit Sicherheit und ausschließlich als slawisch zu bestimmen. Ihre Urheimat ist zwischen den Flüssen Weichsel und Dnjepr zu suchen, ihre Wanderungen führten sie in ganz verschiedene Richtungen, und das Gebiet, in dem sie sich schließlich niederließen, erstreckte sich im Süden bis Griechenland, im Norden bis zur Ostsee und im Westen bis zum Main. Allerdings waren sie weder in politischer noch in sozialer Hinsicht jemals geeint. Große Bedeutung ist dem linguistischen Kriterium beizumessen, da mit Sicherheit eine urslawische Gemeinsprache vorhanden war. Vor dem 9. Jahrhundert existieren jedoch keine schriftlichen Zeugnisse und auch danach sind Dokumente recht spärlich.
Die große Bedeutung der Slawen für die Geschichte Osteuropas ist niemals bestritten worden. Als sie aus dem osteuropäischen Flachland nach Süden und Westen wanderten, splitterten sie sich in Gruppen auf, die die Linguisten folgendermaßen gliedern: die Ostslawen – Vorfahren der Russen, Weißrussen und Ukrainer; die Westslawen – von ihnen stammen die Tschechen, Mährer, Slowaken und Polen ab; und die Südslawen – aus ihnen gingen die heutigen Serben, Kroaten und Bulgaren hervor. Die nordslawischen Stämme, mit denen sich dieses Kapitel befaßt, gehören hauptsächlich zum westlichen Zweig. Jede dieser Gruppen bewahrte viele Eigenarten, die allen Slawen gemeinsam waren. Als Mittler zwischen so verschiedenartigen Kulturen wie der westgermanischen, skandinavischen, illyrischen, iranischen und byzantinischen spielten sie eine hervorragende Rolle unter jenen Stammesgruppen, die an der Gestaltung der nachrömischen Welt mitwirkten.
Die Insel Rügen liegt vor der südlichen Ostseeküste, etwa 200 km nördlich von Berlin. Ihre vielen Halbinseln und Buchten machen sie zu einem idealen Handelsknotenpunkt. Für die Slawen bedeutete sie das Tor nach Skandinavien, für die Westskandinavier eine Station auf dem Weg, der nach Byzanz führte. Hier, auf Hiddensee, wurde einer der reichsten skandinavischen Schätze gefunden *(Abb. 11)*; in Altenkirchen entdeckte man einen Reliefstein, auf dem eine Figur mit dem Symbol slawischer Götter dargestellt ist *(Abb. 15)*; in Ralswiek die Überreste von Molen und Booten *(Abb. 7)* und in Arkona, einem Kliffvorsprung am nördlichsten Zipfel der Insel befand sich einst der berühmteste aller slawischen Tempel. Die Beschreibung des Saxo Grammaticus, die zu Beginn dieses Kapitels zitiert wird, stammt aus dem frühen 13. Jahrhundert, fast fünfzig Jahre zuvor war der Tempel allerdings schon von dem dänischen König Waldemar zerstört worden. Heute ist Arkona ein Platz von geheimnisumwitterter Schönheit *(rechte Seite)*. Der große Wall, den die Slawen bauten, um ihre Burg zu verteidigen, ist immer noch deutlich zu erkennen. Hinter dem Wall, jetzt von der See zerstört, lag einst der Tempel des Gottes Svantevit. Sein riesiges Kultbild befand sich in einem Innengemach, das durch purpurfarbene Decken abgetrennt war. (1)

Handel und Krieg

Mit der Entwicklung der Gesellschaft wurde die alte Ordnung der militärischen Demokratie, die für die frühen Slawen charakteristisch war, durch ein Sozialsystem ersetzt, an dessen Spitze eine Aristokratie stand. Um 1150 wurde das Gebiet rund um Berlin von einem Fürsten namens Jaxa von Köpenick regiert, von dem einige Münzen *(links)* erhalten sind. *Unten:* Die unteren Balkenlagen eines Blockhauses in Danzig (Gdańsk). Teile der Innenausstattung, darunter eine Herdstelle, wurden von den Ausgräbern als freistehende Erdsockel unberührt gelassen. (2, 3)

Die reiche Stadt Haithabu, eines der Zentren des skandinavischen Handelsnetzes, lag nur durch die Schleswiger Landenge von den Slawen getrennt. Gegen Ende des 10. Jahrhunderts, während der Slawenaufstände gegen das deutsche Reich, drang ein Heer der Obodriten in Haithabu ein und zerstörte die damals zum deutschen Feudalstaat gehörende Stadt. *Unten:* Die freigelegten, ausgedehnten Überreste der Stadt. Um 1050 wurde sie aufgegeben und an der Stelle des heutigen Schleswig eine neue Stadt gegründet. (4)

‚Ein Land der Burgen' – so bezeichneten die Skandinavier slawische Gebiet. Spuren von mehr als zweitausend Burgen und Befestigungsanlagen sind allein aus dem Flachland zwischen Weichsel und unterer Elbe bekannt. *Rechts:* Die Rekonstruktion der Burg von Tornow zeigt den inneren Ring mit den Speichern und Unterkünften hinter der Wehrmauer. Ein Wassergraben umgab die Burg. Der Zugang erfolgte über eine Brücke und durch ein Tunneltor im Wall. (6)

Überreste einer Burg wurden in Behren-Lübchin, Mecklenburg, freigelegt, die in der Mitte des 11. Jahrhunderts auf einer Insel gegründet worden war. Das Bild *oben* zeigt Reste einer hölzernen Wallkonstruktion. (5)

Fränkische Schwerter waren überall in der slawischen und skandinavischen Welt äußerst begehrt. Die beiden *oben* abgebildeten Stücke wurden im nördlichen Polen gefunden; auf den Klingen sind z. T. die Namen der Hersteller wie ‚Ulfberht' eingraviert. Slawische Waffenschmiede stellten nach diesen Vorbildern teilweise selbst derartige Schwerter her. (8)

Hochseeschiffe wurden in Ralswiek auf der Insel Rügen ausgegraben. Sie sind in die Zeit zwischen 900 und 1100 zu datieren, das am besten erhaltene ist 14 Meter lang. Ralswiek war ein Seehandelsplatz mit Molen und Schiffseinfahrten. Hier trafen sich Kaufleute aus Skandinavien sowie aus den slawischen und baltischen Ländern. (7)

,Gold, Silber und reiche Beute'

Der slawischen herrschenden Oberschicht gelang es, durch Handel und Krieg große Schätze anzuhäufen; den Archäologen sind da einige aufsehenerregende Entdeckungen gelungen. Manche Fundstücke stammen aus skandinavischen Werkstätten, andere wiederum sind außereuropäischen Ursprungs. Die kleine Figur eines Mannes *(links)* wurde in Schwedt a. d. Oder, gefunden, hergestellt aber wurde sie vermutlich im 11. oder 12. Jahrhundert im Ostseeraum. (9)

Der Silberschatz von Borucin, Polen *(unten)*, enthielt Stücke aus weit voneinander entfernten Gebieten: die Kette mit Tierkopfenden ist skandinavisch, einige Perlen russisch und das kleine Kästchen im Vordergrund ist eine einheimische oder östliche Arbeit. (10)

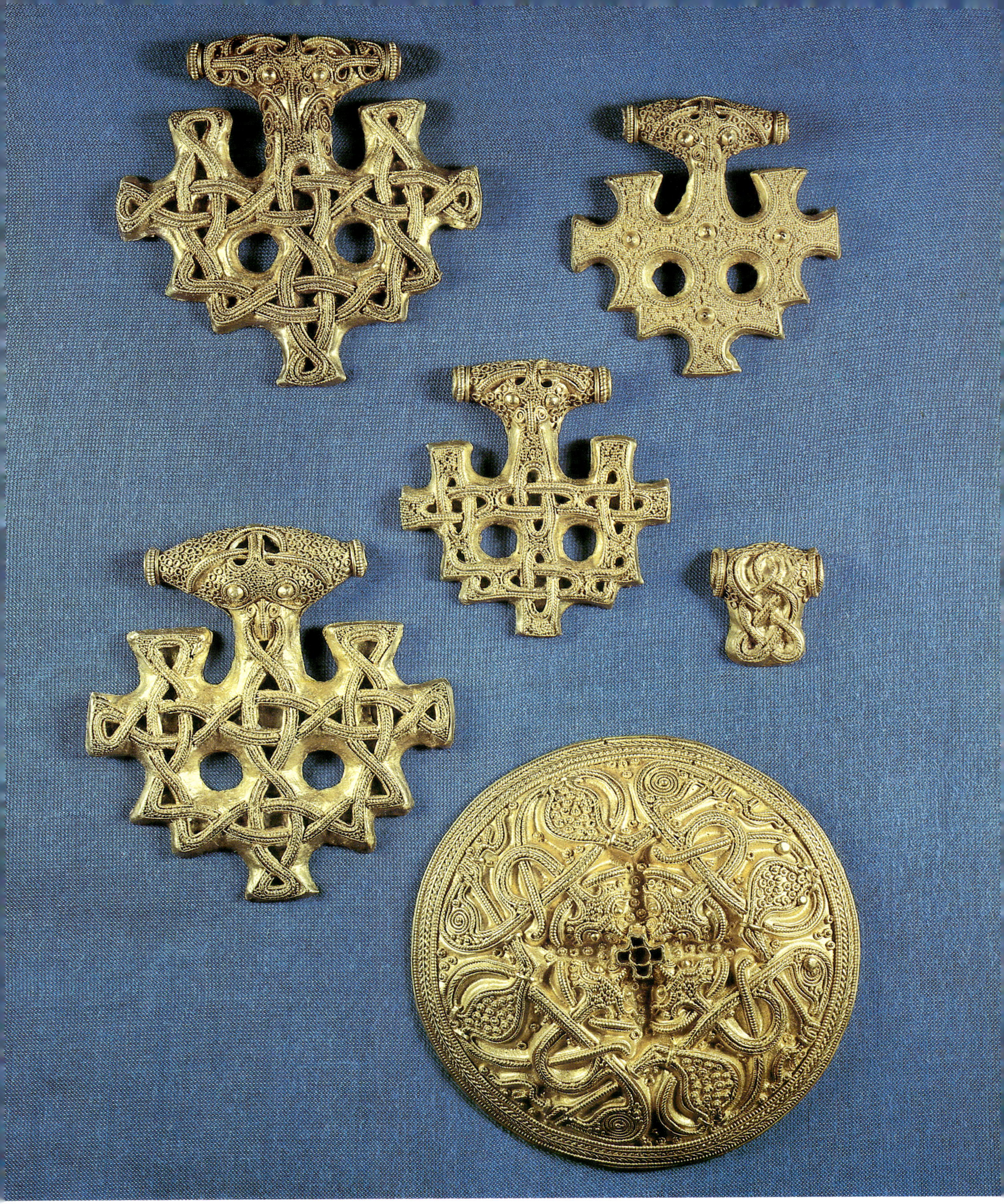

In Hiddensee vor der Insel Rügen wurde eine prächtige Sammlung skandinavischen Goldes entdeckt *(oben):* fünf Anhänger und eine Schmuckscheibe, alle von auserlesener Qualität. (11)

Das Leben nach dem Tode

Heidnischer Glaube hielt sich bei den Slawen bis weit ins 12. Jahrhundert. Die slawischen Götter hatten mit der germanischen Religion wenig gemeinsam – selbst wenn man die Viererköpfe auf dem Szepter des Sutton-Hoo-Fundes in Betracht zieht. Sie scheinen vielmehr in einer weit entfernten indogermanischen Vergangenheit zu wurzeln.

Begräbnisse mit reichen Schmuckbeigaben stehen sicherlich zu dem Glauben an ein Fortleben nach dem Tode in Beziehung. In Mikulčice an der March, Mähren, wurde ein Skelett mit Kugelknöpfen gefunden, die sich noch an der ursprünglichen Stelle befanden *(oben)*. (12)

Filigrandekoration erreicht einen hohen Grad von Vollendung in diesem Körbchenohrring aus Niederlandin, Uckermark *(links)*. (13)

Der Gott Svantevit im Tempel zu Arkona auf Rügen, berichtet Saxo, hielt ein Trinkhorn als Fruchtbarkeitssymbol in der Rechten. Bei diesem Steinrelief in Altenkirchen, nahe Arkona *(rechts)*, handelt es sich wohl mit Sicherheit um den Grabstein eines Priesters oder Herrschers mit dem Fruchtbarkeitshorn. (15)

Ein hölzerner Tempel aus dem 9. Jahrhundert, den man in Groß Raden bei Schwerin ausgrub, gibt uns das bisher vollständigste Bild eines slawischen Heiligtums *(rechts)*. Den Wandfassaden waren eichene Bohlen vorgesetzt, deren Enden als symbolische männliche und weibliche Köpfe gestaltet waren. (14, 16)

Einige slawische Stammesgruppen verehrten vielköpfige Götter. Svantevit wurde z. B. mit vier Köpfen dargestellt. Ein anderer Gott auf Rügen, Rugiaevit, hatte sieben Köpfe. *Unten:* Kopf einer aus Eichenholz geschnitzten Gottheit aus Jankowo, Polen. *Rechts:* Eine doppelköpfige Kultfigur, 1.70 m hoch und ebenfalls aus Eiche, gefunden auf der Fischerinsel bei Neubrandenburg. Ihre untere Partie mündete in eine unregelmäßige siebenseitige Säule. (17, 19)

Das Christentum erreichte einige slawische Stämme bereits im Laufe des 9. Jahrhunderts, aber die Bekehrung machte nur langsame Fortschritte. Zu den frühesten Zentren, in denen sich im 9. Jahrhundert das Christentum durchsetzte, gehörte Mikulčice, die Burg der Herrscher des Großmährischen Reiches. Die silberne Riemenzunge spiegelt diesen Vorgang künstlerisch wider. (18)

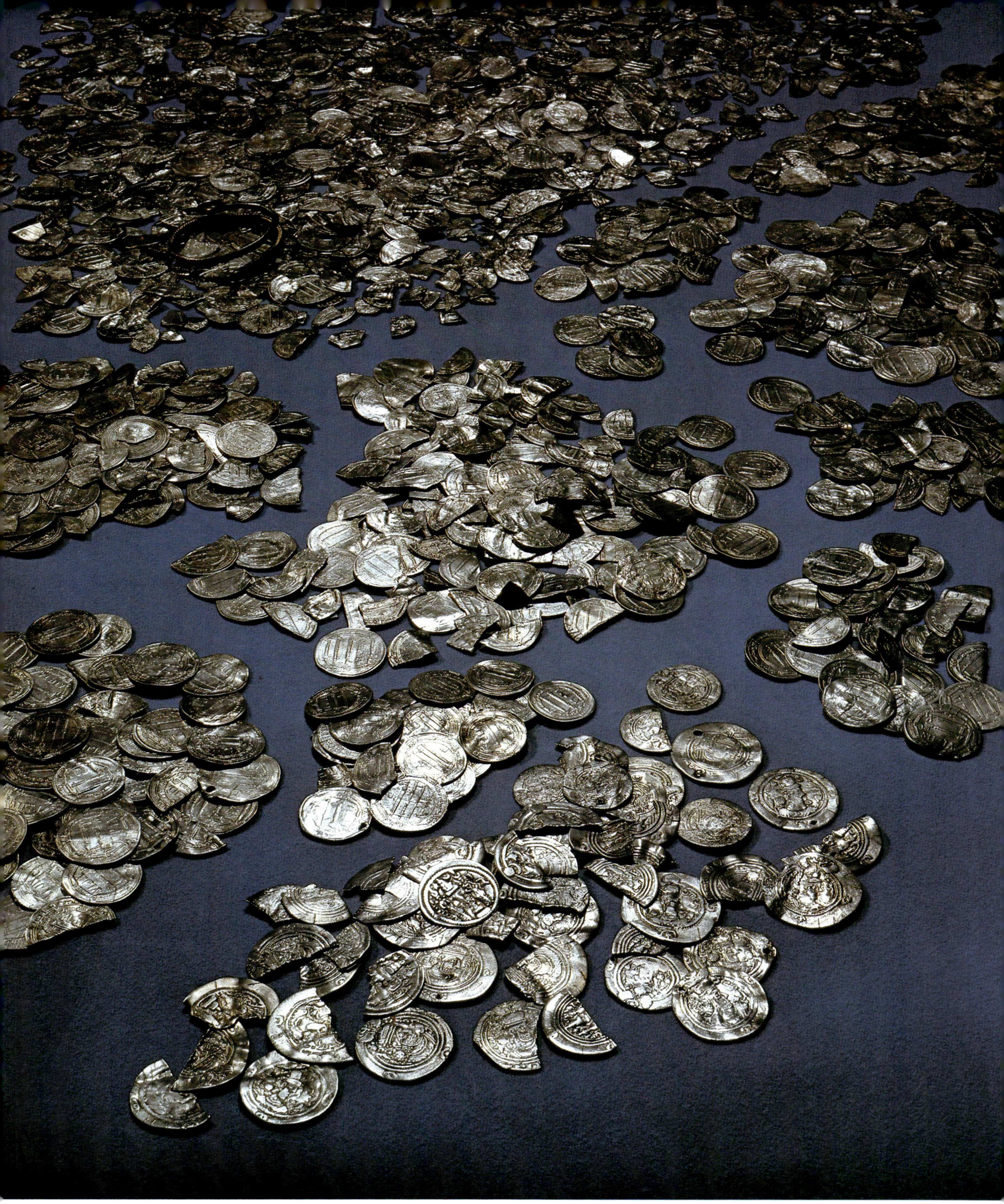

Die beiden unterschiedlichen Beziehungsebenen slawischer Stämme und slawischer Kultur zum Mittelmeergebiet prägten auch die traditionelle Kultur und Entwicklung der Stämme, die die Küstenregionen des baltischen Meeres besiedelten und die an der Gestaltung der Verhältnisse im Ostseegebiet Anteil nahmen.

Die südlichen Küstengebiete der Ostsee wurden von slawischen Stämmen in unterschiedlichem Maße, zu verschiedenen Zeiten und unter verschiedenen Bedingungen erreicht. Eine geschlossene slawische Ansiedlung erfolgte seit dem 5.–6. Jh. zwischen Weichselmündung und Kieler Bucht bzw. unterer Elbe. Es waren westslawische Stämme verschiedener Herkunft, die sich hier niederließen. Den westlichen Küstenabschnitt nahm der Stammesverband der Obodriten ein, dem die vier Stämme der Wagrier, Polaben, Warnower und Obodriten angehörten. Östlich von den Obodriten bis zur Oder ließen sich die Wilzen nieder. An der Odermündung fanden die Woliner ihre Wohnsitze und östlich davon bildete sich der Stamm der Pomoranen heraus, benannt nach ihren Wohnsitzen am Meer (po morzane = Meeresanwohner). Große Bedeutung für die Geschichte der Ostseevölker erlangten die Polanen oder Polen um Gnesen (Gniezno) und Posen (Poznań). Von diesem Stamm ging im 10. Jh. die Staatsbildung zwischen Oder und Weichsel aus. Zeitweilig spielten vor allem in der westlichen Ostsee die Rujanen oder Rügenslawen, die Bewohner der Insel Rügen, eine Rolle. Dieser Stamm war bereits Beda Venerabilis bekannt. Er nennt die Rugini neben Dänen und Hunnen (d.h. Awaren). Wahrscheinlich waren die Rugini damals bereits in den Gesichtskreis der angelsächsischen Mission Willibrords geraten.

Während westslawische Stämme einen langgestreckten Küstenabschnitt der Ostsee besiedelten, erreichten ostslawische Stämme erst seit dem 8.–9. Jh. im Osten des finnischen Meerbusens die Küste. Es bildeten sich im Verlauf einer im einzelnen bisher nicht bekannten Wander- und Kolonisationsbewegung unter Assimilation von Stämmen finnougrischer Herkunft die Ilmenslawen heraus. Durch das Gebiet der Ilmenslawen führten Hauptwege von der Ostsee nach Mittelasien und Vorderasien. Sowohl der Wolgaweg als auch der Dnjeprweg nahmen hier an der unteren Newa, am Ladogasee, Wolchow und Ilmensee ihren Anfang. Alt-Ladoga (Staraja Ladoga), Beloe Ozero und schließlich Nowgorod wurden zu den bestimmenden Zentren an diesem kontinentalen Handels- und Verkehrsweg. Einen weiteren Zugang der Ostslawen zur Ostsee öffneten sich die Kriwitschen durch ihr allmähliches Vordringen am Peipussee und durch die Gründung von Isborsk und Pskow.

Zehntausende arabische Münzen wurden aus slawischen und skandinavischen Fundstellen geborgen. Sie legen Zeugnis ab von den weiträumigen Handelsbeziehungen zwischen Nord und Süd. In Ralswiek auf Rügen fand sich ein außergewöhnlicher Schatz: ein Hort von 2 270 Münzen aus der Mitte des 9. Jahrhunderts *(linke Seite)*. Fast alle stammten aus Mittelasien oder Arabien und wurden wahrscheinlich von einem Kaufmann über die Wolga und Staraja Ladoga nach Rügen gebracht. Arabische Händler kamen meist nicht weiter als bis Bulgar, das am Zusammenfluß von Kama und Wolga gelegen war, und tauschten dort ihre Waren aus. Nach Bulgar reisten Waräger und Ostslawen, Finnen, Balten und wahrscheinlich auch Westslawen. Über Bulgar gelangten Waräger auch in die arabischen Länder. (20)

Zwischen unterer Weichsel und westlicher Dwina (Dvina) siedelten seit alters baltische Stämme, von denen Pruzzen, Litauer und Letten die wichtigsten waren. Nördlich der Dwina lebten Stämme der finnougrischen Gruppe, wie Liven, Esten (oder Tschuden) und Woten. Diese Stammesgruppen hatten gegenüber der mediterranen Entwicklung eine isolierte Stellung eingenommen. Aus verschiedenen Ursachen, die im einzelnen nicht bekannt sind, konnten sie gegenüber den sich ausdehnenden Stämmen ihre Siedlungsgebiete im Süden und Südosten nicht behaupten. Über so bedeutsame geographische Regionen wie um Smolensk und am Peipussee dehnten bis zum 9./10. Jh. die Kriwitschen ihren Einfluß aus bzw. nahmen sie in Besitz.

Die Verteilung von ethnischen Gruppen, die sich in den Jahrhunderten des frühen Mittelalters herausgebildet hatten, ist in Grundzügen bis auf unsere Tage erhalten geblieben.

Wirtschaftliche und soziale Verhältnisse vom 7.–10. Jahrhundert

Der Anteil der verschiedenen Stämme und Völker slawischer, baltischer und finnischer Herkunft südlich der Küste der Ostsee an historischen und kulturgeschichtlichen Vorgängen im nördlichen und westlichen Europa war unterschiedlich, abhängig von der geographischen Lage, den Wohnsitzen, vor allem jedoch auch von ihrer eigenen inneren ökonomischen, sozialen und kulturellen Entwicklung. Diese hatte bei den einzelnen Stämmen ein verschiedenes Niveau erreicht.

Bei den westslawischen Stämmen geriet seit dem 6.–7. Jh. die Stammesordnung in immer stärkeren Zerfall. Verhältnisse der ‚militärischen Demokratie' bestimmten das Leben. Stammesfürsten und Stammesadel kämpften um die Ausdehnung ihrer Machtpositionen. Sie schufen sich eigene Kriegsgefolgschaften, besondere Befestigungen und brachten mehr und mehr den Reichtum der Stämme in ihre Verfügungsgewalt. Die Grundschicht der Gesellschaft blieben freie Bauern in eigenen Hofwirtschaften, die gleichzeitig die Masse des Heeresaufgebotes stellten. Diese Pflichten im Rahmen der Stammesorganisation waren jedoch auch mit Mitspracherechten in Stammesangelegenheiten verbunden. Versammlungen der Bauernkrieger gehörten daher ebenso zum Bild dieser Gesellschaft wie die Gefolgschaften der Stammesfürsten. Schließlich begann ein dritter Faktor das gesellschaftliche Leben zu beeinflussen: die Herausbildung einer sozialen Schichtung. Eine untere Schicht von Sklaven, Knechten und Mägden arbeitete auf den Höfen des Stammesadels und auf den Höfen von Bauernkriegern. Die slawischen Sprachen haben für diese gesellschaftlichen Schichten z.T. noch gemeinsame Ausdrücke: Der Stammesfürst hieß Knez oder Knjas, daraus entstand der spätere Begriff für den feudalen Fürsten. In Berlin-Köpenick war z.B. um 1150 ein Knez Jacza de Copnik ansässig, wie er sich auf seinen Münzen selbst bezeichnete (Abb. 2). Die größeren, tonangebenden Bauern wurden Kmet oder Kmeten genannt, die kleineren, mindergeachteten und mehr oder weniger abhängigen Bauern hießen Smird, als Smerden oder Smurden in mittelalterlichen Urkunden aus dem Elbe-Saalegebiet und Mecklenburg bezeichnet. Cholop schließlich (Cholp) hieß der Unfreie, der Knecht oder patriarchalische Sklave. Die Berichte von kirchlichen Chronisten, vor allem von Thietmar von Merseburg, Adam von Bremen (beide 11. Jh.), Hel-

Rekonstruktion slawischer Blockhäuser bei Meißen. Von diesen aus behauenen Stämmen im Blockverband errichteten Bauten sind nur die unteren Balkenlagen erhalten geblieben. Diese und weitere Bruchstücke der oberen Hausteile erlauben jedoch eine zuverlässige Rekonstruktion. Die Feuerstätte – Herd oder Ofen – befand sich jeweils in einer Hausecke und der Rauch konnte durch eine Öffnung unterhalb des Giebels entweichen.

mold von Bosau und von den Biographen des Heiligen Otto von Bamberg, der die Städte an der Odermündung aufsuchte, lassen diese Schichten und die entsprechende Sozialstruktur deutlich erkennen.

Seit dem 9. Jh. begann auf dieser Grundlage die Organisation von Staaten, darunter im Obodritengebiet und in Polen. Ein Merkmal dieser bewegten historischen Epoche waren die zahllosen Kriege zwischen den Stämmen um die Erringung von Vormachtstellungen und gegen Heere benachbarter Stämme und Staaten. Aus der schriftlichen Überlieferung ist bekannt, daß seit dem 7. Jh. in wechselndem Maße fränkische Heere in die slawischen Gebiete östlich der Elbe vordrangen, u. a. fast bis zur Odermündung, zeitweise einige Stämme unterwarfen, an der Elbe und Saale auch Gebiete direkt in das Frankenreich einbezogen. 929 begann der großangelegte Versuch des deutschen Feudalstaates unter König Heinrich I., die slawischen Stämme bis zur Oder zu unterwerfen. In zahlreichen Kriegszügen, nach der Niederschlagung mehrerer großer Aufstände vor allem der Obodriten und Wilzen, schien das in den 60er Jahren des 10. Jhs. auch gelungen. Kaiser Otto gründete 968 das Erzbistum Magdeburg; in Brandenburg und Havelberg lagen seit 948, in Meißen und Oldenburg seit 968 deutsche Bistumssitze. Ein großer Aufstand der Wilzen, die sich in einem besonderen Bund, dem Lutizenbund, zusammengeschlossen hatten, beseitigte 983 die deutsche Feudalherrschaft östlich der Oder. Bis zur Mitte des 12. Jh. gelang es Obodriten und Wilzen/Lutizen im wesentlichen, ihre Eigenständigkeit zu behaupten. Diese historisch-politischen Vorgänge und die sozialen Verhältnisse der westlichen Slawen bildeten die Grundlage für ihre Beziehungen zu anderen Stämmen an der Ostsee. Die Tore zur Ostsee, über die sich diese Beziehungen im erheblichen Maße anzubahnen und abzuwickeln begannen, wurden die seit dem 8. Jh. an den südlichen Küstenregionen entstehenden Seehandelsplätze.

Aufbauend auf die Tradition ihrer Geschichte und auf die Beziehungen, die durch die Wanderungen im 6.–7. Jh. hergestellt worden waren, konnten die Stämme an der südlichen Ostseeküste in der zweiten Hälfte des 1. Jahrtausends u. Z. bemerkenswerte ökonomische Neuerungen einführen. Eine der wichtigsten war die allgemeine Einführung des Roggens als Kulturpflanze in die Agrarwirtschaft der Slawen seit dem 6. Jh. und – wohl nicht ohne deren Einfluß – auch seit dem 9.–10. Jh. in Skandinavien. Eine wesentliche Stabilisierung der Ackererträge war damit verbunden. Fruchtwechsel von Gerste und Weizen zu Roggen im dritten Jahr wurde damit möglich. Eine derartige Fruchtwechselwirtschaft konnte dank außerordentlich günstiger Ausgrabungsbedingungen in der slawischen Burg von Tornow (südlich von Berlin) aufgrund ausgedehnter botanischer und statistischer Analysen nachgewiesen werden *(Abb. auf S. 197)*.

Unter den klimatischen Bedingungen im Ostseegebiet war Roggen ertragssicherer als Weizen, auch wenn die Aufbereitung des Saatbettes größere Sorgfalt erforderte. In anderen Gebieten, wie in Livland, wurde die Brandrodungswirtschaft erst um die Jahrtausendwende eingeschränkt, und der Roggenanbau setzte sich erst seit dieser Zeit durch.

Seit dem zweiten Viertel des 1. Jahrtausends nahm in allen Ländern an der Ostsee die Gewinnung von Eisen – in den südlichen Gebieten aus Raseneisenerz – merklich zu. Dieser Aufschwung führte zur allgemeinen Herstellung landwirtschaftlicher Geräte aus Eisen. Sicheln, Sensen, Rodebeile, Hacken und Geschirrteile, aber auch Pflugschare wurden produziert. Bezeichnenderweise bildete in Norwegen und Schweden die Axt die Grundform von Roheisenbarren, ähnlich wie auch in westslawischen Gebieten. Daneben waren andere nach Arbeitsgeräten gebildete Roheisenbarren wie Sichel-, Spaten- und Schüsselbarren verbreitet.

In einigen Gebieten konnte die Nutzung tierischer Zugkraft offenbar beachtlich erweitert werden durch die Anwendung des Kummet- und Sielgeschirrs. Beide Geschirre erlaubten die Anspannung des Pferdes vor den Pflug und vor den schweren bzw. über lange Strecken genutzten Transportwagen und Schlitten. Das Kummet ist slawischen Stämmen aus den südöstlichen Nomadengebieten vermittelt worden. Letztlich ist es eine Erfindung Chinas. Das Sielgeschirr läßt sich vereinzelt in spätantiker Zeit nachweisen; spätestens zu Beginn des 9. Jhs. war es in Skandinavien bekannt. Dagegen ist das Krummsiel, d. h. ein hölzerner Bügel, der auf dem Rist des Pferdes auflag und der Zügelführung diente, erst seit dem 10. Jh. zu belegen. Die Pferdegeschirre des Osebergteppichs kennen diesen Holzbügel noch nicht. Es ist wahrscheinlich, daß das Krummsiel unter dem Einfluß des ostslawischen Kummetgeschirrs, das seit dem 10. Jh. in Nowgorod durch Funde belegt ist, in Skandinavien dem Sielgeschirr hinzugefügt wurde. Die reichen skandinavischen Hofverbandsbesitzer ließen dieses Krummsiel mit reichen Verzierungen und Beschlägen versehen *(Abb. auf S. 183)*.

Am Beispiel der Verbreitung der verschiedenen neuen Anschirrarten wird deutlich, daß zwar die wesentliche Errungenschaft, die Pferdeanspannung, in den Ostseeländern nach und nach bekannt wurde, daß aber die heimische bäuerliche Arbeitstradition diese Elemente in eigener Weise in den einzelnen Ländern umformte.

Die wirksamere Anspannung des Pferdes ermöglichte eine höhere Arbeitsgeschwindigkeit, in erster Linie Pfluggeschwindigkeit, gegenüber dem Ochsengespann. Vor allem in den Gebieten mit leichteren Böden, von denen größere Flächen beackert werden mußten, um zureichende Ernten zu erzielen, war daher diese Neuerung wesentlich. Die Zuggeschwindigkeit lag etwa doppelt so hoch wie beim Ochsengespann, wie u. a. der Chronist Helmold im Hinblick auf die slawische Landwirtschaft in Mecklenburg berechnete. In ostslawischen, finnischen und baltischen Gebieten setzte sich offenbar in Verbindung mit der Pferdeanspannung die eisenbeschlagene Zoche als wichtiges Ackergerät durch.

Neben diesen die Grundproduktion berührenden Veränderungen gab es weitere Umstellungen und Entwicklungen in der Ökonomie. Die markantesten lagen in der Erschließung örtlicher Rohstoffe für den Austausch, in der Konzentration von handwerklichen und gewerblichen Fertigkeiten und Tätigkeiten an festen Werkplätzen und vor allem in der Neuorganisation der Produktion in großen Hofeinheiten bzw. grundherrschaftsartigen Einrichtungen der Stammesaristokratie. Abgesehen von den über weite Gebiete verteilten Vorkommen an Eisenerz spielte die Nutzung von Salzquellen seit dem 7. Jh. eine wachsende Rolle. Eines der ersten Zentren, das auf diesem Gewerbezweig seinen Aufstieg begründete, lag an der unteren Persante bei Kolberg (Kołobrzeg). Andere Salzquellen fanden sich in Mecklenburg und Ostholstein. In geeigneten Gebieten wurden Mahlsteinbrüche erschlossen. So wie der norwegische Speckstein im nordeuropäischen Handel eine große Bedeutung erlangte, haben offenbar mitteldeutsche Mahlsteinbrüche seit dem 8. Jh. größere Gebiete an Elbe und Oder mit Kornmühlen beliefert, neben der vereinzelten Einführung von Mahlsteinen aus dem Rheinland und der Herstellung von Mühlen aus einheimischen Geschieben. In jüngster Zeit mehren sich die archäologischen Funde, die die Teerbrennerei in den Küstengebieten belegen. Teer war unentbehrlich für den Boots- und Schiffsbau. Schließlich boten die ausgedehnten Wälder hinreichende Möglichkeiten für die Waldbienenhaltung, die nicht nur den heimischen Bedarf an Honig und Wachs deckte, sondern auch für den Handel nach Westeuropa und mit den Arabern von Bedeutung war. Gleiches gilt für die Pelztierjagd und für das Einsammeln und die Verarbeitung von Bernstein. Die Gewinnung dieser Rohstoffe und Naturprodukte sowie deren Verarbeitung und Umsatz wurde von der Stammesaristokratie bzw. der entstehenden herrschenden Klasse des Feudaladels organisiert. Ein großer Teil ihres Reichtums floß daraus. Burgen und feste Höfe, Abgabenstellen, die Einrichtung von Kaufmannssiedlungen, Märkten und die Anlage von Handelsplätzen waren Bestandteil dieser Organisation.

Das Slawenland – ein Burgenland

Für die Skandinavier galt das ostslawische Gebiet als das Burgenland, als ‚Gardarike‘. Tatsächlich war das südliche Küstengebiet insgesamt ein ‚Burgenland‘. Burganlagen bil-

Rekonstruktion des slawischen Holztempels von Groß Raden bei Sternberg (Mecklenburg) aus dem 9. Jahrhundert. Deutlich erkennt man die äußere Tempelwand mit den unterschiedlich gestalteten Bohlenköpfen und die dahinter stehende eigentliche, durchgehende Gebäudewand. Ansicht von Südwesten.

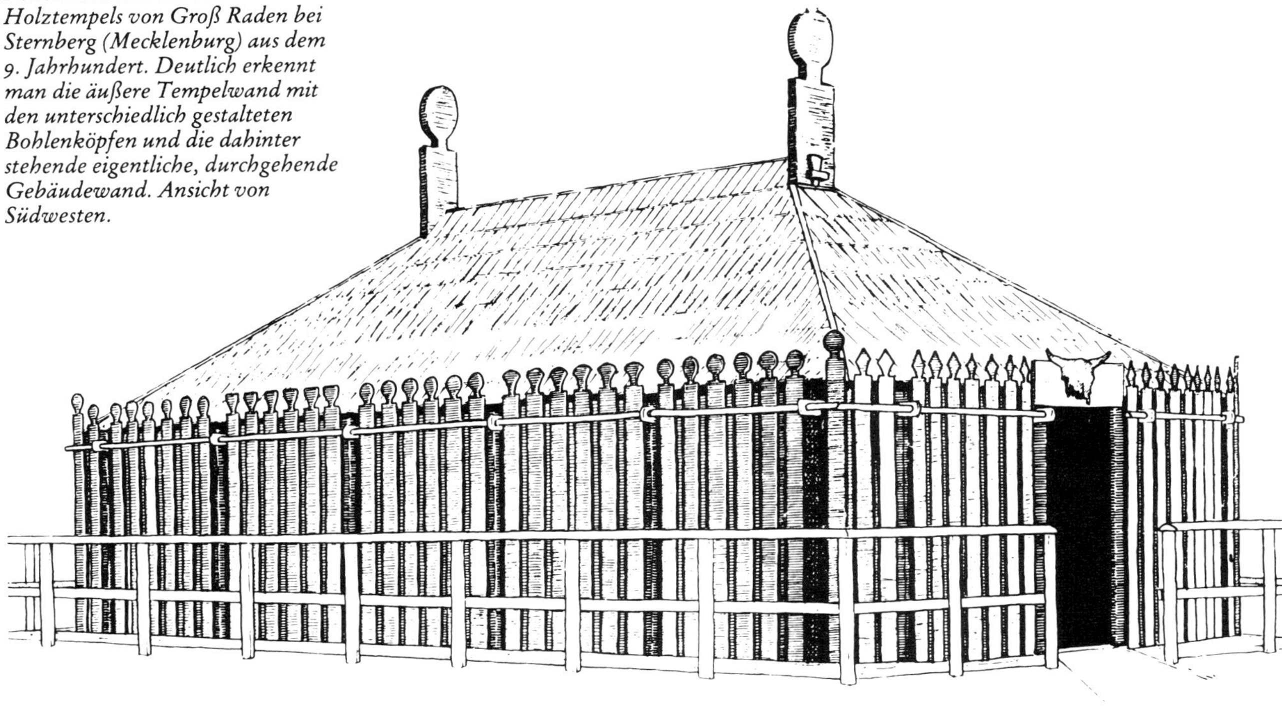

deten die Mittelpunkte der Siedlungsstruktur, des wirtschaftlichen, gesellschaftlichen und kultisch-kulturellen Lebens. Allein im nordslawischen Flachland zwischen Weichsel und unterer Elbe sind Reste von mehr als 2000 derartiger Burganlagen erhalten. In der Regel bildeten sie Mittelpunkte von Siedlungskammern unterschiedlicher Größe. Derartige Siedlungskammern, zu der 5–20 Dörfer gehörten, wurden als ‚Opole' in polnischer Sprache, als ‚Gefilde' in deutscher Sprache, als ‚civitates' in lateinischer Sprache bezeichnet. Es waren kleine Offenlandschaften, deren Bewohner durch gesellschaftliche Beziehungen zusammengeschlossen waren. Eine ähnliche Organisation fand sich bei den Ostslawen und bei den Balten. Mehrere derartiger Siedlungskammern bildeten Siedlungsgebiete, ‚regiones' in der lateinischen Chronistik genannt. Diese Siedlungsgebiete waren häufig die Grundlage von Stämmen oder Kleinstämmen. Mehr oder weniger große Wälder, die auf einige damalige Reisende den Eindruck von Urwäldern machten, umgaben diese Siedlungskammern und Siedlungsgebiete.

In Mittel- und Osteuropa hatte sich so eine Siedlungsweise herausgebildet, die auf der Karte der unregelmäßigen Musterung eines Leopardenfells ähnlich sieht. Dem Wesen nach gab es ein derartiges Siedlungsbild auch in Skandinavien, jedoch spielten dort Burgenbau und Burgenorganisation nicht eine gleichbedeutende Rolle.

Von den slawischen und baltischen Burgen sind mehrere ausgegraben worden. Ihre ehemalige Struktur und Funktionszusammenhänge werden daraus erkennbar. Es gab danach Burgen verschiedener gesellschaftlicher Funktion. Die ältesten und allgemeinsten Anlagen waren Burgen von Stammesgemeinschaften oder Fluchtburgen von Stämmen. In Pommern und Mecklenburg sind derartige Burgen untersucht worden, darunter in Feldberg bei Neustrelitz *(Abb. auf S. 197)*. Diese 5 ha große Burg war zeitweilig von mehr als 1000 Menschen bewohnt. Ihre Häuser zogen sich reihenförmig durch die Burginnenfläche. Ein kleineres Kult- oder Tempelgebäude auf einem besonderen Platz gehörte ebenso dazu wie eine Wasserstelle und ein Hafen. Diese Burgen waren auf die Frühzeit des 7.–9. Jhs. beschränkt. Dann wurden sie von den Burgen des erstarkenden Adels abgelöst.

Eine andere Form war die kombinierte Häuptlings- und Fluchtburg. Aus Tornow in der Niederlausitz sind uns sowohl die Burg als auch das zugehörige Dorf bekannt *(Abb. auf S. 197)*. Zugleich ließ sich in Tornow nachweisen, wie nach der Zerstörung dieser alten Burg des 8. Jhs. die Burg eines Grundherren entstand. Ein Wohngebäude war von 19 Speichern und Unterkünften für Gefolgschaftskrieger umgeben *(Abb. 6)*. In die Speicher lieferten die vor der Burg ansässigen Bauern ihr Getreide ab; mehr als 70 verschiedene Getreidelieferungen – in Holzkisten, Tonwannen, Tongefä-

Die Burg von Behren-Lübchin, wie sie etwa im 11. Jahrhundert ausgesehen hat. Es handelt sich – wie auch in Tornow und bei anderen Burgen – um eine Rundanlage, die durch ihre Insellage zusätzlich geschützt war. Der einzige Zugang erfolgte über eine Brücke. Der Bau derartiger Brücken, von denen mehrere ausgegraben wurden, gehörte zu den höchst bemerkenswerten technischen Leistungen der Slawen.

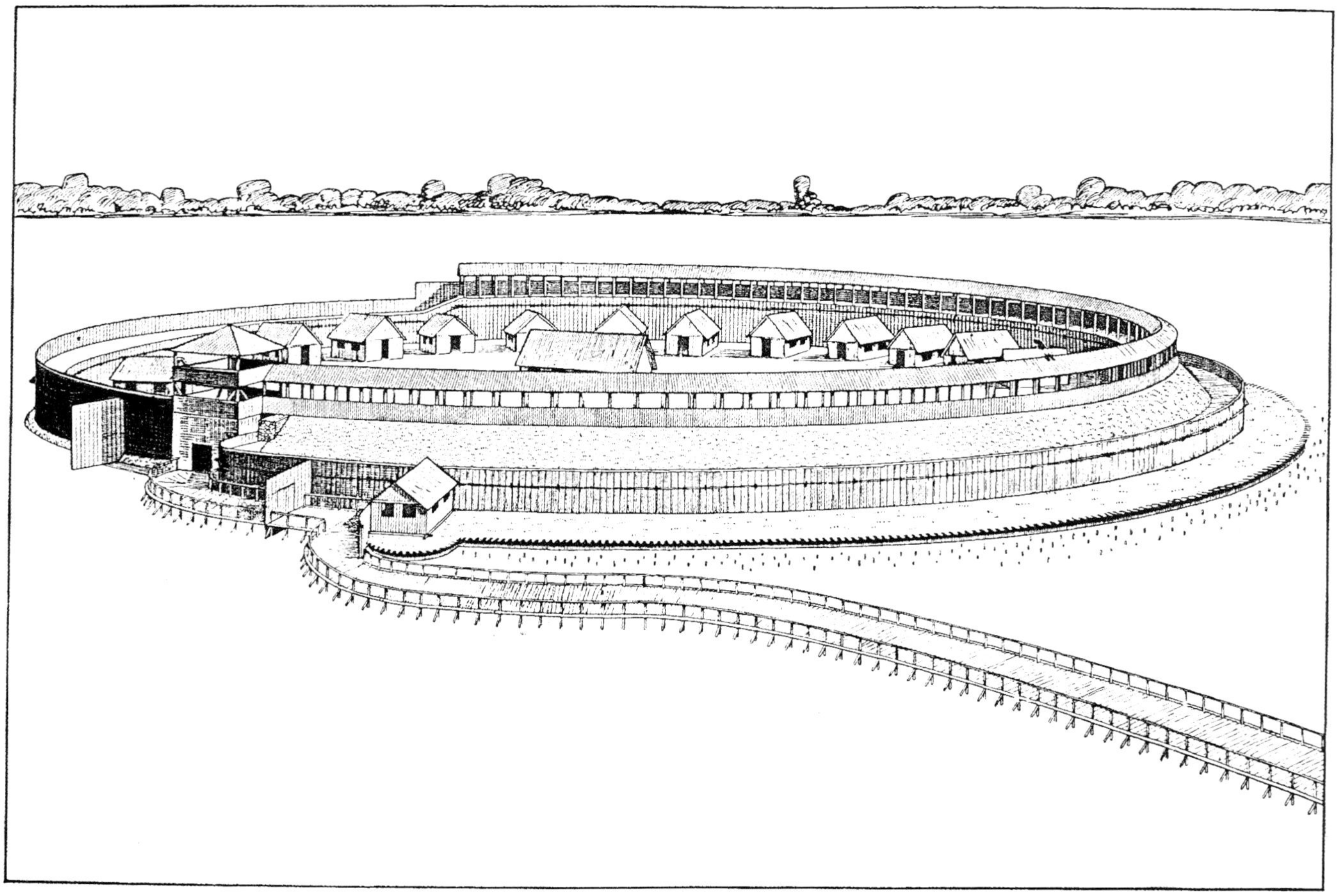

ßen und Säcken verwahrt – wurden während der Ausgrabungen gefunden. Das Getreide gehörte in die letzte Ernte vor der Zerstörung der Burg zu Beginn des 9. Jhs. In der Folgezeit wurde der Adelshof vor der Burg und das dazugehörige Dorf wieder aufgebaut, die Burg selbst blieb ein Ruinenhügel.

In den letzten Jahren wurde in Groß Raden bei Schwerin der Platz einer Burg und Siedlung des 9.–10. Jhs. untersucht. Teile der Holzkonstruktion der Siedlung waren sehr gut erhalten, sie erlaubten eine sichere Rekonstruktion der Siedlung und der Burg *(Abb. 16)*, einschließlich vieler Inneneinrichtungen und Gerätschaften. Zu den herausragendsten Ergebnissen gehört die Freilegung der Reste eines hölzernen Tempels aus dem 9. Jh. Der Tempel stand am Rande der Siedlung. Die Wände des etwa 10 m × 7 m großen Gebäudes bestanden aus senkrecht eingesetzten Eichenbohlen, die Fassade war aus vorgeblendeten Bohlen, deren Enden weibliche und männliche Köpfe symbolisierten, gebildet *(Abb. 14)*. Über dem Eingang hing der Kopf eines Ures, Symbol der Urkraft. Als ‚Kelch' diente während der Kultzeremonien ein wohlgeformter Keramikpokal.

Von anderer Beschaffenheit und wesentlich mächtiger waren die Fürstenburgen, die seit dem 7.–8. Jh. entstanden. Nahe der Ostsee bei Wismar lag in Mecklenburg die Burg der Obodritenfürsten *(Abb. auf S. 198)*. Der Name Mecklenburg wird erstmals 995 als ‚Michelinburg' in einer Urkunde entsprechend dem sächsischen Sprachgebrauch überliefert. In der lateinischen Chronistik lautet der Name Magnopolis, und ein arabischer Reisender, Ibrahim ibn Jacub, notierte wahrscheinlich ihren slawischen Namen: Wiligrad. Die Bedeutung ist immer die gleiche: ‚große Burg'. Mit der mehr als 10 m hohen und 12 m breiten Wehrmauer aus Holzkästen, mit Erd- und Steinfüllung sowie einer umbauten Innenfläche von 15 000 m² oder 1 ½ ha gehört diese Burg zu den mächtigsten Wehranlagen der Slawen an der Ostseeküste. Vergleichbare Ausmaße hatte weiter südöstlich die Burg der polnischen Fürsten in Gnesen (Gniezno). In diesen Fürstenburgen standen außer dem Palast des Fürsten Hallen für die Gefolgschaftskrieger, Wirtschaftsgebäude, Pferdeställe und Werkstätten, vor allem zur Waffen- und Schmuckherstellung. Diese Burgen waren kaum zu erobern, wenn sie zureichend mit Verteidigern besetzt und mit Proviant versehen waren.

Dem Wesen nach lagen Burgen mit gleicher Funktion – wie eben dargestellt – ebenfalls in den baltischen und ostslawischen Gebieten.

Mit derartigen Burgen hatten es Skandinavier zu tun, wenn sie in die Länder im Süden der Ostsee einzufallen versuchten. Da in diesen Burgen und in der Umgebung in der Regel auch die Schätze des jeweiligen Stammes und die Reichtümer der Fürsten angehäuft waren, zogen skandinavische Krieger wiederholt gegen sie zu Felde. Die ‚Vita Anskarii', eine von Rimbert verfaßte Beschreibung des Lebens und der Taten des Heiligen Ansgar, der als Missionar Dänemark und Schweden bereiste, berichtet beispielsweise über einen derartigen dänischen Überfall in den vierziger Jahren des 9. Jhs.: „Da fiel das Los, sie hätten zu einer weit entfernten Burg im Slawenlande zu fahren ... – Ganz unerwartet fielen sie dort über die friedlichen, arglosen Einwohner her, nahmen die Feste mit Waffengewalt und kehrten reich an Raubgut und vielen Schätzen in die Heimat zurück". 852 überfiel eine dänische Flotte kurische Gebiete. „In diesem Land gab es fünf Gauburgen. In deren einer sich die Bevölkerung nach Bekanntwerden der Landung sammelte, um in tapferer Verteidigung ihren Besitz zu schützen. Sie errangen auch den Sieg; die Hälfte der dänischen Mannschaft wurde erschlagen und ebenso die Hälfte ihrer Schiffe zerstört; Gold, Silber und reiche Beute fielen ihnen zu ..." Ein erneuter Überfall

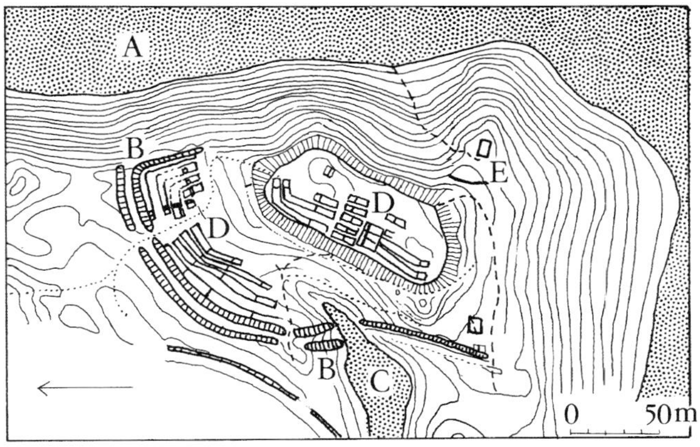

Plan der Burg Feldberg, die strategisch günstig auf einem in einen See ragenden Bergsporn gelegen war. Eine doppelte Wallanlage (A) mit einem dazwischenliegenden Graben (B) schützte die Häuserreihen (D). Einige Gebäude lagen unmittelbar hinter der Wehrmauer, andere waren reihenförmig im Innenraum angeordnet. Ein Teich, der in die Wehranlage hineinreichte, sorgte für Wasservorrat. Auf der Spitze des Bergsporns lag ein Tempel.

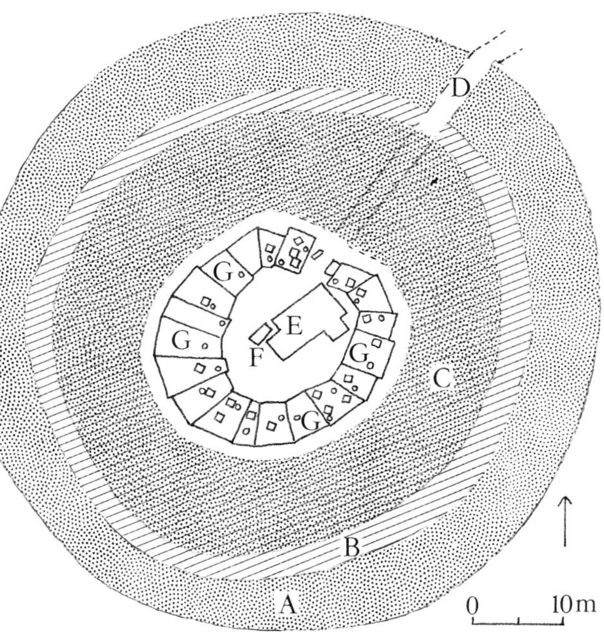

Plan von Tornow (vgl. die Rekonstruktion Abb. 6, S. 187). Die Verteidigungsanlage bestand aus einem Graben (A), einer flachen Berme (B) und einer Wehrmauer (C). Der Zugang erfolgte über eine Brücke und durch ein Tunneltor im Wall (D). Inmitten der Umfriedung stand ein Haus (E), das wahrscheinlich dem Grundherren gehörte, gleich daneben ein Brunnen (F). An die Wehrmauer angebaut waren 19 Getreidespeicher (G), in denen Mahlsteine und Getreidebehälter aufbewahrt wurden.

Links: Plan der Burg von Mecklenburg (Reric oder Wiligrad), nahe der Ostsee, dem Sitz der Obodritenfürsten. Sie war eine der größten slawischen Festungsbauten. Die Wehrmauer aus Holzkästen mit Erd- und Steinauffüllung war höher als 10 m.

Rechts: Plan des Handelszentrums von Oldenburg/Holstein (Starigard), der die Lage der alten Zitadelle im Vergleich zu der späteren christlichen Kirche und Stadt zeigt. In Oldenburg residierte bereits um 968 ein deutscher Bischof.

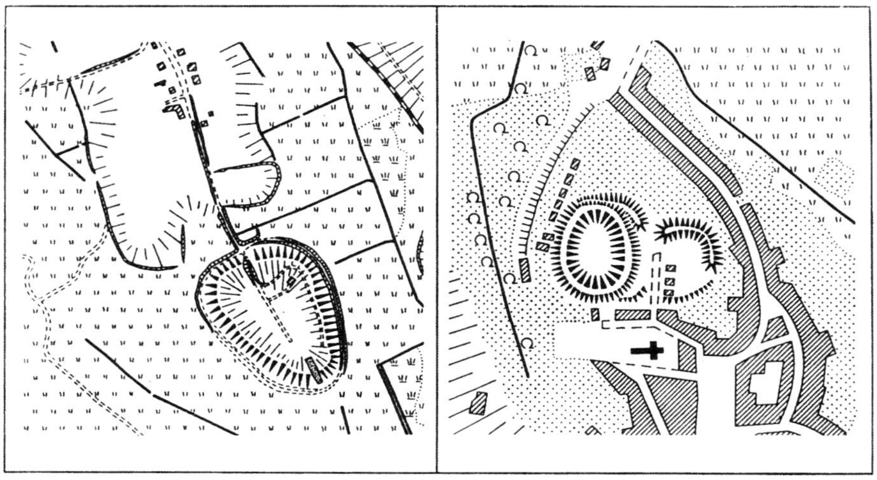

von Schweden unter König Olaf gegen Kurland führte zur Eroberung der Seeburg. Eine andere Burg weiter im Inland widerstand. Es kam während der Belagerung zum Vergleich. Die Schweden zogen sich mit Lösegeld und dem Versprechen auf Tribut zurück. Diese drei Beispiele für den Ausgang von Kämpfen um Burgbefestigungen ließen sich durch mehrere Belege über die Erfolge und Mißerfolge fränkischer oder deutscher Heere im westslawischen Gebiet oder über Eroberungszüge von Heeren anderer Feudalstaaten ergänzen. Insgesamt gab das umfangreiche Befestigungssystem den südlichen Küstenstämmen eine beachtliche Sicherheit gegen feindliche Angriffe von seiten der Franken, der deutschen Feudalheere, der Skandinavier oder auch in den Fehden der Stämme und Staaten untereinander.

Das kriegerische Verhältnis der slawischen Küstenstämme gegenüber den Skandinaviern war jedoch keineswegs nur das einer passiven Verteidigung. Die Obodriten z.B. hatten über die Schleswiger Landenge unmittelbaren Zugang zu so bedeutenden Zentren wie Haithabu. Am Ende des 10. Jhs. marschierte ein obodritisches Heer gegen Haithabu und zerstörte es *(Abb. 4)*. Seit der zweiten Hälfte des 11. Jhs. rüsteten Rügenslawen und Pommern Flotten aus, schlugen die Dänen mehrfach und überfielen ihrerseits die dänischen Inseln und besiedelten einige davon. Gegen Gotland, Öland und Südschweden mögen ähnliche Expeditionen unternommen worden sein. Dort findet sich seit dieser Zeit nicht nur zahlreiches slawisches Fundmaterial, sondern ältere Burganlagen wurden seit der zweiten Hälfte des 10. Jhs. wieder befestigt, wie Eketorp auf Öland *(Abb. auf S. 148)*. Mårten Stenberger, der Erforscher Eketorps, kam zu dem Schluß, daß die zahlreichen slawischen Elemente unter den Funden Handelsbeziehungen ausdrücken, „aber es kann auch bedeuten, daß Öland von Slawen der südlichen Küstenregionen der Ostsee besetzt war, worauf Saxo und die nordische Knytlinga-Saga hinweisen".

Die westliche Ostsee wurde aufgrund der Flottenaktivitäten der Rügenslawen zeitweise ‚Mare Rugianorum' genannt. Aber diese Aktivitäten slawischer Stämme und Staaten gegenüber Skandinavien hatten mehr oder weniger zufälligen und sporadischen Charakter. Das Hauptaugenmerk der slawischen Staaten – der Obodriten, der Pommern und Polen, vor allem auch der Kiewer Rus – war festländischen Problemen und der staatlichen Organisation auf dem Festland zugewandt. Ernsthafte staatliche Versuche, in Skandinavien Fuß zu fassen, hat es von dieser Seite daher niemals gegeben.

Die kriegerischen Auseinandersetzungen zwischen Skandinaviern und Slawen bildeten nur eine Seite der Beziehungen im Ostseebereich. Viel bedeutsamer waren die Wirtschafts-, Handels- und Kulturbeziehungen.

Slawische Seehandelsplätze und der ‚Weg von den Warägern zu den Griechen'

Die Völkerwanderungen und Stammesverschiebungen im Süden der Ostseeküste im 4.–6. Jh. hatten traditionelle Verbindungslinien von Skandinavien nach Mittel- und Südeuropa unterbrochen oder doch verunsichert. Die Wege entlang der Oder und Weichsel in die Länder an der Donau und auf dem Balkan, also nach Byzanz, waren nicht mehr unter den gleichen Bedingungen wie in den Jahrhunderten zu Beginn des 1. Jahrtausends zu passieren. In der Mitte des 6. Jhs. brachen die Verbindungen zwischen Skandinavien und Byzanz über diese Wege ab oder unterlagen erheblichen Beschränkungen. Es bedurfte offenbar einiger Zeit, bevor sich die Skandinavier mit diesen Veränderungen im Süden der Ostsee vertraut gemacht hatten und sich mit den neuen Kräften der slawischen Stämme und Stammesstaaten zu arrangieren begannen. Seit dem 8. Jh. wurden derartige Beziehungen hergestellt, wie sich aus zahlreichen archäologischen Indizien ergibt. Diese Beziehungen waren in erster Linie Handelsbeziehungen. Ihre Grundlage war in der im 7./8. Jh. im wesentlichen abgeschlossenen Konstituierung neuer ethnischer Bereiche im Süden der Küste, dem ökonomischen Aufschwung in diesen Gebieten und in der Herausbildung klassengesellschaftlicher Strukturen bei den slawischen Stämmen gegeben.

Vor den Burgen der Stammesfürsten und des Stammesadels oder unter dessen Protektion entstanden an wirtschaftsgeographisch günstigen Orten seit der 2. Hälfte des 8. Jhs. Handels- und Gewerbeniederlassungen. Einige derartige Niederlassungen sind aus schriftlicher Überlieferung und dank archäologischer Ausgrabungen bekannt. Im Obodritenland kam dem Seehandelsplatz Reric große Bedeutung zu. Über dessen genaue Lokalisierung besteht keine völlig einhellige Meinung, jedoch weist die Mehrzahl der Indizien darauf hin, daß Reric unfern der Burg der Obodritenfürsten bei Mecklenburg an der Wismarer Bucht gelegen hat. Reric wurde 808 vom Dänenkönig Göttrik überfallen und Kaufleute von dort verschleppt und in Haithabu angesiedelt. Wenig später wurde der Obodritenfürst von Männern Göttriks in seinem Handelsplatz Reric heimtückisch erschlagen.

Über die ethnische Herkunft der Kaufleute und deren Anzahl werden in den fränkischen Reichsannalen – der uns zur Verfügung stehenden Quelle – keine Aussagen getroffen. Es ist nicht unwahrscheinlich, daß sich unter diesen Kaufleuten Sachsen, Franken oder Friesen befanden; war doch Mecklenburg und dessen Umgebung derjenige Platz an der Ostsee, der dem fränkischen Reich am nächsten lag. Es ist daher nicht ausgeschlossen, daß Reric nach der Unterwerfung der Sachsen durch Karl den Großen um 800, an der die Obodriten mitwirkten, Reric zum Ostseetor des fränkischen Reiches wurde. Die Beziehungen zwischem dem Frankenkaiser und dem Obodritenfürsten waren in jenen Jahrzehnten am Ende des 8. und zu Beginn des 9. Jhs. sehr eng und gegen den gemeinsamen sächsisch-dänischen Gegner gerichtet. Die handelsgeschichtliche Rolle Mecklenburg-Rerics bereits in dieser Zeit kommt deutlich in der beträchtlichen Anzahl arabischer Münzfunde zum Ausdruck.

Ein weiteres Handelszentrum im obodritischen Stammesverband lag in Oldenburg, das slawisch Starigard hieß *(Abb. auf S. 198)*. Die Skandinavier nannten es Brandehuse und im 11. Jh. galt Oldenburg als Civitas Maritima. Die Ausgrabungen haben aus Oldenburg und seiner wagrischen Umgebung eine größere Anzahl von Materialien skandinavischer Herkunft zutage gebracht.

Die Wilzen hatten ihren Handelsplatz an der unteren Peene bei dem heutigen Ort Menzlin. Die Ausgrabungen wiesen Siedlungsspuren mit zahlreichen Importfunden sowie ein Gräberfeld nach, in dem u. a. die Toten in schiffsförmigen Steinsetzungen beigesetzt wurden. Derartige Grabsetzungen sind dem slawischen Milieu fremd, sie weisen auf Dänen oder Schweden hin, die hier ihre letzte Ruhestätte gefunden haben. Da ihre Gräber im Verband des gesamten Gräberfeldes liegen, ist anzunehmen, daß Skandinavier auch in der Siedlung ihren festen Platz eingenommen haben. Diese skandinavischen Elemente bildeten jedoch offenbar nur einen Teil der Siedlung. Die materielle Kultur ist überwiegend einheimisch-slawisch. In der Siedlung und im Gräberfeld von Menzlin fanden sich Hinweise auf Kaufleute und Handwerker, hingegen sind keine Waffenfunde bekannt. Diese liegen in größerer Zahl aus dem wenige hundert Meter südlich am Peenefluß gelegenen gleichzeitigen Siedlungskomplex vor. Das militärisch-politische Zentrum hat also dort gelegen. Der Seehandelsplatz war unweit davon entstanden.

In den letzten Jahren wurden ausgedehnte Ausgrabungen und Untersuchungen auf Rügen, insbesondere in Arkona *(Abb. 1)* und Ralswiek, zur Geschichte der Ostseebeziehungen durchgeführt. In Arkona fanden sich nicht wenige Reste, die auf skandinavische bzw. nordwesteuropäische Beziehungen bereits im 9. Jh. hinweisen. Dazu gehört auch der Rest eines Kaufmannsfundes, bestehend aus Messern, Äxten, Pfeilspitzen, Beschlägen von Trinkgefäßen und einer vergoldeten Bronze-Applikation mit Sonnenrad, ein Motiv, das am ehesten in Skandinavien oder Irland seinen Ursprung haben dürfte. Die Burg von Arkona war die Tempelburg der Ranen *(Abb. auf S. 200)*. Seit dem 9. Jh. fanden hier die Erntefeste statt, verbunden mit Handels- und Marktverkehr. Aus späterer Zeit werden derartige Feste sehr plastisch durch den dänischen Chronisten Saxo Grammaticus geschildert:

„Einmal im Jahr, nach der Ernte, beging die Menge der ganzen Insel vor dem Tempel des Götzenbildes nach einem Viehopfer ein festliches Mahl im Namen der Religion. Der Priester, der gegen die allgemeine Sitte durch seine Bart- und Haarlänge auffiel, pflegte am Tage vorher das Heiligtum, das allein er betreten durfte, mit einem Besen sorgfältig zu reinigen; er achtete darauf, nicht seinen Atem innerhalb des Tempels auszustoßen; so oft er ein- und auszuatmen genötigt war, lief er hinaus, damit die Gottheit nicht durch sterblichen Hauch befleckt würde. Am folgenden Tag, als das Volk draußen sich aufhielt, besah er sorgfältig den Becher, den er dem Götzenbild abgenommen hatte; war die Flüssigkeit vermindert, so sah er daraus einen Hinweis auf den Mangel des folgenden Jahres; wenn er das bemerkte, so ließ er die Früchte für die kommende Zeit aufbewahren. War nichts von der gewohnten Menge verschwunden, weissagte er, daß Zeiten der Fülle der Äcker kommen würden. Entsprechend dieser Weissagung mahnte er, die Ernte des kommenden Jahres entweder sparsamer oder freigiebiger zu verwenden. Nachdem er den alten Trank vor die Füße des Götzenbildes ausgegossen hatte, schenkte er in den geleerten Becher neu ein. Indem er das Bild durch scheinbares Zutrinken geehrt hatte, erbat er mit feierlichen Worten sowohl für sich als auch für das Vaterland Güter und Sieg für die Einwohner. Nachdem er das beendet hatte, leerte er den Becher in großem Zuge und gab ihn wieder in die Rechte des Götzenbildes zurück. Es wurde auch ein mit Honig zubereiteter Kuchen in runder Form, von einer Größe, daß sie fast Menschengröße gleichkam, als Opfer dargebracht. Diesen stellte der Priester in die Mitte zwischen sich und das Volk und fragte, ob die Rugianer ihn sähen. Als sie antworteten, daß sie ihn sähen, wünschte er, daß er in einem Jahr nicht mehr zu sehen wäre ..." (p. 824)

„... Es wurde dem Götterbild von jedem Mann und jeder Frau jährlich eine Münze als Abgabe für den Kult gezahlt. Ihm wurde auch von der Kriegsbeute ein dritter Teil zuerkannt, da sie ja durch seine Hilfe erlangt worden war. Dieser Gott hatte auch 300 auserwählte Pferde und ebensoviel Reiter in seinen Diensten, deren gesamter Gewinn, durch Waffen oder Diebstahl erworben, unter Aufsicht des Priesters gestellt wurde, der aus dem Erlös dieser Dinge verschiedene Kultgegenstände und Tempelschmuck gießen ließ und sie in verschlossenen Räumen aufbewahrte, in denen außer viel Geld auch noch viele vom Alter beschädigte Purpurgewänder angehäuft waren. (p. 825)

Außerdem besaß sie (die Gottheit) ein Pferd von weißer Farbe; es galt als Frevel, aus Mähne oder Schweif Haare herauszureißen. Allein der Priester hatte das Recht, es zu pflegen und sich darauf zu setzen, damit das heilige Pferd nicht durch häufigen Gebrauch sein Ansehen verlieren sollte. Auf diesem Pferd führte nach Meinung der Rugianer Svantevit *(Abb. 15)* – das ist der Name des Götzen – Kriege gegen die Feinde seiner Heiligtümer. Dafür galt als besonderes Zeichen, daß es, zur nächtlichen Zeit im Stalle stehend, so sehr mit Schweiß und Lehm bedeckt war, als hätte es lange Wege hinter sich gebracht. Auch wurden durch dieses Pferd Weissagungen ... vorgenommen." (p. 826)

Die Ausgrabungsergebnisse und die Analyse der Tierknochen zeigen, daß derartige Kultfeste bereits wesentlich früher in Arkona abgehalten wurden. Desgleichen hielten sich in Arkona bereits seit dem 9. Jh. sporadisch Kaufleute auf. In Arkona lag also eine Kultburg, zu der jährlich ein- oder zweimal Kaufleute aus dem nord- bzw. nordwesteuropäischen Gebiet kamen. Eine feste Kaufmannsniederlassung ist aus Arkona nicht bekannt.

Eine solche Niederlassung wurde hingegen in der zweiten Hälfte des 8. Jhs. in Ralswiek mitten auf der Insel Rügen angelegt *(Abb. auf S. 201)*. Diese Insel konnte man im Zuge der Küstenschiffahrt in jenen Jahrhunderten mit Leichtigkeit durchfahren und kürzte damit die Fahrtroute zur Odermündung bzw. zum östlichen Ostseegebiet ab. In Ralswiek entstand eine Siedlung mit 15–25 Höfen auf einer inselartigen Erhebung zwischen dem Jasmunder Bodden und einem heute verlandeten See. Auf der Seeseite wurden Schiffsliegeplätze gebaut, indem man Gräben durch die Verlandungszone des Sees auf die einzelnen Gehöfte zu und Molen, befestigt mit Bohlen und Pfählen und teilweise mit Gebäuden bestanden, anlegte. Bisher sind 17 derartige Anlegestellen nachgewiesen worden.

Die Gehöfte bestanden aus einem Haupthaus und kleinen Gebäuden sowie Werkplätzen für Horn- und Knochen-, Eisen-, Holz-, Bernstein- und vereinzelt Glas- und Silberverarbeitung. In den Schichten der Siedlung fand sich eine Vielzahl von Importfunden aus Skandinavien und den baltischen Gebieten. Neben Speckstein aus Norwegen, gotländischen Ringfibeln und Schalenfibeln aus Schweden wurde in einem Haus aus der Mitte des 9. Jhs. in einem Korb aus Rutengeflecht auch ein Silberschatz mit 2270 arabischen Münzen bzw. Münzbruchstücken und einem Armring vom Permer Typ gefunden *(Abb. 20)*. Die Münzen sind vorwiegend in Mittelasien und im Zweistromland geprägt worden. Den Fundumständen nach gehörte der Schatz einem in Ralswiek ansässigen Kaufmann. Wird die Zusammensetzung des Schatzes analysiert, so ist dieser sehr wahrscheinlich auf direktem Weg über Bulgar an der Wolga, Alt-Ladoga (Staraja Ladoga) und die südliche Route des Ostseehandels nach Ralswiek gelangt. Der Schatz von Ralswiek ist derzeit der größte Schatzfund aus dem Ostseegebiet mit arabischen Münzen aus der Zeit vor 850.

Aus Ralswiek sind drei Schiffe aus dem 9.–10. Jh. bekannt, die den Seeverkehr besorgten. Das am besten erhaltene Boot war 14 m lang, 3,4 m breit und hatte eine Tragfähigkeit von etwa 9 Tonnen *(Abb. 7)*. Es entspricht damit in Maßen und Tragfähigkeit etwa dem Schiff 3 von Skuldelev aus dem 11. Jh.

In Ralswiek sind bisher über 400 Hügelgräber festgestellt worden, von denen fast 200 ausgegraben worden sind. Einige Besonderheiten der Bestattung weisen darauf hin, daß auch in Ralswiek neben einheimischen slawischen Kaufleuten und Handwerkern fremde Kaufleute, wahrscheinlich Skandinavier, ansässig waren. Ralswiek lag unweit des alten Stammeszentrums und der Fürstenburg der Rügenslawen auf dem Rugard in Bergen.

An der Odermündung entstanden Seehandelsplätze, wie bereits erwähnt, in Menzlin *(Abb. auf S. 201)* und seit der zweiten Hälfte des 9. Jhs. in Wollin (Wolin) und Stettin (Szczecin). Wollin erlangte im Laufe des 10. Jhs. herausragende Bedeutung und wurde im 11. Jh. zu einer ‚Weltstadt' im nördlichen Europa. Der Domherr Adam von Bremen

Rekonstruktion des Burgtores von Arkona. Das Holztor schloß eine Lücke im Erdwall. Es wurde von einem Turm überragt, der jeden Angriff auf das Tor zu einem Risiko machte. Die Spitze des Turmes, über die wir keine Zeugnisse besitzen, wurde in der Rekonstruktion nicht berücksichtigt.

schrieb in dieser Zeit über Wollin: „Es ist wirklich die größte von allen Städten, die Europa birgt; in ihr wohnen Slawen und andere Stämme, Griechen und Barbaren. Auch die Fremden aus Sachsen haben gleiches Niederlassungsrecht erhalten ... Denn die Stadt ist angefüllt mit Waren aller Völker des Nordens, nichts Begehrenswertes oder Seltenes fehlt ..." Was für Menzlin und Ralswiek die archäologischen Funde nahelegen, wird von Adam für Wollin bestätigt: es war ein Handelsplatz multiethnischer Zusammensetzung, in dem neben einheimischen slawischen Händlern und Handwerkern fremde Kaufleute Gastrecht und Niederlassungsrecht erhielten. In Wollin haben die jahrzehntelangen Ausgrabungen der polnischen Archäologen im wesentlichen die siedlungstopographische Entwicklung klären können.

Ein weiterer Seehandelsplatz mit Kolonien fremder Kaufleute oder Handwerker entwickelte sich an dem alten Salzzentrum um Kolberg (Kołobrzeg). An der Weichselmündung im slawisch-baltischen Grenzgebiet blühte im 9. Jh. Truso auf. Es war ein Seehandelsplatz der Pruzzen. Seine Bedeutung dürfte beachtlich gewesen sein, denn Wulfstan, ein Bauern- und Kriegerkaufmann aus dem nördlichen Norwegen, steuert ihn direkt von Haithabu aus an, ohne Zwischenaufenthalt an slawischen, dänischen oder schwedischen Häfen. Weitere derartige Plätze haben am unteren Njemen und an der unteren Dwina (Dvina) gelegen. Über die Dwina verlief seit dem Ende des 9. Jhs. ein Handelsweg zum oberen Dnjepr (Dnepr) und nach Byzanz.

Bedeutende Seehandelsplätze entstanden am Weg von der Ostsee nach Byzanz bzw. zum Bulgarenreich und nach Mittelasien. In Alt-Ladoga (Staraja Ladoga) am Ladogasee entwickelte sich ein solcher Umschlagplatz aus einer finnougrisch-slawischen Symbiose. Bereits im 8.–9. Jh. jedoch dürften hier westslawische, skandinavische und friesische Kaufleute geweilt haben. Sowjetische Forscher rechnen damit, daß sich selbst friesische Handwerker in Staraja Ladoga aufhielten. Von Staraja Ladoga konnte man den Weg zur oberen Wolga und nach Mittelasien einschlagen. Ein Ort der Begegnung von Kaufleuten aus arabischen und baltischen Ländern war die Hauptstadt des Reiches der Wolgabulgaren, Bulgar an der Mündung der Kama in die Wolga. In Bulgar (Bolgar) trafen Händler mit ihren Waren aus dem Ostseegebiet und aus Arabien zusammen. Darüber hinaus reisten sie nur selten. Ein arabischer Geograph, Mohammed Mugaddosi, notierte um 985 zu Bulgar (Bolgar): „Zobel, Reh, Hermelin, Korsak, Füchse, Biberfelle, bunte Fasane, Ziegenfelle, Wachs, Pfeile, Birkenrinde, Münzen, Fischbein, Fischzähne, Bibergeil, Bernstein, gekörntes Leder, Honig, Haselnüsse, Habichte, Schwerter, Panzer, Ahorn, slawische Sklaven, Kleinvieh und Rinder: alles dies von Bolgar her." Schon 60 Jahre zuvor, im Jahre 921/922 hatte der arabische Geograph ibn Hauqal sich persönlich vom Marktgetriebe in Bulgar überzeugt. Als Mitreisender in einer Karawane aus 5000 Mann, mit 3000 Pferden sowie Eseln und Kamelen hatte er die 2000 km lange Strecke von Chorezm am Amu-Darya bis Bulgar in reichlich zwei Monaten zurückgelegt. Er traf in Bulgar Händler der Rus, die u. a. dort Felle aus den skandinavischen Ländern der Gog und Magog verkauften. Einzelne Kaufleute aus Chorezm drangen – wie sich aus einer anderen Schrift von ibn Hauqal ergibt – selbst über Bulgar und den Wolgaweg bis nach Skandinavien vor.

Andere arabische Händler kamen über das spanische Kalifat nach Mittel- und Nordeuropa, darunter Ibrahim ibn Jacub, der eine Schilderung seines Reiseweges um 965 über Haithabu, Mecklenburg, Magdeburg, Prag u. a. Orte gibt. Wir verdanken ihm u. a. eine Beschreibung des Obodritenlandes und des polnischen Staates. Über die Obodriten heißt es z. B.: „Das Land des (Obodritenkönigs) Nakon grenzt im Westen an Sachsen und einem Teil der Dänen. Sein Land ist ... reich an Pferden, so daß solche von dort exportiert werden. Sie (die Obodriten) sind mit Waffen vollständig gerüstet, nämlich mit Panzern, Helmen und Schwertern ... Die Burg (des Nakon) wird Wiligrad, d. h. ‚große Burg' genannt ...

Was nun das Land des (Polenkönigs) Mescheqqo anlangt, so ist es das ausgedehnteste ihrer Länder und es ist reich an Getreide, Fleisch, Honig und Fischen. Er zieht die Abgaben in gemünztem Geld ein und dieses bildet den Unterhalt seiner Mannen; in jedem Monat bekommt jeder eine bestimmte Summe davon. Er hat 3000, Gepanzerte, und das sind Krieger, von denen das Hundert 10.000 andere aufwiegt. Er gibt den Mannen Kleider, Rosse, Waffen und alles, was sie brauchen ..."

Aus den verschiedenen Nachrichten und älteren geographischen Überlieferungen stellten arabische Geographen erste Karten Ost- und Nordeuropas zusammen, auf denen wichtige Orte und Reiserouten, vor allem Fluß- und Seeverbindungen aufgezeichnet waren. Erhalten sind uns nur die Kompilationen solcher Karten, die im 12. Jh. in Sizilien am Hof des Kaisers Friedrich II. durch den arabischen Geographen Al Idrisi angefertigt worden sind. Den Händlern aus Arabien, die an arabischen Reichtum und an die Vielfältigkeit arabischer Basare gewöhnt waren, erschienen die nördlichen Seehandelsplätze als ärmlich ausgestattete, kulturlose

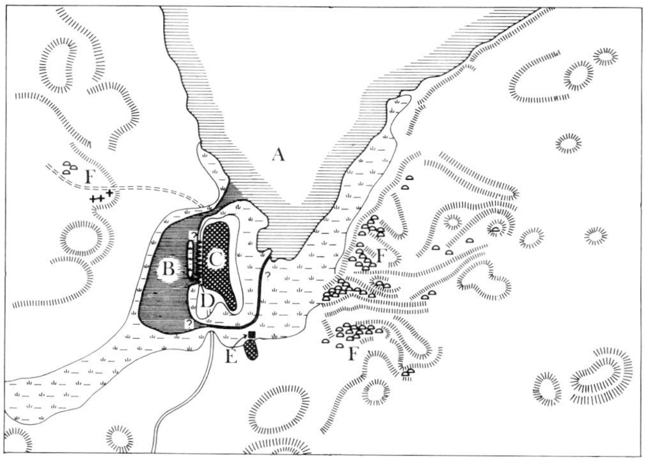

Ralswiek auf der Insel Rügen. Hier wurde am Ende des 8. Jahrhunderts zwischen Jasmunder Bodden (A) und einem heute verlandeten See (B) eine Siedlung von 15–25 Höfen errichtet (C). Jedes Haus besaß eine eigene Mohle (D). Ein wenig weiter südlich wurden drei Boote gefunden (E). In der Nähe, auf einer etwa höher gelegenen Stelle, lagen 400 Hügelgräber und Begräbnisstätten (F), von denen mehr als 150 ausgegraben worden sind.

Anlagen. Über Haithabu z. B. schrieb Ibrahim ibn Jacub: „Schleswig ist eine sehr große Stadt am äußersten Ende des Weltmeeres ... Die Stadt ist arm an Gütern und Segen ... Die Hauptnahrung ihrer Einwohner besteht aus Fischen, denn sie sind dort zahlreich ... Nie hörte ich häßlicheren Gesang als den Gesang der Schleswiger, und das ist ein Gebrumm, das aus Kehlen herauskommt, gleich dem Gebell der Hunde ..." (S. 83/153) Dennoch, trotz ihrer nördlichen Unwirtlichkeit und ihrer gesellschaftlichen Rauhheit, waren die Seehandelsplätze an den südlichen Küsten der Ostsee die Tore, über die die Verbindungen Skandinaviens zu weiterentwickelten Teilen der Welt – sei es Westeuropa, das Donaugebiet und Byzanz oder Mittelasien und Arabien – verliefen. So wie Händler aus den südlichen Gebieten durch

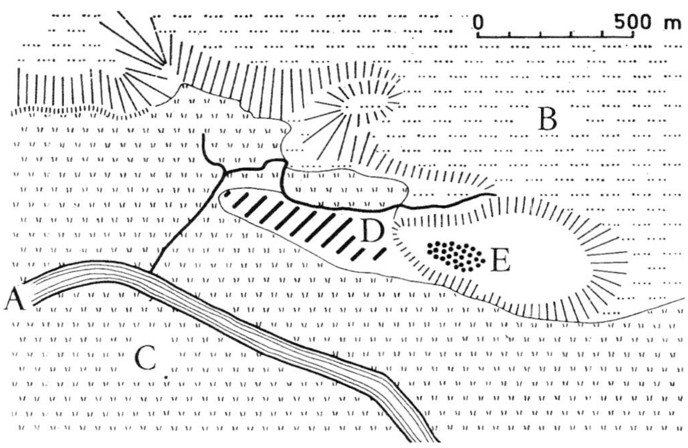

Menzlin, eine bedeutsame slawische Handelsniederlassung an der Peenemündung (A) unweit des Oderhaffs. Der Ort (D) lag auf einer sandigen Bodenerhöhung (B) in der Niederung (C). Die Hügelgräber (E), darunter Schiffssetzungen skandinavischer Form, lagen östlich des Handelsplatzes.

diese Tore nach Norden reisten, wurden die Skandinavier von ihnen angezogen und folgten über diese Seehandelsplätze den Handelswegen über das ost- und mitteleuropäische Festland. Die Hauptwege sind hinlänglich bekannt und sowohl durch schriftliche Nachrichten als auch archäologische Forschungen ausgewiesen. An diesen Wegen finden sich gehäuft Funde fremder Herkunft – aus Arabien, Byzanz und dem Frankenreich, aber auch aus Skandinavien und anderen Ländern, die von diesem ersten großen Nord-Südhandel berührt wurden. An diesen Wegen vagabundierten auch – wo sich keine eigene staatliche Ordnungsmacht gebildet hatte – die Kaufmannskrieger und betrieben Raub. Hier und da bildeten sich Handelsstützpunkte und Kolonien, in denen fremde Händler längere Zeit lebten, auch starben und bestattet wurden. Von Bulgar (Bolgar) wird sehr anschaulich von dem arabischen Chronisten Ibn Fadlan über eine Schiffsbrandbestattung eines Händlers der skandinavischen Rus berichtet – in allen Einzelheiten, einschließlich der damit verbundenen rituellen Sexualität an der zum Mittod verdammten Sklavin des Händlers.

Derartige Verhältnisse haben natürlich auch in Gnezdowo Smolensk, Alt-Ladoga (Staraja Ladoga), Beloe Ozero, Nowgorod, Truso, Swielubie und Menzlin geherrscht, ebenso wie in Birka, wo Friesen, Finnen und Slawen neben Schweden Niederlassung und Grabgelege fanden.

Die Seehandelsplätze und die Handelsplätze an den großen Wegen durch das Binnenland hatten also mehr oder weniger intertribalen Charakter. Angehörige mehrerer Stämme und Völker begegneten sich hier und beeinflußten gegenseitig ihr Kulturmilieu. In der Regel hatte die Existenz derartiger Plätze gefestigte politische Verhältnisse und Sicherheiten im Gastland zur Voraussetzung. Dort, wo schriftliche Quellen berichten, gilt das als selbstverständlich. Wir werden also schwerlich die archäologischen Funde anders interpretieren dürfen: Die Seehandelsplätze waren zunächst wirtschaftliche Vororte ihres Hinterlandes. Haithabu blieb trotz verschiedener ethnischer Zusammensetzung ein dänischer Platz, Reric/Mecklenburg war Obodritenort, Ralswiek Ort der Rügenslawen, Wollin (Wolin) ein Platz der slawischen Woliner, Truso ein pruzzischer Vorort, Alt-Ladoga ein slawisch-finnougrischer Platz und Nowgorod eine weltoffene Handelsstadt der Ilmenslawen.

Handelsgüter und Kulturaustausch

Diese Seehandelsplätze haben in den skandinavisch-slawischen Beziehungen ihre Spuren hinterlassen. Die Verbreitung einer Vielzahl von Waren ging durch ihre Häfen. Zunächst und am eindrucksvollsten spiegelte sich die Rolle solcher Seehandelsplätze im Fundbild ihrer unmittelbaren Umgebung, vor allem in der Verbreitung arabischer Münzen, wider. Die Verbreitung dieser Silbermünzen in Zehntausenden von Stücken ist ein untrügliches Zeichen für die Intensität, mit der einzelne Gebiete am Ostseehandel teilnahmen. Sodann jedoch gingen konkrete Gebrauchs- und Luxusgüter, Waffen und Schmuck, Rohstoffe und Lebensmittel über diese Handelsplätze. Nur auf einige wenige, die im archäologischen Fundmaterial häufiger zu erkennen sind und die eine Richtung des Handels angeben, sei eingegangen.

Ein solcher Warenstrom läßt sich z.B. in der Verbreitung von spezifischen Keramikformen erfassen. Keramik diente als ‚Verpackung' für Wein – wie wahrscheinlich die sogenannten Friesenkannen aus dem Niederrheingebiet – oder für Honig, Wachs, Fette u.a. Nahrungsmittel. Diese Aufgabe fiel der häufig in skandinavischen Seehandelsplätzen gefundenen slawischen Keramik teilweise zu. Darüber hinaus war diese Keramik, die durch Formschönheit und Verzierung bedeutend über die rohe Keramik in Skandinavien hinausragte, auch als Geschirr begehrt. Man begann sie offenbar nachzuahmen oder von slawischen Töpfern, die nach Skandinavien geholt wurden, nacharbeiten zu lassen. Für die jüngeren Epochen weist die Verbreitung slawischer Keramik daher auf die Intensität skandinavisch-slawischer Beziehungen hin. Sie ist jedoch nicht in erster Linie durch unmittelbare Handelsvorgänge bestimmt worden. Das traf nur für die Zeit des 7.–10. Jhs. zu, in der die sogenannte Feldberger und Fresendorfer Keramik von den wilzischen Stämmen aufgrund antiker Tradition ausgeprägt wurde. Die Keramik wurde von einem ihrer ersten Entdecker, von Carl Schuchhardt, wegen ihrer Ebenmäßigkeit und ihres technischen Niveaus als das ‚Meißener Porzellan des Mittelalters' bezeichnet. Diese Keramik fand in Verbindung mit dem Fernhandel weite Verbreitung im Ostseegebiet. Von den donauländisch-großmährischen Gebieten erhielten im 8./9. Jh. vor allem die Silberschmiede an den slawischen Burg- und Handelsplätzen Großpolens und Pommerns bedeutsame Anregungen. Ohrringe vom Typ Tempelhof beispielsweise gehen letztlich auf Anregungen byzantinischer Meister zurück. Ihre größte Verbreitung erlangten sie offenbar im 10. Jh. In dieser Zeit kamen sie auch in großem Umfang vor allem auf Bornholm und Gotland, vereinzelt auf Seeland und in Schonen, vor. Ähnlich verhielt es sich mit der Verbreitung silberner Körbchenohrringe *(Abb. 13)* oder mit silbernen Kleider- und Gürtelhaken. Andere Formen wie halbmondförmige Anhänger, Schmuck und weibliches Fruchtbarkeitssymbol zugleich, fanden ihren Weg zur Ostsee vor allem über die ostslawischen Gebiete. Auch direkte arabische Vorbilder kamen ins Slawenland, wurden hier nachgeahmt und weiter ausgestaltet. Dazu gehören filigranverzierte halbmondförmige Anhänger, Ohrringe mit körbchenförmigen Perlen oder filigranbesetzten Perlen.

In Birka erfreute sich der im persisch-arabischen Gebiet getragene Kaftan vom 8.–10. Jh. großer Beliebtheit. Der heimische Leibrock wurde – möglicherweise unter Einfluß des arabisch-persischen Kaftans oder des byzantinischen Reiterrockes – umgestaltet, und zwar in Birka ebenso wie in Polen bzw. Pommern. Bereits in den ältesten Gräbern von Birka aus dem 9. Jh. fanden sich Reste des in sich gemusterten Leinenhemdes. Dieses Kleidungsstück war fremd in Skandinavien. Es ist offensichtlich aus dem Gebiet der Ostslawen übernommen worden.

Ein besonderes, vieldiskutiertes Problem berührt den Waffenhandel und die Versorgung mit Waffen, vor allem Schwertern hoher Qualität. In der Vergangenheit gab es mehr aus weltanschaulichen Überzeugungen denn aus sachlichen Gründen apodiktisch vorgetragene Auffassungen, daß die Versorgung des östlichen Mittel- und Osteuropas mit Schwertern ausschließlich eine Sache der Wikinger gewesen sei. Diese Meinung setzte sich über eindeutige Aussagen fränkischer Quellen über den Waffenhandel zwischen Franken und Slawen hinweg. Von Karl dem Großen wurde 805 dieser Handel untersagt. Allein die Tatsache, daß mehrfach derartige Verbote ergingen, weist auf dessen Bedeutung hin. 805 werden auch die Orte genannt, an denen dieser Handel

Bornholm
Arkona
Rügen
Ralswiek
Bergen
Schleswig
Haithabu
Oldenburg
Plön
Bosau
Rostock
Menzlin
Kolberg (Kołobrzeg)
Truso
Mecklenburg
Schwerin
Peene
Wollin (Wolin)
Neubrandenburg
Neustrelitz
Feldberg
Stettin (Szczecin)
Bremen
Elbe
Havelberg
Weser
Spandau
Berlin
Köpenick
Brandenburg
Magdeburg
Gnesen (Gniezno)
Posen (Poznań)
Weichsel
Oder
Tornow
NIEDERLAUSITZ
OBERLAUSITZ
Leipzig
Merseburg
Meißen
Dresden
Saale
Heilig-Kreuz-Gebirge
(Swiętekrzyskie Gory)
Krakau (Kraków)
Bamberg
Prag
MÄHREN
0 100 200 300 400 500 km
Newa
Bjelojesee
Alt-Ladoga
(Staraja Ladoga)
Peipus-See
Nowgorod
Ilmen-See
Gotland
Schonen
Pskow
Ostsee
KURLAND
Dwina
Bulgar
Smolensk
Niemen
Weichsel
Oder
Bamberg
Regensburg
Don
Kiew
Wolga
Dnjepr
Dnjestr
Karpaten
Beleozero
DACIA
Kaukasus
Donau
Schwarzes Meer
Byzanz

zwischen fränkischen und slawischen Kaufleuten abgewickelt wurden bzw. an denen die Kaufleute die Grenzen überschritten. Fränkische Grafen sollten den Handel beaufsichtigen. In der Tat sind offenbar über diese Handelsplätze, die an bedeutenden Verkehrswegen lagen, nicht wenige Waren, darunter auch Waffen, in das Gebiet slawischer Stämme gelangt. Die Schwerter kamen vorwiegend wohl aus dem Niederrheingebiet. Ihre Klingen trugen Meisterzeichen wie Ulfberht, Ingelreht, Hilpreht *(Abb. 8)*. Wegen ihrer Qualität waren sie auch bei Arabern noch begehrt. Slawische, baltische und wohl auch skandinavische Schmiede versuchten sich in der Nachbildung bzw. in der Eigenproduktion derartiger Schwerter und versahen sie z.T. mit dem mißverstandenen, als Ornament aufgefaßten ursprünglichen Namen rheinischer Meister. Aber auch ihre eigenen Namen gaben die Meister wieder: unlängst wurde in Foščevataja in der Ukraine ein solches Schwert entdeckt, das in kyrillischen Buchstaben den Namen seines Herstellers verzeichnet: ЛЮДОТА КОВАЛЬ, „der Schmied Ljudota" hat es gemacht.

In mehreren Gebieten südlich der Ostsee, wie in Großmähren, Böhmen, Südpolen, Großpolen, im Baltikum und natürlich an den bedeutenden Frühstätten der Kiewer Rus waren die Vorbedingungen für eine derartige Waffenproduktion in Form einer entwickelten Eisenmetallurgie vorhanden. Das Herstellen von Stahl, das Verschweißen von verschiedenen Stählen sowie von Weicheisen und Stahl wurde wenigstens seit dem 7.–8. Jh. von slawischen Schmieden angewandt, ebenso wohl in Teilen Skandinaviens.

Ähnlich verhielt es sich wohl mit weidenblattförmigen Lanzenspitzen, die ursprünglich rheinländischer Herkunft waren, dann jedoch an mehreren skandinavischen, slawischen und baltischen Zentren produziert wurden, oder mit Streitäxten, denen spätantike und persische Vorbilder zugrunde lagen. Es ist gegenwärtig aufgrund archäologischer Funde nahezu unmöglich, den Umfang des Waffenhandels zu beurteilen, zumal tatsächlich bisher keine Waffenwerkstatt archäologisch erforscht worden ist.

Bei anderen Waren sind die Fragen von Ursprungs- und Verteilungsgebiet überschaubarer, darunter bei norwegischem Speckstein, Bernstein, verschiedenen Schmuckgegenständen, auf die bereits hingewiesen wurde, verschiedenen Guß- und Keramikformen und bei Münzen. Andere Waren sind nur aus der schriftlichen Überlieferung bekannt. Dazu gehören Sklaven, die in großem Umfang über Bulgar (Bolgar), Magdeburg, Regensburg und anderen Grenzhandelsplätzen aus den slawischen, baltischen und finnougrischen Gebieten vor allem in arabische Länder verhandelt wurden.

Ausgedehnt und für die Beteiligten äußerst lukrativ war der Pelzhandel. Er blühte u.a. auch zwischen Friesland und dem Baltikum. Der Chronist Adam von Bremen erregte sich im 11. Jh. über diesen Handel, der mit den Pelzen aus Samland „das todbringende Gift der Prunksucht in unsere Welt gebracht hat ... Denn wir gieren um jeden Preis nach einem Marderpelz wie nach der ewigen Seligkeit. Deshalb bieten sie uns für Wollstoffe, die bei uns falsones genannt werden, so kostbare Marderfelle". Aufgrund der großen Bedeutung des Pelztierhandels wurden einige Worte aus der altrussischen Sprache in niederdeutsche Mundarten übernommen. Im altrussischen bedeutete ‚kuna': ‚Marder', ‚Marderfell', ‚Geld'. In der altfriesischen Sprache findet sich das Wort wieder als cona = Münze. ‚Sobol' hat seinen Weg in die deutsche Sprache als mittelhochdeutsch ‚Sabel', ‚Zobel' gefunden. In der englischen Sprache fand es als ‚sable', zugleich auch Bezeichnung für den Pelz schlechthin, Eingang. Das altslawische Wort ‚kožych' für ‚Pelz' hat wahrscheinlich das mittellateinische Wort ‚crusna', ‚crusina' und das althochdeutsche bzw. altsächsische Wort ‚kursinna', das altfriesische ‚kersua' hervorgebracht.

Der Pelzhandel war neben dem Sklavenhandel das einträglichste Geschäft für den Nord-Süd- bzw. Ost-Westhandel. Im Wolgagebiet z.B. kostete ein Marderfell etwa 1 Dirhem, d.h. höchstens 3 Gramm Silber. Dem entsprach der Wert einer grünen Glasperle. Für eine Hand voll Perlen konnte man also einen ganzen Reichtum an Fellen und Pelzen erwerben. Auf arabischen Märkten realisierte sich dieser Reichtum dann mit 1000 und mehr Prozenten Gewinn. Dieses Einzelbeispiel, das leicht ergänzbar ist, verdeutlicht, wie aus dem entwicklungsgeschichtlichen Waren- und Wertgefälle zwischen Nord- und Osteuropa und den entwickelten Gebieten Antriebe für einen oftmals abenteuerlichen Handel entsprangen. Die etwa 150.000 arabischen Münzen, zum größten Teil in mehr als 1500 Silberschätzen in slawischen, skandinavischen, baltischen und finnischen Gebieten an der Ostsee deponiert, zeugen eindrucksvoll von der Ausdehnung, den dieser Handel zwischen dem 9. und 11. Jh. erreichte. Slawische Seehandelsplätze und deren Händler waren wichtige Partner und Mittler dieses Handels in das Ostseegebiet *(Abb. 20)*.

Erst seit dem Ende des 10. Jhs. begann eine stärkere Handelsorientierung auf Mittel- und Westeuropa, die sich im 11. Jh. in der überwiegenden Verbreitung vor allem deutscher Münzen im Ostseegebiet, ausdrückt. Einige dieser Seehandelsplätze und weitere Handels- und Handwerksorte, die im Binnenland vor allem vor den Burgen seit dem 9. und 10. Jh. entstanden, bildeten Ansatzpunkte der mittelalterlichen Stadtentwicklung. Wenigstens 50–80% der mittelalterlichen Städte in den slawischen Ländern und etwa 50% der deutschen Städte östlich der Elbe gehen auf derartige Gründungen des 9.–10. Jhs. zurück.

Spuren nordwestslawischer Religion und nordwestslawischen Tempelkultes

Das Gebiet der nordwestlichen Slawen gehört zu den wenigen Gebieten des mittelalterlichen Europas, in denen vorchristliche Religion und Kult bis in das 12. Jh. lebendig blieben. Für die Geistlichkeit der benachbarten feudalen Staaten, für Erzbischöfe, Bischöfe, Äbte und Priester war das ein steter Stein des Anstoßes, gewissermaßen ein Stachel im Fleisch des christlichen Europas. Seit dem 7./8. Jh. trachteten sie danach, diese Gebiete zu missionieren und ihrer Herrschaft einzuordnen. Ebenso unmißverständlich aber wehrten die nordwestslawischen Stämme diese Versuche ab, waren sie doch mehr oder weniger direkt mit Eroberung und Unterdrückung durch benachbarte Feudalstaaten verbunden. Der Hauptgegner war der fränkische bzw. deutsche Feudalstaat. Unter diesen Bedingungen bildete die vorchristliche Religion der Nordwestslawen zugleich eine Stütze in ihrem Kampf gegen fremde Eroberung. Religion und Kult kamen daher bei diesen Stämmen besonders zur Entfaltung und fanden die besondere Aufmerksamkeit der christlichen Chronisten.

Jeder Stamm hatte – folgen wir dem Chronisten Thietmar (um 1015) – seinen eigenen Gott. „Soviele Stämme wie es gibt, so viele Tempel gibt es auch" schrieb er. Die Namen der Götter gehen z.T. auf alte indoeuropäische Wurzeln zurück. Die Wagrier um Oldenburg verehrten den Gott Prove, die um Plön die Gottheit Podaga, die Polaben hatten die Gottheit Siwa und die Obodriten um Mecklenburg den Gott Radigost. Bei den Wilzen war Swarożyc der große Gott. Er wurde in Rethra (Riedegošt) in einer Tempelburg verehrt (in der Gegend der heutigen Stadt Neubrandenburg in Mecklenburg gelegen). Der Tempel wird beschrieben: „Außen schmücken seine [des Tempels – J. H.] Wände, soviel man sehen kann, verschiedene, prächtig geschnitzte Bilder von Göttern und Göttinnen. Innen aber stehen von Menschenhänden gemachte Götter, jeder mit eingeschnitztem Namen; furchterregend sind sie mit Helmen und Panzern bekleidet; der höchste heißt Swarożyc, und alle Heiden achten und verehren ihn besonders. Auch dürfen ihre Feldzeichen nur im Falle des Krieges, und zwar durch Krieger zu Fuß, von dort weggenommen werden."

Ein Kennzeichen der Standbilder slawischer Götter war die Mehrköpfigkeit. Seit mehr als 100 Jahren ist die Steinsäule von Zbrutsch in Wolhynien bekannt. Sie wurde als ‚Svantevitstein' bezeichnet. Der Rügengott Svantevit in Arkona soll mit vier Köpfen dargestellt worden sein, andere Götter auf Rügen werden siebenköpfig beschrieben *(Abb. 17)*. In Brandenburg stand der Gott Triglaw, der dreiköpfige Gott. Ein Triglaw war auch Stadtgott in Stettin (Szczecin). Vor einigen Jahren wurde ein zweiköpfiges hölzernes Standbild bei Ausgrabungen auf einer Insel im Tollensesee bei Neubrandenburg gefunden *(Abb. 19)*. In Wollin (Wolin) konnte eine hölzerne viergesichtige Miniaturschnitzerei in archäologischen Schichten des späten 9. Jhs. ermittelt werden, die als Svantevit bezeichnet wird. Diese Art der Verehrung von Göttern in Tempeln und an Standbildern weicht von der üblichen Form slawischer Kultstätten ab, wie sie aus Polen und sowjetischen Gebieten bekannt geworden sind. In der Regel bestanden die älteren slawischen Kultstätten, ebenso wie die der Balten, aus kreisförmigen Anlagen mit symbolischen Stäben oder Holzfiguren im Mittelpunkt. Die bekannteste Anlage dieser Art ist die des Perun von Nowgorod. Nach dem archäologischen Befund waren solche Anlagen aber auch in Polen und westlich der Oder verbreitet. Die spezifische Form nordwestslawischer Götterbilder und Tempel geht möglicherweise auf keltische Einflüsse zurück, die über Südpolen oder Böhmen wirksam geworden sind.

Aus den schriftlichen Quellen und archäologischen Befunden sind uns Götter der Fruchtbarkeit und des Viehs wie Volos, der Urkraft und des Krieges wie Svantevit, des Himmels wie Perun, der Sonne und des Feuers wie Svarog und Swarożyc oder des Krieges wie Gerovit überliefert. Daneben gab es viele andere Gottheiten und Dämonen. In einigen Fällen wie in Rethra wurde daraus ein ganzes Pantheon. Priester oder Gruppen von Priestern hatten es kultisch zu versorgen. Sie waren religiöse Führer und übten Einfluß auf das gesellschaftliche und militärisch-politische Leben aus.

Nordwestslawen und Deutsche

Eine besondere Rolle kam nordwestslawischen Stämmen bei der Herausbildung des deutschen Volkes zu. Große Teile des mittelalterlichen deutschen Gebietes von Hannover und Bamberg ostwärts waren ursprünglich, z.T. bis in das 15.–16. Jh., von slawischsprechenden Siedlern bewohnt. Sie hatten nach den Wirren der Völkerwanderungszeit das Land erneut urbar gemacht. In den Grundherrschaften des fränkischen und sächsischen Feudaladels waren sie willkommen als Teilnehmer am Landesausbau. Gemeinsam mit fränkischen, sächsischen und thüringischen Bauern derselben Bedrükkung unterworfen, aber auch mit ähnlichen bescheidenen Rechten ausgestattet, wuchsen sie mit diesen schon in der Frühphase der Herausbildung des deutschen Volkes zusammen.

Widerspruchsvoller gestalteten sich die Verhältnisse östlich von Elbe und Saale. Die dort ansässigen Stämme leisteten den Versuchen des deutschen Feudaladels, sie zu unterwerfen, erbitterten Widerstand. So waren die Verhältnisse östlich von Elbe und Saale durch harte Kämpfe und Auseinandersetzungen bestimmt, die sich über fast 400 Jahre hinzogen. Erst in der Mitte des 12. Jhs. brach im wesentlichen die slawische Macht zwischen Oder und Elbe zusammen. Teile der slawischen Stammesfürsten verbündeten sich mit den deutschen oder dänischen Fürsten, wurden deren Lehnsleute und Vettern. So herrschte in Mecklenburg bis 1918 ein auf slawisch-obodritischen Ursprung zurückgehendes Fürstengeschlecht. Ihr Wappen war der Stierkopf – das Symbol von Urkraft und Fruchtbarkeit.

Die Last der Kriege des 8.–12. Jhs. hatten vor allem die breiten Massen des Volkes zu tragen. Sie waren es, die das Land z.T. wirtschaftlich weitgehend erschlossen hatten. In ihren Dörfern und deren Nachbarschaft ließen sich seit dem 12. Jh. Bauern aus Flandern und Sachsen, Franken und Thüringen nieder. Nach und nach gab es – oftmals unter großen Schwierigkeiten – eine Synthese im Zusammenleben. Aus den vor sich gehenden Assimilierungsprozessen bildeten sich die ‚Mecklenburger', die ‚Pommern', die ‚Brandenburger', die neuen ‚Sachsen' als neue deutsche Volksstämme heraus.

Die Tradition der slawischen Besiedlung wirkt bis heute in der großen Zahl der slawischen Ortsnamen im Hannoverschen Wendland, vor allem aber östlich der Elbe und Saale fort. Etwa die Hälfte aller auf dem Gebiet der heutigen DDR bestehenden Orte geht in die Epoche slawischer Besiedlung zurück und trägt slawische Namen. Das gilt auch für die Anfänge der Städte. Schwerin und Rostock, Leipzig und Dresden, Brandenburg und Berlin-Spandau sind im slawischen Siedlungs- und Wirtschaftsmilieu entstanden und bildeten die Voraussetzungen für die mittelalterlichen Städte. Schließlich lebt in der Ober- und Niederlausitz – inmitten eines deutschsprachigen Milieus – die nationale Minderheit der Sorben, als entfernte Nachkommen jenes erstmalig 630 an der Elbe und Saale von einem fränkischen Chronisten erwähnten Sorbenstammes.

8

ROMANTIK UND WIEDERERWECKUNG

Von Jöran Mjöberg

Der weiße Gott dringt nach dem Norden – ich will ihm nicht begegnen. Die alten Götter sind nicht mehr so stark wie früher; beinah zu Schatten sind sie geworden.

Henrik Ibsen, *Hjördis in ‚Die Helden auf Helgeland' 1857*

Die reiche Literatur über das nordische Altertum, die während der letzten dreihundert Jahre von Autoren in Skandinavien, England, Deutschland, Frankreich und Amerika verfaßt wurde, schöpft vor allem aus den alten literarischen Quellen, insbesondere den isländischen Sagas, den Edda- und Skalden-Dichtungen und den ‚Gesta Danorum', der dänischen Chronik des Saxo Grammaticus.

Die Sagaliteratur kann man in drei Gruppen einteilen. Bei der ersten handelt es sich um Snorri Sturlusons großes Werk ‚Heimskringla', die Geschichte der norwegischen Könige, eine breit angelegte, aber doch realistische und drastische Schilderung der Geschichte Norwegens von der vorchristlichen Zeit bis zum Ende des 12. Jhs. Dieses klassische Werk des Nordens, das von Snorri zwischen 1225 und 1240 in Island geschrieben wurde, soll im 19. Jh., als Norwegen seine Selbständigkeit wiedererlangte, in fast jedem norwegischen Bauernhaus seinen Platz neben der Bibel gehabt haben. Die zweite Gruppe bilden die Isländersagas, zum Beispiel ‚Njáls saga', ‚Laxdœla saga', ‚Egils saga', ‚Grettirs saga', ‚Gunnlaugs saga' und ‚Eyrbyggja saga', die in der zweiten Hälfte des 13. Jhs. aufgezeichnet wurden. Die dritte Gruppe sind die ‚Fornaldarsagas' (Vorzeitsagas), die später geschrieben wurden, jedoch eine weiter zurückliegende Vergangenheit behandeln und romantischer sowie populärer gehalten sind.

Die Handschrift der Älteren oder ‚Lieder-Edda' wurde in den vierziger Jahren des 17. Jhs. vom Bischof Brynjúlfur Sveinsson in Island entdeckt. Die Gedichte dieser Sammlung sind teils mythologisch, also Götterlieder, teils heroisch, also Heldenlieder. Es wird angenommen, daß sie etwa zur selben Zeit wie die Sagas niedergeschrieben wurden.

Die sogenannte Jüngere oder ‚Snorra-Edda', die von Snorri Sturluson verfaßt wurde, enthält wichtige Regeln für die altisländische Dichtkunst und eine Anzahl mythologischer Dichtungen in Vers und Prosa. Skaldische Gedichte namentlich bekannter Verfasser finden sich auch in Sagas, insbesondere in der ‚Heimskringla'.

Der dänische Mönch Saxo Grammaticus schrieb seine lateinische Chronik über die dänische Geschichte, die ‚Gesta Danorum', wahrscheinlich zwischen 1190 und 1220. Die Schilderung reicht bis in die Zeit des ausgehenden 12. Jhs., doch in den ersten Teilen findet sich eine sehr apokryphe Liste dänischer Könige, die angeblich bis in die Zeit vor Christi Geburt zurückreicht. Im ‚Nibelungenlied', dem berühmten deutschen Epos aus dem 13. Jh., findet man denselben Stoff wie in der ‚Völsunga saga' und einem Teil der Eddalieder.

Im 17. und 18. Jh. begannen Gelehrte in den nordischen Ländern, England und Deutschland damit, Übersetzungen dieser alten Werke zu publizieren. Darunter befanden sich eddische und skaldische Lieder, Saxos Chronik, Snorris Königsgeschichte und verschiedene Sagas. Seit dieser Zeit haben Literaturwissenschaftler immer wieder neue Übersetzungen dieser Werke in schwedischer, dänischer, norwegischer, englischer und deutscher Sprache herausgegeben.

Wiedergeburt der Sagas

Diese Rückbesinnung der Dichter in den nordischen Ländern auf die eigene ruhmreiche Vergangenheit erhielt weitere Impulse aus der Vorliebe für besonders geschichtsträchtige Stätten, die in den Augen der Romantiker eine fast heilige Aura besaßen. In Dänemark gehörten dazu der angebliche alte Königssitz Lejre auf Seeland *(Abb. 17 auf S. 134)*; ganz in der Nähe davon liegt Roskilde, der Platz, an dem sich die Quelle des Sagakönigs Hróar befand; und schließlich ist hier Jelling in Jütland zu nennen, das durch seine bemerkenswerten Runensteine und die Grabhügel von König Gorm und

Kupferstich von einem der berühmtesten dänischen Runensteine, aus Ole Worms ‚Monumenta Danica', aus dem Jahre 1643. Die wissenschaftliche Erforschung der nordischen Vorzeit reicht bis in die Renaissance zurück, aber die naturwissenschaftliche Aufzeichnung steckte noch in den Kinderschuhen. In diesem Stich ist die Runenschrift – auf die es Worm vor allem ankam – genau wiedergegeben, aber das Tier – es handelt sich um den Wolf Fenrir – ist völlig falsch dargestellt.

‚Sommerliches Kornfeld‘: Holzschnitt des dänischen Künstlers Sigurd Vasegaard für eine Neuausgabe des Saxo Grammaticus aus den sechziger Jahren des 20. Jhs. – bezeichnend für das heutige Interesse an Phalloskulten.

Königin Thyra aus dem 10. Jh. geheiligt wurde *(Abb. 21 auf S. 136)*.

In Schweden sind die zwei wichtigsten nationalen Stätten, die auf vorchristliche Zeit zurückgehen, zwei Orte in Uppland: Alt-Uppsala *(Abb. 16 auf S. 134)* mit den großen Hügeln seiner Königsgräber, wo auch der Asen-Tempel gestanden haben soll *(Abb. auf S. 226)*, und Sigtuna; und in Norwegen sind es die Städte Oslo, Bergen und Nidaros (Trondheim), halb mystische Orte in dem alten Königreich, das vor und während der Zeit der Christianisierung bestand.

In Island ist der Hauptort der geschichtlichen Überlieferung der alte Versammlungsplatz Thingvellir *(Abb. 1)*, doch auch andere wichtige Stätten aus den Isländersagas kommen in der neueren Literatur immer wieder vor.

Es gibt einige archäologische Stätten und Funde, die in der Literatur der Romantik die Funktion von Archetypen und Symbolen annahmen. Die wichtigsten sind Runensteine und Grabhügel, Schwerter, Speere und Helme, Trinkhörner und Harfen, Tempel und Schiffe.

Bei großen festlichen Anlässen konnten solche archäologische Klischees als Staffage verwendet werden. So wurde etwa 1792, als König Gustav III. bei einem Maskenball im Opernhaus ermordet wurde, anläßlich der Begräbnisfeierlichkeiten im Chor der Riddarholms-Kirche in Stockholm ein Grabhügel mit Gedenksteinen an den Seiten aufgebaut. Bei der Aufführung zeitgenössischer Theaterstücke nach alten nordischen Stoffen sollten Grabhügel und Runensteine dem Bühnenbild die richtige altnordische Atmosphäre verleihen: so z.B. 1801, als V.T. Galeotti in Kopenhagen das Ballett ‚Lagertha‘ des Norwegers Christer Pram mit Musik von Schall in Szene setzte. Sowohl der Däne Oehlenschläger als auch der Norweger Ibsen schrieben Dramen über einen Grabhügel: ‚Fostbrødrene‘ (‚Die Blutsbrüder‘) bzw. ‚Kjæmpehøien‘ (‚Das Hünengrab‘).

Runensteine und Grabhügel haben verschiedene ideologische Bedeutungen. Sie können zum Ausdruck elegischer Sehnsucht nach einer moralisch höherstehenden Vergangenheit werden, wie etwa im Falle des führenden schwedischen Romantikers Atterbom. Sie können auch, von stärkerer Willenskraft getragen, einen pathetischen Appell an die Einheit und den Zusammenhalt der Nation richten, wie in dem 1813 verfaßten Gedicht ‚Mindesang paa Fædres Gravhøj‘ (‚Gedenklied auf dem Grabhügel der Väter‘) von N.F.S. Grundtvig, dem Begründer der dänischen Volkshochschulbewegung und der religiösen und nationalen Wiedererwekkung in der Zeit zwischen 1840 und 1880. In Norwegen benutzten einige Autoren diese Symbole dazu, um für den besseren Schutz und die bessere Pflege der alten Denkmäler zu plädieren. In einem Gedicht des Norwegers Henrik Wergeland über den Grabhügel des Frithjof in Sogn werden sie

Das heroische Zeitalter, das sich in den Sagas widerspiegelte, übte einen unerwarteten und sehr dramatischen Einfluß auf die Phantasie des späten 18. Jahrhunderts aus. Dies war zum Teil auf ein neues Verständnis nationaler Identität zurückzuführen: Engländer, Schotten, Iren, Deutsche, Norweger, Schweden und Dänen gaben sich nicht mehr damit zufrieden, ihren Ursprung in der ihnen allen gemeinsamen antik-christlichen Kultur zu suchen, sondern begannen nach dem unmittelbaren Urgrund ihrer individuellen Existenz zu forschen. Gleichzeitig gab es eine intellektuelle Bewegung, die sich von den Eigenschaften, die das Zeitalter der Vernunft schätzte (Gewandtheit, geistige Differenziertheit, Geschmack), abwandte, und dem Primitiven und Barbarischen zustrebte. Beiden Strömungen – Nationalismus und Romantik – war eine Konsequenz gemeinsam: das Wiederaufleben des Interesses an der nordischen Welt und eine Neubewertung ihrer Errungenschaften.

Während Dichter und Künstler ihre Phantasie zwischen Barden, Helden und Göttern schweifen ließen, setzten Gelehrte Stück für Stück geduldig die Zeugnisse zusammen. Die alten Texte (die Edden, die Sagas, *Beowulf* und das *Nibelungenlied*) wurden mit Sorgfalt ediert und publiziert. Altnordisch, Angelsächsisch und Althochdeutsch wurden als Studienfächer eingeführt und mit den klassischen Sprachen auf eine Stufe gestellt. Volkskundler sammelten Geschichten, die auf dem Lande am häuslichen Herd immer noch erzählt wurden. Altertumsforscher bargen Steinplastiken, Schmuck, Schiffe und Siedlungsreste. Nach und nach wurden Fiktion und Fakten in weitgehende Übereinstimmung gebracht. Manchmal waren sogar Dichter und Gelehrter in einer Person vereint. William Morris, der lange Vers- und Prosaromanzen verfaßte, die auf den nordischen und germanischen Legenden basierten, studierte und übersetzte auch die Sagas und fuhr 1871 und 1873 tatsächlich nach Island, um seine Untersuchungen an Ort und Stelle fortzusetzen. Auf einer dieser Reisen wurde er von dem Künstler W. G. Collingwood begleitet. Nach Skizzen, die an der Stätte des alten isländischen Parlaments, Thingvellir, entstanden, malte Collingwood dieses Bild *(rechte Seite)*, das immer noch als eine in den meisten Details richtige Darstellung gilt. Die ‚Große Versammlung‘ (Althingi) der Nordgermanen findet in den Sagas immer wieder Erwähnung. Hier stellten die unabhängigen Bauern ihre Verkaufsstände auf, besuchten einander und erörterten öffentliche Angelegenheiten. Rechtliche Beschlüsse und Urteile, wie Ächtung usw., wurden gefällt und durch demokratische Übereinstimmung verkündet. Das Gemälde ist insofern durchaus typisch für seine Zeit, als es das gesamte damals verfügbare Wissen verwertet, um eine lebendige Rekonstruktion der Vergangenheit zu erreichen. (1)

Die Ossian-Manie

Ossian war tatsächlich ein Barde, der im 3. Jahrhundert lebte, aber die angeblichen Übersetzungen seiner Werke, die in den sechziger Jahren des 18. Jahrhunderts veröffentlicht wurden, stammten in Wirklichkeit aus der Feder von James Macpherson. Dennoch wurde Ossian als der nordische Homer begrüßt und in nahezu jede europäische Sprache übersetzt. *Links:* ‚Ossians letztes Lied' von N. A. Abildgaard, entstanden 1781. *Unten:* Die gestochene Titelseite der ‚Fingal'-Ausgabe von 1761. (2, 3)

Die Ossian-Begeisterung breitete sich nach Frankreich, Deutschland und sogar nach Amerika aus. Die Illustrationen zu ‚Fingal' von dem amerikanischen Maler John Trumbull *(oben)* und dem Deutschen Ph. Otto Runge *(rechts)* zeigen jedoch, wie schwer es den einzelnen Künstlern fiel, sich von klassischen Konventionen freizumachen. Runges Zeichnung könnte sich mit Flaxmans Illustrationen zur ‚Ilias' messen, wenn seine Akropolis nicht von einer Art Stonehenge gekrönt wäre. (4, 5)

Der romantische Nationalismus erreichte seinen Höhepunkt in Girodets Gemälde ‚Ossian empfängt die Krieger der Revolution im Paradies' von 1803. Ossian gehörte zu Napoleons Lieblingsdichtern, was vielleicht die weitverbreiteten Versuche, eine ossianische Ikonographie zu schaffen, erklären könnte. Jacques-Louis David schreibt: „In den Werken von Homer und Ossian und bei den primitiven Völkern, aus denen ihre Werke erwuchsen, werden wir die Mittel und Wege finden, unsere Seele und unseren Geist zu erneuern." (6)

Als ‚Wikinger' wurde ursprünglich jemand bezeichnet, der zur See auf Raubzüge ausging. Im späteren Mittelalter bedeutete das Wort einfach ‚Pirat'; erst im 18. Jahrhundert erhielt es langsam jene romantisch verklärte Bedeutung, die es heute noch besitzt. Eine illustrierte Handschrift der ‚Grettirs Saga' in Kopenhagen *(rechts)* verdeutlicht, was sich das 17. Jahrhundert unter einem Wikinger vorstellte. Grettirs Urgroßvater wird darin beschrieben als ‚ein gewaltiger Wikinger, der Beutezüge ins Westmeer unternahm'. (7)

Von den Langschiffen, die für das heutige Bild von den Wikingern von so zentraler Bedeutung sind, konnte sich fast das gesamte 19. Jahrhundert nur eine unvollkommene Vorstellung machen. Das Schiff von Gokstad wurde 1880 entdeckt, das Oseberg-Schiff erst 1904. 1889 malte Hans Gude diese Darstellung von ‚Wikingerschiffen auf der Fahrt im Sognefjord' *(unten)* und erzielte im ganzen ein bemerkenswert überzeugendes Ergebnis. Gemälde dieser Art wurden offiziell gefördert, und Szenen aus der nationalen Geschichte schmückten Rathäuser, Universitäten und Parlamentsgebäude in allen nordeuropäischen Ländern. Dieselbe Epoche sah auch den Aufstieg des historischen Romans, der – bei fortschreitender wissenschaftlicher Erkenntnis – immer genauer im Detail wurde. (8)

Wo Geschichte und Legende verschmolzen, hatte die patriotische Phantasie den weitesten Spielraum. Ragnar Lodbrok, ein skandinavischer Herrscher, der vielleicht im 8. oder 9. Jahrhundert lebte, soll Eroberungszüge nach Frankreich und England unternommen haben. Aella, der König von Northumberland, setzte ihn gefangen und ließ ihn in eine Schlangengrube werfen. Ragnars Söhne rächten ihren Vater, indem sie König Aella ermordeten. *Oben:* ‚Aellas Boten vor Ragnar Lodbroks Söhnen', ein Bild von J. A. Malmström. (9)

Die Entdeckung Amerikas durch Leif Eriksson war eine weitere beliebte Episode aus dem Grenzbereich von Legende und Geschichte. Auf Christian Krohgs Gemälde von 1893 ergreift der wikingische Eroberer das Steuerruder und zeigt aufgeregt zum Land hinüber. (10)

Die Welt der Sagas

Aus der Sehnsucht nach der Vergangenheit entstanden Bilder, die man zu ihrer Zeit für zuverlässige Darstellungen barbarischen Lebens hielt. Für uns heute tragen sie unverkennbar den Stempel des 19. Jahrhunderts. *Links:* In den dreißiger Jahren des 19. Jahrhunderts schuf Johannes Flintoe das ‚Duell in Skiringssal'. (11)

Geflügelte Helme waren bald unauflöslich mit der romantischen Vorstellung von der Wikingerzeit verbunden, obwohl niemals solche Helme gefunden wurden. *Oben:* ‚Der Abschied des Wikingers' von Herbert Gandy. Auf Nils Bergsliens Bild ‚König Harald Schönhaar in der Schlacht im Hafrsfjord' *(links)* trägt der König einen Helm mit Federbusch und ein arabisches Schwert. (12, 13)

Trotz gewissenhafter Detailwiedergabe verrät sich die Empfindsamkeit des 19. Jahrhunderts immer wieder durch einen Anflug von Rührseligkeit. F. N. Jensen stellt seinen ‚Wikinger, der eine südländische Frau entführt‘ *(unten)* in eine klassische Szenerie. Malmströms ‚Ingeborg‘ *(rechts)* sitzt auf einem Stuhl mit absolut stilgemäßer wikingischer Armlehne, als sie die Nachricht von Hjalmars Tod hört. Malmström experimentierte tatsächlich mit ‚nordischem‘ Mobiliar und Töpferware. (14, 15)

Balders Begräbnis inspirierte Sir Frank Dicksee 1893 zu seinem ‚Begräbnis eines Wikingers‘ *(unten)*. Snorri Sturluson und andere Quellen berichten, wie Balders Leichnam auf ein Schiff gelegt, das dann in Brand gesteckt und auf die einsame See hinausgeschoben wurde. Begräbnisse dieser Art fanden nachweisbar statt, obwohl sie natürlich kaum materielle Spuren hinterließen. (16)

Die mythologische Malerei empfing ihre Inspiration ausschließlich aus den literarischen Quellen des Nordens. Sie unternahm damit bewußt den Versuch, die klassische Kunst auf ihrem eigenen Boden zu schlagen, wie zwei Gemälde aus der ersten Hälfte des 19. Jahrhunderts zeigen. Constantine Hansen malte das Bankett des Riesen Aegir *(oben)*: nachdem es Loki gelungen war, sich dazu einladen zu lassen, beleidigte er systematisch alle Gäste, indem er ihr Privatleben bloßlegte und sogar die Götter dem Spott aussetzte. Schließlich vertrieb ihn Thor aus der Halle. C. W. Eckersbergs Bild *(unten)* schildert, wie der blinde Gott Höd aus Versehen Balder tötet, indem er einen Mistelzweig nach ihm wirft. Jedes Ding in der Natur hatte geschworen, Balder kein Leid anzutun, nur der Mistelzweig war zu jung, um den Schwur abzulegen. Die Götter belustigten sich, indem sie Dinge nach dem unverwundbaren Balder warfen, und Loki drückte Höd hinterlistig einen Mistelzweig in die Hand. (17, 18)

Die Wiedergeburt der Götter

‚Odins wilde Jagd' von dem norwegischen Maler Peter Nicolai Arbo kommt R. Wagner in der Heraufbeschwörung barbarischer Macht nahe. Odin war vielleicht ursprünglich ein Himmelsgott, und das Getöse des Sturmes wird im Volksglauben vieler germanischer Länder durch eine Horde wilder Reiter erklärt, die über den Wolken galoppieren. Die Reiter waren die Geister jener toten Krieger, welche die Walküren (wörtlich: ‚diejenigen, die die Erschlagenen auswählen') von den Schlachtfeldern holten. Diese Szene wurde 1872 gemalt, wenige Jahre nach der Komposition der ‚Walküre'. (19)

Dramen und Romane

Viele Romanschriftsteller und Dramatiker sahen in der Erforschung der Vergangenheit ein Mittel, um tiefgreifende Fragen über die Gegenwart zu stellen. Der Held aus Oehlenschlägers Stück ‚Jarl Håkon der Mächtige' (1808) repräsentiert die zum Untergang verdammte alte Religion, die vom Christentum überwunden wird. *Links:* Adolph Tidemands Darstellung von Håkons Tod: Håkon, der sich in einen Schweinestall geflüchtet hat, wird von seinem eigenen Sklaven erschlagen. *Unten links:* Thora an Håkons Bahre, von C. W. Eckersberg. Thora war Håkons Geliebte. (20, 21)

Das Theater erfand kühn, was sich der Erkenntnis der Historiker entzog. *Unten:* Zwei Darstellungen vorchristlicher Tempel von Johannes Flintoe (Tempel des Thor) und Thomas Bruun (Tempel der Göttin Hertha). Keiner von beiden ist auch nur im geringsten archäologisch fundiert. (22, 23)

Die ‚Frithjofssaga' von Esaias Tegnér (1825) stellte den ersten ernstzunehmenden Versuch dar, die Form der Saga wieder zum Leben zu erwecken. Die Geschichte handelt von Frithjof, dem Sohn eines Wikingers, der sich in Ingeborg, die Tochter des Königs, verliebt und sie nach vielen Rückschlägen und Abenteuern heiratet. *Unten:* ‚Ingeborgs Klage' von J. A. Malmström. (24)

Das Ende der Geschichte: Frithjof und Ingeborg werden in Balders Tempel vereint *(oben)*; eine weitere Illustration von Malmström, dessen Werke sich durch ernstes Bemühen um archäologische Genauigkeit auszeichnen. 1888 war dies durchaus möglich. Frühere Versionen von ‚Ingeborgs Klage' wie die von Boehmer (1846) *(links)* und Jensen (1830) *(rechts)* verwenden noch eine sonderbare Mischung verschiedenster historischer Details. (25, 26, 27)

Odin oder Christus

Die Konfrontation von Heidentum und Christentum fand bei den Künstlern des 19. Jahrhunderts großen Anklang, da sich hier Licht und Dunkelheit kraß gegenüberstanden. Im 20. Jahrhundert verlagerte sich das Interesse mehr auf das Heidnische an sich. Der Maler Carl Larsson war ein engagierter Altertumsforscher. Zwischen 1911 und 1915 schuf er ein großes Wandgemälde *(oben)*, auf dem er das rituelle Opfer eines Königs zur Wintersonnenwende in Alt-Uppsala darstellte. Kostüme, Waffen, Musikinstrumente und Architektur sind nach verschiedenen Quellen gezeichnet, aber insgesamt entsteht ein überwältigender Eindruck von einem alten Ritual. (28)

Der heilige Columban kam wahrscheinlich um das Jahr 563 aus dem christlichen Irland auf die noch heidnische Insel Iona. Von hier aus reiste er aufs Festland, um den heidnischen Pikten zu predigen. Auf William Holes Fresko in der National Portrait Gallery in Edinburgh *(links)* wirkt er fast wie ein viktorianischer Vertreter der ‚Evangelischen Bewegung'. (29)

Der heilige Sigfrid, der Überlieferung nach ein Priester aus York, predigte das Evangelium in Schweden und starb 1045 in Växjö. F. L. Blackstadius' Gemälde von 1866 *(rechts)* verwendet alle Bestandteile der volkstümlichen Ikonographie: der heilige Bischof als Täufer; die Kinder als Symbole der Unschuld; ein schwarzgekleideter heidnischer Priester; Krieger mit geflügelten Helmen; ein verzweifelter Barde; sogar ein Runenstein, dem ein echtes Exemplar als Vorbild diente. (30)

Die Walküren

Odins Töchter, die Walküren, waren kriegerische Jungfrauen, die die Körper der erschlagenen Krieger nach Walhall trugen und dort beim ewigen Festgelage bedienten. Geschichten über einzelne Walküren sind reichlich in den beiden Edden und in Saxo Grammaticus' ‚Gesta Danorum' vorhanden. Die berühmteste war Brynhild, die Sigurds Geliebte wurde. *Rechte Seite:* Eine feurige Darstellung des Walkürenrittes von Arbo. (34)

Schildjungfrauen ähnelten den Walküren und wurden oft mit ihnen verwechselt. Ihnen fehlte jedoch der übernatürliche Status der Walküren. *Links:* Das tragische Ende der Geschichte von Stikla und Rusla, eine Illustration zu Saxo von Louis Moe. *Unten:* ‚Der Tod der Walküre', ebenfalls von Arbo. (31, 32)

Richard Wagners Walküren spielen ihre traditionelle Rolle als Trägerinnen der Helden nach Walhall. Brunhildes Geschichte ist auch eng mit der in der Edda erzählten verbunden. Nachdem sie Wodans Gunst durch Ungehorsam verspielt hat, wird sie in Schlaf versetzt und mit einer Mauer von Feuer umgeben und nur Siegfried wird es wagen, diese Mauer zu durchdringen. *Rechts:* Vier der neun Walküren aus der Inszenierung der English National Opera von 1970. (33)

GVTHRVN

polemisch gegen eine mildere Interpretation des nordischen Charakters verwendet, wie Wergeland sie in ‚Frithjofs saga' (1825), Esaias Tegnérs großem Gedicht über diesen alten Helden, sah *(Abb. 24 – 27)*. Tegnérs Gedicht ist eine teilweise recht sentimentale Travestie einer isländischen Saga und handelt vom Wikingersohn Frithjof, der in Liebe zu der Königstochter Ingeborg aufwächst. Mit Bitterkeit sieht er, wie ihre Brüder sie dem König des Nachbarlandes, einem älteren Mann, zur Frau geben. Frithjof läßt dann durch seine Unachtsamkeit den Tempel des Gottes Balder abbrennen. Um seine Liebe und seine Schuld zu vergessen, geht er auf Wikingfahrt, doch als Ingeborgs Ehemann stirbt, baut er den Tempel wieder auf, um den Gott zu versöhnen, und gewinnt die Hand seiner Geliebten. Bis deren Sohn volljährig wird, ist er Regent des Landes.

Schwerter, Speere, Äxte und Helme sind wichtige Attribute der alten Krieger. In den Sagas tragen die Schwerter Namen und besitzen außerdem übernatürliche Eigenschaften. In dem altenglischen Gedicht ‚Beowulf' besitzt der Held ein Schwert namens Hrunting; das Schwert des Hrolf Kraki heißt Sköfnungr, und in der Schlacht singt es, wenn es den Schädel eines Feindes berührt. In der ‚Njáls saga' hat Skarphedinn eine Axt namens Rimmugýgr, die klingt, bevor sie tötet. In Norwegen schrieb J. S. Welhaven eine Romanze ‚Koll med Bilen' (‚Koll mit der Axt'), wo die Axt singt, als Koll sieht, wie sein Todfeind, zur Rache bereit, durch die Tür tritt. Schwerter mit Namen wie Mimring (nach einer Ballade) und Grimsbane, Äxte wie Jarnglumra und Ættarfylgja finden wir bei Verfassern des 19. Jhs. wie Ling und Carsten Hauch und bei der Nobelpreisträgerin Sigrid Undset in den zwanziger Jahren unseres Jahrhunderts.

In der Literatur und in der Kunst gibt es die verschiedensten Arten von Helmen: römische Helme, Helme mit Helmbüschen, Helme mit Flügeln und Helme mit Hörnern *(Abb. 12 und 13)*. In Tegnérs ‚Frithjofs saga' tritt der Titelheld in einem Helm mit Adlerflügeln auf, und in den frühen Inszenierungen von Wagners ‚Ring des Nibelungen' tragen die Personen ebenfalls geflügelte Helme. Solche Helme gab es in der Wikingerzeit nicht, wenn auch vereinzelte archäologische Funde in Dänemark beweisen, daß es zu einer viel früheren Zeit Helme mit Hörnern gegeben hat; doch wurden die Helme von späteren Autoren und Künstlern sehr stark romantisiert.

Gegen Ende des 19. Jhs. arbeiteten Künstler und Literaten in den nordischen Ländern archäologisch zuverlässiger. Als etwa Snorri Sturlusons Geschichte der norwegischen Könige 1899 in einer norwegischen Volksausgabe erschien, stellte Erik Werenskiold, der künstlerische Leiter und Haupt-Illustrator der Ausgabe, einen Helm ohne Flügel oder Hörner dar *(Abb. auf S. 227)*, aber mit einem Nasenschutz, wie er in Hefner-Altenecks deutscher Übersicht über Kleider und Gerätschaften abgebildet und auf die Zeit 1060–1220 datiert ist.

Nicolai Wergeland, ein norwegischer Pfarrer und Literaturkritiker (der Vater des Dichters Henrik Wergeland), stellte 1831 in einer Rezension fest, daß in keinem nordischen Drama das Trinkhorn fehle. Als der schwedische Dichter Erik G. Geijer 1817 eine Professur für Geschichte in Uppsala bekam, machten ihm Studenten ein Trinkhorn zum Geschenk. Noch heute können Touristen, die Alt-Uppsala mit seinen Grabhügeln besichtigen, dort in einem Lokal Met aus silberbeschlagenen Trinkhörnern trinken.

Die Harfe ist das beliebteste Musikinstrument in der Literatur der Romantik. Der Gott Bragi z. B. spielte Harfe, und die ‚Ynglinga saga' erzählt von den Harfenspielern des Königs Hugleikr. Neben den bekannteren größeren Harfen gab es auch eine kleinere Art dieses Instruments, die von der Oberschicht verwendet wurde und aus den mittelalterlichen Balladen bekannt ist; man fühlt sich an die ovale Leier erinnert, die in dem aus dem 7. Jh. stammenden Grab von Sutton Hoo in England gefunden wurde. Auf den Portalen einiger norwegischer Stabkirchen aus dem frühen 12. Jh. ist Gunnar, einer der Helden der ‚Völsunga saga', dargestellt, wie er mit seinen Zehen die Harfe schlägt *(Abb. auf S. 16)*. Die romantischen Dichter und Künstler glaubten, daß die Skalden sich selbst auf der Harfe begleiteten, wenn sie ihre Dichtungen vortrugen: eines der besten Beispiele dafür ist Geijers Gedicht ‚Den siste Skalden' (‚Der letzte Skalde'). Das häufige Vorkommen der Harfen in den Werken der Romantiker kann auf Einflüsse der keltischen Wiedererweckungsbewegung zurückgehen, denn in Ossians Gesängen spielen die Barden Harfe und singen *(Abb. 2)*.

Wenige altnordische Motive haben Dichter und Künstler zu so romantischen Ausschweifungen verführt wie die heidnischen Tempel (altnordisch *hof*). Konkrete Überreste von Tempeln, die den Asen geweiht waren, gibt es nicht, deshalb mußten die Dichter der Romantik auf literarische Quellen zurückgreifen. Adam von Bremen, der deutsche Historiker, der im 11. Jh. Skandinavien besuchte, beschreibt den Tempel in Uppsala; in der ‚Eyrbyggja saga' findet sich die Beschreibung eines *hof* in Westisland, und Saxo Grammaticus berichtet von einem Tempel auf Rügen, der dem Gott Svantevit geweiht war und von den Dänen abgebrannt wurde. Aber bislang konnten die Archäologen nur ein einziges Gebäude eindeutig als Tempel identifizieren, den Tempel von Groß Raden *(Abb. auf S. 195)*.

Die kuriosesten Darstellungen heidnischer Tempel gibt es in der Kunst und Literatur vom Ausgang des 18. und Anfang des 19. Jhs. 1785 wurde in Kopenhagen ein ‚heroisches Schauspiel' von Brigitte Catherine Boye aufgeführt. Der Künstler Thomas Bruun fertigte den Entwurf für das Bühnenbild an; darauf sieht man den Tempel der Göttin Hertha, bestehend aus einer Höhle in einem Hügel, eingerahmt von Runensteinen, mit einem verhüllten Götterbild und einem Altar, der an ein Hünengrab erinnert *(Abb. 23)*. Der norwegische Künstler Johannes Flintoe malte im Jahre 1818 einen ‚Thorstempel' *(Abb. 22)*: in einem Bauwerk, das aussieht wie eine gotische Kirche, sieht man im Vordergrund eine Opferschale und einen Opfertisch und im Hintergrund, in der Apsis hinter einer Chorschranke, ein Bild des Gottes Thor, der einer Christusgestalt ähnelt.

Die englische Geschichte wurde in ähnlicher Weise wie die skandinavische patriotisch umgedeutet, obwohl England keine Edda und auch keine Sagas hervorgebracht hatte. Eine eigene, durchweg englische Mythologie fehlte also. Walter Scott und Bulwer Lytton aber schufen die Vergangenheit neu und umgaben sie mit heldischem Glanz. Daniel Maclise gehörte zu den zahlreichen Künstlern, die ähnliche Ideen in die Malerei einbrachten. Sein Bild ‚Alfred als Spielmann verkleidet im Zelt von Guthrum dem Dänen' von 1852 mag zwar historisch fragwürdig sein, ist aber dafür als Darstellung ein Meisterwerk. Winston Churchill sagte dazu: „Wenn es solche Episoden nicht gab, dann hätte es sie geben *müssen*.“ (35)

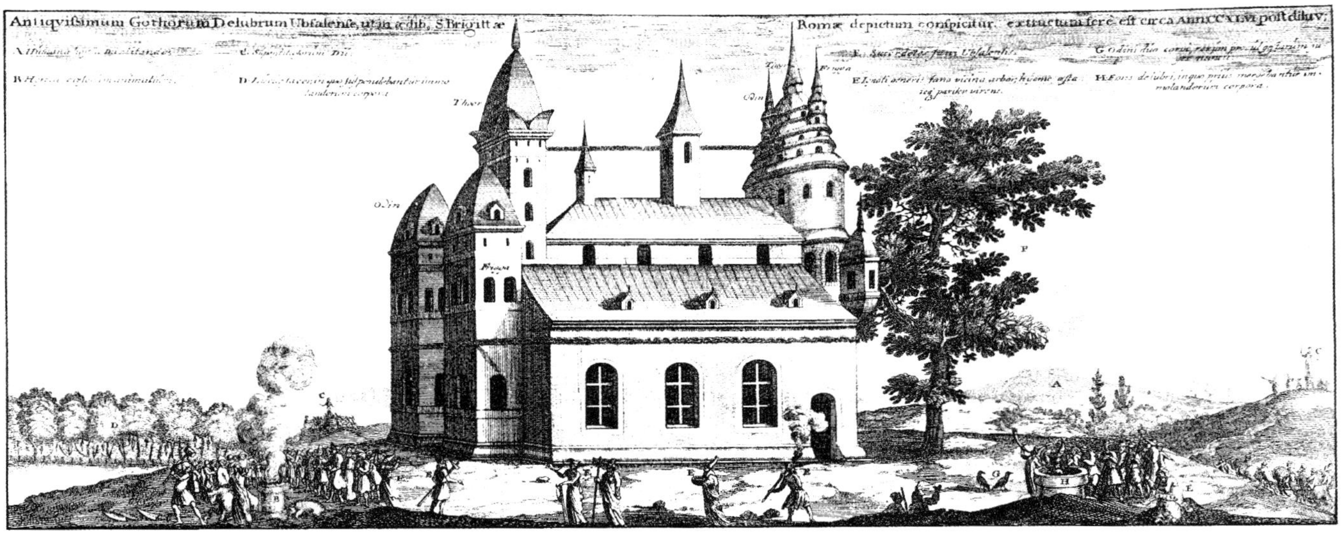

Der Tempel in Alt-Uppsala, wie ihn sich Erik Dahlbergh 1720 vorstellte. Jeder Turm ist einer bestimmten Gottheit geweiht. Im Vordergrund nehmen Priester verschiedene Kulthandlungen vor; die zwei Vögel unter dem Baum sind Odins Raben.

In ‚Frithjofs saga' gibt Esaias Tegnér eine seltsame und eigenwillige Beschreibung des Tempels, den Frithjof baut, um Balder, den Gott der Güte, zu versöhnen. Der runde Tempel, der von einem schmiedeeisernen Gitter umgeben ist, zeigt zwei Säulenreihen, eine Kuppel und ein kupfernes Portal. Ein Gelehrter hat Tegnérs Tempel als Symbol der Synthese von Nordischem und Klassischem gedeutet, ein anderer glaubt, Tegnér habe den Eindruck vermitteln wollen, Stonehenge sei in Norwegen wiedererrichtet worden.

Thomas Bruuns Altar, der aussieht wie ein Hünengrab, hat eine Parallele bei dem dänischen Theologen und Kirchenlieddichter N. F. S. Grundtvig, der 1808 ein Gedicht über ein steinzeitliches Grab in Gunderslev Skov auf Seeland schrieb. Das Grab fungiert als Altar, vor dem der Dichter tränenüberströmt auf die Knie sinkt, um die Götter zu rühmen.

In der romantischen Literatur des 19. Jhs. nahm das Schiff oder der ‚Drachen' eine zentrale Stelle als Attribut der Wikinger ein. Den größten Teil des Jahrhunderts hindurch wußte man sehr wenig darüber, wie die Schiffe der alten Nordmänner ausgesehen hatten. Die Schiffe von Gokstad und Oseberg *(Abb. 32–34 auf S. 140/41)*, die heute Symbolfunktion für die Wikinger haben, wurden erst 1880 bzw. 1904 ausgegraben. In ‚Frithjofs saga' hat das Heck von Frithjofs Schiff einen geringelten Drachenschwanz wie ein Fabeltier *(Abb. auf S. 228)*. 1879, ein Jahr bevor das Gokstadschiff gefunden wurde, stellte der norwegische Maler Nils Bergslien König Harald Schönhaar in der Schlacht im Hafrsfjord dar *(Abb. 12)* – mit einem arabischen Krummsäbel und einem Helm mit Federbusch am Heck eines Schiffes stehend, das ebenso phantasievoll wie seeuntüchtig wirkt und am ehesten an die Karavellen der Renaissance erinnert. Ein Beispiel für die Ansprüche, die man in den letzten Jahren an die archäologische Zuverlässigkeit stellt, ist eine Illustration von Eric Palmqvist zu Jan Fridegårds im 9. Jh. spielenden Roman ‚Trägudars land' (‚Das Land der hölzernen Götter', erschienen 1944, illustrierte Ausgabe 1961); darauf sieht man einen glattrasierten Mönch, der über einen Steg auf ein Schiff steigt *(Abb. auf S. 228)*, das eine direkte Nachzeichnung des Gokstadschiffes ist.

Götter und Menschen

Die ‚Lieder-Edda' beschreibt sowohl Götter als auch Helden. Am Ausgang des 18. Jhs. und in der ersten Hälfte des 19. Jhs. scheinen Darstellungen der Götter in der bildenden Kunst, vor allem in der Plastik, häufiger zu sein als in der Literatur. Zu den Autoren, die über die Götter dichten, gehören der große dänische Romantiker Oehlenschläger, der zahlreiche Romane, Dramen und lyrische Gedichte über mythologische Themen verfaßte, und sein jüngerer Zeitgenosse Grundtvig. Die Götter, die am häufigsten vorkommen, sind Odin, Thor, Freyr, Balder, Bragi, Heimdall, Frigg, Freyja und der Dämon und Unruhestifter Loki. In dieser Literatur sind sie teils als blasse, steife Figuren im Geist des Klassizismus dargestellt, teils als archaische Gestalten, die eine Welt blutiger Opferrituale heraufbeschwören.

Im 19. Jh. gab es häufig Wettbewerbe für die Verwendung altnordischer Themen in Aufsätzen und in Werken der bildenden Kunst. Die schwedische Kunstakademie veranstaltete zwischen 1840 und 1880 eine ganze Reihe solcher Wettbewerbe. Die Themen waren entweder mythologisch oder heroisch: das erste mythologische Thema hieß ‚Heimdall übergibt Freyja das Schmuckstück Bryting', und im Jahre 1873 lautete es ‚Thor verwundet, ohne es zu wissen, seinen Sohn'. Die kaiserliche Kunstakademie in Moskau feierte ihr hundertjähriges Bestehen 1864 mit einem Wettbewerb über das Thema ‚Ein Fest in Walhall', wobei Odin dargestellt werden sollte, umgeben von Asen und Helden und mit den Raben Hugin und Munin auf den Schultern.

Die Götter sind in der Literatur recht archetypisch dargestellt, und dies gilt in noch größerem Maß für bestimmte menschliche Gestalten, wie etwa den Wikinger, den Bauern, den Skalden, die Saga-Frau und die von der Volksüberlieferung geprägte Walküre.

Die Herkunft des Wortes *víkingr* (‚Wikinger') ist umstritten; Kriegszüge zur See – *ligga i viking* – wurden schon früh, vor Beginn der eigentlichen Wikingerzeit, durchgeführt, und bereits im 7. Jh. kommt das Wort ‚Wikinger' in dem englischen Gedicht ‚Widsith' vor, wo es einen Seekrieger bezeichnet. Nach der Wikingerzeit scheint sich seine Bedeutung verschlechtert zu haben, so daß es vom Spätmittelalter bis ins 18. Jh. oft gleichbedeutend mit ‚Seeräuber' war. In der romantischen Literatur des 19. Jhs. wird das Wort ‚Wikinger' abwechselnd im Sinne von ‚Kämpe' (ein Krieger zu Land) und ‚Seekönig' (ein Krieger zur See) verwendet. Die Idealisierung des Wortes ‚Wikinger' und der damit verbundenen Vorstellungen geht wahrscheinlich auf die schwedischen Dichter Tegnér und Geijer zurück.

Die moralische Prägung der Wikinger-Charaktere ist bei den einzelnen Autoren sehr verschieden. Einige von ihnen – Oehlenschläger, Tegnér und Runeberg etwa – humanisieren ihre Wikinger ganz deutlich. An Oehlenschlägers König Helge, Tegnérs Frithjof und Runebergs König Fjalar ist ein versöhnlicher, fast christlicher Zug nicht zu übersehen. Andere Autoren dagegen haben weniger Hemmungen, sich mit allen Seiten des Wikinger-Charakters abzufinden: in Geijers berühmtem Gedicht ‚Vikingen' (‚Der Wikinger') findet sich keine Kritik am blutigen Treiben des Hauptheldеn, seinen Überfällen auf fremde Länder, seinen Kämpfen und seinem rücksichtslosen Frauenraub. Als der neugewählte schwedische Kronprinz Karl August von Holstein 1810 in seine neue Heimat kam, verfaßte Pehr Henrik Ling (der u. a. auch der Begründer der schwedischen Gymnastik war) ein Gedicht, in dem er davon sprach, daß die Schweden einst mit der gleichen Gemütsruhe den Met des Festes und das Blut der Kämpen tranken.

Das genaue Gegenteil des Wikingers ist der Bauer, der in der Literatur der Romantik ebenfalls verherrlicht wird. Geijer verfaßte nicht nur ‚Vikingen', sondern auch ein Gedicht ‚Odalbonden' (‚Der Freibauer'). Das geruhsame Leben des Bauern versinnbildlicht die Kontinuität der Geschichte. Eine Reihe von romantischen Schriftstellern stellte den tatendurstigen Wikinger und den friedliebenden, arbeitenden Bauern bewußt neben- und gegeneinander: Geijer, Tegnér, Oehlenschläger, der Norweger Bjørnstjerne Bjørnson, der Schwede Verner von Heidenstam und schließlich der isländische Romancier Gunnar Gunnarsson.

In der romantischen keltischen Literatur, z. B. in den Gesängen Ossians, trägt der Dichter die Bezeichnung ‚Barde' und wird gerne in monumentaler Haltung auf der Spitze einer Klippe stehend dargestellt. Diese dichterische Konzeption findet sich auch in der skandinavischen Literatur der Zeit um 1800, doch ist sie dort sehr viel seltener als der Typ des Dichters, wie man ihn aus den isländischen Sagas kennt. Die Romantiker benützten zuweilen die Gestalten der Skalden, die in den bekannteren Sagas genannt werden, doch sie schufen nach solchen Vorbildern auch ihre eigenen Skalden. Diese Gestalten sind entweder hart und derb oder mild und gütig. Denselben Gegensatz findet man in den Schilderungen der Frauen der Sagazeit. Die harten Frauentypen gehen auf Brynhild in der ‚Völsunga saga', Hallgerd in der ‚Njáls saga' und Gudrun in der ‚Laxdœla saga' zurück; alle sind sie stolze Frauen, die die Männer zur Rache aufhetzen. Solche Frauengestalten finden sich bei Grundtvig und Oehlenschläger, Ibsen und Bjørnson, wohingegen Heldinnen des milden, zärtlichen und treuen Typs – oft neben ihren härteren Schwestern – u. a. bei Oehlenschläger und Tegnér vorkommen. Die Wandmalereien des Malers Hans Gude im Schloß Oscarshall in Oslo (1849) ergehen

Die historische Forschung führte zu größerer Genauigkeit bei der Darstellung von Details, wie z. B. Waffen. In seinen Illustrationen zu einer 1899 erschienenen Ausgabe von Snorri Sturluson verzichtete Erik Werenskiold auf die romantische Vorstellung von geflügelten und gehörnten Helmen und zeigte einen solchen mit Nasenschutz.

sich in Phantasien über die Wikingerfrau Ingeborg und ihr empfindsames und stilles Liebesleben.

Die Walküre *(Abb. 31–34)* schließlich ist ein übernatürliches Wesen, das nach dem Kampf auf das Schlachtfeld kommt und die toten Krieger nach Walhall, der Wohnung der Götter, geleitet. Literarische Beschreibungen von Walküren werden häufiger, nachdem Richard Wagner um die Mitte des 19. Jhs. seine dem altgermanischen Geist verpflichteten Opern geschrieben hatte.

Die Wurzeln der Romantik

Schon im 18. Jh. wird in der Literatur der nordischen und anderer europäischer Länder ein auffallendes Interesse an altnordischen Motiven deutlich. Eine Reihe von Schriftstellern, z. B. der Schweizer Paul-Henri Mallet, übersetzten Werke der altnordischen Literatur und benützten verwandte Motive als Grundlage für ihre eigenen Dichtungen. Klopstock, der sich wie Mallet im dritten Viertel des 18. Jhs. in Kopenhagen aufhielt, reicherte sein Drama ‚Die Hermannsschlacht' mit einigen nordischen Götternamen und einer Hymne an Wodan, d. h. Odin, an, doch die Grundstimmung des Stückes ist ossianisch; das Gedicht ‚Skulda' hingegen handelt von der Norne dieses Namens, die Macht über das Schicksal der Skalden hat. Unter den deutschen Dichtern wäre noch Johann Gottfried Herder zu nennen, der in den siebziger Jahren des 18. Jhs. die ‚Vegtamskvida' aus der ‚Lieder-Edda' und die ‚Darradarljód' auf der ‚Njáls saga' übersetzte. Herder schrieb auch einen Aufsatz über Ossian, den er für einen der altnordischen Literatur sehr verpflichteten Volksliеddichter hielt.

Ossian war ein sagenumwobener keltischer Barde, der wahrscheinlich im 3. Jh. n. Chr. lebte, von dessen Werken aber keines tatsächlich erhalten ist. Ab 1761 veröffentlichte James Macpherson verschiedene Epen Ossians, und 1765 gab er ‚The Works of Ossian' (‚Ossians Werke') gesammelt heraus. Obwohl Macpherson behauptete, er habe alles nach originalen Texten übersetzt, konnte er diese Originale nie beibringen, und heute weiß man, daß er aus Bruchstücken echter mündlicher Überlieferungen lange Romanzen spann, die hauptsächlich seine eigene Erfindung waren. Seine Zeitgenossen betrachteten die Gedichte jedoch als authentische Zeugnisse nordischen Geistes, der ‚Ilias' und der ‚Odyssee' durchaus ebenbürtig. Sie beeinflußten praktisch alle Autoren *(Abb. 2–6)*, die sich gegen Ende des 18. Jhs. mit nordischen Themen beschäftigten, und selbst Napoleon nahm sie mit auf seine Feldzüge. Sie sind eher sentimental und elegisch als heroisch, haben aber viele rein nordische Züge. In dem Epos ‚Fingal' z. B. wird der irische Fürst Cuthullin von einer Flotte unter der Führung des norwegischen Wikingerkönigs Swaran überfallen. Cuthullins Späher Moran beschreibt den mörderischen Wikingerkönig eher poetisch als realistisch: „Ich erblickte ihren Anführer, groß wie ein glitzernder Felsen. Sein Speer ist eine abgestorbene Tanne. Sein Schild der aufgehende Mond! Er saß am Strand, wie eine Nebelwolke auf dem stillen Hügel! Viele, o Häuptling der Helden, sagte ich, viele Krieger haben wir. Wohl nennt man dich den mächtigen Mann; doch viele mächtige Männer sieht man von Turas windigen Mauern."

In England veröffentlichten der Volksliedersammler Thomas Percy – ‚Five Pieces of Runic Poetry' (‚Fünf Stücke runischer Dichtung'), 1763 –, Amos Cottle und der große vorromantische Dichter Thomas Gray Ossian-Übersetzungen. Gray schrieb auch die ‚pindarische Ode' ‚The Bard' (‚Der Barde'), in der in typisch sentimentaler Weise nordische und keltische Elemente miteinander vermischt werden, und die damit endet, daß sich der Barde von der Höhe des Felsens hinunter in die Tiefe stürzt.

Einer der großen Romantiker, Robert Sothey, hatte Pläne für ein episches Gedicht über die Geschichte Harald Schönhaars aus der ‚Heimskringla', und in einem freundschaftlichen Gedicht an den Übersetzer Amos Cottle schreibt er, für den nordischen Geist charakteristisch sei die Wildheit:

Wild der runische Glaube
Und wild die Länder, wo nordische Helden
Und Skalden erwuchsen, und daher kommend
die ungebändigte Wildheit
der kraftvollen Lieder des Skalden ...

Von Mallet inspiriert, nahmen sich auch französische Autoren altnordischer Themen an. Bernardin de Saint-Pierre, der auf einer Reise nach Finnland Eindrücke gesammelt hatte, verwendete die altnordische Mythologie in seinem didaktischen Roman ‚L'Arcadie' (‚Arkadien'), und der Komponist Lesueur schrieb eine Oper ‚Ossian, ou les bardes' (‚Ossian oder die Barden'), die ihm die allerhöchste Anerkennung Napoleons in Form einer Schnupftabaksdose einbrachte. Dagegen ist nicht sicher, ob der französische Maler Anne Louis Girodet eine ähnliche Belohnung erhielt für das ‚ossianische' Motiv, das er 1803 in Bonapartes Lustschloß Malmaison malte: Französische Soldaten ziehen in Walhall ein, wo sie von Barden (Schatten aus Ossians Sagenwelt), Walküren und harfespielenden Seejungfrauen empfangen werden. In Finnland schrieb der Dichter J. L. Runeberg in den vierziger Jahren des 19. Jhs. seine tragische Geschichte ‚Kung Fjalar' (‚König Fjalar') in einer Mischform zwischen romantischem Gedicht und griechischem Drama, mit vielen ossianischen Ortsnamen und Figuren.

Unter den dänischen Autoren ist Johannes Ewald ein typischer Vertreter der empfindsamen vorromantischen Bewegung. Seine Tragödie über den Sagakönig Hrolf Kraki ist von Klopstocks ‚Hermannsschlacht', Ossians Gesängen, Saxos Chronik, Shakespeare und Voltaire beeinflußt. Sein Ziel war es, eine Tragödie im Geist der Klassik zu schaffen, auch als er einige Jahre später das Drama ‚Balders Død' (‚Balders Tod') schrieb. Ewalds Kenntnisse der altnordischen Mythologie und Kultur waren dürftig. Er hatte großes Interesse an den Gedichten Ossians und versuchte, mit Macpherson brieflichen Kontakt aufzunehmen, um Melodien zu Ossian zu bekommen. Er plante auch eine Reise durch den Norden Schottlands, auf die Orkney-Inseln und nach Island, um dort nach Liedern zu suchen, die Macphersons Sammeleifer entgangen sein könnten.

Zwei dänische Autoren, P. F. Suhm und O. J. Samsøe, verfaßten Erzählungen über das nordische Altertum. Suhm, der auch eine vierzehnbändige Geschichte Dänemarks schrieb, stützte sich auf Saxos Chronik und verwendete einen umständlichen, sentimentalen und moralisierenden Stil. Stellenweise schuf er höchst unwahrscheinliche Situationen, wie z. B. in der Erzählung ‚De tre Venner' (‚Die drei

Die Abbildungen von Wikingerschiffen wurden sehr viel genauer, nachdem das Oseberg- und das Gokstad-Schiff entdeckt worden waren. Frithjofs Schiff Ellida, auf einem Stich zu Esaias Tegnérs ‚Frithjofs saga' (1825), zeigt die Auswüchse der Romantik. Im Gegensatz dazu ist Eric Palmqvists Schiff für Jan Fridegårds ‚Trägudars land' (1961) archäologisch einwandfrei.

Freunde'); wo er eine Gruppe von Fischern bei der Arbeit das Eddalied ‚Voluspa' (‚Der Seherin Gesicht') singen läßt.

In den siebziger Jahren des 18. Jhs. gründeten einige in Kopenhagen wirkende norwegische Dichter ‚Det norske Selskab' (‚Die norwegische Gesellschaft'), die später ausgesprochen norwegisch-national wurde. Unter den Gründern war Johan Nordahl Brun, der spätere Bischof von Bergen. Er verfaßte eine Tragödie über Einer Tambeskielver, den berühmten Bogenschützen König Olaf Tryggvasons. Diese Tragödie orientiert sich am französischen Geschmack, nur in einer Szene, in der Einers Frau Bergljot davon träumt, den Mord an ihrem Gatten zu rächen, gelang es Brun, eine echt altnordische Atmosphäre zu schaffen.

In Schweden beschäftigten sich mehrere Autoren des 18. Jhs. mit altnordischen Themen. Olof von Dalin, der zeitweilig Erzieher des zukünftigen Königs Gustav III. war, schrieb schon in den dreißiger Jahren des Jahrhunderts eine Tragödie in französischer Manier über Brynhild, die unnachgiebige Heldin der ‚Völsunga saga', an der sich später Richard Wagners Interesse entzündete. Um die Jahrhundertmitte verfaßte der Pfarrer Jacob Mörk, inspiriert vom schwedischen Erobererpathos des 17. Jhs., Romane über altnordische Themen. Und Thomas Thorild endlich, ein Stürmer und Dränger, der seine Tage als Professor an der damals schwedischen Universität Greifswald beschloß, schrieb ein Gedicht ‚Harmen' (‚Ärger') über den Gott Thor, in dem er sein eigenes revolutionäres Pathos und seinen Verdruß über die Schlechtigkeit der Welt in der Gestalt des starken Gottes ausdrücken konnte, der seinen Blitz über die Erde schleudert.

Bilder des nordischen Altertums

Die Architektur des Balder-Tempels, wie er von Tegnér in ‚Frithjofs saga' beschrieben wurde, war von der Antike beeinflußt. Weder Künstler noch Schriftsteller wußten etwas über Zeit- und Lokalkolorit. Im Jahre 1836 illustrierte der Norweger Adolph Tidemand Tegnérs Werk mit der Darstellung einer Liebesszene zwischen Frithjof und Ingeborg, wobei ersterer Helm, Rock und Brustharnisch römischen Typs, Ingeborg aber ein klassisches oder eher klassizistisches Gewand trägt. Ein anderer Norweger, P. N. Arbo, stellt noch 1885 zwei nordische Krieger mit römischen Helmen und auf einem von zwei Pferden gezogenen römischen Streitwagen dar. Der schwedische Künstler J. A. Malmström, der 1868 ‚Frithjofs saga' illustrierte *(Abb. 24, 26)*, verwendete viele bronzezeitliche Details, während die deutschen Illustrationen desselben Werkes – von Boehmer, Huhn, Naue, Hoffmann und Klein - sich durch ein buntes Stilgemisch auszeichneten. Das Hochmittelalter lieferte den Hintergrund für Schnorr von Carolsfelds Bilder zur Siegfriedsage *(Abb. 30, 31 auf S. 28–29)*, die von Wagner inspiriert sind.

Der Stil von Oehlenschlägers großem Zyklus ‚Nordens Guder' (‚Die Götter des Nordens') scheint sich bewußt an die italienische Renaissance anzulehnen. Die englische Renaissance hatte auf verschiedene Romantiker Einfluß: Shakespeare war durch Übersetzungen in die nordischen Sprachen, die zu Beginn des 19. Jhs. entstanden, und durch die kurz vorher erschienenen deutschen Übersetzungen aktuell. In verschiedenen Dichtungen finden sich Nachahmungen der Hexenszenen aus ‚Macbeth', allerdings in altnordisches Milieu verlegt. Aber die Schauerromantik kann auch direkt auf altnordische Quellen zurückgehen. In N. F. S. Grundtvigs Tragödie ‚Vagn Aagesen' will der Jarl Håkon seinen Sklaven Karker auf einem aus den Totenschädeln seiner Feinde aufgeschichteten Hügel opfern – eine Szene, die von der ‚Ragnars saga lodbrókar' inspiriert ist. In der Tragödie ‚Sigurd Ring' des Schweden Erik Johan Stagnelius wendet sich eine dänische Königstochter voller Abscheu von König Sigurd ab und nennt ihn einen Barbaren, der die Eingeweide von Wölfen gegessen und Blut aus Totenschädeln getrunken hat. In den ‚Poèmes barbares' (‚Barbarische Gedichte') des Franzosen Leconte de Lisle (1862) finden sich sieben oder acht Gedichte mit altnordischen Motiven. ‚L'épée d'Angantyr' (‚Angantyrs Schwert') baut auf der ‚Hervarar saga' auf. Die Walküre Hervör bittet ihren toten Vater in seinem Grabhügel, ihr sein Schwert zu geben – wenn er ihren Wunsch nicht erfüllt, sagt sie, so werde sie den wilden Wolf rufen, damit er seine Gebeine aus dem Grab ziehe und zermalme. In ‚Le Cœur d'Hialmar' (‚Hjalmars Herz') bittet der sterbende Sagaheld den Raben, ihm das Herz aus der Brust zu reißen und es seiner Geliebten zu bringen.

Es lassen sich also Einflüsse aus dem Mittelalter, aus der Renaissance und aus dem Klassizismus erkennen, und selbst Einflüsse aus dem Rokoko sind nicht ungewöhnlich. In Dänemark schwelgt Adam Oehlenschläger in einer Beschreibung der prallen Hüften, schwellenden Schenkel und zarten Seidenhosen der verführerischen Königin Oluf, als diese auf einem Gemälde von Pater oder Boucher wie eine Nymphe im Bade sitzt. In Schweden spricht Tegnér mit Genuß von Ingeborgs schönem Busen, während Pehr Henrik Ling einen lüsternen Blick auf die nackten Knie der Liebesgöttin Lofn wirft!

Im späten 19. Jh. entwickelte sich bei den nordischen Künstlern eine Art Wagner-Stil, für den Darstellungen attraktiver Walküren mit geflügelten Helmen typisch sind *(Abb. 34)*. Ein Gemälde von Odins Wilder Jagd des Norwegers Arbo (1872) kann durchaus mit der Schlußszene einer Wagneroper verglichen werden *(Abb. 19)*, und in den achtziger und neunziger Jahren des 19. Jahrhunderts schufen Stephan Sinding und Hans Heyerdahl Werke wie den Walhall-Fries bzw. ‚Helheim und Brynhild', die beide stark an Wagner erinnern.

Der Siegeszug von Realismus und Naturalismus (Dikkens, Flaubert, Tolstoi, Zola) trug dazu bei, daß bei der Darstellung von Themen aus alter Zeit größere historische Genauigkeit gefordert wurde. Man erwartete genau zutreffende Milieuschilderungen. Es ist bezeichnend, daß etwa der schwedische Graphiker J. A. Malmström, der 1860 ‚Frithjofs saga' mit Requisiten aus der Bronzezeit illustriert hatte, zwanzig Jahre später dasselbe Werk mit sehr viel authentischeren Bildern versah *(Abb. 24, 26)*.

Um die Wende vom 18. zum 19. Jh. wurde eine lebhafte Diskussion über die Verwendbarkeit altnordischer Motive in der Kunst geführt. Herder publizierte zu diesem Thema einen Dialog zwischen Freyr, der die klassische Kultur verteidigt und die nordischen Götter allzu roh findet, und Alfred, der Herders eigene Anschauung vertritt und in der nordischen Mythologie viel Edles entdeckt. Schiller griff die Frage ein Jahr später auf, doch seine Haltung war viel ablehnender: ihm hatten die nordischen Götter zu viel Ähnlichkeit mit ihm selber und seinen Zeitgenossen und waren deshalb nicht poetisch genug. Goethe war der Ansicht, der nordische Sagenschatz sei voller Humor und rege die Phantasie an, doch gleichzeitig viel zu ossianisch-nebelhaft und zu wenig anschaulich, um Dichter zu inspirieren.

1799 veranstaltete die Universität Kopenhagen einen Aufsatzwettbewerb über die Frage, ob es für die Literatur von Vorteil wäre, wenn die griechische Mythologie durch die altnordische ersetzt würde. Sämtliche Teilnehmer bejahten die Frage. Einer von ihnen war Adam Oehlenschläger, der fand, die nordische Mythologie sei unverbrauchter und weniger abgenützt als die antike. Grundtvig fand 1808, die griechischen Götter seien ihrer äußeren Erscheinung nach überlegen, doch würden sie von den nordischen Gottheiten an Charakter und Kraft übertroffen. Wilhelm Grimm meinte 1820, die griechische Mythologie sei reicher an geistigen Symbolen als die nordische. Eine eher satirische Haltung nahm im selben Jahr der Schwede J. M. Stiernstolpe in seinem Gedicht ‚Mythologierne eller Gudatvisten' (‚Die Mythologien oder der Zwist der Götter') ein, in dem sich Thor betrinkt und Göttinnen belästigt. Auch Zeus, der oberste der griechischen Götter, tritt auf; er hält die nordischen Götter zum Narren und fragt, ob es sich lohne, Barbaren zu preisen, die Blut auf ihre Altäre gegossen haben. Von den Wikingern, sagt Stiernstolpe, passen die ärgsten Raufbolde und Säufer am besten in das Paradies der Krieger in Walhall.

Odin oder Christus?

In der ersten Hälfte des 19. Jhs. wurde die Konfrontation von Heidentum und Christentum eines der beliebtesten Themen der Literatur und der bildenden Kunst. Man kann drei grundsätzliche Haltungen unterscheiden: das Hauptgewicht wird auf die vorchristliche Religion selbst gelegt, das Heidentum wird als Vorausdeutung auf das Christentum gesehen, oder die Einführung der neuen Religion wird im Nachhinein als das Ziel aller Wünsche interpretiert.

Zu den Verfassern, die das Hauptgewicht auf die alte Religion legten, gehörten N. F. S. Grundtvig in Dänemark (in seinen jüngeren Jahren), Erik Gustaf Geijer in Schweden und bis zu einem gewissen Grad auch die führenden norwegischen Romantiker Henrik Wergeland und J. S. Welhaven. Grundtvig erklärte 1808, es sei das schmerzhafteste Erlebnis seiner Kindheit gewesen, als er in Huitfeldts dänischer Chronik las, daß man nichts über die alten Götter wisse. Etwa zur selben Zeit schrieb er das Gedicht ‚Gunderslev Skov' (‚Der Wald von Gunderslev'), in dem er sich vor dem Altar der Asen auf die Knie werfen will und die rhetorische Frage stellt: „Wie kann man den großartigen Kampf zwischen Licht und Finsternis erleben, ohne die Asen zu verehren?" In seinen Dramen der Jahre 1808 und 1810 schlägt sein Herz insbesondere für den Sagahelden Palna-Toki, der zum Symbol des untergehenden nordischen Heidentums wird.

In der Lyrik seines Zeitgenossen Erik Gustaf Geijer finden wir zwei Gestalten, die in ähnlicher Weise die alte Religion symbolisieren: ‚Den siste Kämpen' (‚Der letzte Krieger') und ‚Den siste Skalden' (‚Der letzte Skalde'). Der erstere ist nicht mit Wasser, sondern mit Blut getauft, er lehnt den christlichen Himmel ab und sehnt sich nach Walhall. Sein Glaube an die Herrlichkeit und Kraft der Asen ist unerschütterlich, und wie der Barde bei Thomas Gray stürzt er sich von einem Felsen ins Meer. Der letzte Skalde hört eine Stimme, die ihn nach Walhall ruft; Krieger wie Skalde sind todgeweihte Gestalten, die untergehen müssen, weil in der neuen Zeit kein Platz für sie ist. Doch in ihrem prometheischen Trotz drückt sich ein romantischer Widerstand gegen Verweichlichung und Verfall der Gegenwart aus.

In Norwegen schrieb Henrik Wergeland in den dreißiger Jahren des 19. Jhs. das Gedicht ‚Et gammelnorskt Herresæde' (‚Ein altnorwegischer Herrensitz'), das ein stellenweise schablonenhaftes, doch im ganzen durchaus eindrucksvolles Bild der alten heidnischen Alltagswelt zeichnet. Das Innere des alten Wikingerhauses ist mit allerlei altertümlichen Versatzstücken dekoriert: von der Decke hängende Schilde, Streitäxte und Bogen, eine Meute wilder Hunde am Herd, ein Goldhorn mit Runeninschrift, ein Bärenfell und geschnitzte Götterbilder am Hochsitz. Sein Zeitgenosse J. S. Welhaven verfaßte nicht nur fromme Romanzen über König Olaf den Heiligen, sondern in den vierziger Jahren auch einige Gedichte, die das Heidnische der menschlichen Seele betonen. In der Romanze ‚I Kivledal' (‚In Kivledal') stellt er der Botschaft des Christentums, verkörpert durch den Pfarrer Herr Peder, die wilden Mächte der Natur gegenüber, die von den Riesinnen vor der Kirche repräsentiert werden und eine starke Anziehungskraft auf die Gemeindemitglieder ausüben. Das zweite Gedicht, ‚Asgaardsreien' (‚Die wilde Jagd'), erzählt von Odins wilder Jagd, einem Motiv, das wir schon in der bildenden Kunst angetroffen haben. Welhavens sehr dramatisches Gedicht handelt von zwei Berserkern mit den heidnisch klingenden Namen Grim und Ulv, die in eine Hochzeitsgesellschaft einbrechen, um den Bräutigam zu töten. Während der Kampf tobt, reitet Odins wilde Jagd über dem Hof durch die Luft. Grim wird getötet, und der Bräutigam wird schwer verwundet ins Haus gebracht. Die christliche Kultur und die Kräfte der Ordnung haben nur mit größter Anstrengung diesen Angriff aus der heidnischen Welt der primitiven Triebe abwehren können.

Schellings theologische Sicht der Geschichte findet man wieder in Oehlenschlägers Schauspiel ‚Håkon jarl hiin Rige' (‚Jarl Håkon der Mächtige'), 1808, wo der Titelheld das letzte Aufleuchten alter nordischer Kraft verkörpert. Dies spiegelt auch A.W. Schlegels Meinung wider, daß der Kampf zwischen alten und neuen Göttern ein geeigneter Gegenstand für dramatisches Schaffen sei. In einem viel späteren Stück, ‚Olaf den Hellige' (‚Olaf der Heilige'), 1838, behandelt Oehlenschläger einen großen norwegischen Missionskönig, Olaf Haraldsson. Einer der Gefolgsleute des Königs, der kultivierte Kalf Arnason, fragt sich, ob nicht Liebe, Gerechtigkeit und Milde im Asenglauben genauso vorhanden gewesen seien wie im Christentum, ob die Lichtelfen nicht mit den Engeln vergleichbar seien, ob der Gott Balder nicht den Beinamen ‚der Gute' trug? Die Vorstellung, daß die Güte Balders im Christentum weiterlebte, findet sich auch bei dem schwedischen Bildhauer Bengt Erland Fogelberg. Sein Balder hat stark christliche Züge und erinnert an Thorwaldsens bekanntes Christusbild, das Fogelberg in Rom gesehen hatte.

In den Werken mehrerer nordischer Romantiker, die Wikingerthemen behandeln, kommen Bekehrungen zum Christentum vor, meist als Abschluß einer Geschichte. Das gilt z. B. für Grundtvigs Drama ‚Atle og Gjukungerne' (‚Atli und die Gjukungen'), das 1811 nach seiner religiösen Krise entstand; darin erkennt der Priester Thorkild die christliche Haltung der sterbenden Odrun und nimmt sie mit dem Kreuzeszeichen in den neuen Glauben auf. In Henrik Ibsens erstem Schauspiel ‚Kjæmpehøien' (‚Das Hünengrab'), das 1850 uraufgeführt wurde, wird der norwegische Skalde so von der Botschaft des Christentums gepackt, daß er im Süden bleibt, statt in seine heidnische Heimat im Norden zurückzukehren. Auch Hebbels Drama ‚Die Nibelungen' endet mit einer christlichen Botschaft. August Strindbergs frühes Stück ‚Den Fredlöse' (‚Der Geächtete'), 1870, folgt dem Beispiel Oehlenschlägers und Ibsens, wenn der gestrenge Jarl Thorfinn sich in den Schlußworten des Stückes an den christlichen Gott wendet. Im selben Jahr schrieb Bjørnstjerne Bjørnson sein episches Gedicht ‚Arnljot Gelline': in einer an Oehlenschlägers ‚Håkon Jarl' erinnernden Manier konfrontiert er die beiden Religionen miteinander und stellt Kreuz gegen Hammer, Glauben gegen Trotz und Selbstaufopferung gegen gewinnsüchtige Macht.

Politischer Idealismus in altnordischem Gewand

Nostalgische Romantik ist häufig eine rein literarische oder intellektuelle Modeerscheinung, doch sie kann auch politisch gefärbt sein. 1801 verteidigte die dänische Flotte Kopenhagen erfolgreich gegen den Angriff der Engländer, und Oehlenschläger feierte diese große nationale Leistung mit einem Gedicht, das das Wiedererwachen von ‚Geist und Ehre alter Zeiten' besingt. In einem anderen Gedicht ließ er die großen Könige der Vorzeit aus ihren Grabhügeln auferstehen, damit sie – zusammen mit dem Gott Thor – die dänischen Krieger durch ihre Tapferkeit anspornten. Wenige Jahre später (1808) verwendete Grundtvig ein ähnliches Bild in seiner ‚Drapa om Villemoes' (‚Preislied auf Villemoes'). Die Säle Walhalls öffnen sich für den toten Helden Villemoes, einen dänischen Marineoffizier, der in der Seeschlacht gegen die Engländer fiel. Im selben Jahr gab P. H. Ling dem Schmerz der Schweden über den Verlust Finnlands Ausdruck; in einem allegorischen Gedicht sitzt der legendäre König Gylfe auf einem Grabhügel und beweint den Verlust seiner Geliebten Aura. Eine andere Reaktion auf dasselbe Ereignis war Tegnérs patriotisches Gedicht ‚Svea', in dem der Dichter in einer Vision sieht, wie seine Vorväter aus ihren Grabhügeln auferstehen, um mit Händen, so schemenhaft wie die ossianische Dichtung, den schwedischen Soldaten, die Finnland zurückerobert haben, Beifall zu klatschen.

Eine andere Manifestation dieser Denkweise war die Gründung vaterländischer Gesellschaften, die von der Vergangenheit inspiriert waren. Die erste war ‚Götiska Förbundet' (‚Die gotische Gesellschaft'), die in Stockholm von dem Schriftsteller Jacob Adlerbeth gegründet wurde und sich nicht nur zur Aufgabe machte, den alten freiheitlichen Geist wiederzubeleben, den Mut zu fördern und die nationale Unabhängigkeit zu verteidigen, sondern auch die Erforschung von Sagas und anderen Überlieferungen aus der Vorzeit unterstützte. Die Mitglieder nahmen die Namen alter Helden an, und die Zeitschrift der Gesellschaft, ‚Iduna', druckte Geijers Gedichte ‚Vikingen' (‚Der Wikinger'), ‚Odalbonden' (‚Der Freibauer'), ‚Den siste Kämpen' (‚Der letzte Krieger') und ‚Den siste Skalden' (‚Der letzte Skalde') ab.

Ein Verein mit ähnlichen Zielsetzungen war ‚Manhemsförbundet' (‚Die Manhem-Gesellschaft'), 1815 von dem Schriftsteller C. J. L. Almqvist in Stockholm gegründet. Ähnlich wie bei den Freimaurern hatten die Mitglieder verschiedene Grade, die nach unterschiedlichen Lebensformen benannt waren, so etwa nach dem Leben des Helden in der Götterburg Walhall, der stillen Vaterlandsliebe, dem Ragnarök (Weltuntergang), dem Leben des Ritters und dem religiösen Leben. Der neunte und letzte Grad war – ganz im Geiste Rousseaus – das Leben des Bauern. Auch anderswo spiegelten Träume der alten Vergangenheit politische Ereignisse wieder. Nordahl Bruns Lied ‚For Norge' (‚Für Norwegen'), 1772 in Kopenhagen entstanden, war angeblich separatistisch und wurde von der dänischen Polizei verboten. Brun wagte nicht zuzugeben, daß er es geschrieben hatte, doch später wurde es als norwegische Nationalhymne gesungen. Durch das ganze 19. Jh. hindurch war es üblich, patriotische Gefühle durch Hinweise auf die heroische Vergangenheit zu erwecken.

Einige Schriftsteller und Künstler gingen noch weiter und benützten die Vergangenheit nicht nur, um auf allgemein patriotische Werte sondern auf ein bestimmtes ideologisches Programm hinzuweisen. Als Richard Wagner im Herbst 1848 die erste Prosafassung seines Musikdramas ‚Der Ring des Nibelungen' vollendete, war Siegfried die Personifizierung der revolutionären Ideale des Künstlers geworden *(Abb. 27 auf S. 27)*: Siegfried verkörpert den freien Menschen der Zukunft in einer Gesellschaft der Gleichheit. Der Komponist war nämlich ein begeisterter Anhänger der Revolution von 1848 und wurde sogar als Staatsfeind von der Dresdener Polizei steckbrieflich gesucht; Wagner glaubte, daß eine schnelle Veränderung der deutschen Gesellschaft unumgänglich sei und verlangte ‚den vollständigen Untergang der aristokratischen Vorurteile'. Der antikapitalistische Grundton des Werkes kam in der endgültigen Fassung aus dem Jahre 1852 noch deutlicher zum Ausdruck. Es gibt zu denken, daß ein feudaler Herrscher wie König Ludwig II. von Bayern Wagners Mäzen wurde und u. a. den Bau des großartigen Festspielhauses in Bayreuth unterstützte, das nur für die Aufführung von Wagners Opern errichtet wurde.

Wagners Interesse an der Siegfried-Geschichte war nicht nur durch das ‚Nibelungenlied', sondern auch durch isländische Werke wie ‚Völsunga saga' und ‚Lieder-Edda' geweckt worden. Auch Friedrich de la Motte Fouqués dramatisches Gedicht ‚Der Held des Nordens' hatte großen Eindruck auf ihn gemacht. Dieses Werk ist zwar psychologisch unbefriedigend, doch formal interessant, weil sich Abschnitte in Blankvers mit Stabreimstrophen und skaldischen Liedern in altnordischem Stil abwechseln. Der erste Teil erschien 1808, der dritte 1810, also im selben Jahr wie Grundtvigs dramatisches Werk ‚Norners og Asers Kamp' (‚Der Kampf der Nornen und Asen'), das auch den Siegfried-Stoff behandelt.

Gleichzeitig mit Wagner arbeitete Friedrich Engels an einem dramatischen Entwurf mit dem Titel ‚Der gehörnte Siegfried', der vom Gedanklichen her mit Wagners Werk verwandt war. Hebbels schon erwähntes Drama ‚Die Nibelungen', das etwa zehn Jahre später entstand, hat eine mythologische, eine heroische und eine christliche Ebene und erinnert darin an Grundtvig. Hebbels Werk entstand etwa gleichzeitig mit Ibsens Tragödie ‚Hærmændene paa Helgeland' (‚Die Krieger auf Helgeland'), 1858; ihr Held, Sigurd, stammt aus der Nibelungengeschichte. Ibsens Werk ähnelt dem Hebbels in der Spannung zwischen Mythischem, Heroischem und Christlichem und durch die christliche Tendenz.

In England arbeitete zur gleichen Zeit William Morris an einem großen Gedicht ‚The Story of Sigurd the Volsung and the Fall of the Niblungs' (‚Die Geschichte von dem

Völsungen Sigurd und dem Untergang der Nibelungen'), 1862 *(Abb. auf S. 233)*. Dieses prächtige Werk ist breit angelegt, reich an Details und wird sowohl von dramatischer und psychologischer Intensität wie von künstlerischer Reinheit getragen, aber es hat keine altnordische Atmosphäre. Im selben Jahr schrieb Leconte de Lisle seine ‚Poèmes barbares' (siehe oben). In ‚La mort de Sigurd' (‚Sigurds Tod') herrscht am Lager des Toten eine Stimmung wilder Verzweiflung: das Gedicht endet damit, daß Brynhild an Sigurds Bahre tritt, wo sie ihrer Trauer über den Tod des Geliebten, aber auch ihrem Haß auf Gudrun Ausdruck verleiht, ehe sie einen Dolch zieht und sich das Leben nimmt.

Einige weitere Fälle, in denen Altnordisches in den Dienst der Politik gestellt wurde, sollen nur angedeutet werden. Die sogenannte ‚Wikingerbewegung' in Finnland kämpfte während der letzten drei Jahrzehnte des 19. Jhs. für die Erhaltung der schwedischen Sprache (die damals von über zwanzig Prozent der Bevölkerung in Finnland gesprochen wurde). Um 1870 wurde die Zeitschrift ‚Vikingen' herausgegeben, von der vier Jahrgänge erschienen. Der einzige bedeutende Schriftsteller, der aus der Bewegung hervorging, war Arvid Mörne (1876–1946), der in seinen jüngeren Jahren aktiver Sozialist war. Der norwegische Lyriker Per Sivle benützte seine Gedichte über Sagakönige und Sagahelden auf ähnliche Weise, um seiner eigenen sozialliberalen und patriotischen Überzeugung Ausdruck zu verleihen. Diese zwischen 1880 und 1900 entstandenen Gedichte, die das liberale Ideal sehr schlagkräftig formulieren, werden in Norwegen noch heute viel gelesen und zitiert.

Schließlich geschah es noch 1942 und 1943, während der deutschen Besetzung Dänemarks, daß in zwei Zeitungsartikeln Aktuelles unter dem Deckmantel der Historie behandelt wurde, und zwar von dem Schriftsteller Martin A. Hansen. Der erste Artikel beschäftigte sich mit Saxos Erzählung von Uffe; Uffe ist ein Dümmling, von dem sein Vater schon längst nichts mehr erwartet, bis er sich in einer Schlacht gegen die Eindringlinge aus Sachsen zum Retter seines Volkes mausert. Der zweite Artikel interpretiert Saxos Bericht über Hrolf Kraki, wo der Held – eine christusähnliche, doch kämpferische Gestalt – überrumpelt und von den heimtückischen Eindringlingen in seiner Burg ermordet wird. Diese beiden Artikel mit ihren zahlreichen symbolischen Anspielungen auf den Einfall moderner Eindringlinge

Opferung des Königs Domaldi, nach einer Episode aus Snorri Sturlusons ‚Ynglinga saga': Illustration aus der norwegischen Ausgabe von 1899.

in Dänemark müssen auf die Dänen wie politischer Sprengstoff gewirkt haben, als sie während der schweren Jahre der Besetzung ihre Morgenzeitung lasen.

Auf einer persönlicheren Ebene erhalten altnordische Themen bei Autoren wie August Strindberg, Viktor Rydberg und Jan Fridegård eine neue soziale und psychologische Bedeutung. Strindbergs anarchistisches Gedicht ‚Lokes smädelser' (‚Lokis Schmähungen'), entstanden 1884, ist eine Travestie des Eddaliedes ‚Lokasenna' (‚Lokis Schmähreden'). In der Maske Lokis, der bösen, dämonischen Gestalt unter den Asen, weist Strindberg auf die politischen Attentate in Europa hin und stößt Drohungen gegen die führenden Persönlichkeiten der Gesellschaft aus. Ein paar Jahre später, in den Jahren nach 1890, schrieb ein älterer schwedischer Autor, Viktor Rydberg, eine Travestie des eddischen Liedes ‚Gróttasöngr' (‚Das Mühlenlied'), in der er den Mythos von den Sklaven aufgriff, die für König Frodi die Mühle Grotta antreiben. In Rydbergs Gedicht wird die Mühle, die Gold mahlt, ein Symbol der Industrialisierung, die Sklaven verkörpern das Industrieproletariat, und der König Frodi des Eddaliedes wird zum Vertreter der Arbeitgeberklasse. Dieses Gedicht gibt einer sozialen Entrüstung Ausdruck, die mit der von ‚Oliver Twist' oder ‚Onkel Toms Hütte' vergleichbar ist. Rydbergs künstlerisches Register ist unerhört reich und differenziert und reicht von Ironie und Sarkasmus über kühle Sachlichkeit zu biblischem Pathos, gefühlsmäßigem Engagement und tiefster Verzweiflung. Das vielleicht größte Interesse an den unteren Schichten der wikingerzeitlichen Gesellschaft zeigte der schwedische Autor Jan Fridegård, der in drei einfachen, feinfühligen Romanen über das 9. Jh. in Schweden die ganze Wikingergesellschaft bewußt aus der Perspektive der Sklaven sieht. Der erste Roman der Trilogie wurde 1944 unter dem Titel ‚Trägudars land' (‚Das Land der hölzernen Götter') veröffentlicht.

Der schwedische Maler Carl Larsson (1853–1919) tendierte – wie Strindberg – in jüngeren Jahren zum Anarchismus, doch zu Beginn unseres Jahrhunderts verlagerten sich seine politischen Sympathien in reaktionäre und chauvinistische Richtung. 1908 veröffentlichte er einen Artikel mit dem Vorschlag, man solle auf den Grabhügeln von Uppsala ein schwedisches Pantheon errichten, um dort solche nationalen Kleinode wie die Vendelhelme (die wenige Jahre zuvor ausgegraben worden waren) und das Herz Gustav Adolfs aufzubewahren. Er sprach auch mit Begeisterung von dem alten, heidnischen Tempel, dessen Grundmauern unter der Kirche in Alt-Uppsala versteckt liegen sollten. Zwischen 1911 und 1915 arbeitete Larsson an einem großen Gemälde ‚Midvinterblot' (‚Mittwinteropfer') *(Abb. 28)*, das eine rituelle Opferhandlung zur Wintersonnenwende in Alt-Uppsala darstellt. Die Darstellung besticht durch ihre leuchtenden Farben, doch vom Standpunkt des Archäologen gesehen ist das Bild ein kolossaler Stilmischmasch: zwei in orientalische Gewänder gekleidete Figuren blasen bronzezeitliche Luren; an den Ecken des Tempels stehen geschnitzte Fabeltiere, die wie chinesische Skulpturen aussehen, und eine Gruppe von Frauen in lappisch-finnisch inspirierten Trachten tanzt Volkstänze.

Das Hauptmotiv von Larssons Gemälde geht auf die ‚Ynglinga saga' *(Abb. auf S. 232)* zurück; es ist die Vorstellung, daß sich der König für sein Land opfert. Bezeichnend ist, daß Valdemar Rørdam, ein ausgesprochen nationalistischer dänischer Dichter, der in den dreißiger und vierziger

Die Präraffaeliten übernahmen das Interesse an germanischen Sagen von William Morris, verlegten sie aber in eine träumerisch-romantische Welt, die weit von den heroischen Vorlagen entfernt ist. ‚Sigurd', ein Holzschnitt von Burne-Jones aus dem Jahre 1862.

Jahren mit dem Nationalsozialismus sympathisierte, zehn Jahre, nachdem Larssons Gemälde entstand, ein Schauspiel über ein ähnliches Thema verfaßte: ‚Kongeofret' (‚Das Königsopfer') baut auf Saxo Grammaticus' Erzählung von Hrolf Kraki und dem ‚Beowulf' auf und hat eine tief empfundene archäologische und religiöse Atmosphäre.

Auch in der isländischen Literatur der dreißiger Jahre gibt es starke chauvinistische Tendenzen. Am deutlichsten sind diese im Werk des Schriftstellers Gudmundur Kamban, der während der Besatzungszeit in Dänemark lebte. Er sympathisierte mit dem Nationalsozialismus und wurde im Mai 1945 versehentlich von dänischen Freiheitskämpfern, die ihn verhören wollten, erschossen. Sein Roman aus dem Jahre 1936, ‚Jeg ser et stort skønt land' (‚Ich sehe ein großes, schönes Land'), ist eine lebendige Schilderung der Eroberung Vinlands durch die Nordländer; das Vorbild lieferten die Sagas, und archäologische Details geben dem Werk reiches Zeitkolorit. Kambans Bild der Wikinger ist unglaublich idealisiert und könnte beinahe von dem Nationalsozialisten Alfred Rosenberg beeinflußt sein, der in seinem Buch ‚Der Mythus des 20. Jahrhunderts' (1930) die Überlegenheit der nordischen Rasse propagiert hatte. Kamban beschreibt die Wikinger als „das Spitzenprodukt der freien nordischen Länder, von körperlicher, durch Sport trainierter Schönheit, voll Kühnheit gegenüber dem Unbekannten, voll Trotz gegen die bösen Mächte von Schicksal und Natur, voll Verachtung für Gefahren und Tod, voll Großmut hinter der Kraft".

Dieses Zitat verdeutlicht die tiefgreifenden Wandlungen, die das Verständnis der nordischen Welt während der letzten zweihundert Jahre durchmachte: Nostalgisch und romantisch in der ersten Hälfte des 19. Jhs., liberal und utopisch in der zweiten, wurde es populistisch und sogar rassistisch im zwanzigsten Jh. Die Beschäftigung mit der Vergangenheit scheint etwa um die Mitte des 19. Jhs. ein Gegenstand allgemein kulturellen und pädagogischen Interesses geworden zu sein. Zwischen 1840 und 1870 wurden an den Universitäten in Kopenhagen, Uppsala und Oslo Lehrstühle für die skandinavischen Sprachen, einschließlich des Isländischen, eingerichtet. In den Zeitungen diskutierte man über Isländischunterricht in Schulen, schließlich wurde in Schweden ein Versuch damit gemacht, und in Norwegen wurde das Isländische eingeführt und bis heute beibehalten. Im Alter von zweiundzwanzig Jahren schlug Strindberg in einem Zeitungsartikel vor, man solle in den Schulen Latein durch Isländisch ersetzen; in den Volkshochschulen wurde die altnordische Literatur studiert, weil sie als moralisch erbaulich galt. Einige eddische Gedichte und Sagas stehen noch immer auf den Lehrplänen der skandinavischen Gymnasien und Universitäten, wenn sich auch heute nur noch wenige Illusionen über deren moralische Erbaulichkeit machen. Im späten 19. und im 20. Jh. sind immer wieder neue Übersetzungen der ‚Lieder-Edda' und der Sagas erschienen, genau wie im England der Präraffaeliten die altenglische Literatur eine Renaissance erlebte. Archäologen und Historiker gaben diesem Interesse erneut Auftrieb, indem sie das Bild durch neue historische, nationale und politische Perspektiven bereicherten und vertieften.

Und die übrigen Künste? Besonders in Schweden und Norwegen zeigte man großes Interesse an altnordischer Architektur und altnordischem Kunsthandwerk. Vorkragende Obergeschosse, Laubenumgänge und kleine romanische Fenster fanden häufig bei neuen Gebäuden Verwendung: Beispiele dafür sind das Biologische Museum in Stockholm und das Restaurant Frognerseteren bei Oslo. In den sechziger und siebziger Jahren des 19. Jhs. experimentierte der Maler J. A. Malmström mit Entwürfen für Möbel und Porzellan in altnordischem Stil. Die Herrenzimmer in wohlhabenden Häusern besaßen Kachelöfen in altnordischem Stil, Textilarbeiten mit altnordischen Motiven waren beliebt, und 1869 schuf Malmström zusammen mit dem Ballettmeister S. H. Lund sogar eine altnordische Quadrille.

Auch die Welt der Musik wurde von der altnordischen Begeisterung angesteckt. Die vierundzwanzig Lieder von ‚Frithjofs saga' wurden von dem schwedischen Komponisten Crusell in Musik gesetzt und in ganz Skandinavien gesungen. Viele von Oehlenschlägers Werken wurden zwischen 1830 und 1885 von dem Dänen J. P. E. Hartmann vertont, ebenso auch zwei Eddalieder, ‚Thrymskvida' und ‚Voluspa'. Niels W. Gade (1818–1890) arbeitete in den fünfziger Jahren an einem Werk mit dem Titel ‚Baldurs Drøm' (‚Balders Traum') und hatte Pläne für eine Oper ‚Siegfried og Brynhilde'; in jungen Jahren hatte er sich durch die Konzertouvertüre ‚Efterklang af Ossian' (‚Nachklang von Ossian') einen Namen gemacht. In Norwegen schrieb Edvard Grieg die Musik zu Bjørnsons Drama ‚Sigurd Jorsalfar', das von dem Wikingerkönig handelt, der eine Pilgerfahrt nach Jerusalem unternahm, und arbeitete an einer Oper über Olaf Tryggvason; und in England schrieb Edward Elgar im Jahre 1896 eine melodramatische Kantate mit dem Titel ‚King Olaf', wobei er sich auf Longfellows ‚Saga of King Olaf' stützte, die ihrerseits wieder auf die ‚Heimskringla' zurückgeht. Durch andere Motive aus den Sagas ließen sich Johan Svendsen und Richard Nordraak inspirieren, und eine verwandte Anregung liegt Carl Nielsens symphonischem Werk ‚Sagadrøm' (‚Sagatraum') aus den neunziger Jahren des letzten Jahrhunderts zugrunde. Neuere Filme über Wikingerthemen versuchen, durch die unterlegte Musik eine wikingerzeitliche Atmosphäre zu erzeugen, und Fritz Langs Verfilmung der Siegfriedgeschichte erhält durch Wagners Musik ein ganz spezielles nordisches Pathos *(Abb. 28 auf S. 27)*.

Es gibt ein Gebiet, auf dem die nordischen Länder wahrscheinlich als einzige an altnordische Traditionen anknüpfen – das der Namengebung. Dampfschiffe trugen schon vor der Mitte des 19. Jhs. Namen aus der nordischen Mythologie, und in der zweiten Hälfte des Jahrhunderts gab man auch Kriegsschiffen solche Namen. Die erste dänische Lokomotive wurde 1846 ‚Odin' getauft. In vielen skandinavischen Städten gibt es Straßen, die nach Göttern oder Gestalten und Örtlichkeiten aus den Sagas benannt sind. Ende des 19. Jhs. erhielten Versicherungsgesellschaften Götternamen: Balder, Odin, Thor. Um die Jahrhundertwende gab man Kindern oft altnordische Vornamen, die in Norwegen und Island noch heute sehr beliebt sind. Sportvereine haben häufig altnordische Namen. Eine norwegische Schokoladenfabrik heißt ‚Freia', eine schwedische Schuhcremefabrik und ein norwegisches Hotel heißen ‚Viking'.

Einige wenige Verfasser kritisierten die Idealisierung der Vorzeit und ihrer Menschen. Der erste war Ibsens und Bjørnsons Zeitgenosse A. O. Vinje (1818–1870), ein vom Pech verfolgtes Genie. Mit schneidendem Sarkasmus greift er die Brutalität der alten Nordmänner gegenüber Feinden, Frauen und Kindern an, und macht sich lustig über so barbarische Sitten, wie die, sich bei Gastmählern die abgenagten Knochen gegenseitig an die Köpfe zu werfen. Er geht sogar so weit, die Wikingerzeit als einen ‚Keller voller Leichen' zu bezeichnen, eine für die Mitte des 19. Jhs. ungeheuer scharfe Kritik.

Sowohl Ibsen wie Bjørnson kritisieren die Gewissenlosigkeit und Geltungssucht der Wikinger, die Werke beider Dichter sind gleichzeitig auch selbstkritisch. In mehreren Dramen über Sagakönige verurteilt Bjørnson die Machtgier, die Unfähigkeit zum Kompromiß und den unseligen Hang, die Vernunft in den Wind zu schlagen. Eine Führerpersönlichkeit muß in der Lage sein, ihre Handlungen vernünftig und logisch zu durchdenken, sie muß Ungerechtigkeiten und persönliches Mißgeschick ertragen können.

Hier treffen wir wieder auf Strindberg. In einer kurz nach 1900 entstandenen Erzählung beschreibt Strindberg die Priesterin Hildur Horgabrud, deren Opfer und grausame kultische Morde in Uppsala die Machtlosigkeit des einzelnen in einer Welt des Hasses verdeutlichen. In einer anderen Geschichte, ‚Vikingaliv' (‚Wikingerleben'), greift er direkt die Lieblosigkeit, den Egoismus und die Gewalttätigkeit der Wikinger an, und er nähert sich Bjørnson, wenn er die rücksichtslose Behandlung der Frauen anprangert, die immer die Leidtragenden waren.

Der isländische Nobelpreisträger Halldór Laxness veröffentlichte 1951 seinen Roman ‚Gerpla'. Laxness verwendete die ‚Fóstbrœdra saga', andere Sagas und die eddische Dichtung als Ausgangspunkte für seine Beschreibung der beiden Ziehbrüder Thormod und Thorgeir und ihres Schicksals. Das Werk ist gleichzeitig eine Satire über das Heldenideal und zeigt, daß die Haltung des Autors von kompromißlos sozialistischem Denken geprägt ist. In ‚Gerpla' werden die Wikinger völlig entheroisiert dargestellt. Sie sind klein, häßlich, O-beinig, grotesk und legen eine seltsame Grausamkeit an den Tag: sie zünden die Höfe ihrer Feinde an, verstümmeln Greise und Säuglinge und hängen sich die abgeschlagenen Köpfe der kurz zuvor vergewaltigten Frauen an ihre Gürtel. König Olaf, der spätere Heilige, spielt in dem Roman eine wichtige Rolle und wird als Folterexperte dargestellt, dem es ganz besonderen Spaß macht, gefangenen und abgesetzten Königen die Augen auszustechen. Laxness versteht es, mit Ironie, Sarkasmus und Hohn umzugehen: bei den Nordländern war es Sitte, sagt er, ununterbrochen auf Gefallene einzuschlagen und seine Gegner von hinten anzugreifen.

Moderne Perspektiven

Während der letzten Jahrzehnte des 19. und in der ersten Hälfte des 20. Jhs. entstand ein völlig anderes Bild der altnordischen Kultur und Lebensweise. Durch wachsendes historisches Wissen und die naturalistische Forderung nach Genauigkeit wird archäologische Treue zu einer Art Glaubensbekenntnis, und das phantastische, verschwommene Bild, das sich die Romantiker von der Vorzeit machten, wird korrigiert. Schriftsteller unternahmen den Versuch, die Entwicklungsgeschichte der nordischen Kultur kontinuierlich darzustellen. Zu den Werken dieser Art gehören der sechsbändige Roman ‚Den lange rejse' (‚Die lange Reise') von Johannes V. Jensen (1924) und ‚Folkungaträdet' (‚Der Baum der Folkungen') von Verner von Heidenstam, der das Schicksal des alten schwedischen Königsgeschlechts vom 11. Jh. bis zum Ende des 13. Jhs., als es in Schweden an die Macht kam, schilderte. Auch die historischen Romane des Isländers Gunnar Gunnarsson gehören hierzu, sie verfolgen die Geschichte Islands von der ‚Landnahme' – der ersten Besiedlung – durch die Jahrhunderte des Kampfes um Frieden, Freiheit, Gerechtigkeit, Geist und Kultur. Der erste Roman, ‚Edbrødre' (‚Schwurbrüder'), 1918, spielt im 9. Jh., die folgenden im 11. und 12. Jh. ‚Jord' (‚Erde'), das zweite dieser Bücher, erschien 1933, mitten in der Zeit des westeuropäischen Primitivismus, als D. H. Lawrence' und Sherwood Andersons Romane die großen Vorbilder wurden und man im nationalsozialistischen Deutschland von ‚Blut und Boden' sprach; doch Gunnar Gunnarssons Romane hatten nur oberflächliche Berührungspunkte mit dem Primitivismus. Anders war es bei einigen jüngeren Künstlern und Schriftstellern. Jan Fridegårds drei Romane ‚Trägudars land' (‚Das Land der hölzernen Götter'), ‚Gryningsfolket' (‚Menschen der Morgendämmerung') und ‚Offerrök' (‚Opferrauch'), 1944–1949 erschienen, handeln von dem Sklavenhäuptling Holme und seinem Kampf für die Freiheit. Dieses Werk ist deutlich primitivistisch und enthält z. B. die Beschreibung sexueller Exzesse bei den zur Wintersonnenwende abgehaltenen Opfern in Alt-Uppsala. Vilhelm Moberg, bekannt vor allem durch seine späteren Romane über die schwedische Auswanderung nach Amerika, vollendete 1946 ‚Brudarnas källa' (‚Die Quelle der Bräute'), ein Buch, das er selbst ‚eine Legende' nennt. Die Handlung spielt zu vier verschiedenen Zeiten an einer heidnischen Kultstätte in der Landschaft Småland. In der frühesten Periode gibt Moberg eine saftige Schilderung von alten phallischen Kulten und Jungfrauenopfern *(Abb. auf S. 208).*

Ein Phalloskult ist auch auf Bror Marklunds mächtigem Skulpturenwerk ‚Historiens portar' (‚Die Tore der Geschichte'), 1939–1952, dargestellt, das den Eingang zum Staatlichen Historischen Museum in Stockholm bildet *(Abb. 7 auf S. 19).* Einer der Türgriffe hat die Form eines Phallos, und unter den Skizzen zu den Türen findet sich die Darstellung eines Tanzes um ein Fruchtbarkeitssymbol, einen Phallos-Stein aus der Landschaft Östergötland.

Eine Gruppe von Schriftstellern, die nach dem Zweiten Weltkrieg bekannt wurden – unter ihnen Martin A. Hansen, Ole Wivel und Thorkild Bjørnvig –, eröffnete weitere moderne Perspektiven der nordischen Welt. Hansens ‚Orm og tyr' (‚Schlange und Stier'), 1952, ist eine kühne und breit angelegte kulturhistorische Betrachtung über das vorchristliche und mittelalterliche Skandinavien. Bjørnvigs Standpunkt hingegen ist atheistisch, was in seinem großen Gedicht von 1935, ‚Sejdmændene på Skratteskær' (‚Die Zauberer auf Skratteskær'), deutlich wird, wo König Olaf Tryggvason den Gezeitenwechsel dazu benützt, ein paar Zauberer in Westnorwegen zu ertränken. Das Gedicht ist eine Allegorie des modernen Menschen, der an keinen Gott glaubt, sondern selber über das Universum herrschen will, was aber an seiner eigenen Unzulänglichkeit scheitert.

Pasticci (Mach- oder Flickwerke) und Parodien altnordischer Literatur gab es schon im 19. Jh. Tegnérs ‚Frithjofs saga' ist ein Pasticcio, in dem der Autor mit wechselndem Erfolg versucht, die altnordische Stimmung zu treffen. Der Amerikaner J. G. Whittier verfaßte ein romantisches Gedicht mit dem Titel ‚The Norseman' (‚Der Nordländer'); in den sechziger Jahren schrieb sein Landsmann H. W. Longfellow eine Reihe von heroischen Machwerken über Snorris Saga von Olaf Tryggvason. Sein Stil ist gewandt und erinnert manchmal etwas an Tegnér und Runeberg, die er beide gut kannte, doch die Charakterisierung der Personen ist sehr oberflächlich. William Morris' große Gedichte ‚The Lovers of Gudrun' (‚Gudruns Liebhaber') und ‚Siegfried' sind in Wirklichkeit Pasticci, ersteres in Blankversen, letzteres in der originalen Nibelungenstrophe geschrieben. In modernem Stil gehalten ist eine von Jack Londons Geschichten, die um die Jahrhundertwende erschien: ‚An Odyssey of the North' (‚Eine nordische Odyssee'). Sie handelt von einem Wikinger, der in ein Indianerdorf in Nordamerika kommt.

Der 1932 erschienene Roman ‚The Men of Ness' (‚Die Männer von Ness') des Schotten Eric Linklater ist ein geglückter Versuch, den knappen Sagastil zu treffen, und hält sich eng an die ‚Oláfs saga Tryggvasonar' (in der längeren Version der ‚Flateyjarbók') und die ‚Orkneyinga saga'. Der Autor beschreibt die Hinrichtung der gefangenen Jomswikinger nach dem Sieg des norwegischen Jarls Erik bei Hjörungavag in Norwegen und auch den Tod des Jarls Sigurd: letzterer hat den abgeschlagenen Kopf seines besiegten Feindes Jarl Melbricta auf seinen Sattelknopf gesteckt und stirbt an einer Blutvergiftung, als ihm die Zähne des Kopfes eine tiefe Wunde in den Schenkel beißen.

J. R. R. Tolkien ist ein weiterer britischer Autor, der Pasticci altnordischer Literatur geschrieben hat, wenn auch sein Werk Elemente der alten englischen Literatur, wie dem ‚Beowulf' oder den Artussagen, enthält. Als Sprach- und Literaturwissenschaftler beschäftigte Tolkien sich schon früh mit der nordischen Vorzeit und sprach dänisch, norwegisch, schwedisch und isländisch. Die verschiedenen Teile seines Zyklus ‚The Lord of the Rings' (‚Der Herr der Ringe') enthalten alle Motive aus den isländischen Sagas und den Eddaliedern. Namen, die von den Zwergen der ‚Voluspa' übernommen sind, Tarnkappen, Spottgedichte und Zaubersprüche, Rätsel, Verwandlungen in Tiere, Ritte auf Wölfen, Leichenverbrennung auf einem Schiff – dies alles zeigt, wie stark Tolkien von der Welt der altnordischen Sagas beeinflußt war.

Die Mischung von Parodie und heroischer Form findet sich auch bei anderen Autoren. 1941 und 1945 gab der schwedische Essayist Frans G. Bengtsson die zwei Bände seines Romans ‚Röde Orm' (‚Die Abenteuer der Roten Schlange') heraus. Das Werk ist durchdrungen von trockenem Humor, der sehr gut paßt zu der unverhohlenen Bewunderung des Autors für den Mut und den Witz der Wikinger, die er beschreibt. Bengtsson gelingt es, wichtige Merkmale des altnordischen Stils, wie seine lakonische Derbheit und seinen makaberen Humor, nachzuempfinden. Er vermeidet archaisierende Ausdrücke und enthält sich psychologischer Spekulationen: wie in den Sagas wird der Charakter der Figuren durch ihre Handlungen deutlich. Dies macht allerdings seine Darstellung der Zeit, der Menschen und ihrer Denkweise oberflächlicher als etwa die von Eric Linklater oder von zeitgenössischen norwegischen Autoren wie Vera Henriksen. Bengtssons lakonische Repliken sind oft ein bißchen frivol. Hemingway, dessen Stil von den isländischen Sagas beeinflußt war, soll in seinen späteren Jahren mit großem Interesse Bengtsson gelesen haben.

Auf unserer Suche nach einer gültigen modernen Interpretation der altnordischen Kultur und ihrer Menschen brauchen wir uns nicht auf Europa zu beschränken. In Südamerika gibt es Schriftsteller, deren Interpretation der altnordischen Welt dem Geist der alten Isländer sehr nahe zu kommen scheint. Der Brasilianer João Guimarães Rosa, der 1967 starb, schrieb eine spannende Erzählung über Blutrache, ‚Vendetta' (1947). Der Titel der Sammlung, in der diese Geschichte erschien, ‚Sagarana' (‚Saga-ähnlich'), drückt die Nähe des Autors zu der altnordischen Literatur aus. Julio Cortázar in Argentinien beschäftigt sich in seinem bekanntesten Roman, ‚La Rayuela' (‚Das Hüpfspiel'), mit Snorri Sturluson, und einer der größten lateinamerikanischen Dichter, Jorge Luis Borges, spielt oft auf die altnordische und altenglische Literatur an. Er verfaßte ein paar kernige Gedichte über den Wikingerführer Hengist, und in einem anderen Gedicht gibt er seiner Sehnsucht nach Island mit seiner Mythologie und seiner alten Kultur Ausdruck.

Wie die anderen Kapitel dieses Buches deutlich gemacht haben, ist unser Wissen über die altnordische Welt und ihre Völker während der letzten hundert Jahre ungeheuer gewachsen. Man würde annehmen, daß ein solches Anwachsen des Wissens sich hemmend auswirkt auf das, was man den ‚Mythos' des Nordens, den Norden als Symbol, nennen kann; doch seltsamerweise scheint dies nicht der Fall zu sein. Vielleicht war es Goethe, der als erster den Unterschied zwischen Norden und Süden in psychologischen Begriffen ausdrückte: der klassische Süden bedeutet Wärme, Klarheit, Intellekt und Kunst, der romantische Norden Rauhheit, Sturm und heroischen Kampf. Immer wenn uns das Leben zu verfeinert, zu zivilisiert vorkommt, wenden wir uns instinktiv unseren germanischen Vorfahren zu. Wie jeder Mythos, der ins Unterbewußtsein hinabreicht, hat auch dieser seine Gefahren. Für die einen bedeutet er gesundes Selbstbewußtstein und Unabhängigkeit, für die anderen Primitivismus und Brutalität. Die Anziehungskraft der nordischen Bildwelt auf die Nationalsozialisten wurde schon erwähnt, und man erinnert sich daran, daß Goebbels prahlte: „Man nennt uns Barbaren. Wir *sind* Barbaren. Wir sind stolz auf den Namen Barbaren." Doch die ‚nordische Welt' ist, ob wir wollen oder nicht, ein fester Bestandteil des kulturellen Hintergrundes des abendländischen Menschen, und die reiche Literatur und Kunst, die sie immer noch und immer wieder hervorbringt, zeugt von ihrer Kraft. Es ist faszinierend, die Verbindungen zwischen Wirklichkeit und Mythos aufzuspüren und – durch die wirbelnden Nebel der Einbildungskraft – die verschwommenen Umrisse der Männer und Frauen zu erkennen, deren Nachkommen wir sind.

ANHANG

ABBILDUNGSNACHWEIS

Die fett gedruckten Zahlen geben die Seiten an, auf denen Abbildungen erscheinen. Die zweite Zahlenreihe bezieht sich auf die Abbildungsnummern. Wenn diese fehlen, so wurden die Fotos von den betreffenden Museen bzw. Kunstgalerien bereit gestellt.

Folgende Abkürzungen wurden benutzt:

AIK	Arnamagnaean Institut, Kopenhagen
ATA	Antikvarisk Topografisk Arkiv, Stockholm
Bibl. Nat.	Bibliothèque Nationale, Paris
BL	British Library, London
BM	British Museum, London
DOE	Department of the Environment, London
GB	Großbritannien
IMK	Ian Mackenzie-Kerr, London
NMAS	National Museum of Antiquities of Scotland, Edinburgh
NMK	Nationalmuseet, Kopenhagen
NMI	National Museum of Ireland, Dublin
NMR	National Monuments Record, London
NO	Nasjonalgalleriet, Oslo
NS	Nationalmuseum, Stockholm
Rh. Bild.	Rheinisches Bildarchiv, Köln
Riksant.	Riksantikvarieämbetet, Stockholm
SDO	Scottish Development Office, London
SHM	Statens Historiska Museum, Stockholm
SMK	Statens Museum for Kunst, Kopenhagen
St. Joseph	J. K. S. St. Joseph, Universität Cambridge, Committee for Aerial Photography
UOS	Universitetets Oldsaksamling, Oslo
WF	Werner Forman Archiv, London
ZIAGA	Zentralinstitut für Alte Geschichte und Archäologie der Akademie der Wissenschaften der DDR, Berlin (Ost)

Einleitung

10 Ogham – Alphabet
Piktischer Stein mit Ogham-Inschrift
Runenstein von Ed bei Stockholm, Schweden. IMK
Runenalphabet. Eva Wilson

11 Ausschnitt aus dem ‚Cathach des heiligen Columba'; 7. Jh. Royal Irish Academy, Dublin
Buchseite einer Bibel aus Northumbria; frühes 8. Jh. BL

12 Das sog. (ost)fränkische Taufgelöbnis; um 820. Aus der Bibliothek des ehemaligen Klosters Fulda. Bibliothek des Domkapitels zu Merseburg
Eine Seite der ‚Angelsächsischen Chronik'; spätes 11. Jh. BL

13 Eine Seite der Grönländer-Saga; 1387–94. Aus dem Flateyjarbók

1. Götter und Heroen der nordischen Welt

15 Ausschnitt aus dem Hochkreuz von Gosforth, Cumberland, GB. IMK

17 1. Wodan: aus einer Bilderhandschrift; 13. Jh. Mit freundlicher Genehmigung des Corpus Christi College, Cambridge

18 2. Odins achtbeiniges Pferd Sleipnir: Detail eines Bildsteines von Alskog, Tjängvide, Gotland, Schweden; 10. Jh. SHM. WF
3. Odin wird von Fenrir verschlungen: Ausschnitt aus dem Thorwald Kreuz, Andreas, Isle of Man, GB; 10. Jh. Manx Museum, Douglas, Isle of Man. WF
4. Pehr Hörberg (1746–1816): ‚Odin baut seine Hauptstadt Sigtuna', Kolorierte Federzeichnung; 1812. Nordiska Museet, Stockholm

19 5. Odin: aus einer farbigen isländischen Bilderhandschrift der ‚Prosa'-Edda; um 1680. AIK
6. Dagfin Werenskiold (geb. 1892): ‚Odin auf Sleipnir', farbiges Holzrelief im Hof des Osloer Rathauses; 1945–1950. Otto Vaering
7. Bror Marklund (geb. 1907): ‚Odin', Ausschnitt aus einer der Bronzetüren des Statens Historiska Museum, Stockholm; etwa 1950. SHM

20 8. Henry Fuseli (1741–1825): ‚Thor in Hymirs Boot bekämpft die Midgardschlange'; 1790. Royal Academy, London
9. Olafur Brynjólfsson (etwa 1713–65): ‚Thor ergreift die Midgardschlange', aus einer farbigen Bilderhandschrift der ‚Prosa'-Edda; um 1760. Königliche Bibliothek, Kopenhagen
10. Christliches Kreuz und zwei Thorshämmer als Anhänger, sowie eine Gußform für beide Amulettformen; 10. Jh. WF

21 11. Mårten Eskil Winge (1825–96): ‚Thors Kampf mit den Riesen'; 1872. NS

22 12. Nils Jakob Olsson Blommér (1816–53): ‚Freyja sucht ihren Mann Od'; 1852. NS
13. Odin, Thor und Freyr, mit Freyja im Hintergrund: Wandteppich aus der Kirche von Skog, Hälsingland, Schweden; 12. Jh. SHM. WF
14. Bengt Erland Fogelberg (1786–1854): Statue des Balder; etwa 1844. NS

23 15. Mårten Eskil Winge (1825–96): ‚Loki und Sigyn'. NS
16. Arthur Rackham (1867–1939): ‚Freyja'; Buchillustration für die englische Übersetzung (von Margaret Armour) von Richard Wagners, Der Ring des Nibelungen, London; 1911
17. Hermann Ernst Freund (1786–1840): Statuette des Loki; 1822. Ny Carlsberg Glyptothek, Kopenhagen

24 18. Nicolai Abraham Abilgaard (1743–1809): ‚Der Riese Ymir und die Kuh Audumla'. SMK

25 19. ‚Yggdrasil': aus einer farbigen Bilderhandschrift der ‚Prosa'-Edda: um 1680. AIK
20. Axel Revold (1887–1962): ‚Yggdrasil', Fresko im Vestibül der Universitätsbibliothek Oslo; 1933. Otto Vaering
21. Arne Vinje Gunnerud: ‚Fenrir versucht sich zu befreien', Skulptur auf der Insel Asköy bei Bergen, Norwegen. Vinje Gunnerud

26 22. ‚Sigurd und Gunnar werben um Brynhild': Detail von einem geschnitzten Stuhl in der Kirche von Heddal, Telemark, Norwegen; 13. Jh. UOS
23, 24, 25. Ausschnitte von Schnitzarbeiten, die Sigurdsage darstellend, in der Kirche von Hylestad, Setesdal, Norwegen; 12. Jh. Sue Margeson

27 26. Peter Cornelius (1783–1867): ‚Kriemhild findet den toten Siegfried', Bleistiftzeichnung; etwa 1820. Städelsches Kunstinstitut, Frankfurt am Main
27. Bernd Aldenhoff als Siegfried in Wieland Wagners Inszenierung des ‚Ringes', Bayreuth, 1951
28. Paul Richter als Siegfried in Langs Film ‚Die Nibelungen', Teil 1; 1924. British Film Institute. Transit Film-Gesellschaft mbH

28 29. ‚Siegfried und Krimhilde begegnen sich': Illustration aus dem Hundshagenschen Codex; 15. Jh. Staatsbibliothek, Berlin. Bildarchiv Preußischer Kulturbesitz

28–29 30, 31. Julius Schnorr von Carolsfeld (1795–1872): ‚Siegfrieds

Tod' und ‚Siegfried auf der Totenbahre', Teil eines Freskos in der ‚Nibelungenhalle' der Münchner Residenz; 1827–34. Bayerische Verwaltung der Staatlichen Schlösser, Gärten und Seen

30–31 32–37. ‚The Franks' Casket' (Das Kästchen von Auzon): Kästchen aus Northumbria aus Walroßbein; um 700. BM

32 38. ‚Walhall und die Midgardschlange', aus einer farbigen Bilderhandschrift der ‚Prosa'-Edda; um 1680. AIK

33–44 Alle Zeichnungen von IMK

2. Die germanischen Stämme

47 Zierscheibe (Beschlag?, Fibel?) von Linon, Dép. Puy-de-Dôme Frankreich; 6./7. Jh. Bibl. Nat., Cabinet des Médailles. IMK

49 1, 3, 4, 5. Tournai, Belgien: Gegenstände aus dem Grab des Königs Childerich I. († 482), Gold und Almandine; 5. Jh. Verschollener Gegenstände, n. J.-J. Chiflet, Anastasis Childerici I., Antwerpen, 1655
2. Tournai: Erhaltene Gegenstände aus dem Childerichgrab, Gold und Almandine; 5. Jh. Bibl. Nat., Cabinet des Médailles

50 6. Pouan, Dép. Aube, Frankreich: Gegenstände aus dem Grabfund von Pouan, Gold und Almandine; 5. Jh. Museum Troyes. Jean Bienaimé
7. Wehden, Ldkr. Cuxhaven: Buckelurne als Grabgefäß; 5. Jh. Niedersächsisches Landesmuseum, Hannover
8, 9. Selzen, Kr. Mainz-Bingen: Fränkische, beigabenführende Körpergräber; 6. Jh. Nach W. und L. Lindenschmit

51 10. Köln, Dom: Eimer aus einem fürstlichen fränkischen Knabengrab, Holz mit vergoldeten Bronzebeschlägen; 6. Jh. Diözesanmuseum Köln. Rh. Bild.
11. Köln, Dom: Helm aus dem gleichen Grab, Horn und vergoldete Bronze; 6. Jh. Diözesanmuseum Köln. Rh. Bild.
12. Gegenstände aus merowingerzeitlichen Bestattungen; 6. Jh. BM. John Webb

52 13. Paris, St. Denis: Rekonstruktionszeichnung des Grabes der Königin Arnegunde (gest. etwa 570). IMK
14. Krefeld-Gellep: Zaumzeugbeschläge, Gold und Almandine; 6. Jh. Landschaftsmuseum des Niederrheins, Burg Linn, Krefeld. Nach Doppelfeld und Pirling.

53 15. Köln, Dom: Rekonstruktion des Stirnbandes (vitta) aus dem Grab einer fränkischen Prinzessin; 6. Jh. Diözesanmuseum Köln. Rh. Bild.
16. Köln, Dom: Hals- und Brustkette aus dem gleichen Grab, Gold und Almandine; 6. Jh. Diözesanmuseum Köln. Rh. Bild.
17, 18. Köln, Dom: Fibelpaar aus dem gleichen Grab, Gold und Almandine; 6. Jh. Diözesanmuseum Köln. Rh. Bild.
19. Wittislingen, Kr. Dillingen/Donau: Bügelfibel mit halbrunder Kopfplatte, vergoldetes Silber und Almandine; 7. Jh. Prähistorische Staatssammlung, Museum für Vor- und Frühgeschichte München
20. Wittislingen: Scheibenfibel, Gold und Almandine; 7. Jh. Prähistorische Staatssammlung, Museum für Vor- und Frühgeschichte München

54 21. Mainz, ehemalige Kirche St. Alban: Grabstein des Priesters Badegisel. Mittelrheinisches Landesmuseum Mainz
22. Linon, Dép. Puy-de-Dôme, Frankreich: Durchbrochen gearbeitete, runde Zierscheibe (Beschlagstück?, Fibel?), Gold und Almandine; 6./7. Jh. Bibl. Nat., Cabinet des Médailles
23, 24. Niederdollendorf bei Bonn: Grabstein; Mitte 7. Jh. Rheinisches Landesmuseum Bonn. Rh. Bild.

55 25. Hornhausen bei Oschersleben, DDR: Grabstein; 7. Jh. Landesmuseum für Vorgeschichte Halle

56 26. Nordfrankreich: Eine Seite aus dem Sakramentar des Gelasius; um 750. Biblioteca Apostolica Vaticana MS Reg. Lat. 316

57 Staubing bei Weltenburg a. d. Donau: Kirche und Friedhof; 6.–7. Jh., nach R. Christlein, Beilage zum Schulanzeiger Niederbayern, 5; 1975

57 Pliezhausen, Ldkr. Reutlingen: Scheibenfibel; 7. Jh. Württembergisches Landesmuseum Stuttgart. IMK

63 Köln, Dom: Lageskizze der beiden reich ausgestatteten Gräber, nach K. Böhner, Kölner Jahrbuch für Vor- und Frühgeschichte, 9; 1967–8

67 Gutenstein, Stadt Sigmaringen: Schwertscheide; 7. Jh., Kriegsverlust. Römisch-Germanisches Zentralmuseum Mainz (Kopie). IMK

68 Obervorschütz, Kr. Fritzlar-Homberg: Teil eines Gürtelbeschlages, vergoldetes Silber; 5. Jh., nach H. W. Böhme, Studien zur vor- und frühgeschichtlichen Archäologie (Festschr. f. J. Werner); 1974

68 Hintschingen, Ldkr. Tuttlingen: Teil eines Goldblattkreuzes mit Herauszeichnung der Tierornamentik; 7. Jh., nach G. Haseloff, in: Die Goldblattkreuze des frühen Mittelalters (Hrsg. v. W. Hübener); 1975

69 Liturgischer Kelch, ehemals in Chelles, Frankreich, nach einer Lithographie des 19. Jh. von C. de Linas.

3. Die angelsächsische Besiedlung Englands

71 Aus dem Fluß Witham, Lincolnshire, GB: Scheibenkopf einer der sog. Witham-Nadeln; 8. Jh. BM. IMK

73 1. Sutton Hoo, Suffolk, GB: Oberteil des Szepters aus dem Schiffsgrab; frühes 7. Jh. BM

74 2. Mucking, Essex, GB: Gürtelbeschläge, Bronze mit Silbereinlage; spätes 4./5. Jh. BM
3. Taplow, Buckinghamshire, GB: Schnalle, Gold u. Almandine; 7. Jh. BM
4. Westerwanna, Ldkr. Cuxhaven: Schalenfibel, Bronze; 5. Jh. Helms-Museum Hamburg-Harburg
5. Haslingfield, Cambridgeshire, GB: Gleicharmige Fibel, Silber; 5. Jh. Museum of Archaeology and Ethnology Cambridge
6. Anderlingen, Kr. Bremervörde: Gleicharmige Fibel, Bronze; 5. Jh. Niedersächsisches Landesmuseum Hannover

75 7. Rheinland: Spätrömischer Conchylienbecher. Römisch-Germanisches Museum Köln. Rh. Bild.
8. Howletts, Kent, GB: Rüsselbecher; 6. Jh. BM
9. Kempston, Bedfordshire, GB: Spitzbecher, Glas; 6. Jh. BM
10. Taplow, Buckinghamshire, GB: Trinkhorn mit vergoldeten Silberbeschlägen; frühes 7. Jh. BM
11. Spong Hill, Norfolk, GB: Stempelverzierte Urne; 6. Jh. Norfolk Archaeological Unit
12. Spong Hill: Buckelurne; 5. Jh. Norfolk Archaeological Unit
13. Caistor-by-Norwich, Norfolk, GB: Rosettenverzierte Urne; 5. Jh. Castle Museum, Norwich. Hallam Ashley, Norfolk Museums Service

76 14. Kingston Down, Kent, GB: Scheibenfibel, Gold mit Almandinen- und Glaseinlage; 7. Jh. Liverpool Museum. Colour Centre
15. Empingham, Leicestershire, GB: Bügelfibel mit rechteckiger Kopfplatte, Silber; 6. Jh. Oakham Museum. Leicestershire Museums, Art Galleries, and Records Service
16. Berinsfield, Oxfordshire, GB: Schalenfibelpaar, Bügelfibel, Perlen und Gürtelschnalle, nach der Tragweise angeordnet; 6. Jh. Ashmolean Museum Oxford

77 17. Sutton Hoo, Suffolk, GB: Detail einer der zwei Schulterspangen aus dem Schiffsgrab, Gold mit Almandin- und Millefioriglaseinlage; frühes 7. Jh. BM. Colour Centre
18. Bergh Apton, Norfolk, GB: Schildbeschlag, vergoldete Bronze; 6. Jh. Castle Museum Norwich. Norfolk Museums Service
19. Taplow, Buckinghamshire, GB: Ausschnitt aus einem Trinkhornbeschlag, vergoldetes Silber; frühes 7. Jh. BM. Colour Centre
20. Aus dem Fluß Witham, Lincolnshire, GB: Ausschnitt eines Scheibenkopfes der drei sog. Witham-Nadeln, die miteinander durch Zwischenglieder verbunden sind, vergoldetes Silber; 8. Jh. BM. Colour Centre

78 21. Offa's Dyke in Wales, GB; spätes 8. Jh. Peter Chèze-Brown
22. Yeavering, Northumberland, GB: Luftaufnahme der Residenz König Edwins von Northumbria. St. Joseph

79 23. Ravenna, Italien: Detailaufnahme der Cathedra Maximiani (Thron des Bischofs Maximian), Elfenbein; 6. Jh. Erzbischöfliches Museum Ravenna. Max Hirmer
24. Bewcastle, Cumberland, GB: Hochkreuz, Ostseite; 8. Jh. DOE
25. Portchester Castle, Hampshire, GB. DOE
26. Deerhurst, Gloucestershire, GB: Öffnung in der Westwand des Kirchenschiffes
27. West Stow, Suffolk, GB: Rekonstruktion eines Hauses des 6. Jhs. an der ursprünglichen Fundstelle. Suffolk Archaeological Unit
28. Chalton, Hampshire, GB: Grundriß eines angelsächsischen Hauses, Grabungsaufnahme; 7. Jh. Dept. of Archaeology, University of Southampton

80 29. Evangelienbuch von Lindisfarne (Lindisfarne Gospels), BL Cotton Nero D IV: die sog. Teppichseite; 7. Jh. BL

81 Cropthorne, Worcestershire, GB: Geschnittenes Steinkreuz; 9. Jh. IMK

82 3. Howletts, Kent, GB: Franziska (Wurfaxt); 6. Jh., BM. Eva Wilson

86 Grundriß des königlichen Palastes von Yeavering, Northumberland, GB: IMK nach H. M. Colvin (hrsg), The History of the King's Works, I, London, 1963

88 Lackford, Sussex, GB: Graburne, nach J. G. Hurst in D. Wilson (Hrsg.), The Archaeology of Anglo-Saxon England, London, 1976

89 Kreuzförmige Fibeln von East Shefford, Barton Seagrave und Sleaford. Garth Denning

89 Ragley, Warwickshire, GB: Bügelfibel mit rechteckiger Kopfplatte. Privatsammlung. Eva Wilson

91 Sutton Hoo, Suffolk, GB: Plan der Grabkammer des Schiffsgrabes (nach Bruce-Mitford); nach F. Laux, in: Sachsen und Angelsachsen. Ausstellungs-Kat. Hamburg-Harburg (1978)

91 Sutton Hoo, Suffolk, GB: Schiffsgrab in Hügel. Ausgrabungsbefund (Aufsicht, Schnitt, Seitenansicht); nach F. Laux, in: Sachsen und Angelsachsen. Ausstellungs-Kat. Hamburg-Harburg (1978)

4. Die Kelten auf den britischen Inseln

95 Clonmacnoise, Co. Offaly Irland: Durchbrochen gearbeitete Beschlagplatte. NMI. IMK

96 Charakteristische Formen von A-, B-, D- und E-Tongefäßen. Garth Denning

97 1. Dunottar Castle, Kincardineshire, GB. Peter Chèze-Brown

98 2. Cahercommàun, Co. Clare, Irland: ‚Cashel' (ringförmige Befestigung aus Trockenmauerwerk). St. Joseph
3. Burghead, Morayshire, GB: Auf einer Felszunge angelegte Befestigung der Pikten. St. Joseph
4. ‚Rath' bei Dungiven, Co. Derry, Irland: Kleiner kreisförmiger Erdwall als Befestigung
5. ‚Crannog' im Lough Enagh, Co. Sligo, Irland: Pfahlbauartige Befestigung, die in einem See angelegt wurde

99 6. South Cadbury, Somerset, GB: Eisenzeitliche Befestigung (sog. hillfort), die im 5. Jh. wiederbenutzt wurde. Aerofilms
7. Dumbarton Rock, Dunbarshire, GB: Britonische Bergbefestigung. Peter Chèze-Brown
8. Dunadd, Argyll, GB: Skotische Befestigung. Aerofilms

100 9. St. Ninian's Isle, Shetland, GB: Silberschale; 8. Jh. NMAS. Colour Centre
10. Sutton Hoo, Suffolk, GB: Attasche des Hängebeckens (sog. hanging bowl) aus dem Schiffsgrab, Bronze mit Email; frühes 7. Jh. BM
11. Reliquienschrein von Monymusk, Aberdeenshire, GB, Holz mit Bronze verkleidet; spätes 7./8. Jh. NMAS. Peter Chèze-Brown

101 12. ‚Book of Durrow' (Buch von Durrow), Trinity College, Dublin MS 57, f. 192 V; 7. Jh. Green Studio

102 13. Church Island, Co. Kerry, Irland: Grabstein mit Ogham-Inschrift. NMI
14. Castell Dwyran, Carmarthenshire, GB: Gedenkstein; 6. Jh.
15. Ivybridge, Devonshire, GB: Gedenkstein; spätes 6./7. Jh. BM
16, 17. Glamis, Angus, GB: Piktischer Symbolstein; spätes 7. Jh. SDO
18. Dunnichen, Angus, GB: Piktischer Symbolstein; spätes 7. Jh. NMAS

103 19. Nigg, Ross-shire, GB: Skulpierter Kreuzstein; 8. Jh. NMAS
20. Kilnasaggart, Co. Armagh, GB: Monolith mit christlichen Symbolen ; um 700. DOE Northern Ireland, Historical Monuments Branch
21. Ahenny, Co. Tipperary, Irland: Das Nordkreuz; 8. Jh. Bórd Fáilte Eireana

104 22. Ardagh, Co. Limerick, Irland: Kelch aus Silber und vergoldeter Bronze, mit Gold und Email verziert; Ansicht der Fußunterseite; frühes 8. Jh. NMI
23. Kelch von Ardagh, Ausschnitt der Fußunterseite. NMI
24. Kelch von Ardagh, Gesamtansicht. NMI

105 25. Die sog. Tara-Fibel, aus der Umgebung von Bettystown, Co. Meath, Irland, Silber, Gold und Email; um 700. NMI

106 26. Monasterboice, Co. Louth, Irland: Das Muiredach-Kreuz; frühes 9. Jh. Edwin Smith
27. Calf of Man, Isle of Man, GB: Altarstein mit Darstellung der Kreuzigung; wahrscheinlich 9. Jh. Manx Museum, Douglas
28. Clonmacnoise, Co. Offaly, Irland: das sog. Cross of the Scriptures (Kreuz der Heiligen Schrift); frühes 9. Jh. Brian Lynch, Bórd Fáilte Eireana

107 29. Myklebostad bei Eid, Sogn og Fjordane, Norwegen: Emaillierte Bronzeattasche eines Bronzekessels, aus einem Schiffsgrab (Brandbestattung); 8. Jh. Mari Olsen, Historisk Museum, Universitetet i Bergen
30. White Island, Co. Fermanagh, Irland: Darstellung eines Abtes; 10. Jh. George Mott
31. ‚Book of Durrow', Trinity College Dublin MS 57, f. 21 V; 7. Jh. Green Studio
32. Hilton of Cadboll, Ross-shire, GB: Piktischer Reliefstein; 8. Jh. NMAS
33. Brough of Birsay, Orkney, GB: Piktischer Grabstein; 8. Jh. NMAS

108 34. ‚Book of Kells', Trinity College Dublin MS 58, f. 29 IV; frühes 9. Jh. Green Studio

109 35. Evangelienbuch von Mac Durnan, Lambeth Palace Bibliothek MS 1370, f. 17 V; 9. Jh. Lambeth Palace Bibliothek

110 36. Illauntannig Island, Co. Kerry, Irland: Luftaufnahme des Klosters. St. Joseph
37. Moyne, Co. Mayo, Irland: Klosteranlage mit Umfassungsmauer. St. Joseph
38. Clonmacnoise, Co. Offaly, Irland: Klosteranlage mit Befestigungsmauer. St. Joseph
39. Skellig Michael, Co. Kerry, Irland: Klosteranlage auf der Großen Skellig Insel. St. Joseph
40. St. Ninians Höhle bei Whithorn, Wigtownshire, GB. SDO

111 41. Glendalough, Co. Wicklow, Irland: Frühchristliche Kirche einer ehemaligen Klosteranlage. Office of Public Works, National Parks and Monuments Branch
42. Glastonbury Tor, Somerset, GB. Aerofilms
43. Tintagel, Cornwall, GB. Aerofilms

112 44. Iona, Argyll, GB: St. Martins Kreuz; 9. Jh. Peter Chèze Brown

113 Glastonbury, Somerset, GB: Bleikreuz mit Inschrift, nach Camdens Britannia; 1607

114 Grundriß von Skellig Michael, Co. Kerry, Irland. IMK nach Liam de Paor

116 5. Grundriß von Leacanabuaile, Co. Kerry, Irland. IMK nach O'Riordáin und Fry

119 John White (ca. 1577–93): Phantasievolle Zeichnung eines Pikten. BM

120 Symbolzeichnungen von piktischen Steinen. Isabel Henderson

121 Details eines piktischen Steins von Ardross und des ‚Book of Kells'. Peter Bridgewater

124 Der Ardagh-Kelch als Zuckerschale, von E. Johnson. The Artist; Januar, 1896

5. Die Skandinavier in ihrer Heimat

127 Torslunda, Öland, Schweden: Bronzematrize mit behelmten Kriegern; um 600, SHM. IMK
128 Haithabu bei Schleswig: Münze; 9. Jh. SHM. IMK
129 1. Valsgärde, Uppland, Schweden: Eisenhelm aus einem Schiffsgrab; 7. Jh. SHM. WF
130 2. Gallehus, Jütland, Dänemark: Goldhörner; Völkerwanderungszeit. Zerstört. Nachbildungen in NMK
3. Kragehul Moor, Fünen, Dänemark: Schwerter mit silbernen Griffen; römische Eisenzeit. NMK
131 4. Färjestaden, Öland, Schweden: Goldhalskragen; Völkerwanderungszeit. SHM. ATA
5, 6. Torslunda, Öland, Schweden: Matrizen zur Herstellung von Bronzepreßblechen; Völkerwanderungszeit. SMH. ATA
7. Rude Eskildstrup, Seeland, Dänemark: Hölzerne Kultfigur; Völkerwanderungszeit. NMK
132 8. Kitnaes, Seeland, Dänemark: Goldschatz; Völkerwanderungszeit. NMK
9. Helgö, Uppland, Schweden: Goldpreßblech; Völkerwanderungszeit. SHM. WF
10. Helgö: Tonformen für Metallguß; 6./7. Jh. WF
133 11. Snartemo, Vest-Agder, Norwegen: Schwertgriff, Gold und vergoldetes Silber; 6. Jh. UOS
12. Åker, Hedmark, Norwegen: Gürtelschnalle, vergoldetes Silber und Almandine; 7. Jh. UOS. WF
13. Ålleberg, Västergötland, Schweden: Ausschnitt aus einem Goldhalskragen; 6. Jh. SHM. WF
134 14. Raknehaugen, Romerike, Norwegen: Grabhügel (Kenotaph); frühes 6. Jh. UOS
15. Ismanstorp, Öland, Schweden: Befestigte Siedlung; frühe Völkerwanderungszeit. Riksant.
16. Alt-Uppsala (Gamla Uppsala), Uppland, Schweden: Grabhügel; Völkerwanderungszeit. Svenska Turisttrafikförbundet
17. Lejre, Seeland, Dänemark: Schiffssetzung aus Stein; 9./10. Jh. P. V. Glob
135 18, 19. Rekonstruktion eines wikingerzeitlichen Hauses aus Haithabu bei Schleswig im Forhistorisk Museum, Moesgård
20. Birka im Mälarsee, Uppland, Schweden: Luftaufnahme. L. Bergstrom, Riksant.
136 21. Jelling, Jütland, Dänemark: Luftaufnahme mit Grabhügeln (10. Jh.) und Kirche (12. Jh.). T. Balslev
22. Jelling, Jütland, Dänemark: Runensteine; 10. Jh. E. Roesdahl
23. Fyrkat, Jütland, Dänemark: Luftaufnahme des Ringwalles; 10. Jh. T. Balslev
137 24. Danewerk bei Schleswig: Luftaufnahme. T. Balslev
138 25. Oseberg, Vestfold, Norwegen: Das Schiff während der Ausgrabung im Jahre 1904; frühes 9. Jh. VSH. UOS
26. Oseberg: Das geborgene Schiff wird durch Oslo gefahren. UOS
27. Mästermyr, Gotland, Schweden: Werkzeugkiste; Wikingerzeit SHM. N. Lagergren, ATA
28. Bygland, Aust-Agder, Norwegen: Werkzeug aus einem Schmiedegrab; 10. Jh. UOS
139 29. Gokstad, Vestfold, Norwegen: Wikingerschiff; 9. Jh. VSH. UOS
30. Waffen der Wikingerzeit. E. Schwitters, UOS
31. Oseberg, Vestfold, Norwegen: Hausgerätschaften aus der Schiffsbestattung; frühes 9. Jh. VSH. UOS
140 32. Oseberg: Detailaufnahme des Schlittens; frühes 9. Jh. VSH. WF
33. Oseberg: Detailaufnahme des Wagens; frühes 9. Jh. VSH. WF
141 34. Oseberg: Geschnitzter Tierkopf; frühes 9. Jh. VSH
142 35–39. Silberne und bronzene Amulette; 8. Jh. SHM. ATA
40. Jelling, Jütland, Dänemark: Silberbecher; 10. Jh. NMK
41. Mammen, Jütland, Dänemark: Eiserne Axt mit Silbereinlage; 11. Jh. NMK
42. Heggen bei Modum, Buskerud, Norwegen: Wetterfahne, vergoldete Bronze; 11. Jh. UOS
143 43. Kirche von Urnes, Sogn og Fjordane, Norwegen: Detailaufnahme des geschnitzten Ornaments; 11. Jh. UOS
144 44. Hon, Buskerud, Norwegen: Goldschatz; um 860 niedergelegt. UOS
146 Vorbasse, Jütland, Dänemark: Langhaus. IMK nach Steen Hvass, Udgravningerne Vorbasse, 1977
148 Eketorp, Öland, Schweden: Rekonstruktionszeichnung der Befestigung von Frands Herschend
150 Stora Hammars/Lärbro, Gotland, Schweden: Bildstein. IMK
152 Birka, Uppland, Schweden: Reich ausgestattetes Grab
155 Oseberg, Vestfold, Norwegen: Der Wagen aus der Schiffsbestattung. UOS. Garth Denning

6. Die Wikinger

159 Gripsholm, Uppland, Schweden: Runenstein. IMK
160 Kingigtorssuaq, Grönland: Runeninschrift. NMK
161 1. Gosforth, Cumberland, GB: Hochkreuz; 10. Jh. WF
162 2. Greensted-juxta-Ongar, Essex, GB: Hölzerne Stabkirche; 11. Jh. NMR
3. Brough of Birsay, Orkney, GB: Luftaufnahme des Bischofssitzes mit Kathedrale. John Dewar Studios
4. York, Yorkshire, GB: Grabplatten und Grabsteine in situ unter dem südlichen Querschiff der Kathedrale; 11. Jh. NMR
5. Westness, Rousay, Orkney, GB: Grab eines Wikingers; 9./10. Jh. S. H. Kalund, Historisk Museum, Universitetet i Bergen
163 6. Lindisfarne, Northumberland, GB: Grabstein; spätes 10. Jh. Lindisfarne Priory Museum. DOE
7, 8. Jarlshof, Shetland, GB: Luftaufnahme und Rekonstruktionszeichnung der Siedlung; 10. Jh. Aerofilms. Rekonstruktionszeichnung Alan Sorrell
164 9. Helgö, Kirchsp. Ekerö, Uppland, Schweden: Bischofsstab, Bronze und Email; frühes 8. Jh. SHM. WF
10. Komnes, Buskerud, Norwegen: Angelsächsischer Beschlag, Bronze vergoldet; 8./frühes 9. Jh. UOS. WF
11. Oseberg, Vestfold, Norwegen: Irischer Eimerbeschlag, Bronze und Email; 8. Jh. VSH. WF
165 12. St. Pauls Friedhof, London, GB: Farbige Rekonstruktion des Grabsteins; 11. Jh. Rekonstruktion Eva Wilson
13. Bei Odessa, Rußland: Grabstein des Berezan. Odessa Museum. Prof. O. Olsen
166 14. Bischofsstab von Clonmacnoise, Co. Offaly, Irland: Detailaufnahme der Verzierung, Holzkern mit vergoldeter Bronze und Silber verkleidet; 12. Jh. NMI
166 15. Flatatunga, Island: Mit Schnitzereien verziertes Holzbrett; 11. Jh. Nationalmuseum Island
16. Pitres, Dép. Eure, Frankreich: Ovale Schalenfibel, Bronze; 9. Jh. Musée des Antiquités Rouen. H. Arbman
17. Bamberger Schrein: Walfischbein mit vergoldeten Bronzebeschlägen; um 1000. Bayerisches Nationalmuseum München
167 18. Winchester, Hampshire, GB: Liber Vitae von New Minster, BL Stowe 944, f 6r; c. 1031
19. Münze des Sigtrygg III. Seidenbart (Sihtric) von Dublin, Silber; 10. Jh. BM
20. Norwegen: Irischer Schrein in Hausform, Holz mit vergoldeter Bronze verkleidet, teilweise emailliert; 8. Jh. NMK
21. Birka, Uppland, Schweden: Silberschatz; 10. Jh. SHM. ATA
22. Helgö, Uppland, Schweden: Bronzebuddha; 6. Jh. SHM. ATA
168 23. Brattahlid, Grönland: Hofstelle Eriks des Roten. WF
169 Ile de Groix, Dép. Morbihan, Frankreich: Bruchstücke eines Schwertes. IMK nach Shetelig
170 Danilovka, Rußland: Scheidenbruchstück, IMK nach Arne, La Suède et l'Orient, Uppsala, 1914
Jelets, Rußland: Bruchstück einer silbernen Fibel. IMK nach Arne, La Suède et l'Orient, Uppsala, 1914
172 Kirk Michael, Isle of Man, GB: Gauts Kreuz; 10. Jh. Garth Denning

176 Karte der wikingischen Angriffe auf England. Sie basiert auf einer von Sir Thomas Kendrick gezeichneten Karte
177 Yttergärde, Uppland, Schweden: Runenstein. IMK
178 Gjáskógar, Island: Grundriß eines Bauernhauses. Garth Denning nach Jones
178 Brattahlid, Grönland: Rekonstruktionszeichnung der Kirche. Garth Denning nach Krogh
179 L'Anse aux Meadows, Neufundland: Grundriß der wikingerzeitlichen Siedlung. Garth Denning nach Ingstad

7. Die nördlichen Slawen

183 Pritzerbe, Mark Brandenburg, DDR: Verzierte Steigbügel. Museum Brandenburg. IMK
185 1. Arkona, Rügen, DDR: Gesamtansicht des slawischen Burgwalls. K. Hamann, ZIAGA
186 2. Silbermünzen d. Jacza v. Köpenick; um 1150. M. E. Hamann, ZIAGA
3. Danzig (Gdańsk), Polen: Slawische Häuser; spätes 10. Jh. Archäologisches Museum Danzig (Gdańsk), Polen
4. Haithabu bei Schleswig: Die Ausgrabungen während der Jahre 1935–39. Schleswig-Holsteinisches Landesmuseum Schleswig
187 5. Behren-Lübchin, Kr. Teterow, Mecklenburg, DDR: Befestigte slawische Siedlung
6. Tornow, Kr. Calau, Niederlausitz, DDR: Rekonstruktionszeichnung der Burg. IMK nach Herrmann
7. Ralswiek, Rügen, DDR: Schiffswrack 2. Kulturhistorisches Museum Stralsund
8. Links: Brześć Kujawski, Polen: Schwert mit einer ‚Ulfberht'-Inschrift. Panstwowe Muzeum Archeologiczne Warschau. (Warszawa) Rechts: Lutomiersk, Polen: Schwert mit Silbertauschierung; 10./11. Jh. Archäologisches und Ethnographisches Museum Lodsch (Lódź)
188 9. Schwedt a. d. Oder, DDR: Bronzefigürchen. M. E. Hamann, ZIAGA
10. Borucin, Polen: Silberschatz. Panstwowe Muzeum Archeologiczne Warschau (Warszawa)
189 11. Hiddensee bei Rügen, DDR: Schatzfund von Hiddensee; spätes 10. Jh. K. Hamann, ZIAGA
190 12. Mikulčice, Mähren, CSSR: Reich mit Schmuck ausgestattetes Grab mit Ohrringen in situ; 9. Jh. Museum Brünn (Brno)
13. Niederlandin, Kr. Angermünde, Uckermark, DDR: Körbchenohrring aus Silber. K. Hamann, ZIAGA
14. Groß Raden, Kr. Sternberg, Mecklenburg, DDR: Holzbohlen in Menschengestalt. E. Schuldt, Schwerin, Museum für Ur- und Frühgeschichte
15. Altenkirchen, Rügen, DDR: Grabstein mit der Darstellung eines Menschen mit Trinkhorn. K. Hamann, ZIAGA
16. Groß Raden, DDR: Tempel während der Ausgrabungen. E. Schuldt, Schwerin, Museum für Ur- und Frühgeschichte
191 17. Jankowo, Polen: Hölzerne Kultstatue; 11./12. Jh. Archäologisches Museum Posen (Poznań)
18. Mikulčice, Mähren, CSSR: Schnalle in Fundlage; 9. Jh. Museum Brünn (Brno)
19. Fischerinsel bei Neubrandenburg, DDR: Hölzerne Kultfigur. K. Hamann, ZIAGA
192 20. Ralswiek, Rügen, DDR: Schatzfund von Silbermünzen. K. Hamann, ZIAGA
184, 194, 196, 197, 198, 200, 201 Alle Zeichnungen nach J. Herrmann, Die Slawen in Deutschland, Berlin, 1970, mit Ausnahme von:
195 Groß Raden, Kr. Sternberg, Mecklenburg, DDR: Rekonstruktion des slawischen Holztempels; 9. Jh. Nach E. Schuldt

8. Romantik und Wiedererweckung

207 Tullstorp, Dänemark: Reliefierter Stein, aus Ole Worm, Monumenta Danica; 1643
208 Sigurd Vasegaard: ‚Kornmark Sommer' (Sommerliches Kornfeld), aus einer bebilderten Ausgabe des Saxo Grammaticus, Gesta Danorum; 1960
209 1. W. G. Collingwood: ‚Thingvellir, Zusammenkunft auf dem Althing'. BM. John Webb
210 2. Nicolai Abraham Abilgaard (1743–1809): ‚Ossians letzter Gesang'; 1787. SMK
3. Titelseite: Stich von Samuel Wale für die Ausgabe von Ossians ‚Fingal' aus dem Jahre 1762 (von James Macpherson). University College, London, Skandinavische Bibliothek. Eileen Tweedy
4. John Trumbull (1756–1843): ‚Lamderg und Gelchossa', Szene aus Ossians ‚Fingal'; 1792. Toledo Museum of Art (Geschenk von Florence Scott Libbey)
5. Philipp Otto Runge (1777–1810): ‚Comhalls Tod und Fingals Geburt', aus einer Serie von Ossian-Illustrationen. Kunsthalle Hamburg. Ralph Kleinhempel
211 6. Anne-Louis Girodet de Roucy-Trioson (1767–1824): ‚Ossian empfängt die Krieger der Revolution im Paradies'; 1801. Schloß Malmaison
212 7. ‚Grettir': Illustration aus einer Handschrift isländischer Familiensagas; spätes 17. Jh. AIK
8. Hans Gude (1825–1903): ‚Wikingerschiffe unter Segeln im Sognefjord'; 1889. NO. Otto Vaering
213 9. August Malmström (1829–1901): ‚König Aellas Gesandtschaft bei Ragnar Lodbrokes Söhnen'; 1857. Norrköping Museum
10. Christian Krogh (1852–1925): ‚Die Entdeckung Amerikas durch Leif Eriksson'; 1893. NO. Otto Vaering
214 11. Johan Flintoe (1786–1870): ‚Duell im Hafen von Skiringssal zur Zeit der Sagas'; um 1835. NO. Otto Vaering
12. Nils Bergslien (geb. 1853): ‚König Harald Schönhaar in der Schlacht am Hafrsfjord', Illustration zur ‚Geschichte Norwegens'; 1879. Otto Vaering
13. Herbert Gandy (spätes 19. Jh.): ‚Abschied des Wikingers'. Mansell Collection
215 14. Fredrik Nicolai Jensen (1818–70): ‚Ein Wikinger entführt eine Südländerin'; 1845. Kunstgalerie Bergen
15. August Malmström (1829–1901): ‚Ingeborg erhält von Orvar Odd die Nachricht vom Tode Hjalmars'; 1859. NS
16. Sir Frank Dicksee (1853–1928): ‚Bestattung eines Wikingers'; 1893. Manchester City Art Gallery
216 17. Constantin Hansen (1804–80): ‚Aegir gibt zu Ehren der Götter ein Bankett'; 1861. SMK
18. Christoffer Wilhelm Eckersberg (1783–1853): ‚Balders Tod'. SMK
217 19. Peter Nicolai Arbo (1831–92): ‚Die wilde Jagd Odins' (‚Åsgårdsreier'); 1872. NO. Otto Vaering
218 20. Adolph Tidemand (1814–76): ‚Jarl Håkons Tod'. Otto Vaering
21. Christoffer Wilhelm Eckersberg (1783–1853): ‚Thora an Håkons Totenbahre'; etwa 1810–16. SMK. Hans Petersen
22. Johan Flintoe (1786–1870): ‚Thors Heiligtum'; 1818. Jöran Mjöberg
23. Thomas Brunn (1742–1800): Bühnenausstattung für ‚Gorm der Alte' – Heiligtum der Göttin Hertha; etwa 1790. Jöran Mjöberg
219 24. August Malmström (1829–1901): ‚Ingeborgs Wehklagen', Illustration zu Esaias Tegnérs ‚Frithjofs Saga'; Ausgabe von 1888. University College London, Skandinavische Bibliothek. Eileen Tweedy
25. ‚Ingeborgs Wehklagen': aus der deutschen Übersetzung der ‚Frithjofs Saga'; 1846. Illustriert von Boehmer. Herkunft wie 24
26. August Malmström (1829–1901): ‚Ingeborg mit ihrem Sohn und Frithjof in Balders Heiligtum'. Herkunft wie 24
27. Fredrik Nicolai Jensen (1818–1870): ‚Ingeborgs Wehklagen'; um 1830. Kunstgalerie Bergen
220 28. Carl Larsson (1853–1919): ‚Midvinterblot' (Mittwinteropfer); 1915. Archiv för Dekorativ Konst, Lund. Press Association
29. William Hole (1846–1917): ‚St. Columba predigt den Pikten'; Fresko in der National Portrait Gallery of Scotland. Tom Scott
221 30. Johan Zacharias Blackstadius (1816–98): ‚St. Sigfrid'; 1866. Nordiska Museet Stockholm (Inv. no. NM 84.565)

AUSGEWÄHLTE LITERATUR

Die hier aufgeführte Bücherauswahl ist keineswegs umfassend und auch nicht ausschließlich nach wissenschaftlichen Gesichtspunkten zusammengestellt. Meist wurden neuere und leichter zugängliche, wenn möglich deutschsprachige Werke bevorzugt, die den interessierten Leser weiterführen und vielfach Hinweise auf Spezialliteratur enthalten. Thematisch übergreifende Arbeiten sind nur einmal in die Liste aufgenommen worden.

1. Götter und Heroen der nordischen Welt

H. Brackert (Hrsg.), Das Nibelungenlied (1970–71)
K. Düwel, Runenkunde (1968)
P. Hallberg, Die isländische Saga (1965)
M. Ninck, Götter und Jenseitsglauben der Germanen (1937)
R. I. Page, Life in Anglo-Saxon England (1970)
K. Schier, Sagaliteratur (1970)
T. A. Shippey, Old English Verse (1972)
J. de Vries, Altgermanische Religionsgeschichte, 2 Bde. (2. Aufl., 1956–57)
J. de Vries, Altnordische Literaturgeschichte, 2 Bde. (2. Aufl., 1964–67)

2. Die germanischen Stämme

H. Ament, Archäologie des Merowingerreiches. Literaturbericht 1971 ff., in: Berichte d. Röm.-German. Kommission 51/52, 1970/71 (erscheint jährlich)
G. Behm-Blancke, Gesellschaft und Kunst der Germanen. Die Thüringer und ihre Welt (1973)
H. W. Böhme, Germanische Grabfunde des 4. bis 5. Jahrhunderts zwischen unterer Elbe und Loire. Münchner Beitr. z. Vor- und Frühgesch. 19 (1974)
T. Capelle, Das Goldzeitalter. Archäologie der Völkerwanderungszeit (1976)
R. Christlein, Die Alamannen. Archäologie eines lebendigen Volkes (1978)
G. Haseloff, Die germanische Tierornamentik der Völkerwanderungszeit. Studien zu Salins Stil I (1980), im Druck
E. Petri (Hrsg.), Siedlung, Sprache und Bevölkerungsstruktur im Frankenreich. Wege der Forschung 49 (1973)
H. Roth (Hrsg.), Kunst der Völkerwanderungszeit. Propyläen Kunstgeschichte, Suppl. Bd. 4 (1979)
B. Salin, Die altgermanische Tierornamentik (Neuaufl., 1935)
Ur- und frühgeschichtliche Archäologie der Schweiz. Bd. 5: Die römische Epoche (1975); Bd. 6: Das Frühmittelalter (1979)
E. Zöllner, Geschichte der Franken bis zur Mitte des sechsten Jahrhunderts (1970)

3. Die angelsächsische Besiedlung Englands

C. Ahrens (Hrsg.), Sachsen und Angelsachsen. Ausstellungs-Kat. Hamburg-Harburg (1978)
R. L. S. Bruce-Mitford, The Sutton Hoo ship burial, Bd. 1–2 (1975, 1978)
R. L. S. Bruce-Mitford, The Sutton Hoo ship burial. A Handbook (3. Aufl., 1979)
S. Chadwick Hawkes, Krieger und Siedler in Britannien während des 4. und 5. Jahrhunderts, in: Berichte der Röm.-German. Kommission 43/44, 1962/63
V. I. Evison, The Fifth-Century Invasions South of the Thames (1965)
C. M. Hills, The Anglo-Saxon cemetery at Spong Hill, Bd. 1. East Anglian Archaeology Report 6 (1977)
B. Hope-Taylor, Yeavering. An Anglo-British centre of Early Northumbria (1977)
P. Hunter-Blair, An Introduction to Anglo-Saxon England (2. Aufl., 1977)
D. M. Wilson, The Anglo-Saxons (2. Aufl., 1971)
D. M. Wilson, The Archaeology of Anglo-Saxon England (1976)

4. Die Kelten auf den britischen Inseln

L. Alcock, Arthur's Britain (1971)
N. K. Chadwick, Celtic Britain (1963)
I. Henderson, The Picts (1967)
F. Henry, Irish Art in the Early Christian Period to AD 800 (1965)
L. Laing, The Archaeology of Late Celtic Britain and Irland c. 400–1200 AD (1975)
M. u. L. de Paor, Alt-Irland (1960)
C. Thomas, Britain and Irland in Early Christian Times, AD 400–800 (1971)

5. Die Skandinavier in ihrer Heimat

H. Arbman, Schweden und das karolingische Reich (1937)
G. Arwidsson, Valsgärde 7. Die Gräberfunde von Valsgärde, Bd. 3 (1977)
J. Brøndsted, Nordische Vorzeit, Bd. 3 (dt. Übersetzung von: Danmarks Oldtid 3: Jernalderen) (1963)
W. Holmqvist, Kunstprobleme der Merowingerzeit (1939)
W. Holmqvist, Vår tidiga konst (1977)
W. Holmqvist, Swedish vikings on Helgö and Birka (1979)
B. Magnus u. B. Myhre, Norges Historie, Bd. 1 (1976)
M. Müller-Wille, Bestattung im Boot. Studien zu einer nordeuropäischen Grabsitte, in: Offa 25/26, 1968/69
E. Nylén u. J. P. Lamm, Gotlands Bildsteine (1980), im Druck
Th. Sjøvold, Der Oseberg-Fund und die anderen Wikingerschiffsfunde (1964)
M. Stenberger, Vorgeschichte Schwedens. Nordische Vorzeit, Bd. 4 (1977)
Sveagold und Wikingerschmuck. Ausstellungs-Kat. RGZM Mainz (1968)

6. Die Wikinger

B. Almgren, The Viking (1966)
J. Brøndsted, Die große Zeit der Wikinger (1964)
T. Capelle, Die Wikinger (1971)
P. G. Foote u. D. M. Wilson, The Viking Achievement (1970)
J. Graham-Campbell, Viking Artefacts. A Select Catalogue (1980)
J. Graham-Campbell u. D. Kidd, The Vikings. Ausstellungs-Kat. London (1980)
H. Ingstad, Die erste Entdeckung Amerikas (1966)
H. Jankuhn, Haithabu. Ein Handelsplatz der Wikingerzeit (6. Aufl., 1976)
O. Klindt-Jensen, Welt der Wikinger (1967)
K. J. Krogh, Viking Greenland (1967)
E. Graf Oxenstierna, Die Wikinger (1959)
E. Roesdahl, The Vikings in Denmark (1980), im Druck
D. M. Wilson, The Vikings and their Origins (2. Aufl., 1980)
D. M. Wilson u. O. Klindt-Jensen, Viking Art (1966)

7. Die nördlichen Slawen

M. B. Gimbutas, The Slavs (1971)
W. Hensel, Die Slawen im frühen Mittelalter. Ihre materielle Kultur (1965)
J. Herrmann, Die Slawen in Deutschland. Ein Handbuch (1970)
J. Herrmann, Zwischen Hradschin und Vineta. Frühe Kulturen der Westslawen (1971)
H. Ludat (Hrsg.), Siedlung und Verfassung der Slawen zwischen Elbe, Saale und Oder (1960)
E. Schuldt, Der altslawische Tempel von Groß Raden (1976)

8. Romantik und Wiedererweckung

Die meiste Literatur über dieses Thema ist in skandinavischen Sprachen veröffentlicht worden.
O. Klindt-Jensen, A History of Scandinavian Archaeology (1975)
J. Mjöberg, Drömmen om sagatiden, Bd. 1–2 (1967–68)
E. Simon, Réveil national et populaire en Scandinavie (1960)

REGISTER

Die Kursivzahlen verweisen auf die Abbildungen